NomosKommentar

Prof. Dr. José Martínez
Georg-August-Universität Göttingen

Anna-Lena Poppe
Georg-August-Universität Göttingen

Gesetz über die Landwirtschaftliche Rentenbank

Handkommentar

 Nomos

Zitiervorschlag: HK-LwRBankG/Martinez/Poppe § ... Rn. ...

Die Deutsche Nationalbibliothek verzeichnet diese Publikation in der Deutschen Nationalbibliografie; detaillierte bibliografische Daten sind im Internet über http://dnb.d-nb.de abrufbar.

ISBN 978-3-8487-7140-0

1. Auflage 2021
© Nomos Verlagsgesellschaft, Baden-Baden 2021. Gesamtverantwortung für Druck und Herstellung bei der Nomos Verlagsgesellschaft mbH & Co. KG. Alle Rechte, auch die des Nachdrucks von Auszügen, der fotomechanischen Wiedergabe und der Übersetzung, vorbehalten.

Vorwort

Die vorliegende Kommentierung des Gesetzes über die Landwirtschaftliche Rentenbank hat die rechtlichen Grundlagen einer Einrichtung zum Gegenstand, die einzigartig in ihrer rechtlichen Struktur und in ihrer Erfolgsgeschichte als eine der wichtigsten Quellen für Fremdkapital für den Agrarbereich und den Ländlichen Raum ist. Dabei hängen die rechtliche Struktur und der Erfolg der Landwirtschaftlichen Rentenbank eng zusammen: Die Ausgestaltung als Anstalt des öffentlichen Rechts, die zugleich aber ihre Selbständigkeit bewahrt hat, die organisationsrechtliche Einbeziehung des landwirtschaftlichen Sachverstands in der gesamten Breite und der begrenzte, dafür aber umso intensiver verfolgte Aufgabenbereich sind wesentliche Bausteine dieser Einrichtung. Diese Strukturen sind historisch gewachsen und reichen bis in die Anfänge der Weimarer Republik zurück. Sie sind zugleich zeitlos und haben die Integration der Landwirtschaftlichen Rentenbank in ein sich erheblich wandelndes System der Förderinstitute in Deutschland und Europa ermöglicht.

Die vorliegende Bearbeitung greift die Kommentierung von *Christian von Stralendorff*, ehemaliger Chefsyndikus der Landwirtschaftlichen Rentenbank, in: Das Deutsche Bundesrecht, IV E 11, 1093. Ergänzungslieferung 2010 auf. Die Autoren danken Herrn *von Stralendorff* für die Möglichkeit, einzelne Formulierungen daraus zu übernehmen. Zudem greift die Kommentierung in Teilen den Beitrag von *Prof. Dr. José Martínez*, Die Organisation der Rentenbank zwischen Kontinuität und Wertewandel, in: Gothe, Christiane (Hrsg.) An der Seite der Bauern – Die Geschichte der Rentenbank, 2014, auf. Die Gesamtverantwortung für die vorliegende Bearbeitung liegt selbstverständlich vollständig bei den Autoren.

Die Kommentierung verwendet zwecks besserer Lesbarkeit die männliche Sprachform bei personenbezogenen Substantiven und Pronomen. Dies soll im Sinne der sprachlichen Vereinfachung als geschlechtsneutral zu verstehen sein.

Die Autoren danken für die Anregungen und Hinweise, die sie aus der Praxis erhalten und die zur Verbesserung des Werkes beigetragen haben. Wir freuen uns auf Anregungen und Hinweise zur vorliegenden Auflage. Den Mitarbeiter*innen des Instituts für Landwirtschaftsrecht danken die Autoren für die Unterstützung bei der redaktionellen Fertigstellung der Kommentierung.

Göttingen, im Januar 2021   *José Martínez, Anna-Lena Poppe*

Inhaltsverzeichnis

Vorwort 5

Abkürzungen 9

Literatur 17

Einleitung 25

§ 1   Rechtsform, Sitz 35

§ 1 a Haftung des Bundes 44

§ 2   Kapital 55

§ 3   Geschäftsaufgaben 62

§ 4   Sonstige Geschäfte 76

§ 5   Organe 79

§ 6   Vorstand 85

§ 7   Verwaltungsrat 105

§ 8   Anstaltsversammlung 134

§ 9   Gewinnverwendung 144

§ 10   Besondere Pflicht der Organe 153

§ 11   Aufsicht 169

§ 12   Dienstsiegel und öffentliche Urkunde 187

§ 13   Gedeckte Schuldverschreibungen 189

§ 13 a Mündelsicherheit 194

§ 14   Arreste und Zwangsvollstreckung 195

§ 15   Sondervorschrift für Refinanzierungskredite ... 197

§ 16   Auflösung 198

§ 17   Übergangsregelungen 204

§ 18   (weggefallen) 205

§ 19   (weggefallen) 205

§ 20   (Inkrafttreten) 205

Stichwortverzeichnis 207

Abkürzungen

aA	andere/r Ansicht
aaO	am angeführten Ort(e)/ am angegebenen Ort(e)
aF	alte Fassung
Abb.	Abbildung
ABl.	Amtsblatt
Abs.	Absatz
AbsFondsForstAuflG	Gesetz zur Auflösung und Abwicklung der Anstalt Absatzförderungsfonds der deutschen Forst- und Holzwirtschaft
AbsFondsLwAuflG	Gesetz zur Auflösung und Abwicklung der Anstalt Absatzförderungsfonds der deutschen Land- und Ernährungswirtschaft
AbwMechG	Abwicklungsmechanismusgesetz
AcP	Archiv für die civilistische Praxis
AEUV	Vertrag über die Arbeitsweise der Europäischen Union idF aufgrund des am 1.12.2009 in Kraft getretenen Vertrages von Lissabon, zul. geänd. durch die Akte über die Bedingungen des Beitritts der Republik Kroatien und die Anpassungen des Vertrags über die Europäische Union, des Vertrags über die Arbeitsweise der Europäischen Union und des Vertrags zur Gründung der Europäischen Atomgemeinschaft
AG	Aktiengesellschaft (oder Ausführungsgesetz oder Zeitschrift: Die Aktiengesellschaft)
AG GVG	Gesetz zur Ausführung des Gerichtsverfassungsgesetzes und von Verfahrensgesetzen des Bundes
Agrar-De-minimis-VO	Verordnung (EU) Nr. 1408/2013 der Kommission v. 18.12.2016 über die Anwendung der Artikel 107 und 108 des Vertrages über die Arbeitsweise der Europäischen Union auf De-minimis-Beihilfen im Agrarsektor
Agrar-GVO	Agrar-Gruppenfreistellungsverordnung
AGVO	Allgemeine Gruppenfreistellungsverordnung
AKB	Allgemeine Kreditbedingungen
AKB-EKN	Allgemeine Kreditbedingungen Endkreditnehmer
AktG	Aktiengesetz
allg.	allgemein(e)
allgA	allgemeine Ansicht
AO	Abgabenordnung
Art.	Artikel
Aufl.	Auflage
Aufsichtsrichtlinie	Richtlinie zur Durchführung und Qualitätssicherung der laufenden Überwachung der Kredit- und Finanzdienstleistungsinstitute durch die Deutsche Bundesbank
Az.	Aktenzeichen
BaFin	Bundesanstalt für Finanzdienstleistungsaufsicht
BankR-HdB	Bankenrechts-Handbuch

BAnz AT	Bundesanzeiger amtlicher Teil
BAnz	Bundesanzeiger
BayVBl.	Bayerische Verwaltungsblätter
BBankG	Gesetz über die Deutsche Bundesbank
Bd.	Band
BDSG	Bundesdatenschutzgesetz
Begr.	Begründung
BerlVerfGH	Verfassungsgerichtshof des Landes Berlin
BetrAVG	Betriebsrentengesetz
BeurkG	Beurkundungsgesetz
BGB	Bürgerliches Gesetzbuch
BGBl.	Bundesgesetzblatt
BGH	Bundesgerichtshof
BGHZ	Entscheidungen des Bundesgerichtshofes in Zivilsachen
BGleiG	Bundesgleichstellungsgesetz
BHO	Bundeshaushaltsordnung
BiRiLiG	Bilanzrichtlinien-Gesetz
BLE	Bundesanstalt für Landwirtschaft und Ernährung
BMEL	Bundesministerium für Ernährung und Landwirtschaft
BMF	Bundesministerium der Finanzen
BMJ	Bundesministerium der Justiz und für Verbraucherschutz
BR-Drs.	Bundesratsdrucksache
BRep.	Bundesrepublik
BRPlPr.	Plenarprotokolle des Bundesrates
BT-Drs.	Bundestagsdrucksache
BVerfG	Bundesverfassungsgericht
BVerfGE	Entscheidungen des Bundesverfassungsgerichts
BVerwG	Bundesverwaltungsgericht
BVerwGE	Entscheidungen des Bundesverwaltungsgerichts
bzw.	beziehungsweise
CBLR	Columbia Business Law Review
CCZ	Corporate Compliance Zeitschrift
CRD	Capital Requirements Directive
CRD IV-RL	Richtlinie 2013/36/EU über den Zugang zur Tätigkeit von Kreditinstituten und die Beaufsichtigung von Kreditinstituten und Wertpapierfirmen zur Änderung der Richtlinie 2002/87/EG und zur Aufhebung der Richtlinien 2006/48/EG und 2006/49/EG
CRD V-RL	Richtlinie 2019/878/EU des europäischen Parlamentes und des Rates vom 20.5.2019 zur Änderung der Richtlinie 2013/36/EU im Hinblick auf von der Anwendung ausgenommene Unternehmen, Finanzholdinggesellschaften, gemischte Finanzholdinggesellschaften, Vergütung, Aufsichtsmaßnahmen und -befugnisse und Kapitalerhaltungsmaßnahmen
CRR	Capital Requirements Regulation
DB	Der Betrieb
DCGK	Deutscher Corporate Governance Kodex

DeckRegV	Deckungsregisterverordnung
De-minimis-VO	Verordnung (EU) Nr. 1407/2013 der Kommission v. 18.12.2013 über die Anwendung der Artikel 107 und 108 des Vertrags über die Arbeitsweise der Europäischen Union auf De-minimis-Beihilfen
DG Bank	Deutsche Genossenschaftsbank
DG-BankUmwG	DG Bank-Umwandlungsgesetz
dh	das heißt
DM	Deutsche Mark
DSLBUmwG	DSL Bank-Umwandlungsgesetz
DVBl.	Deutsches Verwaltungsblatt
DZ Bank	DZ Bank AG Deutsche Zentral-Genossenschaftsbank
EBA-Guidelines für Auslagerungen	European Banking Authority – Guidelines on outsourcing arrangements, EBA/GL2019/02
eV	eingetragener Verein
ebd.	ebenda
ECAIs	external credit assessment institutions
EG	Europäische Gemeinschaft
EGV	Vertrag zur Gründung der Europäischen Gemeinschaft
EL	Ergänzungslieferung
EU	Europäische Union
EuZW	Europäische Zeitschrift für Wirtschaftsrecht
EWG	Europäische Wirtschaftsgemeinschaft
EWR	Europäischer Wirtschaftsraum
EZB	Europäische Zentralbank
f./ff.	folgend(e)/fortfolgend(e)
FGO	Finanzgerichtsordnung
Fn.	Fußnote
FörderBNStrG	Förderbankenneustrukturierungsgesetz
FS	Festschrift
FuE	Forschung und Entwicklung
FührPosGleichberG	Gesetz für die gleichberechtigte Teilhabe von Frauen und Männern an Führungspositionen in der Privatwirtschaft und im öffentlichen Dienst
GBO	Grundbuchordnung
gem.	gemäß
GewStG	Gewerbesteuergesetz
GG	Grundgesetz für die Bundesrepublik Deutschland
GmbH	Gesellschaft mit beschränkter Haftung
GO	Gemeindeordnung
GVBl.	Gesetz- und Verordnungsblatt
HbStR	Handbuch des Staatsrechts der Bundesrepublik Deutschland
HGB	Handelsgesetzbuch
HGrG	Haushaltsgrundsätzegesetz
hM	herrschende Meinung
Hrsg.	Herausgeber
Hs.	Halbsatz
idF	in der Fassung

InsO	Insolvenzordnung
InstitutsVergV	Institutsvergütungsverordnung
iR	Im Rahmen
iSd	im Sinne des / der
iSv	im Sinne von
iVm	in Verbindung mit
insbes.	insbesondere
JA	Juristische Arbeitsblätter
KAGB	Kapitalanlagegesetzbuch
KfW	Kreditanstalt für Wiederaufbau
KfWG	Gesetz über die Kreditanstalt für Wiederaufbau
KMU	Kleine und mittlere Unternehmen
KStG	Körperschaftsteuergesetz
KWG	Kreditwesengesetz
LB-BW	Landesbank Baden-Württemberg
LG	Landgericht
LR-G	Gesetz über die landwirtschaftliche Rentenbank
LR-Satzung	Satzung der Landwirtschaftlichen Rentenbank
LT Rh. Pf. Drs.	Drucksache des Landtags Rheinland-Pfalz
MoMiG	Gesetz zur Modernisierung des GmbH-Rechts und zu Bekämpfung von Missbräuchen
mwN	mit weiteren Nachweisen
mWv	mit Wirkung vom
mWz	mit Wirkung zum
MBlWi.	Ministerialblatt für Wirtschaft
Mio.	Million(en)
Mrd.	Milliarde(n)
NCAs	National Competent Authorities
NJW	Neue Juristische Wochenschrift
Nr.	Nummer
NRW	Nordrhein-Westfalen
nv	nicht veröffentlicht
NVwZ	Neue Zeitschrift für Verwaltungsrecht
NWVBl.	Nordrhein-Westfälische Verwaltungsblätter
NZG	Neue Zeitschrift für Gesellschaftsrecht
OLG	Oberlandesgericht
OWiG	Gesetz über Ordnungswidrigkeiten
PCGK	Public Corporate Governance Kodex
PfandBG	Pfandbriefgesetz
PrOVG	Preußisches Oberverwaltungsgericht
PrVbl.	Preußisches Verwaltungsblatt
PUAG	Untersuchungsausschussgesetz
PublG	Publizitätsgesetz
RegE	Regierungsentwurf
RentBkGrSchG	Gesetz über die Rentenbankgrundschuld
RentenbankVO	Verordnung über die Errichtung der Deutschen Rentenbank
RGBl.	Reichsgesetzblatt
RKA	Deutsche Rentenbank Kreditanstalt

RKA-G	Reichsgesetz über die Errichtung der Deutschen Rentenbank-Kreditanstalt
RL	Richtlinie
RL 2004/39/EG	Richtlinie 2004/39/EG des Europäischen Parlaments und des Rates vom 21.4.2004 über Märkte für Finanzinstrumente, zur Änderung der Richtlinien 85/611/EWG und 93/6/EWG des Rates und der Richtlinie 2000/12/EG des Europäischen Parlaments und des Rates und zur Aufhebung der Richtlinie 93/22/EWG des Rates
RL 2014/65/EU	Richtlinie 2014/65/EU des Europäischen Parlaments und des Rates v. 15.5.2014 über Märkte für Finanzinstrumente sowie zur Änderung der Richtlinien 2002/92/EG und 2011/61/EU (Neufassung)
RL 2017/1132/EU	Richtlinie 2017/1132/EU des Europäischen Parlamentes und des Rates vom 14.6.2017 über bestimmte Aspekte des Gesellschaftsrechts
RMBliV	Reichsministerialblatt der inneren Verwaltung
Rn.	Randnummer
RP	Rheinland-Pfalz
RStruktFG	Restrukturierungsfondsgesetz
S.	Seite/Satz
s.	siehe
s. a.	siehe auch
SAG	Sanierungs- und Abwicklungsgesetz
SGG	Sozialgerichtsgesetz
sog.	sogenannte/n/r/s
SPD	Sozialdemokratische Partei Deutschlands
SSM	Single Supervisory Mechanism – Einheitlicher Bankenaufsichtsmechanismus
StGB	Strafgesetzbuch
ua	unter anderem
UmwG	Umwandlungsgesetz
v.	von/vom
vH	von Hundert
VerfGH	Verfassungsgerichtshof
Verständigung I	Verständigung über Anstaltslast und Gewährträgerhaftung betreffend Landesbanken und Sparkassen zwischen der EU-Kommission und der Bundesregierung vom 17.7.2001
Verständigung II	Verständigung über die Ausrichtung rechtlich selbstständiger Förderinstitute in Deutschland zwischen der EU-Kommission und der Bundesregierung, Einigung 1.3.2002, Entscheidung der Kommission am 27.3.2002 (C (2002) 1286 – Staatliche Beihilfe Nr. E 10/2000 – Deutschland, Anstaltslast und Gewährträgerhaftung), akzeptiert durch Bundesregierung am 11.4.2002
VerwArch	Verwaltungsarchiv
VGH	Verwaltungsgerichtshof

vgl.	vergleiche
VO	Verordnung
VO (EU) Nr. 876/2019	Verordnung (EU) 876/2019 des Europäischen Parlaments und des Rates vom 20.5.2019 zur Änderung der Verordnung (EU) Nr. 575/2013 in Bezug auf die Verschuldungsquote, die strukturelle Liquiditätsquote, Anforderungen an Eigenmittel und berücksichtigungsfähige Verbindlichkeiten, das Gegenparteiausfallrisiko, das Marktrisiko, Risikopositionen gegenüber zentralen Gegenparteien, Risikopositionen gegenüber Organismen für gemeinsame Anlagen, Großkredite, Melde- und Offenlegungspflichten und der Verordnung (EU) Nr. 648/2012
VO (EU) Nr. 537/2014	Verordnung (EU) Nr. 537/2014 des Europäischen Parlaments und des Rates vom 16.4.2014 über spezifische Anforderungen an die Abschlussprüfer bei Unternehmen von öffentlichem Interesse und zur Aufhebung des Beschlusses 2005/909/EG der Kommission
VO (EU) Nr. 806/2014	Verordnung (EU) Nr. 806/2014 des Europäischen Parlaments und des Rates vom 15.7.2014 zur Festlegung einheitlicher Vorschriften und eines einheitlichen Verfahrens für die Abwicklung von Kreditinstituten und bestimmten Wertpapierfirmen iR eines einheitlichen Abwicklungsmechanismus und eines einheitlichen Abwicklungsfonds sowie zur Änderung der Verordnung (EU) Nr. 1093/2010
VO (EU) Nr. 575/2013	Verordnung (EU) Nr. 575/2013 des Europäischen Parlaments und des Rates vom 26.6.2013 über Aufsichtsanforderungen an Kreditinstitute und Wertpapierfirmen und zur Änderung der Verordnung (EU) Nr. 646/2012
VO (EU) Nr. 1024/2013	Verordnung (EU) Nr. 1024/2013 des Rates vom 15.10.2013 zur Übertragung besonderer Aufgaben im Zusammenhang mit der Aufsicht über Kreditinstitute auf die Europäische Zentralbank
VÖB Satzung Einlagesicherungsfonds	Satzung des Bundesverbandes Öffentlicher Banken Deutschlands eV vom 22.1.2014
VStG	Vermögensteuergesetz
VVDStRl	Veröffentlichungen der Vereinigung der Deutschen Staatsrechtslehrer
VwGO	Verwaltungsgerichtsordnung
VwVfG	Verwaltungsverfahrensgesetz
VwVG	Verwaltungsvollstreckungsgesetz
WährUmStAbschlG	Gesetz zum Abschluss der Währungsumstellung
WiGBl.	Gesetzblatt der Verwaltung des Vereinigten Wirtschaftsgebietes
WM	Zeitschrift für Wirtschafts- und Bankrecht
WTO	World Trade Organization (dt.: Welthandelsorganisation)
ZAG	Zahlungsdiensteaufsichtsgesetz

zB	zum Beispiel
ZBB(-Report)	Zeitschrift für Bankrecht und Bankwirtschaft
ZfgK	Zeitschrift für das gesamte Kreditwesen
Ziff.	Ziffer
ZIP	Zeitschrift für Wirtschaftsrecht
zit.	zitiert
ZögU (ab 1.1.2021 ZGuG)	Zeitschrift für öffentliche und gemeinwirtschaftliche Unternehmen
ZPO	Zivilprozessordnung
ZRP	Zeitschrift für Rechtspolitik
zT	zum Teil
ZRP	Zeitschrift für Rechtspolitik
ZweckVG	Gesetz über das Zweckvermögen des Bundes bei der Landwirtschaftlichen Rentenbank

Literatur

Acharya, Viral V./Steffen, Sascha, Ein Stresstest für das europäische Bankensystem, die bank – Zeitschrift für Bankpolitik und Praxis, Juni 2014, 14 ff. (zit.: *Acharya/Steffen* die bank 2014, 14); *Anand, Kartik*, Gedeckte Schuldverschreibungen – sichere Anlagen mit Nebenwirkungen?, Deutsche Bundesbank, Research Brief, 6. Ausgabe, September 2016 (zit.: *Anand*, Deutsche Bundesbank Research Brief 6/2016);

Baumbach, Adolf/Hopt, Klaus J. (Hrsg.), Becksche Kurzkommentare Handelsgesetzbuch, 39. Aufl. 2020 (zit.: Baumbach/Hopt/*Bearbeiter* HGB); *Becker, Heinrich*, Handlungsspielräume der Agrarpolitik in der Weimarer Republik zwischen 1923 und 1929, 1990; *Berthold, Otto/Seelmann-Eggebert, Erich*, Die Deutsche Rentenbank und Deutsche Rentenbank-Kreditanstalt (Landwirtschaftliche Zentralbank): die geltende Gesetzgebung, 1926 (zit.: *Berthold/Seelmann-Eggebert*, Die Deutsche Rentenbank); *Birkenfeld, Daniela*, Kommunalrecht Hessen, 6. Aufl. 2016 (zit.: *Birkenfeld*, Kommunalrecht); *Block, Dennis/Barton, Nancy/Radin, Stephen*, The Business Judgment Rule: Fiduciary Duties of Corporate Directors, Sixth Edition 2009 (zit.: *Block/Barton/Radin*, The Business Judgement Rule); *Blomeyer, Wolfgang/Rolfs, Christian/Otto, Klaus*, Kommentar zum Betriebsrentengesetz, BetrAVG, 7. Aufl. 2018 (zit.: Blomeyer/Rolfs/Otto/*Bearbeiter*); *Boecken, Winfried/Düwell, Franz Josef/Diller, Martin/Hanau, Hans* (Hrsg.), NomosKommentar Gesamtes Arbeitsrecht, 2016 (zit.: NK-ArbR/Berarbeiter AktG); *Bohn, Ulf Jürgen*, Die Anstalt des öffentlichen Rechts unter Berücksichtigung des Wandels der Anstalt durch die Beteiligung Dritter, 2005 (zit.: *Bohn*, Die Anstalt des öffentlichen Rechts); *Böning, Wolfgang/v. Mutius, Albert* (Hrsg.), Finanzkontrolle im repräsentativ-demokratischen System, 1990 (zit.: *Bearbeiter* in Böning/v. Mutius, Finanzkontrolle); *Boos, Karl Heinz/Fischer, Reinfried/Schulte-Mattler, Hermann* (Hrsg.). KWG, CRR-VO – Kommentar zu Kreditwesengesetz, VO (EU) Nr. 575/2013 (CRR) und Ausführungsvorschriften, 5. Aufl. 2016 (zit.: Boos/Fischer/Schulte-Mattler/*Bearbeiter*); *Braun, Eberhard,* Insolvenzordnung, 8. Aufl. 2020 (zit.: Braun/*Bearbeiter* InsO); *Bremer, Taalkea*, Die rechtliche Gestaltung des Agrarstrukturwandels, 2018; *Brogl, Frank A.* (Hrsg.), Handbuch Banken-Restrukturierung: Bankenabgabe – Prävention – Stabilisierung – Haftung, 2011 (zit.: *Bearbeiter* in Brogl, Handbuch Banken-Restrukturierung); *Brömmelmeyer, Christoph*, Neue Regeln für die Binnenhaftung des Vorstands – Ein Beitrag zur Konkretisierung der Business Judgment Rule, WM 2005, 2065 ff. (zit.: *Brömmelmeyer* WM 2005); *Bundesaufsichtsamt für das Kreditwesen*, Jahresbericht 1997, Berlin 1997 (zit.: Jahresbericht BAKred 1997); *Burgi, Martin*, Compliance im Staat – Staat und Compliance, CCZ 2010, 41 ff. (zit.: *Burgi* CCZ 2010); *Busch, Torsten*, Die Nachhaftung des Anstalts- bzw. Gewährträgers bei Privatisierung der Rechtsform öffentlich-rechtlicher Kreditinstitute, AG 1997, 357 ff. (zit.: *Busch* AG 1997);

Denninger, Erhard/Hoffmann-Riem, Wolfgang/Schneider, Hans-Peter/Stein, Ekkehart (Hrsg.), Alternativkommentar zum Grundgesetz für die Bundesrepublik Deutschland, 3. Aufl., Losebl., 2001, Stand: 2. Aufbaulieferung, August 2002 (zit.: AK-GG/*Bearbeiter*); *Deutscher Bundestag*, Wissenschaftliche Dienste, KfW-Kommunalbank und Direktkredite an Kommunen – Vereinbarkeit mit der „Verständigung II" zwischen der EU-Kommission und der Bundesregierung sowie mit dem Subsidiaritätsprinzip, Sachstand WD 2 – 3000 – 054/09; WD 5 – 3000 – 078/09, 2009 (zit.: *Wissenschaftliche Dienste*, KfW); *Dittmann, Armin*, Die Bundesverwaltung: Verfassungsrechtliche Grundlagen, grundgesetzliche Vorgaben und Staatspraxis ihrer Organisationen, 1983 (zit.: *Dittmann*, Die Bundesverwaltung); *Donner, Hartwig*, Die Auswirkungen von Anstaltslast und Gewährträgerhaftung auf die Gläubigerpositionen bei Landesbanken, Zeitschrift für öffentliche und gemeinwirtschaftliche Unternehmen (ZögU), 1987, 246 ff. (zit.: *Donner* ZögU 1987); *Dreier, Horst* (Hrsg.), Grundgesetz-Kommentar, Bd. 1, 3. Aufl. 2013, Bd. 3, 3. Aufl. 2018 (zit.: Dreier/*Bearbeiter* GG);

Elsner, Bernd R./Kaltenborn, Markus, Sonderabgaben im Steuerstaat, JA 2005, 823 ff. (zit.: *Elsner/Kaltenborn* JA 2005); *Engels, Dieter/Eibelshäuser, Manfred*, Kommentar zum Haushaltsrecht und der Vorschriften zur Finanzkontrolle, 2018 (zit.: *Bearbeiter* in Engels/Eibelshäuser); *Epping, Volker/Hillgruber, Christian* (Hrsg.), Beck'scher Online-Kommentar Grundgesetz, 42. Aufl. 2019 (zit.: BeckOK GG/*Bearbeiter*);

Fleischer, Holger, Die „Business Judgment Rule" – Vom Richterrecht zur Kodifizierung, ZIP 2004, 685 ff. (zit.: *Fleischer* ZIP 2004); *ders.*, Ehrbarer Kaufmann – Grundsätze der Geschäftsmoral – Reputationsmanagement: Zur „Moralisierung" des Vorstandsrechts und ihren Grenzen, DB 2017, 2015 ff. (zit.: *Fleischer* DB 2017); *ders.*, Handbuch des Vorstandsrechts, 2006 (zit.: Fleischer/*Bearbeiter*, HdBVorstR); *ders.*, Organpublizität im Aktien-, Bilanz- und Kapitalmarktrecht, NZG 2006, 561 ff. (zit.: *Fleischer* NZG 2006); *Fridgen, Alexander/Geiwitz, Arndt/Göpfert, Burkhard*, Beck'scher Online-Kommentar InsO, 18. Edition 2020 (zit.: BeckOK InsO/*Bearbeiter*); *v. Friesen, Alexander*, Staatliche Haftungszusagen für öffentliche Kreditinstitute aus europarechtlicher Sicht, 1998;

Gehb, Jürgen/Heckelmann, Martin, Haftungsfreistellung von Vorständen, ZRP 2005, 145 ff. (zit.: *Gehb/Heckelmann* ZRP 2005); *Geis, Max-Emanuel*, Kommunalrecht, 5. Aufl. 2020 (zit.: *Geis*, Kommunalrecht); *Gerlich, Rudolf*, Die gescheiterte Alternative. Sozialisierung in Österreich nach dem Ersten Weltkrieg, 1980 (zit.: *Gerlich*, Die gescheiterte Alternative); *Goette, Wulf/Habersack, Mathias* (Hrsg.), Münchener Kommentar zum Aktiengesetz, 5. Aufl. 2019 (zit.: MüKoAktG/*Bearbeiter*); *Gormley, Laurence W./de Haan, Jakob*, The Democratic Deficit of the European Central Bank, European Law Review 21 (1996), 95 ff. (zit.: *Gormley/de Haan*, European Law Review 21 (1996)); *Götz, Philipp/Holtzborn, Timo*, Die Aktienrechtsreform durch das Gesetz für Unternehmensintegrität und Modernisierung des Anfechtungsrechts – UMAG, WM 2006, 157 ff. (zit.: *Götz/Holtzborn* WM 2006); *Götz, Volkmar*, Die Rentenbankgrundschuld, in *Trifferer, Otto/v. Zezschwitz, Friedrich* (Hrsg.), Festschrift für Walter Mallmann zum 70. Geburtstag, 1978 (zit.: *Götz* FS Wallmann, 1978); *Graf-Schlicker, Marie Luise*, Kommentar zur Insolvenzordnung, 5. Aufl. 2020 (zit.: Graf-Schlicker/*Bearbeiter* InsO); *Gramlich, Ludwig/Gluchowski, Peter/Horsch, Andreas/Schäfer, Klaus/Waschbusch, Gerd* (Hrsg.), 550 Keywords Bankenaufsichtsrecht, 2020 (zit.: *Gramlich/Gluchowski/Horsch/Schäfer/Waschbusch*, 550 Keywords Bankenaufsichtsrecht); *Grigoleit, Hans Christoph* (Hrsg.), Aktiengesetz: AktG, Kommentar, 2013 (zit.: Grigoleit/*Bearbeiter* AktG); *Gruson, Michael/Schneider, Uwe Helmut*, The German Landesbanken, Columbia Business Law Review (CBLR), 1995, 337 ff. (zit.: *Gruson/U. Schneider* CBLR 1995); *Gsell, Beate/Krüger, Wolfgang/*

Lorenz, Stephan/Reymann, Christoph (Hrsg.), Beck'scher Online Großkommentar BGB, 53. Aufl. (Stand 1.5.2019) (zit.: BeckOGK BGB/*Bearbeiter*);

Habersack, Mathias, Vorstands- und Aufsichtsratsvergütung – Grundsatz- und Anwendungsfragen im Lichte der Aktionärsrechterichtlinie, NZG 2018, 127 ff. (zit.: *Habersack* NZG 2018); *Hauschka, Christoph*, Grundsätze pflichtgemäßer Unternehmensführung – Entwurf eines Gesetzes zur Unternehmensintegrität und Modernisierung des Anfechtungsrechts (UMAG), ZRP 2004, 65 ff. (zit.: *Hauschka* ZRP 2004); *Heidel, Thomas* (Hrsg.), Aktienrecht und Kapitalmarktrecht, 5. Aufl. 2019 (zit.: *Bearbeiter* in Heidel AktR); *Henseler, Paul*, Begriffsmerkmale und Legitimation von Sonderabgaben, 1984; *Henssler, Martin/Strohn, Lutz* (Hrsg.), Kommentar Gesellschaftsrecht, 4. Aufl. 2019 (zit.: Henssler/Strohn/*Bearbeiter* AktG); *Herdegen, Matthias*, Die vom Bundesrat angestrebte Festschreibung der Privilegierung öffentlich-rechtlicher Kreditinstitute: Gefahr für die EG-Wettbewerbsordnung, WM 1997, 1130 ff. (zit.: *Herdegen* WM 1997); *Hirte, Heribert/ Mülbert, Peter O./Roth, Markus*, Aktiengesetz Großkommentar, Bd. 4/1 – §§ 76–91, 5. Aufl. 2015; Bd. 4/2: §§ 92–94, 5. Aufl. 2015; Bd. 5: 5. Aufl. 2019 (zit.: HMR AktG/*Bearbeiter*); *Höfer, Reinhold/de Groot, Simone Evke/Küpper, Peter/ Reich, Torsten*, Betriebsrentenrecht, 24. Aufl. 2019 (zit.: *Bearbeiter* in Höfer/de Groot/Küpper/Reich, Betriebsrentenrecht, Bd.); *Hoffmann-Becking, Michael*, Münchener Handbuch des Gesellschaftsrechts, Band 4 Aktiengesellschaft, 4. Aufl. 2015 (zit.: MHdB AG/*Bearbeiter*); *Hoffmann, Josef*, Die Sparkasse im Spannungsfeld des Wettbewerbs – Dichtung und Wahrheit über die „Sparkassenprivilegien", Sparkasse 1960, 99 ff. (zit.: *Hoffmann* Sparkasse 1960); *Hölters, Wolfgang* (Hrsg.), Aktiengesetz: AktG, Kommentar, 3. Aufl. 2017 (zit.: Hölters/*Bearbeiter* AktG); *Hoppe, Werner*, Haftungszuschlag für kommunale Sparkassen, DVBl. 1982, 45 ff. (zit.: *Hoppe* DVBl. 1982); *Huber, Ernst Rudolf*, Wirtschaftsverwaltungsrecht Band 1, 2. Aufl. 1953 (zit.: *Huber*, Wirtschaftsverwaltungsrecht Bd. 1); *Hüffer, Uwe/Koch, Jens*, Aktiengesetz, 14. Aufl. 2020 (zit.: Hüffer/Koch/*Bearbeiter* AktG); *Hüther, Michael/Voigtländer, Michael/Haas, Heide/ Deschermeier, Philipp*, Die Bedeutung der Langzeitfinanzierung durch Banken. Vorteile und zukünftige Herausforderungen, IW-Analysen, Nr. 101 2015 (zit.: *Hüther/Voigtländer/ Haas/Deschermeier*, Die Bedeutung der Langzeitfinanzierung durch Banken);

Ihrig, Hans-Christoph, Reformbedarf beim Haftungstatbestand des § 93 AktG, WM 2004, 2098 ff. (zit.: *Ihrig* WM 2004); *Immenga, Ulrich/Rudo, Joachim*, Die Beurteilung von Gewährträgerhaftung und Anstaltslast der Sparkassen und Landesbanken als Beihilfe nach dem EU-Beihilfenrecht, 1997; *Isensee, Josef/Kirchhof, Paul* (Hrsg.), Handbuch des Staatsrechts der Bundesrepublik Deutschland, Band 5, 3. Aufl. 2007, Band 6, 3. Aufl. 2009 (zit.: Isensee/Kirchhof/*Bearbeiter*, StaatsR-HdB Bd. 5 oder Bd. 6); *Isensee, Josef*, Subsidiaritätsprinzip und Verfassungsrecht – Eine Studie über das Regulativ des Verhältnisses von Staat und Gesellschaft, 2. Aufl. mit Nachtrag: Die Zeitperspektive 2001 Subsidiarität – Das Prinzip und seine Prämissen, 2001 (zit.: *Isensee*, Subsidiarität);

Kemmler, Iris, Die Anstaltslast, 2001; *dies.*, Keine Anstalt ohne Anstaltslast – Zur Abschaffung der Anstaltslast für Landesbanken und Sparkassen, DVBl. 2003, 100 ff. (zit.: *Kemmler* DVBl. 2003); *Kerst, Andreas*, Die wirtschaftliche Betätigung der öffentlichen Hand, Verwaltungs-Rundschau 2014, 325 ff. (zit.: *Kerst* VR 2014); *Kindl, Johann/Meller-Hannich, Caroline/Wolf, Hans-Joachim*, Gesamtes Recht der Zwangsvollstreckung, 4. Aufl. 2020 (zit.: HK-ZV/*Bearbeiter*); *Kinzl,*

Ulrich-Peter, Anstaltslast und Gewährträgerhaftung – Unbegrenzte staatliche Einstandspflicht für öffentliche Banken unter dem Beihilfe- und Durchführungsverbot des EG-Vertrages, 2000 (zit.: *Kinzl,* Anstaltslast und Gewährträgerhaftung); *Koenig, Christian,* Begründen Anstaltslast und Gewährträgerhaftung unabhängig von ihrer Kodifizierung tragfähige Kreditmerkmale öffentlicher Finanzinstitute?, WM 1995, 821 ff. (zit.: *Koenig* WM 1995); *ders.,* Öffentlich-rechtliche Anstaltslast und Gewährträgerhaftung als staatliche Beihilfe gem. Art. 92 EGV, EuZW 1995, 595 ff. (zit.: *Koenig* EuZW 1995); *Kort, Micheal,* Interessenkonflikte bei Organmitgliedern der AG, ZIP 2008, 717 ff. (zit.: *Kort* ZIP 2008); *Kottenberg, Kurt/Rehn, Erich/v. Mutius, Albert/Steffens, Heinz,* Rechtsprechung zum kommunalen Verfassungsrecht: Entscheidungssammlung auf der Grundlage der Gemeindeordnung, Kreisordnungen, Landschaftsverbandsordnung, des Gesetzes über kommunale Gemeinschaftsarbeit und des Kommunalwahlgesetztes des Landes Nordrhein-Westfalen, 1996 (zit.: Gericht, in *Kottenberg/Rehn/v. Mutius/Steffens,* Rechtsprechung zum kommunalen Verfassungsrecht, GO NW); *Krieger, Gerd/ Schneider, Uwe Helmut,* Handbuch Managerhaftung: Vorstand Geschäftsführer Aufsichtsrat. Pflichten und Haftungsfolgen. Typische Risikobereiche, 3. Aufl. 2017 (zit.: Krieger/Schneider, Managerhaftung-HdB/*Bearbeiter*); *v. Krosigk, Bernhard,* Das Zweckvermögen bei der Rentenbank, IKO – Innere Kolonisation – Land und Gemeinde, 1977, 70 ff. (zit.: *v. Krosigk* IKO 1977); *Kübler, Bruno/ Prütting, Hanns/Bork, Reinhard,* Kommentar zur Insolvenzordnung, Stand: 82. EL Oktober 2019 (zit.: Kübler/Prütting/Bork/*Bearbeiter* InsO);

Lange, Klaus, Die öffentlich-rechtliche Anstalt, VVDStRL 44 (1986), 169 ff. (zit.: *Lange* VVDStRL 44 (1986)); *ders.,* Rechtsfragen des Zweckvermögens der Landwirtschaftlichen Rentenbank: Rechtsgutachten auf Ansuchen der Landwirtschaftlichen Rentenbank, 2004 (nv) (zit.: *Lange,* Rechtsfragen des Zweckvermögens der Landwirtschaftlichen Rentenbank (nv)); *ders.,* Verkehr und öffentliches Recht: öffentlich-rechtliche Strukturen und Probleme des Binnenverkehrssystems der Bundesrepublik Deutschland, 1974 (zit.: *Lange,* Verkehr und öffentliches Recht); *ders.,* Zur Rechtsstellung der Landwirtschaftlichen Rentenbank – Rechtsgutachten auf Ansuchen des Kommissars der Bundesregierung bei der Landwirtschaftlichen Rentenbank, 1999 (nv) (zit.: *Lange,* Zur Rechtsstellung der Landwirtschaftlichen Rentenbank (nv)); *Larenz, Karl,* Methodenlehre der Rechtswissenschaft, 6. Aufl. 1991 (zit.: *Larenz* Methodenlehre); *v. Lewinski, Kai/Burbat, Daniela,* Haushaltsgrundsätzegesetz, 2013 (zit.: *v. Lewinksi/Burbat* HGrG); *Liebich, Diete/ Mathews, Kurt,* Treuhand und Treuhänder in Recht und Wirtschaft, 2. Aufl. 1983 (zit.: *Liebich/Mathews* Treuhand und Treuhänder); *Link, Christoph,* Staatszwecke im Verfassungsstaat – nach 40 Jahren Grundgesetz, 1. Bericht, VVDStRL 48 (1989), 7 ff. (zit.: *Link* VVDStRL 48 (1989)); *Löer, Lambert,* Körperschafts- und anstaltsinterne Rechts- und Zweckmäßigkeitskontrolle – Ein Institut des Organisationsrechts juristischer Personen des öffentlichen Rechts, 1999 (zit.: *Löer,* Körperschafts- und anstaltsinterne Rechts- und Zweckmäßigkeitskontrolle); *Löhr, Christian,* Anstaltslast und Gewährträgerhaftung bei Sparkassen und Landesbanken als gemeinschaftswidrige Beihilfe iSd Art. 87 I EG?, 2000 (zit.: *Löhr* Anstaltslast und Gewährträgerhaftung); *Löwer, Wolfgang,* Der Staat als Wirtschaftssubjekt und Auftraggeber, VVDStRL 60 (2001), 416 ff. (zit.: *Löwer* VVDStRL 60 (2001)); *Lutter, Marcus,* Verhaltenspflichten von Organmitgliedern, in Hommelhoff, Peter/Rawert, Peter/Schmidt, Karsten (Hrsg.): Festschrift für Hans-Joachim Priester zum 70. Geburtstag, 2007, S. 417 ff. (zit.: *Lutter* FS Priester, 2007);

v. Mangoldt, Hermann/Klein, Friedrich/Starck, Christian (Hrsg.), Grundgesetz Kommentar, 7. Aufl. 2018 (zit.: v. Mangoldt/Klein/Starck/*Bearbeiter*); *Maunz, Theodor/Dürig, Günter* (Hrsg.), Grundgesetz-Kommentar, 91. EL April 2020 (zit.: Maunz/Dürig/*Bearbeiter*); *Maurer, Hartmut/Waldhoff, Christian*, Allgemeines Verwaltungsrecht, 19. Aufl. 2017 (zit.: *Maurer/Waldhoff* AllgVerwR); *Mayer, Otto*, Deutsches Verwaltungsrecht, Bd. 2, 1896 (zit.: *Mayer*, Deutsches Verwaltungsrecht); *Müller, Friedrich-Wilhelm*, Selbstverwaltung und Interesseneinfluss bei den Anstalten des Öffentlichen Rechts, 1959; *v. Münch, Ingo/Kunig, Philip* (Hrsg.), Grundgesetz-Kommentar, Band 2, 6. Aufl. 2012 (zit.: v. Münch/Kunig/*Bearbeiter*);

Nerlich, Jörg/Römermann, Volker, Insolvenzordnung, 40. EL März 2020 (zit.: Nerlich/Römermann/*Bearbeiter* InsO); *Noack, Ulrich*, Der Vorsitzende des Aufsichtsrats als Leiter der Hauptversammlung, Board 2011, 120 ff. (*Noack* Board 2011); *Nörr, Knut W./Oppermann, Thomas* (Hrsg.), Subsidiarität: Idee und Wirklichkeit, 1997 (zit.: *Bearbeiter* in Nörr/Oppermann, Subsidiarität);

Oebbecke, Janbernd, Anmerkung zu OLG Hamm Beschl. v. 9.7.1980 – 5 Ws 28/80, DVBl. 1981, 228 ff. (zit.: *Oebbecke* DVBl. 1981); *ders.*, Die Anstaltslast – Rechtspflicht oder politische Maxime?, DVBl. 1981, 960–965 (zit.: *Oebbecke* DVBl. 1981); *Oltmanns, Martin*, Geschäftsleiterhaftung und unternehmerisches Ermessen: Die Business Judgment Rule im deutschen und im amerikanischen Recht, 2001 (zit.: *Oltmanns*, Geschäftsleiterhaftung);

Perdelewitz, Johannes/Fabricius, Paulus/Kleiner, Ernst Eberhard, Das preußische Sparkassenrecht, 2. Aufl. 1955; *Piduch, Erwin*, Bundeshaushaltsrecht, 2. Aufl., 20. Lieferung Februar 2018 (zit.: Piduch/*Bearbeiter*); *Pohl, Manfred/Schneider, Andrea H.*, Die Rentenbank: Von der Rentenmark zur Förderung der Landwirtschaft, 1999 (zit.: Pohl/*A. Schneider*, Die Rentenbank);

Quardt, Gabriele, Zur Abschaffung von Anstaltslast und Gewährträgerhaftung, EuZW 2002, 424 ff. (zit.: *Quardt* EuZW 2002);

Reischauer, Friedrich/Kleinhans, Joachim, Kommentar Kreditwesengesetz (KWG), Loseblatt, EL 9/2019 (zit.: *Reischauer/Kleinhans* KWG); *Rümker, Dietrich*, Probleme der Anstaltslast und Gewährträgerhaftung bei öffentlich-rechtlichen Kreditinstituten, in *Lutter, Marcus/Oppenhoff, Walter/Sandrock, Otto/Winkhaus, Hanns* (Hrsg.), Festschrift für Ernst C. Stiefel zum 80. Geburtstag, 1987, S. 607 ff. (zit.: *Rümker* FS Stiefel, 1987); *ders.*, Zur Organverfassung öffentlich-rechtlicher Kreditinstitute, in *Hadding, Walther/Immenga, Ulrich/Mertens, Hans-Joachim/Pleyer, Klemens/Schneider, Uwe H.* (Hrsg.), Festschrift für Winfried Werner zum 65. Geburtstag am 17.10.1984 – Handelsrecht und Wirtschaftsrecht in der Bankpraxis, 1.Aufl. 1984, S. 745 ff. (zit.: *Rümker* FS Werner, 1984);

Sachs, Michael (Hrsg.), Grundgesetz Kommentar, 8. Aufl. 2018 (zit.: Sachs/*Bearbeiter*); *Säcker, Franz Jürgen* (Hrsg.) Münchener Kommentar Europäisches und Deutsches Wettbewerbsrecht, Bd. 5: Beihilfenrecht, 2. Aufl. 2018 (zit.: MüKo-WettbR/*Bearbeiter* Teil); *Säcker, Franz Jürgen/Rixecker, Roland/Oetker, Hartmut/Limperg, Bettina* (Hrsg.), Münchener Kommentar zum Bürgerlichen Gesetzbuch: BGB, 8. Aufl. 2020 (zit.: MüKoBGB/*Bearbeiter*); *Scherer, Peter/Schödermeier, Martin*, Staatliche Beihilfen und Kreditgewerbe, ZBB 1996, 165 ff. (zit.: *Scherer/Schödermeier* ZBB 1996); *Schimansky, Herbert/Bunte, Hermann-Josef/Lwowski, Hans Jürgen* (Hrsg.), Bankenrechts-Handbuch, 5. Aufl. 2017 (zit.: SBL BankR-

HdB/*Bearbeiter*); *Schlierbach, Helmut/Püttner, Günter*, Das Sparkassenrecht in der Bundesrepublik Deutschland, 3. Aufl. 1994 (zit.: *Schlierbach/Püttner*); *Schlierbach, Helmut*, Anstaltslast und Gewährträgerhaftung, Kommunalwirtschaft 1975, 447 ff. (zit.: *Schlierbach*, Kommunalwirtschaft 1975); *Schlimm, Katrin*, Das Geschäftsleiterermessen des Vorstands einer Aktiengesellschaft: Die Kodifikation einer ‚Business Judgment Rule' deutscher Prägung in § 93 Abs. 1 S. 2 AktG, 2009 (zit.: *Schlimm*, Geschäftsleiterermessen); *Schmidt-Bleibtreu, Bruno/Hofmann, Hans/Henneke, Hans-Günter* (Hrsg.), Grundgesetz: GG, 14. Aufl. 2017 (zit.: Schmidt-Bleibtreu/Hofmann/Henneke/*Bearbeiter* GG); *Schmidt, Dirk*, Die Anstaltslast als Aufgabenlast, ZfgK 1981, 762 ff. (zit.: *D. Schmidt* ZfgK 1981); *Schmidt, Gerold*, Zum Begriff des „Zweckvermögens" in Rechts- und Finanzwissenschaft, VerwArch 60, 295 ff. (zit.: *G. Schmidt* VerwArch 60); *Schmidt, Karsten/Lutter, Marcus* (Hrsg.), Aktiengesetz: AktG Kommentar, 4. Aufl. 2019 (zit.: K. Schmidt/Lutter/*Bearbeiter* AktG); *Schmidt, Karsten* (Hrsg.), Münchener Kommentar zum Handelsgesetzbuch, 4. Aufl. 2016 (zit.: MüKoHGB/*Bearbeiter*); *Schneider, Andrea H.*, Die Gründung der Landwirtschaftlichen Rentenbank in: *Gothe, Christiane*, An der Seite der Bauern – die Geschichte der Rentenbank, 2014, S. 134 ff. (zit.: *A. Schneider*, in Gothe: An der Seite der Bauern); *dies.*, Immergrüner Wandel – 85 Jahre Rentenbank, 2009 (zit.: *A. Schneider*, Immergrüner Wandel); *Schneider, Hannes/Busch, Torsten*, Anstaltslast und Gewährträgerhaftung als Beihilfe im Sinne von Art. 92 EGV?, EuZW 1995, 603 ff. (zit.: *H. Schneider/Busch* EuZW 1995); *Schneider, Sven H.*, Unternehmerische Entscheidungen als Anwendungsvoraussetzung für die Business Judgement Rule, DB 2005, 707 ff. (zit.: *S. Schneider* DB 2005); *Schneider, Uwe Helmut*, Das Finanzierungsrecht der öffentlich-rechtlichen Kreditinstitute, in *Jayme, Erik/Kegel, Gerhard /Lutter, Marcus* (Hrsg.), Ius inter nationes: Festschrift für Stefan Riesenfeld aus Anlaß seines 75. Geburtstages, 1983, S. 237 ff. (zit.: *U. Schneider* FS Riesenfeld, 1983); *Schoch, Friedrich/Schneider, Jens-Peter/Bier, Wolfgang*, Verwaltungsgerichtsordnung – Kommentar, Stand Januar 2020 (38. EL) (zit.: Schoch/Schneider/Bier/*Bearbeiter*); *Scholl, Claus*, Einlagensicherung bei Kreditinstituten, JuS 1981, 88 ff. (zit.: *Scholl* JuS 1981); *Scholz, Christoph*, Die Kreditinstitute des Bundes und ihre Aufgabe iR der Wirtschaftsverwaltung, Frankfurt am Main 1960 (zit.: *Scholz*, Die Kreditinstitute des Bundes); *Schulz, Norbert*, Neue Entwicklungen im kommunalen Wirtschaftsrecht, BayVBl. 1996, 129–133 (zit.: *N. Schulz* BayVBl. 1996); *Schulze, Reiner/Dörner, Heinrich/Ebert ua*, Handkommentar zum Bürgerlichen Gesetzbuch: BGB, 10. Aufl. 2019 (zit.: HK-BGB/*Bearbeiter*); *Schürnbrand, Jan*, Public Corporate Governance Kodex für öffentliche Unternehmen, ZIP 2010, 1105 ff. (zit.: *Schürnbrand* ZIP 2010); *Schwark, Eberhard*, Einlagensicherung bei Banken, NJW 1974, 1849 ff. (zit.: *Schwark* NJW 1974); *Schwennicke, Andreas/Auerbach, Dirk* (Hrsg.), Kreditwesengesetz (KWG) mit Zahlungsdiensteaufsichtsgesetz (ZAG) und Finanzkonglomerate-Aufsichtsgesetz (FKAG), 3. Aufl. 2016 (zit.: Schwennicke/Auerbach/*Bearbeiter* KWG); *Schwill, Florian*, Die Begrenzung des parlamentarischen Anfragerechts durch Betriebs- und Geschäftsgeheimnisse sowie Verschwiegenheitsregelungen, NVwZ 2019, 109 ff. (zit.: *Schwill* NVwZ 2019); *Seidel, Günter W.*, Landwirtschaftliche Rentenbank, ZfgK 1986, 244 ff. (zit.: *Seidel* ZfgK 1986); *Semler, Johannes/Peltzer, Martin/Kubis, Dietmar*, Arbeitshandbuch für Vorstandsmitglieder, 2. Aufl. 2015 (zit.: Semler/Peltzer/Kubis/*Bearbeiter*, Vorstands-HdB); *Seubert, Walter*, Die Brüsseler „Verständigung" zu Anstaltslast und Gewährträgerhaftung – Eine Betrachtung aus europarechtlicher und mitgliedstaatlicher Sicht, Frankfurt am Main 2005 (zit.: *Seubert*, Die Brüsseler „Verständigung" zu Anstaltslast und Gewährträgerhaftung); *Siebel, Ulf R.*, Der Ehrenvorsitzende, in *Lutter, Marcus/Scholz, Manfred/Sigle, Walter* (Hrsg.), Festschrift für Martin Peltzer zum 70. Geburtstag, 2001, S. 519 ff. (zit.: *Siebel* FS Peltzer, 2001); *Siekmann, Helmut,* Die rechtliche Regulierung öffentlicher Banken in Deutschland, Institute for Monetary and Financial Stability, Working Paper Series No. 48 2011 (zit.: *Siekmann*, Die rechtliche Regulierung öffentlicher Banken in Deutschland); *Spindler, Gerald/Stilz, Eberhard* (Hrsg.), Kommentar zum Aktiengesetz: AktG, 4. Aufl. 2019 (zit.: Spindler/Stilz/*Bearbeiter* AktG); *Steding, Rudolf*, Landwirtschaftliche Rentenbank und Genossenschaftskasse, ZfgK 1949, 112 ff. (zit.: *Steding* ZfgK 1949); *Stern, Klaus/Burmeister, Joachim*, Die kommunalen Sparkassen: verfassungs- und verwaltungsrechtliche Probleme, 1972 (zit.: *Stern/Burmeister*, Die kommunalen Sparkassen); *Stöcker, Otmar*, Pfandbriefe und Gedeckte Bankschuldverschreibungen (Teil 1), EuZW 2018, 565 ff. (zit.: *Stöcker* EuZW 2018); *ders.*, Pfandbriefe und Gedeckte Bankschuldverschreibungen (Teil 2), EuZW 2018, 617 ff. (zit.: *Stöcker* EuZW 2018); *ders.*, Die Hypothekenbanken und der Pfandbrief in den mittel-europäischen Reformländern, 1998; *Storck, Hans,* Die Haftungsverpflichtung der Sparkassengewährverbände, Gemeindetag – Zeitschrift für die deutsche Gemeindepolitik 1937, 573 ff. (zit.: *Storck*, Gemeindetag 1937); *Storr, Stefan,* Der Staat als Unternehmer, 2001; *v. Stralendorff, Christian*, Zweckvermögensgesetz – Kommentar, 2012 (zit.: *v. Stralendorff* ZweckVG); *Stürner, Rolf/Eidenmüller, Horst/Schoppmeyer, Heinrich*, Münchener Kommentar zur Insolvenzordnung, 4. Aufl., 2019 (zit.: MüKoInsO/*Bearbeiter*);

Teuber, Christian, Parlamentarische Informationsrechte: eine Untersuchung an den Beispielen des Bundestages und des Landtages Nordrhein-Westfalen, 2007 (zit.: *Teuber*, Parlamentarische Informationsrechte); *Thode, Bernd*, Zur Gewährträgerhaftung und Anstaltslast bei kommunalen Sparkassen und Landesbanken, Sparkasse 1994, 134 ff. (zit.: *Thode* Sparkasse 1994); *Thümmel, Roderich*, Persönliche Haftung von Managern und Aufsichtsräten – Haftungsrisiken bei Managementfehlern, Risikobegrenzung und D&O-Versicherung, 5. Aufl. 2016 (zit.: *Thümmel*, Persönliche Haftung von Managern und Aufsichtsräten); *Twiehaus, Uwe*, Die öffentlich-rechtlichen Kreditinstitute, 1965 (zit.: *Twiehaus*);

Vogel, Hans-Gert, Öffentliche Kreditinstitute und EU-Beihilfenrecht, ZBB-Report 2001, 103 ff. (zit.: *Vogel* ZBB-Report 2001); *Vollmöller, Thomas*, Öffentlichrechtliche Kreditinstitute und EU-Beihilfenrecht, NJW 1998, 716 ff. (zit.: *Vollmöller* NJW 1998); *Vorwerk, Volkert/Wolf, Christian*, Beck'scher Online-Kommentar ZPO, 23. Edition 2016 (zit.: BeckOK ZPO/*Bearbeiter*);

Waigel, Christian, Die Unabhängigkeit der Europäischen Zentralbank. Gemessen am Kriterium demokratischer Legitimation, 1999 (zit.: *Waigel*, Die Unabhängigkeit der Europäischen Zentralbank); *Waldmann, Knut*, Das Kommunalunternehmen als Rechtsformalternative für die wirtschaftliche Betätigung von Gemeinden, NVwZ 2008, 284 ff. (zit.: *Waldmann* NVwZ 2008); *Weber, Werner*, Die bundesunmittelbaren juristischen Personen des öffentlichen Rechts, in *Pleyer, Klemens/ Schultz, Dietrich/Schwinge, Erich* (Hrsg.), Festschrift für Rudolf Reinhardt zum 70. Geburtstag, 1972 (zit.: *Weber* FS Reinhardt, 1972); *Weides, Peter/Bosse, Burkhard Roderich*, Rechtsprechung zum Sparkassenrecht, Erste Folge 1981 (zit.: Weides/Bosse, Rechtsprechung zum Sparkassenrecht); *Werner, Rüdiger*, Auskunftsansprüche der Öffentlichkeit gegenüber Aktiengesellschaften unter Beteiligung der öffentlichen Hand, NVwZ 2019, 449 ff. (zit.: *Werner* NVwZ 2019); *Wiesel, Ernst,* Sparkassen und Landesbanken auf dem Prüfstand des europäischen Wettbewerbsrechts – Chancen und Risiken für die Sparkassenfinanzgruppen, ZBB 2002, 288 ff. (zit.: *Wiesel* ZBB 2002); *Wolff, Hans/Bachof, Otto/Stober, Rolf/ Kluth, Winfried,* Verwaltungsrecht I: ein Studienbuch, 13. Aufl. 2017 (zit.: WBSK VerwR I); *dies.,* Verwaltungsrecht II: ein Studienbuch, 7. Aufl. 2010 (zit.: WBSK VerwR II); *dies.,* Verwaltungsrecht III: ein Studienbuch, 5. Aufl. 2004 (zit.: WBSK VerwR III); *Wruuck, Patricia,* Investitionen und Wachstum stärken: Die Rolle der Förderbanken in Europa, EU-Monitor, Deutsche Bank Research, 9.5.2016 (zit.: *Wruuck,* Investitionen und Wachstum stärken, EU-Monitor, Deutsche Bank Research, 9.5.2016); *Wulf, Daniel,* Der Verwaltungsrat öffentlich-rechtlicher Kreditinstitute – Befugnisse und Verantwortlichkeit des Verwaltungsrates öffentlich-rechtlicher Kreditinstitute des Bundes und der Länder, 1992 (zit.: *Wulf,* Der Verwaltungsrat öffentlich-rechtlicher Kreditinstitute);

Zöllner, Wolfgang/Noack, Ulrich (Hrsg.), Kölner Kommentar zum Aktiengesetz, 3. Aufl. 2009 (zit.: Kölner Komm AktG/*Bearbeiter* AktG); *Zöllner, Wolfgang,* Unternehmensinnenrecht – Gibt es das?, AG 2003, 2 ff. (zit.: *Zöllner* AG 2003)

Gesetz über die Landwirtschaftliche Rentenbank

In der Fassung der Bekanntmachung vom 12. Dezember 2013[1] (BGBl. I S. 4120)

(FNA 7624-1)

zuletzt geändert durch Art. 14 Abs. 7 G zur Umsetzung der Zweiten
ZahlungsdiensteRL[2] vom 17. Juli 2017 (BGBl. I S. 2446)

Einleitung

I. Anlass, Zweck und Ziel des
Gesetzes 1
II. Entstehungsgeschichte 5
  1. Geburt durch Gesetz 5
  2. Gesetz über die Rentenbankgrundschuld, Renten-
bankgrundschuldzinsen ... 10
  3. Dotierung der Deutschen
Genossenschaftskasse
(§ 3 aF) 14
  4. Weitere Gesetzesänderun-
gen 15

III. Fördertätigkeit im Auftrag der
Bundesrepublik Deutschland   16
IV. Gesetzgebungskompetenz des
Bundes 23
V. Satzung der Landwirtschaftli-
chen Rentenbank 24
VI. Rechtsrahmen außerhalb des
LR-G 25
VII. Änderungshistorie des LR-G
seit Neufassung 2014 30

I. Anlass, Zweck und Ziel des Gesetzes

§ 1 Abs. 1 S. 1 des Errichtungsgesetzes vom 11.5.1949 lautete wie folgt: 1

*„Zur Beschaffung und Gewährung von Krediten für die Landwirtschaft
und Ernährungswirtschaft (einschließlich Forstwirtschaft und Fischerei)
wird im Vereinigten Wirtschaftsgebiet eine Zentralbank unter dem Namen Landwirtschaftliche Rentenbank als Anstalt des öffentlichen Rechts
errichtet."*

Die Landwirtschaftliche Rentenbank (im Folgenden: Rentenbank) wurde   2
1949 primär aus der Notwendigkeit heraus gegründet, die landwirtschaftliche Erzeugung im Interesse der Ernährungssicherung zu steigern.
Um der Landwirtschaft die Erfüllung ihrer lebenswichtigen Aufgaben zu
ermöglichen, musste ihr ausreichende und nachhaltige Hilfe gewährt
werden, denn in der Nachkriegszeit bestand erheblicher Nachholbedarf
bei der Beschaffung von Düngemitteln, den Investitionen in lebendes und
totes Inventar, der Durchführung und Erhaltung von Bodenverbesserun-
gen sowie der Instandsetzung der Wirtschaftsgebäude. In der amtl. Begr.

---

1 Neubekanntmachung des LwRBankG idF v. 4.9.2002 (BGBl. I S. 3646) in der ab
   1.1.2014 geltenden Fassung.
2 **Amtl. Anm.:** Dieses Gesetz dient der Umsetzung der Richtlinie (EU) 2015/2366 des
   Europäischen Parlaments und des Rates vom 25. November 2015 über Zahlungsdienste im Binnenmarkt, zur Änderung der Richtlinien 2002/65/EG, 2009/110/EG
   und 2013/36/EU und der Verordnung (EU) Nr. 1093/2010 sowie zur Aufhebung der
   Richtlinie 2007/64/EG (ABl. L 337 vom 23.12.2015, S. 35; L 169 vom 28.6.2016,
   S. 18).

des Gesetzentwurfs[1] wird besonders auf den Kreditbedarf der Landwirtschaft hingewiesen, der sich aus dem Erfordernis ergebe, alle Möglichkeiten einer rationellen Betriebsführung, insbes. durch geeigneten Einsatz neuzeitlicher Produktionsmittel, zu nutzen. Es müsse vermieden werden, dass mangels rechtzeitiger Vorsorge für längerfristige Kredite in einer für den Landwirt geeigneten Form zu tragbaren Bedingungen die Landwirtschaft wieder in hochverzinsliche kurzfristige Schuldverpflichtungen verstrickt werde, so wie es nach der Währungsreform 1924 geschehen sei.

3 Angesichts der damals bestehenden Kapitalknappheit konnte der Unter- und Mittelbau der landwirtschaftlichen Kreditorganisation den Finanzbedarf der Landwirtschaft in einer den landwirtschaftlichen Verhältnissen angepassten langfristigen Form nicht von sich aus befriedigen. Mit Gründung eines neuen zentralen Refinanzierungsinstituts sollte der Landwirtschaft als Ersatz für die in Liquidation befindliche Deutsche Rentenbank Kreditanstalt (RKA) wieder ein starkes Instrument zur Verfügung gestellt werden, das für die Kreditbelange der Landwirtschaft ein Refinanzierungsrückhalt sein konnte.

4 Die Ausstattung des neuen zentralen Refinanzierungsinstituts mit einem Grundkapital, wie es zur Erfüllung seiner großen volkswirtschaftlichen Aufgabe erforderlich ist, war nur durch eine bedeutende Kraftanstrengung der gesamten Land- und Forstwirtschaft im Vereinigten Wirtschaftsgebiet möglich.[2] Die öffentliche Hand konnte mangels öffentlicher Haushaltsmittel das erforderliche Dotationskapital nicht zur Verfügung stellen. Stattdessen sollte der landwirtschaftliche Berufsstand die Bank nach dem Vorbild ihrer Vorgängerinstitute RKA und Deutsche Rentenbank mit Grundkapital ausstatten. Die Eigentümer und Pächter der mit der Rentenbankgrundschuld belasteten Grundstücke mussten über einen Zeitraum von 10 Jahren Rentenbankgrundschuldzinsen abführen, woraus das Grundkapital der Landwirtschaftlichen Rentenbank gebildet worden ist. Da die Erhebung dieser Sonderabgabe auf einem Vorschlag der landwirtschaftlichen Organisationen beruht, sie dem landwirtschaftlichen Berufsstand also nicht etwa gegen seinen Willen auferlegt wurde, bedeutet das Errichtungsgesetz letzten Endes die gesetzliche Verankerung einer Selbsthilfeaktion der Landwirtschaft zur Neuerrichtung ihres Kredit-Spitzeninstitutes.[3]

---

1 Schreiben der Verwaltung für Ernährung, Landwirtschaft und Forsten des Vereinigten Wirtschaftsgebietes vom 12.6.1948 – Tgb.-Nr.: IV/7 – 1135/48 –, (nv) zit. nach *v. Stralendorff*, Erl. zum LR-G in: Das Deutsche Bundesrecht, IV E 11, 1093. EL 2010, Einl. Rn. 1.
2 *Steding* ZfgK 1949, 112 zit. nach *v. Stralendorff*, Erl. zum LR-G in: Das Deutsche Bundesrecht, IV E 11, 1093. EL 2010, Einl. Rn. 3.
3 Schreiben der Verwaltung für Ernährung, Landwirtschaft und Forsten des Vereinigten Wirtschaftsgebietes vom 12.6.1948 – Tgb.-Nr.: IV/7 – 1135/48 –, (nv). S. 2 zit. nach *v. Stralendorff*, Erl. zum LR-G in: Das Deutsche Bundesrecht, IV E 11, 1093. EL 2010, Einl. Rn. 3; *Steding* ZfgK 1949, 112 (112) zit. nach *Scholz*, Die Kreditinstitute des Bundes, S. 44.

II. Entstehungsgeschichte

1. Geburt durch Gesetz

Charakteristisch und strukturbildend für die Rentenbank sind die unge- 5
wöhnliche Verknüpfung öffentlich-rechtlicher und privatwirtschaftlicher
Konstruktionsprinzipien sowie die Anwendung des Subsidiaritätsprin-
zips. Bereits der Geburtsakt der Rentenbank ist im bankenrechtlichen
Vergleich außergewöhnlich. Weder ein Gesellschafterbeschluss noch eine
Lizenzerteilung stehen am Anfang, sondern vielmehr ein formelles Gesetz des bundesdeutschen Gesetzgebers: Am 11.5.1949 verabschiedete
der Wirtschaftsrat des Vereinigten Wirtschaftsgebiet das Gesetz über die
Landwirtschaftliche Rentenbank.[4] Das Gesetz wurde durch die Verordnung über die Erstreckung der Rentenbankgesetzgebung vom
21.2.1950[5] gem. Art. 127 GG auf das gesamte (westdeutsche) Bundesgebiet erstreckt und durch Gesetz vom 6.11.1953[6] auf Berlin ausgeweitet.
Nach der Wiedervereinigung wurde das LR-G durch die Verordnung
über die Erstreckung der Rentenbankgesetzgebung vom 21.2.1950[7] auf
das gesamte Bundesgebiet erstreckt. Es gilt nunmehr als Gesetz über die
Landwirtschaftliche Rentenbank idF der Bekanntmachung vom
12.12.2013.[8] Diese Legislativakte markieren die Geburt der Rentenbank
(zum Wegfall dieser Gründungserklärung im Gesetz über die Landwirtschaftliche Rentenbank s. Kommentierung in § 1).

Auch hier setzt sich formell das kontinuierliche Element fort, da auch die 6
Funktionsvorgängerin, die RKA im August 1925 sowie wiederum deren
Vorläuferinstitut, die Deutsche Rentenbank im Oktober 1923 durch
einen (materiellen) Gesetzesakt zum Zweck der Währungssanierung ins
Leben gerufen wurde.[9] Die RKA war durch Gesetz vom 18.7.1925[10] errichtet worden. Sie ist aus der Deutschen Rentenbank hervorgegangen,
die als Währungsbank zur Bekämpfung der damaligen Hyperinflation
gegründet worden war. Deren Kapitalausstattung war zu gleichen Teilen
von der Landwirtschaft einerseits und von Industrie, Gewerbe und Handel andererseits aufgebracht worden. Die Heranziehung der Landwirtschaft erfolgte durch eine generelle Belastung aller landwirtschaftlichen
Grundstücke mit der Rentenbankgrundschuld.[11]

Und so knüpfte die Rentenbank 1949 nicht nur mit der Beibehaltung des 7
Namensbestandteils „Rentenbank", der den Funktionszusammenhang
mit der RKA bewahren und zugleich an die ehemalige „Deutsche Ren-

---

4 WiGBl. S. 77.
5 BGBl. 1950 I 37.
6 GVBl. Berlin 1953, 1371.
7 BGBl. 1950 I 37.
8 BGBl. 2013 I 4120.
9 VO über die Errichtung der Deutschen Rentenbank vom 15.10.1923, RGBl. 1923
   (100) I 963; s. hierzu *Pohl/A. Schneider*, Die Rentenbank, S. 23.
10 RGBl. 1925 I 145.
11 VO über die Errichtung der Deutschen Rentenbank vom 15.10.1923, RGBl. I 963.

tenbank" und die „Rentenbankgrundschulden" anknüpfen sollte,[12] sondern auch formell an die Tradition dieser Institute an. Diese formelle Anknüpfung an ein Gesetz ist nicht allein der Rechtsnatur der Rentenbank als Anstalt des öffentlichen Rechts geschuldet. Denn die Deutsche Rentenbank wurde im Gegensatz zur Rentenbank ausdrücklich als juristische Person des Privatrechts gegründet.[13] Entscheidend hierfür waren zum einen die öffentlichen Funktionen, die der Deutschen Rentenbank übertragen wurden, zum anderen die Kapitalbildung im Wege öffentlichrechtlich begründeter Grundschulden an land- und forstwirtschaftlichen sowie gärtnerisch genutzten Flächen sowie schließlich die Steuerbefreiung.

8   Als die ursprünglich geplante Fusion von Deutscher Rentenbank und RKA nach dem Krieg daran scheiterte, dass der nach Meinung der Alliierten zustimmungspflichtige Alliierte Kontrollrat nicht mehr funktionstüchtig war, entschied man sich für eine Neugründung, da diese keiner Genehmigung durch den Alliierte Kontrollrat bedurfte. Zudem wäre die Ausstattung der RKA mit neuem Kapital mit Rücksicht auf die bilanzmäßige Verflechtung mit der Sowjetzone und mit Rücksicht darauf, dass der westdeutsche Gesetzgeber für eine Gesamtregelung des Berliner Zentralinstituts nicht zuständig war, undurchführbar gewesen.[14] Die Berliner Altbank RKA wurde zum Zwecke der Abwicklung als verlagertes Geldinstitut anerkannt.[15] Sie ist mit Bekanntmachung der Beendigung ihrer Abwicklung erloschen.[16] Der Vermögensüberschuss ist 1975 nach § 8 Abs. 4 Nr. 2 WährUmStAbschlG auf die Rentenbank übergegangen. Die Deutsche Rentenbank war vorher bereits durch das Gesetz über die Liquidation der Deutschen Rentenbank und über weitere Maßnahmen zur Abwicklung der landwirtschaftlichen Entschuldung vom 26.7.1956[17] aufgelöst worden.

9   Für die Schaffung der Rentenbank griff man bewusst auf die Gesetzesform zurück, um der Rentenbank die vollumfängliche Übernahme der Organisationsstrukturen sowie der Aufgaben ihrer Funktionsvorgängerinnen zu ermöglichen.[18] So übernahm die Rentenbank von der RKA ihre Rechtsnatur als Zentralbank, wonach sie sich grds. auf das Refinanzierungsgeschäft beschränkt. Dies blieb auch sprachlich erkennbar, denn noch bis 2002 verwendete das LR-G für diese Funktion den Begriff „Zentralbank".

---

12 Schreiben der Verwaltung für Ernährung, Landwirtschaft und Forsten des Vereinigten Wirtschaftsgebietes vom 12.6.1948 – Tgb.-Nr.: IV/7 – 1135/48 –, (nv) zit. nach *v. Stralendorff*, Erl. zum LR-G in: Das Deutsche Bundesrecht, IV E 11, 1093. EL 2010, Einl. Rn. 5.
13 § 1 S. 2 der VO über die Errichtung der Deutschen Rentenbank.
14 *Scholz*, Die Kreditinstitute des Bundes, S. 43.
15 BAnz. 1949 Nr. 23 u. 1953 Nr. 17.
16 BAnz. 1978 Nr. 203.
17 BGBl. 1956 I 669.
18 Zu den Aufgaben der Funktionsvorgängerinstitute umfassend *Berthold/Seelmann-Eggebert*, Die Deutsche Rentenbank, S. 166.

Martínez/Poppe

2. Gesetz über die Rentenbankgrundschuld, Rentenbankgrundschuldzinsen

Auch bei der Kapitalaufbringung der Rentenbank griff man nicht auf öffentliche Haushaltmittel, sondern auf das bereits 1923 angewendete gemischt privatwirtschaftliche/öffentlich-rechtliche Verfahren zurück. So wurde, wie bereits bei der Deutschen Rentenbank praktiziert, das Grundkapital von 135 Mio. EUR nicht wie bei anderen Förderinstituten durch den Bund oder die Länder, sondern durch Rentenbankgrundschuldzinsen aufgebracht. Der landwirtschaftliche Berufsstand stimmte der erneuten Selbsthilfeaktion zu, gleichwohl erließ der Gesetzgeber wie bereits 1923 mit § 3 Nr. 3 RentBkGrSchG[19] eine öffentlich-rechtliche Ermächtigung zur zeitlich begrenzten Erhebung von Rentenbankgrundschuldzinsen für die Kapitalausstattung der Bank.   10

Das RentBkGrSchG bestimmte in seinem § 1, dass die Haftung des im Vereinigten Wirtschaftsgebiet befindlichen Vermögens der Deutschen Rentenbank einschließlich der aufgrund der RentenbankVO bestehenden Grundschulden und Zinszahlungsverpflichtungen erlosch. Nach § 2 RentBkGrSchG bleibt die Belastung der dauernd landwirtschaftlichen, forstwirtschaftlichen oder gärtnerischen Zwecken dienenden Grundstücke nach §§ 6–8 und 10 der RentenbankVO und § 4 des Gesetzes über die Liquidierung des Umlaufs an Rentenbankscheinen als Reallast (Rentenbankgrundschuld) nach Maßgabe des § 3 RentBkGrSchG zugunsten der Rentenbank bestehen. Damit wurden die seit 1923 bestehenden Rentenbankgrundschulden, die ihrer Funktion der Währungsstabilisierung aus dem Jahr 1924 nunmehr entledigt worden waren, nunmehr weiterhin als Haftungsgrundlage der Rentenbank genutzt.   11

§ 3 Nr. 1 RentBkGrSchG bestimmte, dass die Rentenbankgrundschuld in das Grundbuch nicht eingetragen wird und allen anderen Lasten im Range vorgeht.   12

Die notwendigen baren Mittel sollten der Rentenbank durch Erhebung der Rentenbankgrundschuldzinsen auf die Dauer von 10 Jahre allmählich zugeführt werden. Zwischen 1949 und 1958 entrichteten alle landwirtschaftlichen Betriebe, einschließlich Forstwirtschaft und Gartenbau, ab einem Einheitswert von 6.000 DM Rentenbankgrundschuldzinsen an die Rentenbank in Höhe von jährlich 0,15 Prozent des jeweiligen Einheitswertes der belasteten Grundstücke. Das für die Veranlagung des Grundstückseigentümers zur Vermögensteuer zuständige Finanzamt setzte den Betrag der jährlichen Rentenbankgrundschuldzinsen in einem sog. Rentenbankgrundschuldbescheid fest.[20] Dadurch wurde in den Jahren 1949 bis 1958 ein Grundkapital von 200 Mio. DM geschaffen.[21]   13

---

19 WiGBl. S. 79.
20 VO zur Durchführung des Gesetzes über die Rentenbankgrundschuld vom 25.5.1949, WiGBl. S. 80.
21 Zur Rechtsnatur der Rentenbankgrundschuld und der Rentenbankgrundschuldzinsen, vgl. *Götz* FS Mallmann, 1978, 72 ff.

3. Dotierung der Deutschen Genossenschaftskasse (§ 3 aF)

14   Anfangs floss gem. § 3 des Errichtungsgesetzes idF vom 14.9.1953[22] die Hälfte der eingehenden Grundschuldzinsen an die neu errichtete Deutsche Genossenschaftskasse, bis bei dieser hieraus eine Sonderrücklage von 64 Mio. DM geschaffen war. Diese Rücklage sollte nach § 6 des Gesetzes über die Deutsche Genossenschaftskasse vorzugsweise für Kredite zur Förderung der Erzeugung und des Absatzes landwirtschaftlicher Güter und zur Förderung der genossenschaftlichen Einrichtungen zur Versorgung landwirtschaftlicher Betriebe mit landwirtschaftlichen Betriebsmitteln verwendet werden. In den siebziger Jahren wurde diese Sonderrücklage gem. Art. 1 § 4 des Gesetzes über die Deutsche Genossenschaftsbank und zur Änderung des LR-G vom 22.12.1975[23] in Form von Anteilen an der Deutschen Genossenschaftsbank an die Rentenbank rückübertragen. Durch diese Selbsthilfeaktion des landwirtschaftlichen Berufsstandes wurde somit ohne Einsatz öffentlicher Mittel ein Grundkapital in Höhe von 264 Mio. DM geschaffen. § 3 wurde durch Art. 1 Nr. 2 des Zweiten Gesetzes zur Änderung des LR-G vom 12.2.1963[24] als gegenstandslos gestrichen, nachdem die Zuführung abgeschlossen war.

4. Weitere Gesetzesänderungen

15   Das LR-G ist die Rechtsgrundlage für die Tätigkeit als Anstalt des öffentlichen Rechts. Diese Rechtsgrundlage ist relativ selten verändert worden. Die Anpassungen erfolgten idR nicht zwecks einer grundlegenden Neuausrichtung der bisherigen Förder- und Geschäftstätigkeit oder einer Neustrukturierung der Organisation. Primär fand eine Aktualisierung und Präzisierung der Aufgabenbeschreibung der Bank sowie die Anpassung der Organisation und der Zusammensetzung der Gremien an neue europäische oder nationale rechtliche Vorgaben statt. So wurde das LR-G und das RentBkGrSchG nach Konstituierung der Bundesrepublik Deutschland zunächst einmal durch die Verordnung über die Erstreckung der Rentenbankgesetzgebung vom 21.2.1950[25] auf das übrige Bundesgebiet erstreckt. In (West-) Berlin wurde es bereits durch Gesetz vom 6.11.1953[26] übernommen. Weiter sind insbes. die Aufgabenbeschreibungen konkretisiert und systematischer gefasst worden und die Europäisierung des Kapitalmarktes zB durch die schon seit 1993 praktizierte Möglichkeit, im Agrarkreditgeschäft engagierten Kreditinstituten mit Sitz in einem Mitgliedstaat der EU, Finanzierungsmittel zu Marktkonditionen zu gewähren, rechtlich abgesichert worden. Organisationsrechtlich bedeutsam war die Reform der Zusammensetzung des Verwaltungsrates im Jahr 2002, um den Einfluss des Bundes zu stärken.[27]

---

22 BGBl. 1953 I 1330.
23 BGBl. 1975 I 3171.
24 BGBl. 1963 I 121.
25 BGBl. 1950 I 37.
26 GVBl. Berlin 1953, 1371.
27 Fünftes Gesetz zur Änderung des Gesetzes über die Landwirtschaftliche Rentenbank vom 23.7.2002, BGBl. I 2782.

III. Fördertätigkeit im Auftrag der Bundesrepublik Deutschland

Die Kredittätigkeit der Rentenbank stützte sich in den ersten Jahren wegen der Unergiebigkeit des Kapitalmarktes hauptsächlich auf die Marshall-Plan-Gelder für die Landwirtschaft (ERP-Mittel), auf Arbeitsbeschaffungsmittel der Bundesregierung und auf die aus den eingehenden Rentenbankgrundschuldzinsen verfügbaren Eigenmittel. Im Jahre 1953, als sich der Kapitalmarkt aus seiner Erstarrung zu lösen begann, konnte erstmalig eine Anleihe emittiert werden, und seitdem haben die Erlöse aus dem Verkauf von Schuldverschreibungen laufend zunehmende Bedeutung erlangt. 16

Die kurzfristigen Kredite dienten vornehmlich der staatlichen Nahrungsmittelbevorratung und wurden im Wesentlichen auf Wechselbasis bereitgestellt. Die für die Einfuhr- und Vorratsstellen bestimmten Kredite wurden von Bankenkonsortien unter Führung der Rentenbank gewährt. 17

Die mittel- und langfristigen Kredite dienten anfangs hauptsächlich der Finanzierung von Investitionen zur Steigerung der Wirtschaftlichkeit landwirtschaftlicher Betriebe. Unter den Verwendungszwecken standen damals der Erwerb von Maschinen und die Vergrößerung der durch Krieg dezimierten Viehbestände im Vordergrund, dann aber auch Erweiterungs- und Neubauten von Betriebsgebäuden. Eine beachtliche Rolle spielten alsbald die verschiedenartigen Besitzfestigungsmaßnahmen, wie die Aussiedlung von Betrieben aus beengter Dorflage in die Feldmark, die Betriebsvergrößerung durch Grundstückskauf und die Erleichterung des geschlossenen Hofübergangs im Generationswechsel zur Verhinderung unwirtschaftlicher Besitzzersplitterung. Maßnahmen dieser Art machten einen großen Teil der von Bund und Ländern geförderten Bestrebungen zur Verbesserung der Agrarstruktur aus, ebenso wie die sog. überbetrieblichen Maßnahmen zur Verbesserung der Agrarstruktur wie zB der landwirtschaftliche Wirtschaftswegebau innerhalb und außerhalb der Flurbereinigung. Seit Beginn der „Grünen Pläne" 1956 bis 1972 hat die Rentenbank ca. 17.000 Aussiedlungen, 27.000 bauliche Maßnahmen in Altgehöften und 10.000 Aufstockungen unterstützt. Dafür waren ca. 2,5 Mrd. DM bereitgestellt worden.[28] 18

Mit dem 1973 in Kraft getretenen Gesetz über die Gemeinschaftsaufgabe „Verbesserung der Agrarstruktur und des Küstenschutzes" vom 3.9.1969[29] ging die verfahrensmäßige Durchführung der Fördermaßnahmen für die Landwirtschaft in die ausschließliche Kompetenz der Bundesländer über. Die Rentenbank war fortan nicht mehr zentrale Bewilligungsstelle des Bundes zur Verteilung der Fördermittel. Die meisten Bundesländer führten von nun an Kreditförderung und Zinsverbilligung selbst durch und beauftragten ihre Landesbanken oder landeseigene Förderinstitute mit diesen Aufgaben. 19

---

28 Geschäftsbericht 1972, S. 29.
29 BGBl. 1969 I 1573.

20 Nach Wegfall des bis dahin wichtigsten Aufgabengebietes musste der
    Förderauftrag auf andere Art und Weise ausgefüllt werden. Die Renten-
    bank begann mit der Entwicklung hauseigener Programmkredite (früher
    „Sonderkreditprogramme") zu besonders günstigen Zinssätzen. Hierbei
    hat sie sich, dem Wandel in der Agrarpolitik folgend, nicht nur auf die
    ländlichen Betriebe beschränkt, sondern auch den ländlichen Raum als
    agrarnahen Wirtschaftsstandort sowie ländliche Kommunen und
    kommunale Einrichtungen einbezogen. Angesichts der zunehmenden
    Verflechtung mit vor- und nachgelagerten Wirtschaftsbereichen erstreckt
    sich die Fördertätigkeit mittlerweile auf die gesamte Wertschöpfungsket-
    te des Agrarsektors. Die Rentenbank versteht sich als Förderbank für die
    Agrarwirtschaft und die ländliche Entwicklung und unterstützt als Part-
    nerin einer bedeutenden Wachstumsbranche mit globaler Verantwortung
    diese mit vielfältigen Angeboten.

21 Neben den hauseigenen Programmkrediten stellt die Bank in enger Ab-
    stimmung mit dem BMEL verbilligte Kredite zur Innovationsförderung
    aus dem Zweckvermögen des Bundes zur Verfügung.[30]

22 Im Kreis der öffentlich-rechtlichen Kreditinstitute gehört die Rentenbank
    als Förderbank im Geschäftsbereich des Bundes zu der Gruppe der staat-
    lichen Förderinstitute, die grds. wettbewerbsneutral im öffentlichen In-
    teresse Wirtschaftsförderung betreiben. Sie refinanziert sich überwiegend
    an den internationalen Finanzmärkten und verfügt über Triple-A Ratings
    der drei wichtigsten Ratingagenturen. Mit einer Bilanzsumme von 90,9
    Mrd. EUR[31] gehört die Rentenbank zu den 20 größten Banken Deutsch-
    lands.

IV. Gesetzgebungskompetenz des Bundes

23 Die Geburtsstunde der Rentenbank (11.5.1949) lag knapp zwei Wochen
    vor der Verabschiedung des Grundgesetzes. Das vom Wirtschaftsrat des
    Vereinigten Wirtschaftsgebiets verabschiedete Gesetz über die Landwirt-
    schaftliche Rentenbank[32] ist damit vorkonstitutionelles Recht.[33] Das Ge-
    setz aus der Besatzungszeit, das zunächst nur für die britische und die
    amerikanische Besatzungszone Geltung besaß, galt nach Inkrafttreten
    des Grundgesetzes nach Art. 123 GG fort. Damit war jedoch noch nicht
    die Frage beantwortet, ob es als Bundes- oder Landesrecht fortgalt. Dies
    ist Gegenstand der Regelung in Art. 125 GG. Art. 125 GG erklärt nach
    Art. 123 GG übergeleitetes Altrecht innerhalb seines zum Überleitungs-
    zeitpunkt bestehenden Geltungsbereiches zu Bundesrecht, sofern es Ge-
    genstände der damaligen konkurrierenden Bundesgesetzgebung betrifft.
    Die Förderung der land- und forstwirtschaftlichen Erzeugung (ohne das

---

30 Vgl. ZweckVG.
31 Geschäftsbericht 2019, Wichtige Kennzahlen, S. 0 (Einbandrückseite).
32 WiGBl. S. 77.
33 Recht ist vorkonstitutionell iSd GG, wenn es vor dem Zusammentritt des 1. Deut-
    schen Bundestags entstanden ist. Der Stichtag ist daher der 7.9.1949. Vgl. hierzu
    Maunz/Dürig/*Giegerich* Art. 123 Rn. 34.

Recht der Flurbereinigung), die Sicherung der Ernährung, die Ein- und Ausfuhr land- und forstwirtschaftlicher Erzeugnisse sind Gegenstände der konkurrierenden Gesetzgebung nach Art. 74 Abs. 1 Nr. 17 GG. Damit gilt das LR-G bis heute als Bundesrecht fort.

V. Satzung der Landwirtschaftlichen Rentenbank

Die Satzung der Rentenbank wurde 1954 vom Verwaltungsrat der Ren-   24
tenbank mit Zustimmung der Bundesregierung beschlossen.[34] Seitdem wurde sie mehrmals geändert. Sie gilt heute idF der Bekanntmachung vom 27.12.2018.[35] Die letzte Änderung der Satzung wurde durch das BMEL im Einvernehmen mit dem BMF mWz 15.12.2018 genehmigt.

VI. Rechtsrahmen außerhalb des LR-G

Neben dem Errichtungsgesetz wird der Rechtsrahmen für die Renten-   25
bank zudem durch weitere Normen bestimmt. Für das von der Rentenbank treuhändisch verwaltete Zweckvermögen des Bundes gilt darüber hinaus noch das Gesetz über das ZweckVG.[36]

Ausdrückliche Einzelregelungen zur Rentenbank finden sich in: 26

- Art. 2 Abs. 5 Nr. 5 RL EU 2013/36 (idF durch RL (EU) 2019/878)
- § 241 Abs. 2 Nr. 3 AO
- § 5 Abs. 1 Nr. 2 KStG
- 3 Abs. 1 Nr. 2 GewStG
- § 3 Nr. 2 GewStG
- § 3 Abs. 1 Nr. 2 VStG
- § 2 Abs. 2 AbsFondsForstAuflG
- § 2 Abs. 2 AbsFondsLwAuflG
- § 13 Abs. 3 DSLBUmwG
- § 8 Abs. 4 Nr. 2 WährUmStAbschlG
- Anhang 1 DG-BankUmwG
- § 22 Abs. 2 Buchst. B VÖB Satzung Einlagensicherungsfonds

Sie regeln neben der europarechtlichen Herauslösung der Rentenbank   27
von der EZB-Aufsicht die weitgehende Befreiung der Rentenbank von der Steuerpflicht sowie die Verwendung von Überschüssen abgewickelter Anstalten zugunsten der Rentenbank.

Die Rentenbank unterliegt als Rechtssubjekt im Übrigen dem allgemei-   28
nen Rechtsrahmen des staatlichen und europäischen Rechts. Im Konkurrenzverhältnis zum allgemeinen staatlichen Rechtsrahmen ist das LR-G grds. als lex specialis anzuwenden. Die Spezialität des LR-G ergibt sich zunächst daraus, dass der Gesetzgeber nur diesen bestimmten Sonderfall einer Förderbank mit tradierten Strukturen geregelt hat. Diesen Sonderfall hat er im Hinblick auf die Rechtsnatur, die Organisation und die

---

34 BAnz. 1954 Nr. 98.
35 BAnz. Nr. 149 v. 27.12.2018.
36 BGBl. 2005 I 2363.

Funktionen und Aufgaben der Rentenbank weitestgehend umfassend geregelt. Dies wird daran erkennbar, dass das LR-G bspw. in einzelnen organisationsrechtlichen Strukturen ausdrücklich auf die ergänzende Anwendung der aktienrechtlichen Bestimmungen verweist (vgl. Kommentierung zu § 10). Nicht umfassend geregelt ist nachvollziehbarerweise die Aufsicht. Hier weist die Rentenbank jenseits der europarechtlichen Sonderstellung nach Art. 2 Abs. 5 Nr. 5 RL 2013/36 EU (§ 11) keine Besonderheiten auf, die einer speziellen Regelung bedurft hätten.

29 Grds. ist bei Feststellung einer planwidrigen Regelungslücke und gleichzeitig vorliegender vergleichbaren Interessenlage bzw. vergleichbarem Sachverhalt an eine entsprechende Anwendung anderer Rechtsnormen zu denken.[37] Aufgrund der organisationsrechtlichen Nähe und des sich teilweise deckenden Aufgabenfeldes liegt die entsprechende Anwendung aktienrechtlicher Grundideen nahe.[38] Die entsprechende Anwendung aktienrechtlicher Regelungen bedarf jedoch sowohl hinsichtlich der Annahme der Planwidrigkeit im Hinblick auf die ausdrücklichen Verweise in den § 6 Abs. 3 S. 4 und § 10 als auch hinsichtlich der vergleichbaren Interessenlage einer Untersuchung des jeweiligen Einzelfalles.

VII. Änderungshistorie des LR-G seit Neufassung 2014

30 Seit der Kommentierung durch *v. Stralendorff*[39] wurde § 1 a aufgrund des Art. 4 des CRD-IV-Umsetzungsgesetzes mWz 1.1.2014 neu eingefügt. Art. 9 des CRD-IV-Umsetzungsgesetzes regelte die Neufassung des LR-G[40] mWz 1.1.2014. Seit der Neufassung ist das LR-G durch folgende Änderungsgesetze/-verordnungen geändert worden:

- Art. 349 Zehnte Zuständigkeitsanpassungsverordnung vom 31.8.2015, BGBl. I 1474 mWv 8.9.2015 (Änderung der §§ 3, 7, 11)
- Art. 3 Abwicklungsmechanismusgesetz (AbwMechG) vom 2.11.2015, BGBl. I 1864 mWv 6.11.2015 (Änderung des § 16)
- Art. 14 Gesetz zur Umsetzung der Zweiten Zahlungsdiensterichtlinie vom 17.7.2017, BGBl. I 2446 mWv 13.1.2018 (Änderung des § 4)

---

37 Vertiefend zur Analogie: *Larenz* Methodenlehre, 381 ff.
38 Zur Frage der analogen Anwendung des Aktienrechts zur Lückenschließung organverfassungsrechtlicher Fragen öffentlich-rechtlicher Kreditinstitute: *Rümker* FS Werner, 1984, 749 ff.
39 Erl. zum LR-G in: Das Deutsche Bundesrecht, IV E 11, 1093. EL 2010.
40 Gesetz zur Umsetzung der Richtlinie 2013/36/EU über den Zugang zur Tätigkeit von Kreditinstituten und die Beaufsichtigung von Kreditinstituten und Wertpapierfirmen und zur Anpassung des Aufsichtsrechts an die Verordnung (EU) Nr. 575/2013 über Aufsichtsanforderungen an Kreditinstitute und Wertpapierfirmen(CRD IV-Umsetzungsgesetz), v. 28.8.2013, BGBl. I 3395.

Martínez/Poppe

§ 1 Rechtsform, Sitz

(1) Die Landwirtschaftliche Rentenbank, nachstehend Bank genannt, ist eine bundesunmittelbare Anstalt des öffentlichen Rechts.

(2) [1]Die Bank hat ihren Sitz in Frankfurt am Main. [2]Sie unterhält keine Zweigniederlassungen.

I. Legislativer Gründungsakt ...	1	2. Rechtsstatus Anstalt	
II. Rechtsform „bundesunmittel-		öffentlichen Rechts	6
bare Anstalt des öffentlichen		3. Der Anstaltsträger	9
Rechts" (Abs. 1)	2	III. Die Eigentumsfrage und	
1. Zweifel an der Ausgestal-		Grundrechtsträgerschaft	
tung als Anstalt öffentli-		(Abs. 1)......................	10
chen Rechts	2	IV. Kaufmannseigenschaft	
a) Abgrenzung zur Kör-		(Abs. 1)......................	17
perschaft	4	V. Sitz, Verbot von Zweignieder-	
b) Abgrenzung zur Stif-		lassungen (Abs. 2)	19
tung...................	5		

I. Legislativer Gründungsakt

Die ursprüngliche Fassung des § 1 Abs. 1 S. 1[1] bestimmte: 1

„Zur Beschaffung und Gewährung von Krediten für die Landwirtschaft und Ernährungswirtschaft (einschließlich Forstwirtschaft und Fischerei) wird eine Zentralbank unter dem Namen Landwirtschaftliche Rentenbank als Anstalt des öffentlichen Rechts errichtet."

In dieser ursprünglichen Fassung findet sich noch der Gründungsakt[2] wieder, der notwendigerweise aufgrund der Rechtsnatur als Anstalt des öffentlichen Rechts durch einen legislativen Akt erfolgen musste. In der Neufassung[3] verzichtet der Gesetzgeber auf diese Gründungserklärung, da diese ohnehin nach erfolgter Gründung nur noch deklaratorische Wirkung hätte.[4] Abs. 1 enthält nur noch die Bestimmung über die Rechtsform der Bank und stellt ausdrücklich klar, dass es sich bei der Rentenbank um eine *bundesunmittelbare* Anstalt des öffentlichen Rechts handelt. Die bisher in § 1 Abs. 1 enthaltene Bestimmung über die Errichtung der Bank wurde als „überholt" und aus Sicht des Gesetzgebers allenfalls historisch noch von Interesse angesehen.[5]

---

1 Gesetz über die Landwirtschaftliche Rentenbank idF vom 11.5.1949, WiGBl. S. 77.
2 Vgl. zum Anwendungsbereich des Gesetzes hinsichtlich der damaligen Besatzungszonen und nachfolgender Teilung Deutschlands: *Scholz*, Die Kreditinstitute des Bundes, S. 43; *Twiehaus*, 28 f.; *Pohl/A. Schneider*, Die Rentenbank, S. 175 f.
3 Fünftes Gesetz zur Änderung des Gesetzes über die Landwirtschaftliche Rentenbank vom 23.7.2002, BGBl. I 2782; Neufassung 4.9.2002, BGBl. I 3647.
4 Vgl. GE BReg eines Fünften Gesetzes zur Änderung des Gesetzes über die Landwirtschaftliche Rentenbank vom 7.12.2001, BT-Drs. 14/7753, 9 f.
5 Ebd.

II. Rechtsform „bundesunmittelbare Anstalt des öffentlichen Rechts" (Abs. 1)

1. Zweifel an der Ausgestaltung als Anstalt öffentlichen Rechts

2 Die Rentenbank ist zwar ein privatwirtschaftlich auf dem Kapitalmarkt tätiges Kreditinstitut, ihre Rechtsnatur ist aber öffentlich-rechtlich. Nach § 1 Abs. 1 ist die Rentenbank eine bundesunmittelbare Anstalt des öffentlichen Rechts und damit Teil der mittelbaren Staatsverwaltung.[6] Anfängliche Zweifel an der Ausgestaltung als Anstalt öffentlichen Rechts konnten sich nicht bestätigen.[7]

3 Die gehegten Zweifel begründeten sich darauf, dass man nicht von der gesetzlichen Terminologie auf den wirklichen Rechtscharakter von Organisationseinheiten schließen könne. So wird insbes. der Begriff „Körperschaft" für Organisationseinheiten verwendet, die allgemein nicht als Körperschaften, sondern als Anstalten anzusehen sind. Die KfW ist bspw. als Körperschaft des öffentlichen Rechts gegründet worden[8], obwohl sie organisationsrechtlich eine Anstalt des öffentlichen Rechts ist.[9] Die Berichtigung erfolgte erst durch Art. 2 Nr. 1 des Gesetzes zur Neustrukturierung der Förderbanken.[10] Der Gesetzeswortlaut bedeutet also nicht zwingend, dass eine als Anstalt des öffentlichen Rechts bezeichnete juristische Person in jedem Fall auch wirklich eine Anstalt des öffentlichen Rechts ist, sie könnte vielmehr eine Körperschaft oder auch eine Stiftung des öffentlichen Rechts sein. Traditionell wird die Anstalt organisationsrechtlich zwischen diesen beiden Organisationsformen angesiedelt.[11] Im rechtswissenschaftlichen Schrifttum wird die Rentenbank einheitlich als Anstalt des öffentlichen Rechts beurteilt.[12]

a) Abgrenzung zur Körperschaft

4 Eine Anstalt des öffentlichen Rechts kann über eigenes Personal und über Sachmittel verfügen, sie hat aber – anders als eine Körperschaft – keine Mitglieder, sondern Benutzer.[13] Die Eigentümer und Pächter der mit der Rentenbankgrundschuld belasteten Grundstücke sind damit auch keine Mitglieder. Dies wird auch dadurch unterstrichen, dass sie keinen maßgeblichen Einfluss auf die Angelegenheiten der Rentenbank

---

6 *Lange*, Zur Rechtsstellung der Landwirtschaftlichen Rentenbank, S. 27 mwN (nv).
7 Für die Ausgestaltung als Anstalt öffentlichen Rechts s. *Huber*, Wirtschaftsverwaltungsrecht Bd. 1, S. 143; *Scholz*, Die Kreditinstitute des Bundes, S. 43; *Twiehaus*, S. 28 f.; *Weber* FS Reinhardt, 1972, 503.
8 § 1 Abs. 1 des Gesetzes über die Kreditanstalt für Wiederaufbau vom 5.11.1948, WiGBl. S. 123; in anderen Paragrafen des Gründungsgesetzes hingegen auch als Anstalt bezeichnet.
9 *Lange*, Rechtsgutachten zur Rechtsstellung der Landwirtschaftlichen Rentenbank, S. 17 (nv).
10 Gesetz zur Neustrukturierung der Förderbanken des Bundes vom 15.8.2003, BGBl. I 1657.
11 WBSK VerwR III § 88 Rn. 4.
12 *Lange*, Zur Rechtsstellung der Landwirtschaftlichen Rentenbank, S. 27 mwN (nv); *Huber*, Wirtschaftsverwaltungsrecht Bd. 1, S. 143; *Scholz*, Die Kreditinstitute des Bundes, S. 43; *Twiehaus*, S. 28 f.; *Weber* FS Reinhardt, 1972, 503.
13 *Lange* VVDStRL 44 (1986), 169 (203); vgl. hierzu WBSK VerwR II § 86 Rn. 24.

haben. So haben die Eigentümer und Pächter kein eigenes Vertretungsorgan. Die Mitglieder der Anstaltsversammlung (s. hierzu Kommentierung zu § 8 Abs. 1, → § 8 Rn. 6) werden nicht von den Landwirten gewählt, sondern von den Landesregierungen aus Reihen der öffentlichen Einrichtungen und Interessensverbänden benannt. Dadurch reduziert sich die Einflussnahme darauf, vermittelt über diese Einrichtungen und Interessenverbänden, die Interessen und Erfahrungen der Landwirte einzubringen. Diese Struktur der vermittelten Interessenvertretung ist typisch für Anstalten des öffentlichen Rechts,[14] wie es auch am Beispiel der öffentlich-rechtlichen Rundfunkanstalten deutlich wird.

b) Abgrenzung zur Stiftung

Aus einer wirtschaftlichen Perspektive wäre eine Ausgestaltung der Rentenbank als Stiftung des öffentlichen Rechts naheliegend gewesen. Dann wären jedoch weder der Zweck noch die Adressaten der Zwecksetzung ausreichend definiert. Auch die Art und Weise der Kapitalaufbringung durch die Landwirtschaft rechtfertigt nicht die Annahme, bei der Rentenbank handele es sich in Wahrheit um eine Stiftung. Das LR-G kennt weder Genussberechtigte, die ein subjektives Recht auf Zuwendungen aus dem Stiftungsvermögen haben, noch Destinatäre, denen solche Leistungen zufließen.[15] Des Öfteren wird zwar in der Lit.[16] die Auffassung vertreten, das Grundkapital der Rentenbank sei eine Art „Stiftungsvermögen der Land- und Forstwirtschaft". Indessen wird auch von diesen Autoren der Rechtscharakter der Rentenbank (bzw. der RKA) als Anstalt des öffentlichen Rechts nicht in Zweifel gezogen.

2. Rechtsstatus Anstalt öffentlichen Rechts

Eine Anstalt des öffentlichen Rechts ist eine regelmäßig selbstständige, rechtsfähige Institution, die mit einer öffentlichen Aufgabe durch Gesetz oder Satzung betraut wurde und der zu diesem Zwecke sachliche Mittel und Personal in einer Organisationseinheit zur Verfügung stehen[17]. Eine entsprechende gesetzliche Ermächtigung findet sich in § 1 Abs. 1. Sie schafft die Rentenbank als eine (vom Bund zu unterscheidende) selbstständige, vollrechtsfähige juristische Person. Denn mit der normativen Qualifizierung als Anstalt des öffentlichen Rechts hat der Gesetzgeber auch eine Festlegung hinsichtlich der Rechtsfähigkeit der Rentenbank vorgenommen. Nur eine vollrechtsfähige Anstalt benötigt für die Gründung und die Auflösung einen legislativen Akt.[18] Als juristische Person des öffentlichen Rechts tritt eine rechtsfähige Anstalt sowohl nach innen

---

14 *Lange* VVDStRL 44 (1986), 169 (203).
15 *Lange*, Zur Rechtsstellung der Landwirtschaftlichen Rentenbank, S. 23 f. (nv).
16 Vgl. *Wulf*, Der Verwaltungsrat öffentlich-rechtlicher Kreditinstitute, S. 6; *Löer*, Körperschafts- und anstaltsinterne Rechts- und Zweckmäßigkeitskontrolle, S. 225; bereits für die RKA: *Berthold/Seelmann-Eggebert*, Die Deutsche Rentenbank, S. 167; *A. Schneider* in Gothe, An der Seite der Bauern, S. 136.
17 BeckOGK BGB/*Kainer* § 89 Rn. 27.
18 Vgl. WBSK VerwR II § 86 Rn. 28.

als auch nach außen als selbstständige Verwaltungseinheit auf. Aufgrund ihrer Selbstständigkeit vom Bund kann die Rentenbank als Anstalt des öffentlichen Rechts zB die Ausschreibung und Besetzung von Stellen eigenverantwortlich vornehmen.[19] Sie hat eine eigene Satzungsgewalt und nimmt als solche am Rechtsverkehr im eigenen Namen teil.[20] Dieser Annahme einer Satzungsgewalt steht die Zustimmungsbedürftigkeit der Satzungen durch die Aufsichtsbehörde nicht entgegen (§ 7 Abs. 6 S. 2), da Selbstverwaltungseinrichtungen zwingend der staatlichen Aufsicht unterliegen[21]. Die Rentenbank kann Darlehen aufnehmen und gewähren sowie sonstige Bankgeschäfte vornehmen. So ist die Anstalt des öffentlichen Rechts als selbstständiges Rechtssubjekt bei der Zahlung von Steuern unabhängig vom Anstaltsträger zu behandeln.[22] Die Besteuerung des Anstaltsunternehmens entspricht derjenigen eines Eigenbetriebs[23] (zu den Steuerbefreiungen → § 1 a Rn. 3).

7   Die rechtliche Selbständigkeit ist gleichwohl eingeschränkt, da der Anstaltsträger einige Amtswalter der Hauptorgane bestellen und in der gesetzlich vorgesehenen Weise Einfluss auf die Leitung der Anstalt nehmen kann.

8   Die Anstalt öffentlichen Rechts ist Glied ihres Anstaltsträgers.[24] Daher wird die Rentenbank trotz ihrer eigenen Rechtpersönlichkeit der Bundesverwaltung zugerechnet, weil sie vom Bund geschaffen wurde und seiner Aufsicht untersteht.[25] Sie teilt diese Rechtsnatur mit zahlreichen Landesförderinstituten und der KfW. Gleichwohl handelt es sich zugleich um eine atypische Anstalt, deren Träger wegen der besonderen Art der wahrzunehmenden Aufgabe sowie der Eigentumsregelung einen nur sehr geringen Einfluss auf sie ausüben kann. Denn weder Bund noch die Länder sind zum einen nicht am Kapital beteiligt (§ 2). Zum anderen lag das Wesen ihres organisationsrechtlichen Vorbildes, die Deutsche Rentenbank, darin, seit 1923 durch ihre strikte Bindung an das volkswirtschaftliche Vermögen den staatlichen Einfluss auf ihr Kapital zu begrenzen, um dadurch der Inflation begegnen zu können.[26] Dieses Strukturmerkmal, eine der Anstalt des öffentlichen Rechts systemfremde Staatsferne, die den Beitrag des Staates im Wesentlichen auf die Schaffung des rechtlichen Rahmens beschränkt, ist nicht nur geschichtlich bedeutsam, sondern prägt auch das Verständnis der Rentenbank im System der öffentlichen Förderbanken und die Auslegung des LR-G als Rechtsrahmen.

---

19 Vgl. zu den Sparkassen BeckOGK BGB/*Kainer* § 89 Rn. 27.
20 Vgl. *Birkenfeld*, Kommunalrecht, Rn. 198.
21 Isensee/Kirchhof/*Ossenbühl*, StaatsR-HdB Bd. 5, § 105 Rn. 55.
22 *Waldmann* NVwZ 2008, 284 (284).
23 Ebd.
24 WBSK VerwR II § 86 Rn. 18.
25 Maunz/Dürig/*Ibler* Art. 86 Rn. 71.
26 *Pohl/A. Schneider*, Die Rentenbank, S. 14 ff.

3. Der Anstaltsträger

Rechtsfähige Anstalten des öffentlichen Rechts haben keinen Eigentü- 9
mer, sondern einen Anstaltsträger. Ein Anstaltsträger ist eine „Hoheits-
person, welche die Anstalt errichtet hat, deren Aufgaben sie zu ihrem
Teil wahrnimmt und deren Wille durch sie und in ihr zur Geltung
kommt".[27] Die Rentenbank wurde durch Rechtsakt des Vereinigten
Wirtschaftsgebietes errichtet und nimmt die ihr zugewiesenen Aufgaben
des Bundes wahr (vgl. § 3). Anstaltsträger der Rentenbank ist demnach
die Bundesrepublik Deutschland, die nach Art. 133 GG in die Rechte
und Pflichten der Verwaltung des Vereinigten Wirtschaftsgebietes ein-
trat.[28] Die Befugnisse des Anstaltsträgers unterscheiden sich grundlegend
von den Rechten eines Eigentümers. Sie beschränken sich prinzipiell auf
die Rechtsaufsicht über die Anstalt und das Recht zu deren Auflösung
oder Umgestaltung. Im Übrigen richten sie sich nach dem Gesetz, durch
welches die Anstalt geschaffen wurde.[29] Als Anstalt ist die Rentenbank
zwar auch dem Anstaltsträger gegenüber selbstständig,[30] ihre Selbständigkeit ist aber dadurch reduziert, dass der Anstaltsträger berechtigt ist,
an der Besetzung eines der drei Hauptorgane mitzuwirken bzw. Vertreter
in dieses Hauptorgan zu entsenden. Der Einfluss der Bundesrepublik
Deutschland auf die Rentenbank erfolgt über die mitgliedschaftlichen
Rechte im Verwaltungsrat. So bestimmt § 7 Abs. 1 Nr. 4 und 5, dass in
dem 18-köpfigen Verwaltungsrat der Bund durch drei Vertreter unmittelbar vertreten wird (der Bundesminister für Ernährung und Landwirtschaft sowie jeweils ein weiterer Vertreter des BMEL sowie des BMF).
Des Weiteren benennt der Bundesrat als Bundesorgan gem. § 7 Abs. 1
Nr. 2 drei Landwirtschaftsminister der Länder als Mitglieder des Verwaltungsrats[31]. Ergänzend nimmt der Bund seit dem 1.1.2014[32] über das
neue Vorschlagsrecht der Bundesregierung zugunsten von drei Vertretern
von Kreditinstituten oder anderen Kreditsachverständigen organschaft-
lich Einfluss auf die Rentenbank (§ 7 Abs. 1 Nr. 6). In der Presse wurde
dies als Versuch der Bundesregierung gewertet, sich einen größeren Einfluss auf den Verwaltungsrat zu sichern.[33] Die Mitglieder der Anstaltsversammlung werden ausschließlich von den Ländern benannt. Hierüber
hat der Bund als Anstaltsträger nur einen stark mediatisierten Einfluss
auf die Rentenbank. Des Weiteren übt der Bund über die BaFin und die
Bundesbank die bankenrechtliche Aufsicht über die Rentenbank aus
(s. hierzu Kommentierung zu § 11).

---

27 WBSK VerwR II § 86 Rn. 17.
28 Maunz/Dürig/*Ibler* Art. 86 Rn. 71.
29 WBSK VerwR III § 88 Rn. 50; *Lange*, Zur Rechtsstellung der Landwirtschaftlichen
   Rentenbank, S. 33 ff., 104 (nv).
30 S. § 11 Abs. 4.
31 BR-Drs. 74/04 v. 12.3.2004 idF der BR-Drs. 45/13 v. 29.1.2013.
32 Neufassung des Gesetzes über die Landwirtschaftliche Rentenbank vom
   12.12.2013, BGBl. I 4120.
33 Börsen-Zeitung v. 23.8.2013, S. 3.

III. Die Eigentumsfrage und Grundrechtsträgerschaft (Abs. 1)

10   Losgelöst von der Rechtsform als Anstalt des öffentlichen Rechts ist die
Frage nach dem Eigentümer der Rentenbank zu beurteilen. Bei einer
ökonomisch/gesellschaftsrechtlichen Perspektive ist für die Beantwor-
tung dieser Frage von entscheidender Bedeutung, wer das Gründungskapital bereitgestellt hat und unter welchen Bedingungen. Dadurch werden
diese Personen zu Anteilseignern, die entsprechende Rechte und Pflichten
als Kapitalgeber wahrnehmen. Dazu gehören das Stimmrecht und das
Recht auf Gewinnbeteiligung.

11   Für diese zivilrechtliche Perspektive spricht sicherlich, dass das Gründungskapital privaten Ursprungs ist. Jedoch sah das LR-G keine subjek-
tiven Ansprüche einzelner Personen vor. Insoweit wird von Teilen der
Lit. die Ansicht vertreten, dass, wenn die Rentenbank nicht anteilig einzelnen Landwirten zugeordnet werden könne, sie zumindest aber der
Landwirtschaft als solche gehöre.[34] Übersehen wird dabei jedoch, dass
im Falle der Rentenbank die Beteiligung gesetzlich angeordnet war und
dass die Rentenbank gesetzlich die Rechtsform einer Anstalt des öffentlichen Rechts erhalten hat. ZT wird daher die Bundesrepublik Deutschland als Eigentümerin bezeichnet.[35] Jedoch ist zu beachten, dass eine Anstalt des öffentlichen Rechts als Teil der mittelbaren Staatsverwaltung
nicht am Maßstab des zivilrechtlichen Eigentums zu messen ist. An einer
juristischen Person des öffentlichen Rechts kann es nämlich kein Eigentum geben.

12   Im Ergebnis wird man daher sagen können, dass weder die Land- und
Forstwirtschaft noch die Bundesrepublik Deutschland Eigentümerin der
Anstalt sein können. Das Vermögen der Rentenbank steht vielmehr ihr
selbst als Anstalt vollumfänglich zu. Sie ist daher ihre eigene „Eigentümerin".[36] Diese besondere Lage verdeutlicht ein Blick auf das Schwester-
unternehmen, die KfW. An ihrem Kapital sind die Länder mit 20 % und
der Bund mit 80 % beteiligt (vgl. § 1 Abs. 2 S. 2 KfWG). Mangels einer
derartigen Beteiligung gehört die Rentenbank praktisch sich selbst.

13   Davon zu trennen ist die Frage, ob die Rentenbank als vollrechtsfähige
Anstalt berechtigt ist, Eigentum zu haben. Dieses ist vollumfänglich zu
bejahen.

14   Aufgrund des wirtschaftlichen Erfolgs der Rentenbank besteht die laten-
te Gefahr, dass die öffentliche Hand auf einen größeren Einfluss und insbes. Beteiligung drängt. Derartige Überlegungen wurden im Zusammenhang mit der Fusion der KfW und der Deutschen Ausgleichsbank ausgesprochen, die durch das Gesetz zur Neustrukturierung der Förderbanken[37] mWz 22.8.2003 rechtskräftig wurde. Zu einer ernsthaften Umset-

---

34 *Seidel* ZfgK 1986, 244 (244).
35 *Dittmann*, Die Bundesverwaltung, S. 259.
36 So im Ergebnis *Lange*, Zur Rechtsstellung der Landwirtschaftlichen Rentenbank,
    S. 40 ff. (nv).
37 Art. 1 des Gesetzes zur Neustrukturierung der Förderbanken des Bundes vom
    15.8.2003, BGBl. I 1657.

zung ist es jedoch bislang nicht gekommen. Diese dürfte auch angesichts der Unabhängigkeit der Rentenbank rechtlich überaus schwierig sein: Zum einen ist die Eigentumslage mit der der KfW nicht vergleichbar, zum anderen sind die Mittel der Rentenbank zugunsten der Förderung für den Agrarsektor und den ländlichen Raum gesetzlich festgeschrieben (§ 3 Abs. 1 S. 1).

Bei Anstalten als juristische Personen des öffentlichen Rechts ist nach der 15 Rspr. des BVerfG[38] die Grundrechtsträgerschaft grds. zu verneinen. Das Eigentumsgrundrecht kommt den juristischen Personen des öffentlichen Rechts selbst dann nicht zu, wenn sie keine öffentlichen Aufgaben wahrnehmen. Das BVerfG verwehrt juristischen Personen des öffentlichen Rechts auch außerhalb des Bereichs der Wahrnehmung öffentlicher Aufgaben die Berufung auf das Eigentumsgrundrecht aus Art. 14 GG. Juristische Personen des öffentlichen Rechts befänden sich auch dann nicht in einer „grundrechtstypischen Gefährdungslage", wenn sie nicht-hoheitliche Tätigkeiten ausüben. Eine juristische Person des öffentlichen Rechts sei auch soweit sie keine öffentlichen Aufgaben wahrnimmt, sondern ihr Grundeigentum wie eine Privatperson nach privatrechtlichen Grundsätzen nutzt, durch staatliche Hoheitsakte nicht in gleicher Weise „gefährdet" wie eine Privatperson. Mithin sei sie auch nicht in gleicher Weise „grundrechtsschutzbedürftig".[39] Juristische Personen des öffentlichen Rechts können sich somit nicht auf die Eigentumsgarantie aus Art. 14 GG berufen. Art. 14 GG schütze nicht das Privateigentum, sondern das Eigentum Privater.[40]

In Einzelfällen nimmt das BVerfG jedoch an, dass sich juristische Perso- 16 nen des öffentlichen Rechts auch auf Grundrechte berufen können. Entscheidend hierfür sei die Funktion, in der die juristische Person des öffentlichen Rechts von dem Akt der öffentlichen Gewalt betroffen ist.[41] Eine solche Grundrechtsträgerschaft bejahende Funktion ist dann anzunehmen, wenn durch die juristische Person die Freiheitssphäre des einzelnen gegenüber Eingriffen staatlicher Gewalt geschützt und dementsprechend die freie Mitwirkung und Mitgestaltung im Gemeinwesen gesichert werden soll.[42] Universitäten sowie öffentlich-rechtliche Rundfunkanstalten sind derartige Beispiele.[43] Die Rentenbank weist als Anstalt die Besonderheit auf, dass ihr Grundkapital nicht vom Staat, sondern von der Landwirtschaft beschafft worden ist. Zwar ist das Grundkapital durch Rentenbankgrundschuldzinsen aufgebracht worden, die als Sonderabgaben zu qualifizieren sind.[44] Jedoch begründet weder die Abgabepflicht noch das sich aus der Abgabepflicht erbrachte Vermögen

---

38 S. zum Ganzen BVerfGE 61, 82 ff.
39 BVerfGE 61, 82 (105).
40 BVerfGE 61, 82 (108).
41 BVerfGE 68, 193 (207 f.); 75, 192 (197).
42 BVerfG 21, 362 (369), 61, 82 (101); 68, 193 (205 f.); 75, 192 (195 f.).
43 BVerfGE 15, 256 (262); 31, 314 (322); 39, 302 (314); 45, 63 (79); 59, 231 (254 f.); 78, 101 (102 f.).
44 *Lange*, Zur Rechtsstellung der Landwirtschaftlichen Rentenbank, S. 105 (nv).

subjektivrechtliche oder gar grundrechtliche Positionen. Dieses Vermögen ist aber durch die strikte Zweckbindung an die agrarbezogene Gruppennützigkeit[45] dem unbegrenzten Zugriff des Staates entzogen. Diese Gruppennützigkeit äußert sich sowohl in der Verwendung der Mittel als auch nach § 16 in der Bestimmung des Vermögens der Rentenbank im Falle ihrer Auflösung. Die gruppennützige Verwendung des Vermögens der Rentenbank ist das Spiegelbild zu den Eigentumsrechten der Landwirte an den Grundstücken, die für die Schaffung des Vermögens der Rentenbank zur Verfügung gestellt werden mussten. Dieses vermittelt der Rentenbank eine zumindest grundrechtsgleiche Freiheitssphäre gegenüber staatlichen Maßnahmen, die die gruppennützige Verwendung ihres durch die Landwirtschaft begründeten Vermögens beeinträchtigen. Sie ist auch darauf zu beschränken. So ist von dieser Freiheitssphäre das Zweckvermögen nicht erfasst, denn jenes wird von der Rentenbank lediglich treuhänderisch für den Bund verwaltet.

IV. Kaufmannseigenschaft (Abs. 1)

17   Als Anstalt des öffentlichen Rechts gehört die Rentenbank grds. dem Bereich der mittelbaren Staatsverwaltung an. Dennoch ist sie, ebenso wie die anderen öffentlich-rechtlichen Kreditinstitute auch, ein Wirtschaftsunternehmen, betreibt ein Handelsgewerbe und wickelt ihre Geschäfte in den banküblichen Formen des Privat- und Handelsrechts ab (vgl. § 1 Abs. 1 S. 1 KWG). Trotz ihrer öffentlichen Aufgabenstellung und öffentlich-rechtlichen Ausgestaltung ist die Bank nach § 1 HGB im Rechtssinne Kaufmann.[46] Die Vorschriften des HGB finden uneingeschränkt auf die Rentenbank Anwendung, insbes. führt sie eine Firma (§ 17 HGB), ist in das Handelsregister einzutragen (§ 33 HGB), hat Handelsbücher zu führen (§ 238 HGB) und kann Prokura erteilen (§ 48 HGB). Ausnahmen für juristische Personen des öffentlichen Rechts gibt es nicht.[47]

18   Die frühere Sonderstellung, wonach Unternehmen juristischer Personen des öffentlichen Rechts nicht in das Handelsregister eingetragen zu werden brauchten (§ 36 HGB aF), wurde durch das Handelsregisterreformgesetz vom 22.6.1998[48] aufgehoben. Dementsprechend ist auch der frühere § 12 Abs. 1, der eine Befreiung der Rentenbank von der Pflicht zur Eintragung in das Handelsregister nach den Vorschriften des HGB vorsah, durch das Fünfte LR-Änderungsgesetz[49] weggefallen.

---

45   Zur Gruppennützigkeit ausführlich *Lange*, Zur Rechtsstellung der Landwirtschaftlichen Rentenbank, S. 98 ff. (nv).
46   Vgl. *Twiehaus*, S. 89 f.
47   Baumbach/Hopt/*Hopt* HGB § 1 Rn. 27.
48   Art. 3 Nr. 18 des Gesetzes zur Neuregelung des Kaufmanns- und Firmenrechts und zur Änderung anderer handels- und gesellschaftsrechtlicher Vorschriften (Handelsrechtsreformgesetz – HRefG) vom 22.6.1998, BGBl. I 1474.
49   Art. 1 Nr. 8 des Fünften Gesetzes zur Änderung des Gesetzes über die Landwirtschaftliche Rentenbank vom 23.7.2002, BGBl. I 2782; Neufassung 4.9.2002, BGBl. I 3647. Wortlaut des § 12 Abs. 1 LR-G aF: „Die Vorschriften des Handelsgesetzbuches über die Eintragung in das Handelsregister sind auf die Landwirtschaftliche Rentenbank nicht anzuwenden.".

V. Sitz, Verbot von Zweigniederlassungen (Abs. 2)

Der Sitz der Rentenbank war im Errichtungsgesetz von 1949 zunächst 19
noch offengelassen. Alsbald bestimmte der Verwaltungsrat des Vereinigten Wirtschaftsgebietes ihn durch Beschluss vom 1.6.1949 mit „vorläufig Frankfurt aM".[50] Die gesetzliche Bestätigung und Festlegung erfolgte dann im Jahre 2002 durch das Fünfte LR-Änderungsgesetz.

Gemeinsam mit ihrer Funktionsvorgängerin, der damals noch existierenden RKA, bezog die Rentenbank ihren ersten Verwaltungssitz in Frankfurt am Main in der Bürgerstraße 9/11.[51] Der Umzug in die Hochstraße 2 erfolgte 1956.[52] Bis heute ist die Rentenbank hier ansässig. Frühere Überlegungen (insbes. von *Edmund Rehwinkel*[53]) den Sitz der Rentenbank nach der Wiedervereinigung nach Berlin zu verlegen, sind nicht weiterverfolgt worden.[54]

Der Sitz der RKA war aufgrund der amerikanischen Militärverwaltung 21
gewählt, die ebenfalls in Frankfurt am Main ihren Sitz hatte.[55] Der ursprüngliche Sitz der RKA war im Regierungsviertel Berlins[56] gelegen.[57] 1943 bezog das Institut einen Ausweichbetrieb in einer ehemaligen Apotheke[58] in Quedlinburg.[59] Da dies jedoch im Gebiet der sowjetischen Besatzungszone lag, errichtete die RKA von Juni 1945 bis zu ihrem Umzug nach Frankfurt am Main 1949 in Goslar ihren Sitz.[60]

Das Verbot der Unterhaltung von Zweigniederlassungen entspricht der 22
traditionellen Funktion der Rentenbank als Deutschlands Zentralbank („zentrales Refinanzierungsinstitut", „Bank der Banken") für die Land- und Ernährungswirtschaft mit Förderauftrag.[61]

---

50 Öffentlicher Anzeiger für das Vereinigte Wirtschaftsgebiet Nr. 47 v. 15.6.1949; vgl. *Scholz,* Die Kreditinstitute des Bundes, S. 43 f.; vgl. *A. Schneider* in Gothe, An der Seite der Bauern, S. 135.

51 *A. Schneider,* Immergrüner Wandel, S. 25; *Pohl/A. Schneider,* Die Rentenbank, S. 185.

52 Ebd.; *A. Schneider* in Gothe, An der Seite der Bauern, S. 135.

53 Rehwinkel war von 1959 bis 1969 Präsident des Deutschen Bauernverbandes e.V. und in dieser Eigenschaft auch Vorsitzender des Verwaltungsrates der Landwirtschaftlichen Rentenbank.

54 Vgl. *Pohl/A. Schneider,* Die Rentenbank, S. 185.

55 *A. Schneider* in Gothe, An der Seite der Bauern, S. 135.

56 Gründung bis 1926: Wilhelmstraße 66, ab 2.1.1926 Wilhelmstraße 67, später noch Wilhelmstraße 67 a und Behrensstraße 2 und Unter den Linden 75/76. Die Gebäude wurden – teilweise vollständig – im Zweiten Weltkrieg zerstört; vgl. *Pohl/A. Schneider,* Die Rentenbank, S. 34 ff., 55 f., 131 ff., 148.

57 *A. Schneider,* Immergrüner Wandel, S. 20.

58 Am Markt 4; *Pohl/A. Schneider,* Die Rentenbank, S. 147.

59 *A. Schneider,* Immergrüner Wandel, S. 20; *Pohl/A. Schneider,* Die Rentenbank, S. 131.

60 *Pohl/A. Schneider,* Die Rentenbank, S. 147.

61 *Scholz,* Die Kreditinstitute des Bundes, S. 49, Anm. 1.

§ 1a Haftung des Bundes

Der Bund haftet für die von der Bank aufgenommenen Darlehen und begebenen Schuldverschreibungen, die als Festgeschäfte ausgestalteten Termingeschäfte, die Rechte aus Optionen und andere Kredite an die Bank sowie für Kredite an Dritte, soweit sie von der Bank ausdrücklich gewährleistet werden.

I. Normschaffung	1	IV. Haftungsgarantie des Bundes	7
II. Einbeziehung in den Haftungsverband des Bundes	3	V. Europarechtliche Konformität	10
III. Anstaltslast	4		

I. Normschaffung

1 § 1a wurde durch Art. 4 des CRD IV-Umsetzungsgesetzes vom 28.8.2013[1] neu eingefügt. Grund für die Einfügung war, dem Wegfall der bankenaufsichtsrechtlichen Anerkennung der deutschen Auslegung der Anstaltslast durch die Kapitaladäquanzrichtlinie (Capital Requirement Directive, CRD IV-RL) entgegenzuwirken.[2] Die Anstaltslast führte dazu, dass Gläubigerbanken für ihre Forderungen an die Rentenbank ein Risikogewicht von null veranschlagen konnten. Mit der CRD IV-RL wurden auf unionsrechtlicher Ebene strengere Eigenkapital- und Liquiditätsanforderungen geschaffen, die die Möglichkeit einer nationalen Auslegung der Anstaltslast verbot.[3] Das Haftungsinstitut der Anstaltslast ist außerhalb Deutschlands weitgehend unbekannt und reichte mit Erlass der CRD IV-RL nicht mehr für die Null-Risikogewichtung aus.[4] Um dennoch die Null-Risikogewichtung und damit die günstige Refinanzierungsmöglichkeit der Rentenbank zu sichern, bedurfte es einer gesetzlichen Refinanzierungsgarantie des Bundes in Form einer Haftung des

---

1 Gesetz zur Umsetzung der RL 2013/36/EU über den Zugang zur Tätigkeit von Kreditinstituten und die Beaufsichtigung von Kreditinstituten und Wertpapierfirmen und zur Anpassung des Aufsichtsrechts an die VO (EU) Nr. 575/2013 über Aufsichtsanforderungen an Kreditinstitute und Wertpapierfirmen (CRD IV-Umsetzungsgesetz) vom 28.8.2013, BGBl. I 3395.
2 GE BReg zur Umsetzung der Richtlinie 2012/.../EU über den Zugang zur Tätigkeit von Kreditinstituten und die Beaufsichtigung von Kreditinstituten und Wertpapierfirmen und zur Anpassung des Aufsichtsrechts an die Verordnung (EU)Nr. .../2012 über die Aufsichtsanforderungen an Kreditinstitute und Wertpapierfirmen (CRD IV-Umsetzungsgesetz) vom 31.8.2012, BT-Drs. 510/12, 105, 175; ebenso GE BReg zur Umsetzung der Richtlinie 2012/.../EU über den Zugang zur Tätigkeit von Kreditinstituten und die Beaufsichtigung von Kreditinstituten und Wertpapierfirmen und zur Anpassung des Aufsichtsrechts an die Verordnung (EU) Nr. .../2012 über die Aufsichtsanforderungen an Kreditinstitute und Wertpapierfirmen (CRD IV-Umsetzungsgesetz) vom 15.10.2012, BT-Drs. 17/10974, 64, 105 f.
3 Ebd.
4 Ebd.

Bundes,[5] gleichlautend der Regelung für die KfW[6].[7] Diese Refinanzierungsgarantie tritt neben die weiterbestehende Anstaltslast.[8] Die Bundesregierung sah die Einführung der gesetzlichen Refinanzierungshaftung des Bundes als erforderlich für die Erfüllung des staatlichen Förderauftrages der Rentenbank an.[9] Durch die namentliche Ausnahme der Rentenbank vom Anwendungsbereich der CRD IV-RL durch die CRD V-RL[10], ist die gesetzliche Regelung der Einbeziehung in den Haftungsverband des Bundes in europarechtlicher Hinsicht obsolet geworden. Über die verfassungsrechtliche Erforderlichkeit einer positivrechtlichen Normierung einer staatlichen Haftungsgarantie besteht indes Streit, sodass die ausdrückliche gesetzliche Regelung in § 1 a zumindest in dieser Hinsicht für geboten erscheint.[11]

Der Erfüllungsaufwand für die Einführung der Haftungsgarantie des Bundes wurde für Bürger, Wirtschaft und Verwaltung als nicht vorhanden eingestuft.[12] 2

---

5 GE BReg zur Umsetzung der Richtlinie 2012/.../EU über den Zugang zur Tätigkeit von Kreditinstituten und die Beaufsichtigung von Kreditinstituten und Wertpapierfirmen und zur Anpassung des Aufsichtsrechts an die Verordnung (EU) Nr. .../2012 über die Aufsichtsanforderungen an Kreditinstitute und Wertpapierfirmen (CRD IV-Umsetzungsgesetz) vom 31.8.2012, BT-Drs. 510/12, 105, ebenso GE BReg zur Umsetzung der Richtlinie 2012/.../EU über den Zugang zur Tätigkeit von Kreditinstituten und die Beaufsichtigung von Kreditinstituten und Wertpapierfirmen und zur Anpassung des Aufsichtsrechts an die Verordnung (EU) Nr. .../2012 über die Aufsichtsanforderungen an Kreditinstitute und Wertpapierfirmen (CRD IV-Umsetzungsgesetz) vom 15.10.2012, BT-Drs. 17/10974, 64.
6 § 1 a des Gesetzes über die Kreditanstalt für Wiederaufbau vom 5.11.1948 (WiGBl. S. 123) idF der Neubekanntmachung vom 23.6.1969, BGBl. I 573.
7 GE BReg zur Umsetzung der Richtlinie 2012/.../EU über den Zugang zur Tätigkeit von Kreditinstituten und die Beaufsichtigung von Kreditinstituten und Wertpapierfirmen und zur Anpassung des Aufsichtsrechts an die Verordnung (EU) Nr. .../2012 über die Aufsichtsanforderungen an Kreditinstitute und Wertpapierfirmen (CRD IV-Umsetzungsgesetz) vom 31.8.2012, BT-Drs. 510/12, 175; ebenso GE BReg zur Umsetzung der Richtlinie 2012/.../EU über den Zugang zur Tätigkeit von Kreditinstituten und die Beaufsichtigung von Kreditinstituten und Wertpapierfirmen und zur Anpassung des Aufsichtsrechts an die Verordnung (EU) Nr. .../2012 über die Aufsichtsanforderungen an Kreditinstitute und Wertpapierfirmen (CRD IV-Umsetzungsgesetz) vom 15.10.2012, BT-Drs. 17/10974, 105 f.
8 Ebd.
9 Ebd.
10 Art. 1 Nr. 1 der CRD V-RL (RL 2019/878/EU).
11 Gegen das Erfordernis einer ausdrücklichen Normierung: *Thode* Sparkasse 1994, 134 (135); *Rümker* FS Stiefel, 1987, 619; *Koenig* WM 1995, 821 (822); *Busch* AG 1997, 357 (358); *Stern/Burmeister*, Die kommunalen Sparkassen, S. 26; wohl auch *Scholl* JuS 1981, 88 (91). Für das Erfordernis einer ausdrücklichen Normierung: wohl *Löhr*, Anstaltslast und Gewährträgerhaftung bei Sparkassen und Landesbanken als gemeinschaftsrechtswidrige Beihilfe iSd Art. 87 Abs. 1 EG?, S. 25; *Seubert*, Die Brüsseler „Verständigung" zu Anstaltslast und Gewährträgerhaftung, S. 43; wohl *Kinzl*, Anstaltslast und Gewährträgerhaftung, S. 33; *Oebbecke* DVBl. 1981, 960 ff., der sogar die Anstaltslast für normierungsbedürftig hält; BVerwG 10.12.1981 – 3 C 1/81 = BVerwGE 64, 248 (257 f.).
12 GE BReg zur Umsetzung der Richtlinie 2012/.../EU über den Zugang zur Tätigkeit von Kreditinstituten und die Beaufsichtigung von Kreditinstituten und Wertpapierfirmen und zur Anpassung des Aufsichtsrechts an die Verordnung (EU) Nr. .../2012 über die Aufsichtsanforderungen an Kreditinstitute und Wertpapierfirmen (CRD IV-Umsetzungsgesetz) vom 15.10.2012, BT-Drs. 17/10974, 3.

II. Einbeziehung in den Haftungsverband des Bundes

3   Die Rentenbank ist genau wie die KfW eine nationale Förderbank der
Bundesrepublik Deutschland. Per Gesetz mit staatlichem Auftrag ausge-
stattet, liegt ihr Ziel in der Förderung der Agrarwirtschaft und des ländlichen Raums. Als Förderbank des Bundes verfügt sie über alle Vorteile,
die sie zur Ausübung ihres Auftrags benötigt, wie Haftungsgarantie des
Bundes (§ 1 a), Anstaltslast oder (begrenzte) Steuerbefreiung (§ 5 Abs. 1
Nr. 2 KStG, § 3 Abs. 1 Nr. 2 VStG, § 3 Nr. 2 GewStG).[13] Die Garantien
des Bundes wirken sich positiv auf das Rating der Rentenbank aus und
verschaffen ihr eine exzellente Ausgangsposition für die Refinanzierung
an den internationalen Kapitalmärkten. Die Rentenbank wird in allen
EU- und zahlreichen Nicht-EU-Ländern mit einem Risikogewicht von
0 % nach dem Basel-II-Standardansatz behandelt.[14] Dabei ist der Bund
anders als bei den beiden anderen Förderinstituten des Bundes, die KfW
und bis 2004 die Deutsche Ausgleichsbank, nie gezwungen gewesen, der
Rentenbank iR seiner Anstaltslast Mittel zuzuführen. Die Rentenbank
refinanziert sich seit 1953 zunächst teilweise, seit 1971 ausschließlich am
Geld- und Kapitalmarkt.[15] In den letzten Jahrzehnten erfolgten Mittel-
aufnahmen überwiegend bei ausländischen institutionellen Investoren,
Zentralbanken und anderen öffentlichen Stellen, die die Devisenreserven
ihrer Länder verwalten. Aufgrund der Basel-III-Vorgaben[16] zur Bankenaufsicht sind in den letzten Jahren Kreditinstitute zur wichtigsten Inves-
torengruppe geworden. Diese halten Anleihen der Rentenbank zur Abde-
ckung der aufsichtsrechtlichen Liquiditätsanforderungen. Für den Bund
bedeutet dies, dass das mit der Anstaltslast und Haftungsgarantie verbundene Risiko gering ist.

III. Anstaltslast

4   Zu den Pflichten eines Anstaltsträgers gehört vorrangig die Anstaltslast.[17] Hierbei handelt es sich um die Verpflichtung des Trägers, seine

---

13   § 14 LR-G idF vom 11.5.1949 (WiGBl. I 77) regelte eine Befreiung „von allen
Steuern vom Vermögen und Einkommen sowie vom Grundvermögen, soweit es
dem Betriebe der Anstalt dient, und vom Gewerbebetrieb". Diese Steuerbefreiung
sollte bis zur Erreichung des vorgesehenen Kapitals gelten, jedoch mindestens 10
Jahre bestehen. In der Neufassung des LR-G vom 15.7.1963, BGBl. I 465, entfiel
die Steuerbefreiung, da sie ohne Befristung durch das Steueränderungsgesetz 1961,
BGBl. I 981, verlängert worden war, BT-Drs. IV/713, 5.
14   Ergänzend hierzu die Guidelines for the recognition of external credit assessment
institutions (ECAIs).
15   *Pohl/A. Schneider*, Die Rentenbank, S. 268.
16   Beschluss des Baseler Ausschuss für Bankenaufsicht vom 12.9.2010.
17   Zu Begriff und Grundlagen vgl. *Vogel* ZBB-Report 2001, 103 (106); *Kemmler*
DVBl. 2003, 100 ff.; *Kinzl*, Anstaltslast und Gewährträgerhaftung, S. 33 ff.; *Seubert*, Die Brüsseler „Verständigung" zu Anstaltslast und Gewährträgerhaftung,
S. 42; *Löhr* Anstaltslast und Gewährträgerhaftung, S. 19 ff.; *Kemmler*, Die Anstaltslast, S. 16 ff., 101 ff. Zur Inanspruchnahme der Anstaltslast in der Praxis des
öffentlichen Bankensektors vgl. *Wiesel* ZBB 2002, 288 (293 f.). Die Anstaltslast ist
seit 1897 als allgemeiner Grundsatz des Verwaltungsrechts anerkannt (PrOVG,
4.6.1897, PrVBl. 12 (1897/98), 280 [281]); ihr wird darüber hinaus teilweise verfassungsrechtliche Qualität zugesprochen (*Kemmler* DVBl. 2003, 100 [103]).

Anstalt für die gesamte Dauer des Bestehens mit den zu ihrer Aufgabenerfüllung notwendigen finanziellen Mittel auszustatten und sie so funkti-
onsfähig zu halten.[18] Sie bildet metaphorisch gesprochen die „‚Nabel-
schnur' zwischen dem Anstaltsträger und der Anstalt".[19] Der Begriff
geht zurück auf *Hans Storck*, der sich 1937 mit der Beziehung zwischen
den Gewährträgerverbänden und den Sparkassen auseinandersetzte.[20]
Weder § 1 a noch sonst eine Regelung des LR-G regeln die Anstaltslast
ausdrücklich. Daraus kann jedoch nicht geschlossen werden, dass eine
derartige Anstaltslast des Bundes nicht besteht. Denn idR verfügen öffentlich-rechtliche Kreditinstitute, insbes. sämtliche Institute des Bundes,
über keine gesetzlich festgelegte Anstaltslast.[21] Die weitaus hM in Lit.
und Rspr. nehmen gleichwohl das Bestehen einer Anstaltslast an.[22] Sie
verweisen teilweise darauf, dass die Anstaltslast bereits 1897 durch das
Preußische Oberverwaltungsgericht unter Berufung auf das Preußische
Sparkassenreglement von 1838 erstmals ausdrücklich anerkannt worden
ist.[23] Zusätzlich begründe der Runderlass des Reichs- und Preußischen
Innen- und Wirtschaftsministers vom 2.10.1937[24] das Bestehen einer allgemeinen Anstaltslast.[25] Dort wird eine allgemeine Einstandspflicht der
Gemeinden für die von ihnen errichteten Anstalten festgestellt. Die Lit.[26]
begründet darüber hinaus das Bestehen einer allgemeinen Anstaltslast als
Ausdruck der Aufgabenlast öffentlicher Verwaltungsträger.[27] Sie entspricht damit einem allgemeinen Prinzip des Verwaltungsrechts[28] und
findet speziell bei öffentlich-rechtlichen Kreditinstituten ihre Rechtfertigung in der öffentlichen Aufgabenstellung.[29] ZT wird die Anstaltslast

---

18 Wettbewerbsenquête der Bundesregierung, Bericht der Bundesregierung über die
    Untersuchung der Wettbewerbsverschiebungen im Kreditgewerbe und über eine
    Einlagensicherung, 18.11.1968, BT-Drs. V/3500, 47; *Kemmler*, Die Anstaltslast,
    S. 16.
19 *Kemmler*, Die Anstaltslast, S. 16.
20 *Storck* Gemeindetag 1937, 573 (574); vgl. *Kemmler*, Die Anstaltslast, S. 16, 20.
21 *v. Friesen*, Staatliche Haftungszusagen für öffentliche Kreditinstitute aus europa-
    rechtlicher Sicht, S. 34 f.
22 *Rümker* FS Stiefel, 1987, 609; *Thode* Sparkasse 1994, 134 (135); kritischer mit
    Verweis auf Streitstand: *Hoppe* DVBl. 1982, 45 (49).
23 PrOVG, PrVBl. 19, 1897/98, 280 (280 ff.); *Schlierbach*, Kommunalwirtschaft
    1975, 447 (448); zur Heranziehung krit. *Kemmler*, Die Anstaltslast, S. 17.
24 Az. V b I 1 Nr. 105 u. I 5519/37, RMBliV, Sp. 1591 ff. und S. 214 ff.: zit. nach *v.*
    Friesen, Staatliche Haftungszusagen für öffentliche Kreditinstitute aus europarecht-
    licher Sicht, S. 35 Fn. 54.
25 *v. Friesen*, Staatliche Haftungszusagen für öffentliche Kreditinstitute aus europa-
    rechtlicher Sicht, S. 35; zur Heranziehung krit. *Kemmler*, Die Anstaltslast, S. 20.
26 Die Existenz der Anstaltslast hingegen verneinend: *Herdegen* WM 1997, 1130
    (1130); *Hoppe* DVBl. 1982, 45 (49); *Lange* VVDStRL 44 (1986), 169, 201 Fn. 86.
27 *Twiehaus*, S. 48 f.; *Bohn*, Die Anstalt des öffentlichen Rechts, S. 103.
28 *Hoffmann* Sparkasse 1960, 99 (103); *Immenga/Rudo*, Die Beurteilung von Ge-
    währträgerhaftung und Anstaltslast der Sparkassen und Landesbanken als Beihilfe
    nach dem EU-Beihilfenrecht, S. 24.
29 Wettbewerbsenquête der Bundesregierung, Bericht der Bundesregierung über die
    Untersuchung der Wettbewerbsverschiebungen im Kreditgewerbe und über eine
    Einlagensicherung, 18.11.1968, BT-Drs. V/3500, 47; *Thode* Sparkasse 1994, 134
    (135); *Schwark* NJW 1974, 1849 (1853).

aus dem Anstaltsrecht gefolgert,[30] zT aus dem Gewohnheitsrecht[31] oder gilt als allgemeiner Rechtsgrundsatz.[32] Auch der BGH hat eine derartige ungeschriebene Anstaltslast des Anstaltsträgers angenommen.[33] Zudem geht auch der Gesetzgeber von dem Bestehen der Anstaltslast aus.[34] Es kann mithin festgestellt werden, dass das Unterbleiben einer gesetzlichen Normierung im LR-G nicht das Bestehen der Anstaltslast des Bundes infrage stellt.

5   Die Anstaltslast greift lediglich im Innenverhältnis zwischen Anstaltsträger und öffentlich-rechtlichem Kreditinstitut.[35] Sie begründet damit keine Verbindlichkeit gegenüber Dritten und daher konsequenterweise auch keinen Anspruch gegenüber dem Anstaltsträger.[36] Der Vollzug kann nur im Wege aufsichtsrechtlicher Maßnahmen erzwungen werden.[37] ZT wird die Anstaltslast auch zu einer Bestandsgarantie der öffentlich-rechtlichen Kreditinstitute verdichtet.[38] Dies wird jedoch von der überwiegenden Auffassung abgelehnt.[39] Die Errichtung von Förderbanken ist keine Pflichtaufgabe des Staates.[40] Vielmehr konkretisiert der Bund hierdurch iR seines Gestaltungsspielraums die Staatsaufgabe „Förderung der Land- und Forstwirtschaft" (→ § 3 Rn. 6). Der Anstaltsträger, hier der Bund, muss daher die Möglichkeit haben, diese Anstalten aufzulösen oder zu vereinigen. Mit diesem Recht, das in § 16 für die Rentenbank ausdrück-

---

30   Wettbewerbsenquête der Bundesregierung, Bericht der Bundesregierung über die Untersuchung der Wettbewerbsverschiebungen im Kreditgewerbe und über eine Einlagensicherung, 18.11.1968, BT-Drs. V/3500, 47.

31   *Schlierbach/Püttner*, S. 143; Gesetzesentwurf der Landesregierung NRW zum Gesetz zur Änderung des Sparkassengesetzes und über den Zusammenschluss der Sparkassen- und Giroverbände, LT NRW Drs. 11/6047, 53. Krit. zur Heranziehung *Kemmler*, Die Anstaltslast, S. 36 ff.

32   LT Rh.Pf. Drs. 9/1692, 22, zit. nach *v. Friesen*, Staatliche Haftungszusagen für öffentliche Kreditinstitute aus europarechtlicher Sicht, S. 36 Fn. 61.

33   BGHZ 90, 161 (168 f.), vgl. HessVGH 23.3.1966 – OS II 6/65, wiedergegeben bei *Weides/Bosse*, Rechtsprechung zum Sparkassenrecht, S. 384; anders wohl BVerwG NJW 1983, 59 (61).

34   GE BReg zur Umsetzung der Richtlinie 2012/.../EU über den Zugang zur Tätigkeit von Kreditinstituten und die Beaufsichtigung von Kreditinstituten und Wertpapierfirmen und zur Anpassung des Aufsichtsrechts an die Verordnung (EU) Nr. .../2012 über die Aufsichtsanforderungen an Kreditinstitute und Wertpapierfirmen (CRD IV-Umsetzungsgesetz) vom 31.8.2012, BT-Drs. 510/12, 175; ebenso GE BReg zur Umsetzung der Richtlinie 2012/.../EU über den Zugang zur Tätigkeit von Kreditinstituten und die Beaufsichtigung von Kreditinstituten und Wertpapierfirmen und zur Anpassung des Aufsichtsrechts an die Verordnung (EU) Nr. .../2012 über die Aufsichtsanforderungen an Kreditinstitute und Wertpapierfirmen (CRD IV-Umsetzungsgesetz) vom 15.10.2012, BT-Drs. 17/10974, 105 f.

35   *v. Friesen*, Staatliche Haftungszusagen für öffentliche Kreditinstitute aus europarechtlicher Sicht, S. 39; *Kemmler*, Die Anstaltslast, S. 16.

36   Vgl. *Kemmler*, Die Anstaltslast, S. 16, 101 ff.; *Immenga/Rudo*, Die Beurteilung von Gewährträgerhaftung und Anstaltslast der Sparkassen und Landesbanken als Beihilfe nach dem EU-Beihilfenrecht, S. 23.

37   *Kemmler*, Die Anstaltslast, S. 104.

38   *Perdelewitz/Fabricius/Kleiner*, Das preußische Sparkassenrecht, S. 176 ff.

39   Vgl. nur *U. Schneider* FS Riesenfeld, 1983, 246.

40   Ebd.

lich geregelt ist, verträgt sich die Vorstellung einer dauerhaften Finanzierungsgarantie oder Bestandsgarantie nicht.[41]

Der Maßstab für die Kapitalausstattung aufgrund der Anstaltslast ist der Zweck und die Funktionsfähigkeit der Anstalt.[42] Die Anstaltslast umfasst nicht die Verpflichtung des Bundes zu einer jährlichen Verlustübernahme iSd § 302 AktG.[43] Das Kreditinstitut muss vielmehr die laufenden Verluste aus eigenen Mitteln zunächst einmal selber decken.[44] Die Anstaltslast wirkt damit nur subsidiär.[45] Sie kann erst dann aktiviert werden, wenn der Anstaltsträger am Fortbestand des Institutes festhalten will und die Förderbank ohne entsprechende Kapitalzufuhr insolvent[46] würde oder zumindest die zukünftige Wahrnehmung des Anstaltszwecks gefährdet wäre.[47] Damit wird im Ergebnis die Insolvenz bei der Rentenbank ausgeschlossen, solange der Bund als Anstaltsträger am Zweck der Anstalt festhält.[48]

Die Anstaltslast wirkt sich damit in dreifacher Hinsicht aus: Zunächst 6 wird die Anstalt selbst durch Erhaltungsmaßnahmen begünstigt, des Weiteren profitieren die Nutzer der Anstalt – im Falle der Rentenbank die kreditbeantragenden[49] Landwirte, die durch das auf die Anstaltslast zurückzuführende gute Rating der Rentenbank günstige Förderkredite erhalten – und zuletzt mittelbar die Gläubiger der Anstalt, da die Zahlungsfähigkeit der Anstalt erhalten wird.[50]

IV. Haftungsgarantie des Bundes

Die Haftungsgarantie des Bundes nach § 1 a lehnt sich an die landesban- 7 kenrechtliche Gewährträgerhaftung an, weicht jedoch in zwei wesentlichen Punkten von dieser ab: Haftungsumfang und Subsidiarität. Wie die Gewährträgerhaftung meint die Haftungsgarantie des Bundes die auf Gesetz oder Satzung beruhende unmittelbare Haftung des Bundes gegenüber den Gläubigern eines vom Bund getragenen rechtlich selbstständigen Kreditinstitutes für dessen Verbindlichkeiten.[51] Im Gegensatz zur Anstaltslast begründet die Haftung des Bundes gem. § 1 a demnach eine Haftung des Anstaltsträgers gegenüber Dritten, dh im Außenverhält-

---

41 *Immenga/Rudo*, Die Beurteilung von Gewährträgerhaftung und Anstaltslast der Sparkassen und Landesbanken als Beihilfe nach dem EU-Beihilfenrecht, S. 25.
42 Vgl. *U. Schneider* FS Riesenfeld, 1983, 246.
43 Vgl. *Kemmler*, Die Anstaltslast, S. 53 ff.
44 *U. Schneider* FS Riesenfeld, 1983, 246; vgl. *N. Schulz* BayVBl. 1996, 129 (131).
45 *Kemmler*, Die Anstaltslast, S. 101.
46 Für die Rentenbank ist das Insolvenzverfahren gem. § 16 Abs. 1 ausgeschlossen.
47 *Rümker* FS Stiefel, 1987, 613; *Kemmler*, Die Anstaltslast, S. 101.
48 *Immenga/Rudo*, Die Beurteilung von Gewährträgerhaftung und Anstaltslast der Sparkassen und Landesbanken als Beihilfe nach dem EU-Beihilfenrecht, S. 25.
49 Beachte Hausbankprinzip, vgl. Kommentierung zu § 3.
50 Vgl. *Kemmler*, Die Anstaltslast, S. 101 f.
51 Vgl. zur Gewährträgerhaftung: Wettbewerbsenquête der Bundesregierung, Bericht der Bundesregierung über die Untersuchung der Wettbewerbsverschiebungen im Kreditgewerbe und über eine Einlagensicherung, 18.11.1968, BT-Drs. V/3500, 48, Fn. 67.

nis.[52] Sie ist insoweit die „nach außen projizierte Kehrseite der Anstalts-last".[53] Normativ zeigt sich der Unterschied der beiden Haftungsinstitute darin, dass die Haftungsgarantie des Bundes gem. § 1 a wie die Gewähr-trägerhaftung im Gegensatz zur Anstaltslast regelmäßig in den Bestim-mungen der öffentlich-rechtlichen Kreditinstitute und der Förderbanken ausdrücklich normiert ist, da sie im Gegensatz zur Anstaltslast nicht als ungeschriebener verwaltungsrechtlicher Grundsatz oder Gewohnheits-recht anerkannt ist.[54] Das trifft auch auf die Rentenbank zu, für deren Verbindlichkeiten in § 1 a eine entsprechende ausdrückliche Regelung vorgesehen ist. Die historische Grundlage der Gewährträgerhaftung, an die die Haftungsgarantie des Bundes angelehnt ist, liegt in der „Ver-selbstständigung" der Sparkassen als Anstalten öffentlichen Rechts mit eigener Rechtspersönlichkeit gem. dem 5. Teil Art. 1 § 2 Abs. 1 S. 1 der Dritten Notverordnung vom 6.10.1931.[55],[56] Zuvor waren die Sparkas-sen unselbständige Abteilungen der Kommunalverwaltung.[57] Um die bis dato bestehende Haftung der Kommunen für Verbindlichkeiten der Spar-kassen beizubehalten, wurde diese bisherige Haftung gesetzlich fortge-führt und auch für künftige Verbindlichkeiten der Sparkassen nor-miert.[58] Damit wollte man verhindern, dass die Verselbstständigung der Sparkassen zu einem Bonitätsverlust führt.[59] Die Gewährträgerhaftung ist damit „Kind der wirtschaftlichen Not des Jahres 1931."[60],[61] Es ver-deutlicht, dass sich Anstaltslast und Gewährträgerhaftung in ihrer Funk-tion erheblich unterscheiden: die Anstaltslast dient der Sicherung der Bank, die Gewährträgerhaftung dem Schutz der Gläubiger.[62]

---

52 *Bohn*, Die Anstalt des öffentlichen Rechts, S. 96; *Schlierbach/Püttner*, S. 145.
53 Wettbewerbsenquête der Bundesregierung, Bericht der Bundesregierung über die Untersuchung der Wettbewerbsverschiebungen im Kreditgewerbe und über eine Einlagensicherung, 18.11.1968, BT-Drs. V/3500, 50; *Thode* nimmt sogar an, dass es aufgrund dessen keiner ausdrücklichen Normierung bedarf: *Thode* Sparkasse 1994, 134 (135 f.).
54 *v. Friesen*, Staatliche Haftungszusagen für öffentliche Kreditinstitute aus europa-rechtlicher Sicht, S. 41; *Bohn*, Die Anstalt des öffentlichen Rechts, S. 96; *H. Schnei-der/Busch* EuZW 1995, 603 (603).
55 Dritte Verordnung des Reichspräsidenten zur Sicherung von Wirtschaft und Finan-zen und zur Bekämpfung politischer Ausschreitungen vom 6.10.1931, RGBl. I 1937, 537.
56 *Kinzl*, Anstaltslast und Gewährträgerhaftung, S. 33; *Donner* ZögU 1987, 246 (251); Wettbewerbsenquête der Bundesregierung, Bericht der Bundesregierung über die Untersuchung der Wettbewerbsverschiebungen im Kreditgewerbe und über eine Einlagensicherung, 18.11.1968, BT-Drs. V/3500, 48; vgl. *Kemmler*, Die Anstaltslast, S. 18 f., dort fälschlicherweise als Anstaltslast interpretiert.
57 *U. Schneider* FS Riesenfeld, 1983, 242; *Donner* ZögU 1987, 246 (251 ff.)
58 5. Teil Art. 1 § 2 Abs. 1 S. 2 der Dritten NotVO; vgl. *Kemmler*, Die Anstaltslast, S. 19, dort fälschlicherweise als Anstaltslast interpretiert.
59 *Löhr* Anstaltslast und Gewährträgerhaftung, S. 24: Grund für diese Regelung war, dass ein weiterer Vertrauensverlust der Anleger gegenüber den öffentlich-rechtli-chen Kreditinstituten unbedingt vermieden werden sollte.
60 *Kinzl*, Anstaltslast und Gewährträgerhaftung, S. 33.
61 *Oebbecke* DVBl. 1981, 228 (231); *D. Schmidt* ZfgK 1981, 762 (764).
62 *Schlierbach/Püttner*, S. 145.

Die Haftung des Bundes weicht aber von der herkömmlichen Gewähr- 8
trägerhaftung insoweit ab, als dass der Bund nach § 1 a den Gläubigern
unmittelbar und summenmäßig unbeschränkt haftet[63], jedoch nur für
die in § 1 a genannten Verbindlichkeiten der Rentenbank. Die Gläubiger
der Rentenbank haben also einen unmittelbaren Anspruch gegen den
Bund.[64] Anders als bei den früher bestehenden Gewährträgerhaftungen
der Sparkassen, bei denen es nicht auf den Rechtsgrund der Verbindlichkeit ankam,[65] ist die Haftung des Bundes für die Verbindlichkeiten der
Rentenbank auf die von ihr aufgenommenen Darlehen und begebenen
Schuldverschreibungen, die als Festgeschäfte ausgestalteten Termingeschäfte, die Rechte aus Optionen, andere Kredite an die Rentenbank sowie auf Kredite an Dritte, soweit sie die Rentenbank ausdrücklich gewährleistet, beschränkt. Diese Beschränkung ergibt sich aus der im Vergleich zu Formulierungen der Gewährträgerhaftung anderen Formulierung im LR-G.[66] Hinsichtlich der genannten Verbindlichkeiten unterscheidet die Haftung des Bundes nach § 1 a nicht zwischen der Rangfolge
der Verpflichtungen. Sie gilt ohne Limitierung in Zeit oder Höhe. Die
Haftung des Bundes nach § 1 a ist zudem bei der Rentenbank im Gegensatz zur Gewährträgerhaftung nicht subsidiär,[67] wie sich unmittelbar aus
dem Wortlaut des § 1 a ergibt. Sie kommt daher einer Mithaft gleich.
Der Bund kann daher dem Grunde nach auch dann in Anspruch genommen werden, wenn die Gläubiger aus dem Vermögen der Rentenbank
befriedigt werden können.[68] Zudem ist die Haftung des Bundes nicht ak-
zessorisch.[69] Insoweit gleicht sie anders als die Gewährträgerhaftung
eher einer Ausfallgarantie als einer Ausfallbürgschaft.[70]

Die Anstaltslast und die Haftungsgarantie des Bundes bilden damit ein 9
Gesamtsystem, das einen optimalen mittelbaren und unmittelbaren
Gläubigerschutz bietet. Die Haftung des Bundes ist bislang nicht in An-
spruch genommen worden. Das ist auch künftig nicht zu erwarten. In

---

63 Vgl. *Bohn*, Die Anstalt des öffentlichen Rechts, S. 96; *U. Schneider* FS Riesenfeld,
    1983, 248; *Schlierbach/Püttner*, S. 145.
64 Vgl. *Rümker* FS Stiefel, 1987, 618; Wettbewerbsenquête der Bundesregierung, Be-
    richt der Bundesregierung über die Untersuchung der Wettbewerbsverschiebungen
    im Kreditgewerbe und über eine Einlagensicherung, 18.11.1968, BT-Drs. V/3500,
    47.
65 *Kinzl,* Anstaltslast und Gewährträgerhaftung, S. 34; *U. Schneider* FS Riesenfeld,
    1983, 248; *Rümker* FS Stiefel, 1987, 618; *Schlierbach/Püttner*, S. 145.
66 Vgl. einheitliche Formulierung der Gewährträgerhaftung der Sparkassen bei
    Schlierbach/Püttner, S. 144: „Für die Verbindlichkeiten der Sparkasse haftet der
    Gewährträger unbeschränkt."; vgl. auch *Löhr* Anstaltslast und Gewährträgerhaf-
    tung, S. 25.
67 Vgl. *U. Schneider* FS Riesenfeld, 1983, 249.
68 Anders indes bei der Gewährträgerhaftung: *v. Friesen*, Staatliche Haftungszusagen
    für öffentliche Kreditinstitute aus europarechtlicher Sicht, S. 42; *Bohn*, Die Anstalt
    des öffentlichen Rechts, S. 96; *Kinzl,* Anstaltslast und Gewährträgerhaftung, S. 34.
69 Anders indes bei der Gewährträgerhaftung: *Koenig* EuZW 1995, 595 (597);
    U. Schneider FS Riesenfeld, 1983, 248 f.
70 Für die Gewährträgerhaftung: *Schlierbach/Püttner*, S. 145; *Immenga/Rudo*, Die Be-
    urteilung von Gewährträgerhaftung und Anstaltslast der Sparkassen und Landes-
    banken als Beihilfe nach dem EU-Beihilfenrecht, S. 27.

Krisenzeiten wird der Anstaltsträger bereits aufgrund der Anstaltslast tätig werden, da er der Haftung nach § 1 a nicht entgehen kann. Wenn er ohnehin zahlen muss, dann erscheint es sinnvoller, die Bank im Innenverhältnis strukturell zu sichern, als im Außenverhältnis ihre Bonität zu schädigen.[71] Insoweit wirkt die Anstaltslast bereits im Vorfeld.[72] Etwas anderes gilt nur, wenn sich der Anstaltsträger entscheidet, die Bank zu liquidieren.

V. Europarechtliche Konformität

10   Die soeben beschriebene erhebliche Sonderstellung der Rentenbank wirft die Frage nach der europarechtlichen Konformität der öffentlich-rechtlichen Anstaltslast und Refinanzierungsgarantie des Bundes auf.[73] Diese Frage war (spezifisch bezogen auf die der Refinanzierungsgarantie zugrundeliegende Gewährträgerhaftung) seit 1995 Gegenstand eines Rechtsstreits[74] zwischen der EU-Kommission und der Bundesrepublik Deutschland, der 2002 mit einer politischen Einigung, der sog. Verständigung II[75] endete.

11   Darin setzte sich die EU-Kommission mit dem von ihr eingenommenen Standpunkt[76] durch, dass es sich bei diesen Haftungsverpflichtungen wie der Anstaltslast zugunsten öffentlich-rechtlicher Banken und Sparkassen um Beihilfen[77] handelt, die in ihrer in Deutschland vorhandenen Ausgestaltung auch nicht nach Art. 86 Abs. 2 EGV (heute Art. 106 AEUV) gerechtfertigt sind. Nicht durchsetzen konnte sich die von der Bundesregierung, im Wesentlichen unterstützt von dem Deutschen Sparkassen- und Giroverband, eingenommene Gegenposition.[78] Nach der deutschen Vorstellung handelt es sich bei Anstaltslast und Gewährträgerhaftung nicht

---

71 Vgl. *Oebbecke* DVBl. 1981, 960 (961), *Schlierbach/Püttner*, S. 144.
72 *Immenga/Rudo*, Die Beurteilung von Gewährträgerhaftung und Anstaltslast der Sparkassen und Landesbanken als Beihilfe nach dem EU-Beihilfenrecht, S. 28.
73 In der BRep. Deutschland wurde sie nicht in Anspruch genommen: *Twiehaus*, 47 f.
74 *Kommission*, Non-Paper on the Treatment of Anstaltslast and Gewährträgerhaftung of the public legal form credit institutions in Germany in view of Art. 92 (1) of the Treaty, Dezember 1995.
75 Hierzu vertiefend: *Seubert*, Die Brüsseler „Verständigung" zu Anstaltslast und Gewährträgerhaftung.
76 Pressemitteilung der Kommission vom 26.1.2001, IP/01/119; Pressemitteilung vom 9.2.2001, IP/01/187; Mitteilung der Kommission über die Anwendung der Art. 87 und 88 EG-Vertrag auf staatliche Beihilfen in Form von Haftungsverpflichtungen und Bürgschaften vom 24.11.1999, veröffentlicht im Internet unter: http://europa.e u.int/comm/competition/state_aid/legislation/state_guarantees/notice_19991124_d e.pdf, Rn. 2.1.3; Mitteilung der Kommission über die Anwendung der Art. 92 und 93 EWG-Vertrag und des Art. 5 der Kommissionsrichtlinie 80/723/EWG über öffentliche Unternehmen in der verarbeitenden Industrie, ABl. 1993 C 307/03, Rn. 38.1/38.2.
77 Lit. zur beihilferechtlichen Konformität: *Immenga/Rudo*, Die Beurteilung von Gewährträgerhaftung und Anstaltslast der Sparkassen und Landesbanken als Beihilfe nach dem EU-Beihilfenrecht; *Koenig* EuZW 1995, 595 (595 ff.); *Löhr* Anstaltslast und Gewährträgerhaftung; *H. Schneider/Busch* EuZW 1995, 603 (603 ff.); *Seubert*, Die Brüsseler „Verständigung" zu Anstaltslast und Gewährträgerhaftung; *Vollmöller* NJW 1998, 716 (716 ff.); *Vogel* ZBB-Report 2001, 103 (108 ff.).
78 Vgl. *Quardt* EuZW 2002, 424 (425).

um eine in den Bereich der Bürgschaftsmitteilung[79] fallende Dritthaftung, sondern um eine eigene Haftung des unternehmerisch tätigen Anstaltsträgers, die mit den im privaten Bankensektor bestehenden Haftungsstrukturen vergleichbar ist.[80]

Zwar überließ die 37. Erklärung der Regierungskonferenz von Amsterdam (1997) zu öffentlich-rechtlichen Kreditinstituten in Deutschland[81] der Bundesrepublik Deutschland, auf welche Weise sie insoweit „den Gebietskörperschaften die Erfüllung ihrer Aufgaben ermöglicht, in ihren Regionen eine flächendeckende und leistungsfähige Finanzinfrastruktur zur Verfügung zu stellen". Diese von der Bundesrepublik Deutschland zur politischen Absicherung ihrer Anstaltslast und Gewährträgerhaftung initiierte Erklärung hatte jedoch nicht den beabsichtigten Erfolg. Daher stimmte Deutschland am 17.7.2001[82] in einer „Verständigung" einem Vorschlag der EU-Kommission iSd sog. Plattform-Modells zu: Gewährträgerhaftung und Anstaltslast wurden als bestehende Beihilfen gewertet. Für alle Landesbanken und Sparkassen wurde die Gewährträgerhaftung zum 18.7.2005 abgeschafft und die Anstaltslast „durch eine normale wirtschaftliche Eigentümerbeziehung nach marktwirtschaftlichen Grundsätzen ersetzt".[83] **12**

Am 1.3.2002[84] erreichten EU-Kommission und Bundesregierung eine weitere Verständigung über die deutschen Förderinstitute.[85] Diese dürfen weiterhin staatliche Haftungen in Anspruch nehmen, soweit sie mit mitgliedstaatlichen Förderaufgaben betraut sind, die mit den Beihilferegeln der Union im Einklang stehen. Zu diesen Förderaufgaben gehören auch Beteiligungen an Projekten im Unionsinteresse, die von der Europäischen Investitionsbank oder ähnlichen europäischen Finanzierungsinstitutionen mitfinanziert werden. Ferner können Förderinstitute Maßnahmen rein sozialer Art und die Gewährung von Darlehen und anderen Finanzie- **13**

---

79 Die Bürgschaftsmitteilung enthielt in Nr. 2.1.3. eine auf Anstaltslast und Gewährträgerhaftung gemünzte Bestimmung.

80 *Immenga/Rudo*, Die Beurteilung von Gewährträgerhaftung und Anstaltslast der Sparkassen und Landesbanken als Beihilfe nach dem EU-Beihilfenrecht, S. 79; vgl. *Scherer/Schödermeier* ZBB 1996, 165 (177); *Gruson/U. Schneider* CBLR 1995, 337 (425); *H. Schneider/Busch* EuZW 1995, 603 (608); dagegen: *Koenig* EuZW 1995, 595 (600); *Vollmöller* NJW 1998, 716 (719).

81 „Erklärung zu öffentlich-rechtlichen Kreditinstituten in Deutschland"; 37. angenommene Erklärung der Amsterdamer Konferenz, Vertrag von Amsterdam, S. 138.

82 Sog. Verständigung I (betrifft Landesbanken).

83 Verständigung über die Ausrichtung rechtlich selbstständiger Förderinstitute in Deutschland zwischen der EU-Kommission und der Bundesregierung, Einigung 1.3.2002, Entscheidung der Kommission am 27.3.2002 (C (2002) 1286 – Staatliche Beihilfe Nr. E 10/2000 – Deutschland, Anstaltslast und Gewährträgerhaftung), akzeptiert durch Bundesregierung am 11.4.2002, S. 2.

84 Sog. Verständigung II (betrifft Förderbanken).

85 Verständigung über die Ausrichtung rechtlich selbstständiger Förderinstitute in Deutschland zwischen der EU-Kommission und der Bundesregierung, Einigung 1.3.2002, Entscheidung der Kommission am 27.3.2002 (C (2002) 1286 – Staatliche Beihilfe Nr. E 10/2000 – Deutschland, Anstaltslast und Gewährträgerhaftung), akzeptiert durch Bundesregierung am 11.4.2002.

rungsformen an Gebietskörperschaften und öffentlich-rechtliche Zweckverbände vornehmen.

14 Die der Rentenbank gewährleistete Anstaltslast des Bundes ist von der
beihilferechtlichen Beurteilung und damit von der Landesbankenproble-
matik ausgenommen. Grund hierfür ist neben den unionskonformen
Förderaufgaben die Wettbewerbsneutralität, die der Rentenbank durch
die spezifische Konstruktion des Hausbankenprinzips gesetzlich vorgegeben ist. Das Hausbankprinzip sieht vor, dass die Kreditvergabe nur über
andere Banken erfolgen kann (→ § 3 Rn. 21). Zu dieser Neutralität trägt
des Weiteren bei, dass die Rentenbank in keine bestimmte Bankengruppe
eingebunden ist.

15 Gleichwohl machte die Vorgabe, dass der Fortbestand der Anstaltslast
nur bei Durchführung staatlicher Förderaufgaben dauerhaft gewährleistet sei, die konkrete Beschreibung der öffentlichen Förderaufgaben im
LR-G erforderlich. Da sich die Geschäftstätigkeit der Rentenbank seit
Anbeginn strikt auf Fördergeschäfte beschränkte und sie sich nicht am
Wettbewerb der Banken um Kunden beteiligt, ist keine Einschränkung
der Geschäftstätigkeit erforderlich gewesen.

§ 2 Kapital

(1) Das Grundkapital der Bank beträgt 135 Millionen Euro.

(2) [1]Zur Verstärkung ihres Kapitals ist eine Hauptrücklage zu bilden. [2]Dieser ist mindestens die Hälfte des nach Zuführung zur Deckungsrücklage (Absatz 3) verbleibenden Jahresüberschusses zuzuweisen.

(3) [1]Neben der Hauptrücklage (Absatz 2) ist eine besondere Deckungsrücklage zu bilden; sie dient der Schaffung zusätzlicher Sicherheiten für die von der Bank ausgegebenen gedeckten Schuldverschreibungen. [2]Die Deckungsrücklage darf 5 vom Hundert des Nennbetrages der jeweils im Umlauf befindlichen gedeckten Schuldverschreibungen nicht überschreiten. [3]Ihr dürfen nicht mehr als 50 vom Hundert des Jahresüberschusses zugewiesen werden.

I. Die Eigenmittel der Renten-
bank im System europäischer
Vorgaben 1
II. Ursprung des Grundkapitals 7
III. Das Grundkapital (Abs. 1) ... 16
IV. Rücklagen
(Abs. 2 und Abs. 3) 18

I. Die Eigenmittel der Rentenbank im System europäischer Vorgaben

Die Bestimmung enthält eine interne Festsetzung zu den Eigenmitteln, die im Lichte der mittlerweile europäischen Vorgaben zur angemessenen Eigenmittelausstattung von Banken zu sehen ist.   1

Während es für Nichtbanken außer dem Mindestkapital bei Kapitalgesellschaften (Grundkapital, Stammkapital) keine regulierenden Vorschriften über die Eigenkapitalausstattung gibt, hielt es der Gesetzgeber bei Kreditinstituten und Versicherungen für erforderlich, wegen der besonderen Risiken des Bank- und Versicherungsgeschäfts Regeln über die Höhe und Angemessenheit von Eigenkapital zu erlassen. Das geschah erstmals durch das Kreditwesengesetz (KWG) vom Dezember 1934[1], das in § 11 die Einhaltung einer Eigenkapitalquote verlangte.[2]   2

Dieses System ist als Folge der Basel-III-Vorgaben[3] mWz 1.1.2014 durch ein europäisches Regulierungssystem ersetzt worden, das seine zentralen Stützen in den Eigenmittelvorschriften (Kapitaladäquanzverordnung/ Capital Requirements Regulation – CRR, 575/2013/EU[4], und Eigenkapi-   3

---

1 Reichsgesetz über das Kreditwesen vom 5.12.1934, RGBl. I 1203; heute: Gesetz über das Kreditwesen (Kreditwesengesetz – KWG) idF der Bekanntmachung vom 9.9.1998, BGBl. I 2776.
2 Wortlaut § 11 Abs. 1 Reichs-KWG: „Die Gesamtverpflichtungen eines Kreditinstitutes […] sollen […] ein vom Aufsichtsamt zu bestimmendes Mehrfaches des haftenden Eigenkapitals nicht überschreiten.".
3 Beschluss des Baseler Ausschuss für Bankenaufsicht vom 12.9.2010.
4 VO (EU) Nr. 575/2013 des Europäischen Parlaments und des Rates vom 26.6.2013 über Aufsichtsanforderungen an Kreditinstitute und Wertpapierfirmen und zur Änderung der VO (EU) Nr. 646/2012 Text von Bedeutung für den EWR, ABl. 2013 L 176/1.

talrichtlinie/Capital Requirements Directive – CRD IV-RL, 2013/36/EU[5])
findet. Zentrale Vorschrift für Definition, Umfang und Grenzen der Eigenmittel ist nunmehr die CRR, worin die Eigenmittel als die Summe aus
Kernkapital und Ergänzungskapital definiert werden (Art. 4 Abs. 1
Nr. 118, Art. 72 CRR).

4   Dieses System ist jedoch durch das Bankenpaket 2019 erheblich modifi-
ziert worden. Das Paket enthält Änderungen an den genannte Eigenmittelvorschriften (CRR und CRD IV-RL), mit denen die Eigenmittel- und
Liquiditätslage der Banken gefestigt wird.

5   Die im Bankenpaket 2019 enthaltene Fünfte Änderungsrichtlinie zur
CRD, die RL (EU) 2019/878 (CRD V-RL), sieht dabei vor, bestimmte
Banken namentlich aus dem Anwendungsbereich der CRD IV-RL auszu-
nehmen. Ausdrücklich gehört hierzu die Rentenbank neben allen weiteren deutschen rechtlich selbstständigen Förderbanken.[6] Neben der Rentenbank fallen darunter auch die zwei weiteren bis dahin unter der direkten EZB-Aufsicht stehenden Förderinstitute. Bislang war als einziges
deutsches Förderinstitut die KfW aus dem Anwendungsbereich der CRD
IV-RL ausgenommen.[7] Mit Inkrafttreten der CRD V-RL (20 Tage nach
Veröffentlichung im EU-ABl., also am 27.6.2019) ist die Ausnahme der
Förderbanken vom Anwendungsbereich der CRD IV-RL rechtswirksam
geworden. Sie sind seitdem keine CRR-Kreditinstitute[8] mehr und fallen
damit auch nicht mehr in den Anwendungsbereich der SSM-Verordnung.[9] Damit werden die in der CRD V-RL namentlich genannten deutschen, rechtlich selbstständigen Förderbanken seitdem wieder von der
BaFin und der Bundesbank in rein nationaler Zuständigkeit beaufsichtigt
(s. hierzu Kommentierung zu § 11). Des Weiteren unterliegen sie mit
dem Wegfall der Eigenschaft als CRR-Institut nicht mehr dem Anwendungsbereich des Sanierungs- und Abwicklungsgesetzes (SAG) sowie des
Restrukturierungsfondsgesetzes (RStruktFG). Somit entfallen die Pflicht
zur Erstellung von Sanierungs- und Abwicklungsplänen sowie die Pflicht
zur Einzahlung von Beiträgen in den Europäischen Abwicklungsfonds
(Single Resolution Fund-SRF). Zudem scheiden diese Institute aus dem
Anwendungsbereich des Einlagensicherungsgesetzes aus, da danach nur

---

5   RL 2013/36/EU des Europäischen Parlaments und des Rates vom 26.6.2013 über
    den Zugang zur Tätigkeit von Kreditinstituten und die Beaufsichtigung von Kredit-
    instituten und Wertpapierfirmen, zur Änderung der RL 2002/87/EG und zur Aufhe-
    bung der RL 2006/48/EG und 2006/49/EG Text von Bedeutung für den EWR,
    ABl. 2013 L 176/338.
6   S. hierzu Art. 2 Abs. 5 Nr. 5 CRD V-RL.
7   S. hierzu Art. 2 Abs. 5 Nr. 6 CRR.
8   CRR-Kreditinstitut bezeichnet gem. Art. 4 Abs. 1 Nr. 1 CRR ein Unternehmen, des-
    sen Tätigkeit darin besteht, Einlagen oder andere rückzahlbare Gelder des Publi-
    kums entgegenzunehmen und Kredite für eigene Rechnung zu gewähren.
9   VO (EU) Nr. 806/2014 des Europäischen Parlaments und des Rates vom 15.7.2014
    zur Festlegung einheitlicher Vorschriften und eines einheitlichen Verfahrens für die
    Abwicklung von Kreditinstituten und bestimmten Wertpapierfirmen im Rahmen ei-
    nes einheitlichen Abwicklungsmechanismus und eines einheitlichen Abwicklungs-
    fonds sowie zur Änderung der VO (EU) Nr. 1093/2010, ABl. 2014 L 225/1.

CRR-Kreditinstitute der Sicherungspflicht unterliegen. Anwendung findet hingegen weiterhin die InstitutsVergV.

Für die vom Anwendungsbereich der CRD ausgenommenen Förderbanken[10] gelten dennoch gem. § 1 a Abs. 1 KWG weiterhin einzelne Regelungen der CRR. Inwiefern für die ausgenommenen deutschen Förderbanken Anpassungen im deutschen Recht mit Blick auf das Fördergeschäft erfolgen sollten, muss der Gesetzgeber iR der CRD V-Umsetzung[11] entscheiden.   6

II. Ursprung des Grundkapitals

Die Kapitalaufbringung erfolgte durch eine Selbsthilfeaktion des landwirtschaftlichen Berufstandes. Doch stellte die Kapitalaufbringung nicht gänzlich einen privatwirtschaftlichen Akt dar, sondern erfolgte durch das LR-G in einem öffentlich-rechtlichen Rahmen. Die Idee eines Selbsthilfeinstitutes war hingegen nicht neu, sondern wurde der RKA nachempfunden.[12]   7

Im Gründungs-Gesetzgebungsakt der Rentenbank wurde der Betrag noch über die Quelle des Grundkapitals definiert. Nach § 2 Abs. 1 LR-G von 1949 besteht das Grundkapital aus den nach § 3 des RentBkGrSchG vom 11.5.1949[13] geschuldeten und aus den vereinbarten Leistungen aus den Rentenbankgrundschulden nach Abzug der nach § 3 RentBkGrSchG an die Deutsche Genossenschaftskasse abzuführenden Beträge. Es war folgerichtig, dieses Konzept zu nutzen, da seine währungsstabilisierende Funktion, mit der es im Jahr 1924 entscheidend zur Überwindung der Krise beitrug, verloren hatte.[14] Die Barmittel sollten dem der Rentenbank durch Erhebung der Rentenbankgrundschuldzinsen auf die Dauer von zehn Jahren allmählich zugeführt werden. Die Vorschriften über das Kernkapital der Rentenbank und über die Gewinnverwendung stehen in engem Zusammenhang mit der nach § 3 Nr. 1 RentBkGrSchG[15] zeitlich begrenzten Erhebung von Rentenbankgrundschuldzinsen für die Kapitalausstattung der Bank.

---

10 Mit Ausnahme der KfW, für die § 1 a Abs. 1 KWG nicht gilt (s. § 2 Abs. 1 Nr. 2 KWG).

11 Referentenentwurf des BMF eines Gesetzes zur Reduzierung von Risiken und zur Stärkung der Proportionalität im Bankensektor (Risikoreduzierungsgesetz – RiG) v. 17.4.2020.

12 *A. Schneider*, Immergrüner Wandel, S. 11.

13 Gesetz über die Rentenbankgrundschuld vom 11.5.1949, WiGBl. S. 79; erstreckt auf das Land Rheinland-Pfalz durch gleichlautendes Landesgesetz vom 5.9.1949 (GVBl. I 438); auf die übrigen Gebiete des französischen Besatzungsgebietes durch Bundesverordnung vom 21.2.1950, BGBl. I 37 und auf Berlin durch Gesetz vom 6.11.1953, GBVl. 1371 (1375).

14 Schreiben der Verwaltung für Ernährung, Landwirtschaft und Forsten des Vereinigten Wirtschaftsgebietes vom 12.6.1948 – Tgb.-Nr.: IV/7 – 1135/48 –, (nv). S. 2 zit. nach *v. Stralendorff*, Erl. zum LR-G in: Das Deutsche Bundesrecht, IV E 11, 1093. EL 2010.

15 WiGBl. S. 79.

8 So bestimmte § 3 Nr. 3 RentBkGrSchG: „Auf die Rentenbankgrundschuld sind auf die Dauer von 10 Jahren wiederkehrende Leistungen
   (Rentenbankgrundschuldzinsen) in Höhe von jährlich 0,15 vH des jeweiligen Einheitswertes des belasteten Grundstückes zu entrichten. Die Rentenbankgrundschuldzinsen sind an das zuständige Finanzamt zu entrichten." Das Finanzamt war dabei nur die Erhebungsstelle, die den Betrag
   in einem sog. Rentenbankgrundschuldbescheid festsetzte.[16] Die Mittel
   flossen daher nicht in den Haushalt der Länder, sondern an die Landeszentralbanken zugunsten der Rentenbank als Berechtigte.[17]

9 Das RentBkGrSchG bestimmte in seinem § 1, dass die Haftung des im
   Vereinigten Wirtschaftsgebiet befindlichen Vermögens der Deutschen
   Rentenbank einschließlich der aufgrund der RentenbankVO[18] bestehenden Grundschulden und Zinszahlungsverpflichtungen erlosch. Nach § 2
   RentBkGrSchG bleibt die Belastung der dauernd landwirtschaftlichen,
   forstwirtschaftlichen oder gärtnerischen Zwecken dienenden Grundstücke nach §§ 6–8 und 10 der RentenbankVO und § 4 des Gesetzes über
   die Liquidierung des Umlaufs an Rentenbankscheinen[19] als Reallast
   (Rentenbankgrundschuld) nach Maßgabe des § 3 zugunsten der Rentenbank bestehen. Damit wurden die seit 1923 bestehenden Rentenbankgrundschulden, die ihrer Funktion der Währungsstabilisierung aus dem
   Jahr 1924 entledigt worden waren, nunmehr weiterhin als Haftungsgrundlage der Rentenbank genutzt.

10 Zusätzlich zu den von der Landwirtschaft vom 1.4.1949 bis zum
   1.10.1958 entrichteten Rentenbankgrundschuldzinsen flossen bis 1953
   die erwirtschafteten Reingewinne zur Stärkung des Eigenkapitals in vol-
   ler Höhe der gebildeten Hauptrücklage zu. Die erste Neufassung des LR-
   G vom 14.9.1953[20] änderte § 2 Abs. 2 dahin gehend, dass nunmehr 10
   vH des Reingewinns einer das allgemeine Interesse wahrenden Förderung der Landwirtschaft zugeführt werden durften. Als das aus Grundkapital und Hauptrücklage zusammengesetzte Kapital den vormals im
   Gesetz vorgesehenen Höchstbetrag von 200 Mio. DM erreicht hatte,
   wurde das Grundkapital in der zweiten Neufassung des LR-G vom
   15.7.1963[21] neu auf diesen runden Betrag festgesetzt. Zuvor konnte die
   Höhe des Grundkapitals nicht angegeben werden, weil die Summe der
   geschuldeten Rentenbankgrundschuldzinsen im Voraus nicht mit hinrei-
   chender Genauigkeit zu beziffern war. Neben einer neu anzulegenden

---

16 §§ 1, 2 Verordnung zur Durchführung des Gesetzes über die Rentenbankgrund-
    schuld vom 25.5.1949, WiGBl. S. 80.
17 S. § 10 Verordnung zur Durchführung des Gesetzes über die Rentenbankgrund-
    schuld vom 25.5.1949, WiGBl. S. 80.
18 Verordnung über die Errichtung der Deutschen Rentenbank vom 15.10.1923,
    RGBl. I 963.
19 Gesetz über die Liquidierung des Umlaufs an Rentenbankscheinen vom 30.8.1924,
    RGBl. II 252 idF der Verordnung vom 1.12.1930, RGBl. I 517 ff., 592.
20 Gesetz zur Änderung des Gesetzes über die Landwirtschaftliche Rentenbank vom
    14.9.1953, BGBl. I 1327; Bekanntmachung der Neufassung, BGBl. I 1330.
21 Zweites Gesetz zur Änderung des Gesetzes über die Landwirtschaftliche Renten-
    bank vom 12.2.1963, BGBl. I 121, Bekanntmachung der Neufassung, BGBl. I 465.

Hauptrücklage wurde weiter eine Deckungsrücklage für die ausgegebenen Schuldverschreibungen geschaffen. MWv 1.1.1976 wurde das Grundkapital schließlich durch Rückübertragung der bei der Deutschen Genossenschaftskasse aus Rentenbankgrundschuldzinsen gebildeten Sonderrücklage von 64 Mio. DM (→ Einl. Rn. 14) auf 264 Mio. DM erhöht.[22]

Die Rentenbankgrundschuldzinsen sind keine Steuern, da sie nicht einer Gebietskörperschaft zufließen.[23] Sie sind vielmehr als Sonderabgabe zu qualifizieren. Sonderabgaben sind Geldleistungspflichten, die einem begrenzten Personenkreis im Hinblick auf vorgegebene besondere wirtschaftliche oder soziale Zusammenhänge auferlegt worden sind.[24] Als Selbsthilfeaktion diente die Belastung dazu, einem begrenzten Personenkreis (Landwirte) den Zugang zu Krediten für ihre spezifische wirtschaftliche Betätigung zu verbessern. Sie erfüllt auch im Übrigen die strengen Voraussetzungen an eine Sonderabgabe, die das BVerfG entwickelt hat, um den Ausnahmecharakter der Sonderabgaben im finanzverfassungsrechtlichen Rahmen zu bewahren[25]: Zuständigkeit des Bundes, Gruppenhomogenität, Gruppennützigkeit.   11

Die Gesetzgebungszuständigkeit für die Einführung von Sonderabgaben richtet sich nach den Sachkompetenznormen der Art. 70 ff. GG.[26] Der Bund ist für die Förderung der Landwirtschaft nach Art. 74 Abs. 1 Nr. 17 GG zuständig (s. hierzu Kommentierung zu § 1).   12

Die Belastung trifft auch eine homogene Gruppe. Eine solche ist anzunehmen, wenn sie dem mit der Erhebung verfolgten Zweck evident näherstehen als jede andere Gruppe oder die Allgemeinheit der Steuerzahler.[27] Die Gruppe muss „durch eine gemeinsame, in der Rechtsordnung oder der gesellschaftlichen Wirklichkeit vorgegebene Interessenlage oder durch besondere gemeinsame Gegebenheiten von der Allgemeinheit und anderen Gruppen abgrenzbar" sein.[28] Eine derartige Gruppenhomogenität ist bei den Eigentümern und Pächtern von dauernd landwirtschaftlichen Zwecken dienenden Grundstücken, die gesetzlich zur Zahlung der Rentenbankgrundschuldzinsen verpflichtet waren, anzunehmen.[29]   13

Das BVerfG verlangt zudem bei der Erhebung von Sonderabgaben eine „spezifische Beziehung zwischen dem Kreis der Abgabepflichtigen und dem mit der Abgabenerhebung verfolgten Zweck".[30] Die Belastung muss   14

---

22 Art. 1 § 4 und Art. 2 des Gesetzes über die Deutsche Genossenschaftsbank und zur Änderung des LR-Gesetzes vom 22.12.1975, BGBl. I 3171.
23 *Lange,* Zur Rechtsstellung der Landwirtschaftlichen Rentenbank, S. 66 (nv); *Götz* FS Wallmann, 1978, 76; aA *Henseler*, Begriffsmerkmale und Legitimation von Sonderabgaben, S. 29.
24 BVerfGE 55, 274 (298).
25 *Elsner/Kaltenborn* JA 2005, 823 (826 f.).
26 BVerfGE 81, 156 (187); 89, 132 (144); 101, 141 (148).
27 BVerfGE 55, 274 (305 f.); 67, 256 (276).
28 BVerfGE 55, 274 (305 f.).
29 *Lange,* Zur Rechtsstellung der Landwirtschaftlichen Rentenbank, S. 79 (nv).
30 BVerfGE 55, 274 (306); 67, 256 (276).

somit im Interesse dieser Gruppe der Abgabepflichtigen erhoben werden. Man spricht daher von der Gruppennützigkeit. Dabei kommt es nicht auf eine spezifische Begünstigung eines einzelnen Mitglieds der Gruppe an. Es reicht, wenn die Begünstigung die Gruppe als solches überwiegend erreicht. Dies ist durch den gebundenen Verwendungszweck (§ 3) gegeben. Damit ist die Zulässigkeit der Erhebung der Rentenbankgrundschuldzinsen abhängig von der strikten Beachtung des Verwendungszwecks zugunsten der Landwirtschaft.

15   Am Grundkapital der Rentenbank sind somit weder der Bund noch die Länder beteiligt. Dementsprechend fällt das Vermögen der Bank bei ihrer Auflösung nicht an den Bund, sondern darf nur für eine das Allgemeininteresse wahrende Förderung der Landwirtschaft oder der landwirtschaftlichen Forschung verwendet werden, § 16 Abs. 1 S. 4.

III. Das Grundkapital (Abs. 1)

16   Das Grundkapital ist auf 135,0 Mio. EUR gesetzlich festgelegt und kann von der Rentenbank nicht verändert werden. Der Höhe nach setzt sich das Grundkapital wie folgt zusammen: 85,1 Mio. EUR entstammen den von 1949 bis 1958 an die Rentenbank geflossenen Rentenbankgrundschuldzinsen, 17,2 Mio. EUR stammen aus der 1962 erfolgten Umwandlung der damaligen Hauptrücklage und 32,7 Mio. EUR flossen aus den 1975 repatriierten Rentenbankgrundschuldzinsen (Sonderrücklage der Deutschen Genossenschaftskasse, → Einl. Rn. 14).

17   In Euro umgerechnet betrug das bisherige Grundkapital von 264 Mio. DM 134.981.056,64 EUR. Der zur Aufrundung auf 135 Mio. EUR benötigte Glättungsbetrag von 18.943,36 EUR wurde aus der Hauptrücklage (Abs. 2) entnommen und dem Grundkapital zugeführt.[31]

IV. Rücklagen (Abs. 2 und Abs. 3)

18   Alle juristischen Personen des privaten oder des öffentlichen Rechts haben die Möglichkeit, ihr Eigenkapital dem sich ändernden Volumen ihrer Geschäftstätigkeit anzupassen. Dies muss besonders auch für die Banken gelten. Nach den Bestimmungen des KWG (Großkreditregelung, §§ 13 ff. KWG, Grundsätze über das Eigenmittel, §§ 10 ff. KWG) darf die Höhe der Kredite ein bestimmtes Verhältnis zum Eigenmittel nicht übersteigen.

19   Die Rentenbank hat ihr Grundkapital aus den Rentenbankgrundschuldzinsen gebildet, die nicht mehr erhoben werden. Sie ist daher darauf verwiesen, ihre Eigenmittel den wachsenden Geschäftserfordernissen gemäß ausschließlich durch jährliche Dotierung der Hauptrücklage (Abs. 2) und der besonderen Deckungsrücklage (Abs. 3) zu erhöhen.[32] Letztere dient neben der Verstärkung des Kapitals der Schaffung zusätzlicher Sicherhei-

---

31 Vgl. GE BReg eines Fünften Gesetzes zur Änderung des Gesetzes über die Landwirtschaftliche Rentenbank vom 7.12.2001, BT-Drs. 14/7753, 10.
32 Vgl. ebd.

ten für die von der Bank gem. § 3 Abs. 5 und § 13 ausgegebenen gedeckten Schuldverschreibungen.

Die Möglichkeit, die Deckungsrücklage zu erhöhen, ist allerdings dop- 20
pelt beschränkt. Einmal dürfen ihr nicht mehr als 50 vH des Jahresüberschusses zugewiesen werden und zum andern darf sie 5 vH des Nennbetrages der jeweils im Umlauf befindlichen gedeckten Schuldverschreibungen nicht überschreiten, § 2 Abs. 3. Um den oben genannten Anforderungen des KWG jedoch gerecht werden zu können, ist die Zuführung zur Hauptrücklage seit Inkrafttreten des Fünften LR-Änderungsgesetzes[33] nicht mehr auf die Hälfte des Reingewinns[34] beschränkt.[35] Der Hauptrücklage ist nunmehr mindestens die Hälfte des nach Zuführung zur Deckungsrücklage verbleibenden Jahresüberschusses zuzuweisen. Die Gesetzesänderung brachte zudem einen Wechsel der Begrifflichkeit mit sich. Fortan bezeichnet das LR-G den Reingewinn als Jahresüberschuss. Dieser Wechsel ermöglicht die Anpassung an sonstige Bilanzierungsvorschriften.[36] Die Mittel, die der Deckungsrücklage wegen Erreichen der 5 vH-Grenze nicht zugeführt werden dürfen, können also zusätzlich der Hauptrücklage zugeführt werden. Durch die Einfügung des Wortes „mindestens" sollte der Bank die Möglichkeit eröffnet werden, erforderlichenfalls mehr als die Hälfte des nach Zuführung zur Deckungsrücklage verbleibenden Jahresüberschusses zur Erhöhung der Hauptrücklage zu verwenden.[37]

Bei einem rückläufigen Volumen der zu deckenden Schuldverschreibun- 21
gen kann es vorkommen, dass die Deckungsrücklage die Grenze von 5 vH des Nennbetrages der jeweils im Umlauf befindlichen gedeckten Schuldverschreibungen überschreitet und dadurch der Höhe nach rechtswidrig wird. Dieser Zustand lässt sich aber jederzeit durch eine ad-hoc-Umbuchung der Überhangbeträge auf die Hauptrücklage heilen.

Über die Zuführung zur Hauptrücklage und zur Deckungsrücklage und 22
über eventuelle Umbuchungen beschließt jeweils der Verwaltungsrat (§ 9 Abs. 3 Nr. 1 LR-Satzung).

---

33 Fünftes Gesetz zur Änderung des Gesetzes über die Landwirtschaftliche Rentenbank vom 23.7.2002, BGBl. I 2782; Neufassung 4.9.2002, BGBl. I 3646.
34 Vgl. § 2 Abs. 3 S. 3 Hs. 2 LR-G idF vom 15.7.1963.
35 GE BReg eines Fünften Gesetzes zur Änderung des Gesetzes über die Landwirtschaftliche Rentenbank vom 7.12.2001, BT-Drs. 14/7753, 10.
36 Ebd.
37 Ebd.

§ 3 Geschäftsaufgaben

(1) [1]Die Bank hat den staatlichen Auftrag, die Landwirtschaft und den ländlichen Raum zu fördern, wobei die jeweiligen Zuständigkeiten des Bundes und der Länder zu beachten sind. [2]Zur Erfüllung ihres Auftrages führt die Bank in folgenden Bereichen nach näherer Bestimmung der Satzung Fördermaßnahmen, insbesondere mittels Finanzierungen, durch:

1. Landwirtschaft, einschließlich Forstwirtschaft, Gartenbau und Fischerei, sowie den vor- und nachgelagerten Bereichen,
2. Absatz und Lagerhaltung land- und ernährungswirtschaftlicher Produkte, einschließlich der Erschließung und Festigung von Märkten in den Mitgliedstaaten der Europäischen Union und den anderen Vertragsstaaten des Abkommens über den Europäischen Wirtschaftsraum,
3. agrarbezogener Umweltschutz, Förderung erneuerbarer Energien und nachwachsender Rohstoffe aus der Landwirtschaft, Verbreitung des ökologischen Landbaus, Tierschutz in der Landwirtschaft,
4. Verbesserung der Infrastruktur ländlich geprägter Räume,
5. agrarbezogener Verbraucherschutz.

[3]Das Bundesministerium für Ernährung und Landwirtschaft kann im Einvernehmen mit dem Bundesministerium der Finanzen der Bank die Durchführung von Fördermaßnahmen im Rahmen ihres staatlichen Auftrages gegen angemessenes Entgelt zuweisen.

(2) [1]Zur Durchführung ihrer Aufgaben kann die Bank alle ihr zur Verfügung stehenden bankmäßigen Instrumente einsetzen, insbesondere Darlehen, Zuschüsse und sonstige Finanzhilfen gewähren, Bürgschaften übernehmen und Beteiligungen eingehen. [2]Die Gewährung von Darlehen soll in der Regel über oder zusammen mit anderen Kreditinstituten erfolgen. [3]Im Verhältnis zu anderen Kreditinstituten hat die Bank das gemeinschaftliche Diskriminierungsverbot zu beachten.

(3) Die Bank kann im Rahmen ihres Auftrages gemäß Absatz 1 nach näherer Bestimmung der Satzung auch Gebietskörperschaften und öffentlich-rechtlichen Zweckverbänden Darlehen und andere Finanzierungsformen gewähren.

(4) Die Bank kann nach näherer Bestimmung der Satzung sonstige Finanzierungen im Interesse der deutschen und europäischen Landwirtschaft oder der ländlich geprägten Räume gewähren, soweit es sich dabei um Projekte im Gemeinschaftsinteresse handelt, die von der Europäischen Investitionsbank oder ähnlichen europäischen Finanzierungsinstitutionen mitfinanziert werden.

(5) Zur Beschaffung der erforderlichen Mittel kann die Bank Darlehen aufnehmen, ungedeckte und gedeckte Schuldverschreibungen ausgeben, Gewährleistungen übernehmen sowie alle sonstigen banküblichen Finanzierungsinstrumente einsetzen.

I. Aufgabenkatalog (Abs. 1) 1
  1. Aufgabenzuweisung allge-
     mein 2
  2. Aufgabenbereiche 9
II. Aufgabendurchführung
    (Abs. 2 bis 5) 18
  1. Instrumente der Aufga-
     bendurchführung
     (Abs. 2 S. 1) 18
  2. Das Hausbankprinzip
     (Abs. 2 S. 2) 21

  3. Wirkbereich außerhalb
     Deutschlands (Abs. 2 S. 3
     und Abs. 4) 25
  4. Darlehen und andere
     Finanzierungsmöglichkei-
     ten für Gebietskörper-
     schaften und kommunale
     Zweckverbände (Abs. 3) .. 27
  5. Refinanzierung (Abs. 5) ... 30

I. Aufgabenkatalog (Abs. 1)

§ 3 definiert die Aufgaben der Rentenbank. Diese Aufgaben werden in **1**
§§ 1 und 2 LR-Satzung weiter ausgeformt. Den Aufgabenkatalog definiert der Bund als Anstaltsträger kraft seiner Organisationsgewalt.[1] Dabei hat er zum einen die Besonderheiten der Rentenbank aufgrund ihrer
strikten Zweckbindung und zum anderen die europarechtlichen Vorgaben aufgrund ihrer Eigenschaft als Förderbank mit einer Haftungsgarantie des Bundes (→ § 1 a Rn. 15) zu beachten.

1. Aufgabenzuweisung allgemein

Diesen Vorgaben ist der Gesetzgeber in § 3 gefolgt. Bereits im Errich- **2**
tungsgesetz der Rentenbank 1949[2] hat der Gesetzgeber in § 4 die Geschäftsaufgaben umfassend und detailliert formuliert. Eine umfassende
Änderung erfuhr die Aufgabenbeschreibung der Rentenbank zunächst
aufgrund des Fünften LR-Änderungsgesetzes[3] mWv 1.8.2002. Die Aufgaben der Rentenbank wurden konkreter und systematischer gefasst und
den tatsächlichen Gegebenheiten angepasst, um „den Platz der Bank im
agrarpolitischen Maßnahmenbündel des Bundes zu sichern sowie der
Bank die Möglichkeit zu geben, ihr Profil als Förderbank im Geschäftsbereich des Bundes zu schärfen".[4]

Die erneute und letzte Novellierung der §§ 3 und 4 durch das Förder- **3**
bankenneustrukturierungsgesetz vom 15.8.2003[5] war notwendig, um
das LR-G teilweise wörtlich an die entsprechenden Passagen der Verständigung II[6] anzupassen (→ § 1 a Rn. 10 ff.). Diese Verständigung zwischen

---

1 WBSK VerwR II § 86 Rn. 50.
2 Gesetz über die Landwirtschaftliche Rentenbank vom 11.5.1949, WiGBl. S. 77.
3 Fünftes Gesetz zur Änderung des Gesetzes über die Landwirtschaftliche Rentenbank
  vom 23.7.2002, BGBl. I 2782, Bekanntmachung der Neufassung 4.9.2002, BGBl. I
  3646.
4 GE BReg eines Fünften Gesetzes zur Änderung des Gesetzes über die Landwirtschaftliche Rentenbank vom 7.12.2001, BT-Drs. 14/7753, 9.
5 Art. 3 des Gesetzes zur Neustrukturierung der Förderbanken des Bundes (Förderbankenneustrukturierungsgesetz) vom 15.8.2003, BGBl. I 1657.
6 Verständigung über die Ausrichtung rechtlich selbstständiger Förderinstitute in
  Deutschland zwischen der EU-Kommission und der Bundesregierung, Einigung
  1.3.2002, Entscheidung der Kommission am 27.3.2002 (C (2002) 1286 – Staatliche
  Beihilfe Nr. E 10/2000 – Deutschland, Anstaltslast und Gewährträgerhaftung), akzeptiert durch Bundesregierung am 11.4.2002.

EU-Kommission und der Bundesrepublik Deutschland hatte die Anpassung der deutschen selbstständigen Förderinstitute, darunter auch die Rentenbank, an das EU-Wettbewerbsrecht zum Inhalt.[7] Mit der Änderung des LR-G 2003 erfüllt die Bundesrepublik Deutschland die Verpflichtung zur Umsetzung der Verständigung II vom 1.3.2002.[8] Insbes. sollten die Aufgaben der selbstständigen Förderinstitute präzise und konkret in den jeweiligen Vorschriften benannt werden,[9] um hierdurch die Effizienz und Transparenz des Förderangebotes zu steigern.[10] Wesentliche inhaltliche Änderungen der Förderaufgaben der Rentenbank waren aufgrund der bereits erfolgten Gesetzesänderung 2002 nicht erforderlich.[11]

4   Mit dieser im Vergleich zu anderen Förderbanken und Anstalten sehr präzisen Definition des Aufgabenspektrums der Rentenbank erfüllt das LR-G die europarechtlichen Vorgaben der Verständigung II und zugleich auch die verfassungsrechtlichen Vorgaben an eine Rechtfertigung privatwirtschaftlichen Handelns des Staates aus Gründen des Gemeinwohls. Nach allgA ist das öffentliche Gemeinwesen nicht zu Selbstzwecken geschaffen worden. Damit bleibt es auch bei wirtschaftlichen Aktivitäten dem Gemeinwohl verpflichtet.[12] Durch diese Vorgabe bleibt die verfassungstheoretische Trennung zwischen Staat und Gesellschaft erhalten. Während die Gesellschaft vom individuellen Interesse geprägt ist, verfolgt der Staat ein allgemeines, übergreifendes, objektives Interesse, das als öffentliches Interesse oder Gemeinwohl bezeichnet wird. Der Staat verliert seine integrative Funktion, wenn er selbst dem Prinzip des individuellen Interesses folgt.[13]

5   Das im Zentrum staatlichen Handelns stehende öffentliche Interesse wird vom Staat in einem demokratischen Prozess bestimmt, das sich im optimalen Fall über ein Gesetzgebungsverfahren in normativen Festsetzungen realisiert. Dabei hat der Gesetzgeber ein weites Ermessen, dieses öffentliche Interesse zu bestimmen.

6   § 3 ist exemplarisch für eine derartige Bestimmung des öffentlichen Interesses. Die Rentenbank erhält den „staatlichen Auftrag, die Landwirt-

---

7   Vgl. Gesetzentwurf der Fraktionen SPD und BÜNDNIS 90/DIE GRÜNEN eines Gesetzes zur Neustrukturierung der Förderbanken des Bundes (Förderbankenneustrukturierungsgesetz) vom 1.4.2003, BT-Drs. 15/743, 9.
8   Ebd.
9   Verständigung über die Ausrichtung rechtlich selbstständiger Förderinstitute in Deutschland zwischen der EU-Kommission und der Bundesregierung, Einigung 1.3.2002, Entscheidung der Kommission am 27.3.2002 (C (2002) 1286 – Staatliche Beihilfe Nr. E 10/2000 – Deutschland, Anstaltslast und Gewährträgerhaftung), akzeptiert durch Bundesregierung am 11.4.2002, S. 11.
10 Gesetzentwurf der Fraktionen SPD und BÜNDNIS 90/DIE GRÜNEN eines Gesetzes zur Neustrukturierung der Förderbanken des Bundes (Förderbankenneustrukturierungsgesetz) vom 1.4.2003, BT-Drs. 15/743, 9.
11 Ebd.
12 Vgl. nur *Kerst* VR 2014, 325 (328) mwN.
13 Zum Gesamtthema: vgl. *Löwer* VVDStRL 60 (2001), 416; *Storr*, Der Staat als Unternehmer, 2001, 91, 255.

schaft und den ländlichen Raum zu fördern" (Abs. 1 S. 1). Damit erstreckt sich der Auftrag im Einklang mit der Agrarpolitik der EU (vgl. Art. 39 AEUV) sowie des Bundes und der Länder[14] nicht nur auf die Förderung landwirtschaftlicher Betriebe und deren Vorleistungs- und Absatzstufen, sondern auch auf die Verbesserung der Strukturverhältnisse des ländlichen Raumes und der Lebensverhältnisse seiner Bewohner[15]. Es handelt sich sowohl im Hinblick auf die Förderung der Landwirtschaft als auch des ländlichen Raums um staatliche Aufgaben. Diese sind zurückzuführen auf eine verfassungsrechtlich determinierte Staatsaufgabe „Förderung und Erhaltung einer leistungsfähigen Landwirtschaft", die vom BVerfG bestätigt worden ist.[16] Diese Staatsaufgabe setzt den Staatszweck „Sicherheit"[17] in Form der „Ernährungssicherheit" um, die den Staat legitimiert. Daneben ist sie spezifisch aus den Schutzpflichten des Grundrechts auf Leben und Gesundheit nach Art. 2 Abs. 2 S. 1 GG abzuleiten. Weitere Anhaltspunkte für die verfassungsrechtliche Dimension dieses öffentlichen Interesses finden sich in Art. 74 Abs. 1 und Art. 91 a GG.

Art. 74 Abs. 1 Nr. 17 GG regelt die Förderung der land- und forstwirtschaftlichen Erzeugung, die Sicherung der Ernährung sowie die Ein- und Ausfuhr land- und forstwirtschaftlicher Erzeugnisse als konkurrierende Gesetzgebungskompetenz.[18] Zudem definiert Art. 91 a Abs. 1 Nr. 2 Alt. 1 GG die Sicherung der Agrarstruktur als Gemeinschaftsaufgabe.[19] Einig ist man sich zwar nur darüber, dass Art. 91 a Abs. 1 GG einen Verfassungsauftrag in der Hinsicht normiert, dass der Bund bei Vorliegen der Voraussetzungen obligatorisch bei der Erfüllung der Gemeinschaftsaufgabe mitwirkt.[20] Dennoch ergibt sich durch die Aufnahme der Gemeinschaftsaufgabe „Verbesserung der Agrarstruktur" in den Verfassungstext

7

---

14 Vgl. Art. 153, 164 f. Bayerische Landesverfassung; Art. 43 Landesverfassung Hessen; Art. 28 Landesverfassung Nordrhein-Westfalen; Art. 65 Landesverfassung Rheinland-Pfalz; Art. 55 Landesverfassung Saarland; Art. 40, 45 Landesverfassung Bremen.
15 S. a.: Danach kann das BMEL im Einvernehmen mit dem BMF durch Rechtsverordnung der Landwirtschaftlichen Rentenbank agrarstrukturelle Aufgaben der ehemaligen Deutschen Siedlungs- und Landesrentenbank übertragen, soweit es sich um Aufgaben des Bundes handelt (§ 13 Abs. 3 DSLBUmwG).
16 BVerfG NJW 1985, 1329 (1330).
17 Vgl. hierzu statt vieler *Link* VVDStRL 48 (1989), 7 (27 ff.).
18 S. zum materiellrechtlichen Gehalt der Kompetenznorm vertiefend und mwN *Bremer*, Die rechtliche Gestaltung des Agrarstrukturwandels, S. 270 ff.
19 Weiter bestehen Bestrebungen, die Förderung des ländlichen Raumes zu einer Gemeinschaftsaufgabe zu deklarieren und Art. 91 a GG insoweit zu ändern, vgl. Empfehlung der Ausschüsse zum Entwurf eines Gesetzes zur Änderung des Grundgesetzes (Art. 104 c, 104 d, 125 c, 143 e) vom 25.6.2018, BR-Drs. 165/1/18, 2 f.; Gegenäußerung der Bundesregierung: „Die Meinungsbildung in der Bundesregierung hierzu ist noch nicht abgeschlossen.", BT-Drs. 19, 3440, 19, es erfolgte bisher keine Änderung des Art. 91 a Abs. 1 GG.
20 v. Münch/Kunig/*Mager* Art. 91 a Rn. 4; Isensee/Kirchhof/*Oebbecke*, StaatsR-HdB Bd. 6, § 136 Rn. 141; Sachs/*Siekmann* GG Art. 91 a Rn. 29; BeckOK GG/*Suerbaum* Art. 91 a Rn. 2; Maunz/Dürig/*Schwarz* Art. 91 a Rn. 7, 17; v. Mangoldt/Klein/Starck/*Volkmann* Art. 91 a Rn. 26, jeweils mwN.

ein nicht zu missachtender Stellenwert der Materie.[21] Insoweit sprechen
sich auch Teile der Lit. dafür aus, dass der Verfassungsauftrag auch in
der Hinsicht des „Tätigwerden-müssens" besteht.[22] Dass Einkommens-
und Kreditsubventionen nicht in den Anwendungsbereich der Gemeinschaftsaufgabe fallen,[23] schmälert nicht das Telos der Norm, die Agrarstruktur zu fördern. Insbes. sind „Maßnahmen zur Verbesserung der
landwirtschaftlichen Erzeugungs-, Arbeits- und Absatzbedingungen"
vom Anwendungsbereich umfasst,[24] welche indirekt durch die Förderprogramme der Rentenbank unterstützt werden. Somit kommt die Rentenbank der europäischen und deutschen Agrarpolitik und den diesbzgl.
in Recht erwachsenen Anforderungen nach.

8   § 3 Abs. 1 S. 1 verlangt bei der Aufgabenerfüllung die Berücksichtigung
der jeweiligen Zuständigkeiten des Bundes und der Länder. Förderbanken sind weder Organe der Gesetzgebung noch der Rechtsprechung. Damit können sie allein der Verwaltung zugeordnet werden, so dass sich ihr
Handeln am Maßstab der Bestimmungen des Grundgesetzes zu den Verwaltungskompetenzen messen lassen muss. Die Rentenbank beruht zwar
auf vorkonstitutionellem Recht, was nach Art. 130 Abs. 3 GG die Fortführung bestehender vorkonstitutioneller Organisationsstrukturen und
bisheriger Aufgaben jenseits der grundgesetzlichen Kompetenzordnung
eröffnet[25]. Die nach 1949 übertragenen neuen Aufgaben, so seit der
Neufassung des Gesetzes über die Rentenbank 1953[26] sind aber am
Maßstab des GG, insbes. des Art. 87 Abs. 3 S. 1 iVm Art. 74 Abs. 1
Nr. 17 GG zu messen. Danach kann der Bund öffentlich-rechtlich orga-
nisierte Kreditinstitute ohne eigenen Verwaltungsunterbau zur Erfüllung
öffentlicher Aufgaben auf dem Gebiet der Förderung der Land- und
Forstwirtschaft betreiben. Dies stellt eine Ausnahme vom Grundsatz der
Länderexekutive gem. Art. 83 GG dar. Dem Bund wird insoweit durch
GG sowohl die (konkurrierende) Gesetzgebungs- als auch die Verwal-
tungskompetenz zur Ausführung des LR-G zugeschrieben.[27] Da die Rentenbank die Verwaltungskompetenzen auf dem Gebiet der Förderung der
Land- und Forstwirtschaft nicht vollständig ausfüllt, verbleibt ein Voll-
zugsbereich für die Länder, insbes. für die Landesförderinstitute. Das erfordert eine Koordination zwischen den Förderinstrumenten der Rentenbank und der Landesförderbanken. Diese Koordination wird durch die
Vergabe von drei Verwaltungsratssitzen an Landwirtschaftsminister der
Länder (§ 7 Abs. 1 Nr. 2) sowie durch ständigen Austausch mit den Lan-
desministerien erreicht. Regelmäßig spielen die Förderung durch die

---

21 *Bremer*, Die rechtliche Gestaltung des Agrarstrukturwandels, S. 273.
22 v. Mangoldt/Klein/Starck/*Volkmann* Art. 1 a Rn. 13; vgl. v. Münch/Kunig/*Mager*
    Art. 91 a Rn. 8; Dreier/*Heun* GG Art. 91 a Rn. 8.
23 Maunz/Dürig/*Schwarz* Art. 91 a Rn. 23; v. Mangoldt/Klein/Starck/*Volkmann*
    Art. 91 a Rn. 46; Sachs/*Siekmann* GG Art. 91 a Rn. 27.
24 Ebd.
25 Dreier/*Heun* GG Art. 87 Rn. 77.
26 Bekanntmachung der Neufassung des Gesetzes über die Landwirtschaftliche Ren-
    tenbank vom 14.9.1953, BGBl. I 1330.
27 Maunz/Dürig/*Ibler* Art. 87 Rn. 259.

Rentenbank und die Förderung durch die Landesförderinstitute so zusammen, dass das jeweilige Landesförderinstitut die Förderprogramme der Rentenbank bei Bedarf ergänzt oder zusätzlich vergünstigt. Eine Doppelförderung liegt regelmäßig nicht vor.

2. Aufgabenbereiche

Die in Abs. 1 S. 1 generalklauselhaft umschriebene Aufgabe wird sodann 9 in Abs. 1 S. 2 durch eine abschließende Aufzählung der verschiedenen Fördermaßnahmen spezifiziert. So darf die Rentenbank zur Erfüllung ihres Auftrags in folgenden Bereichen Fördermaßnahmen durchführen:

- Landwirtschaft, einschließlich Forstwirtschaft, Gartenbau und Fischerei, sowie den vor- und nachgelagerten Bereichen,
- Absatz und Lagerhaltung land- und ernährungswirtschaftlicher Produkte,
- Erschließung und Festigung von Märkten für land- und ernährungswirtschaftliche Produkte in den EU-Staaten und den anderen Vertragsstaaten des Abkommens über den Europäischen Wirtschaftsraum,
- agrarbezogener Umweltschutz,
- Förderung erneuerbarer Energien und nachwachsender Rohstoffe aus der Landwirtschaft,
- Verbreitung des ökologischen Landbaus,
- Tierschutz in der Landwirtschaft,
- Verbesserung der Infrastruktur ländlich geprägter Räume,
- agrarbezogener Verbraucherschutz.

Bei der Spezifizierung der Aufgaben ist die Vorgabe der Verständigung II[28] zu beachten, wonach „nur solche Förderaufgaben an die Förderinstitute übertragen werden, die im Einklang mit den gemeinschaftlichen Beihilfevorschriften stehen." Denn durch die Verständigung II wird die Förderung durch die Rentenbank nicht von der beihilferechtlichen Überprüfung nach Art. 108 AEUV freigestellt. Als staatliche Beihilfe ist sie dabei am Maßstab der Art. 107 AEUV iVm insbes. der Agrar-GVO (VO (EU) Nr. 702/2014) und der Agrar-De minimis-Verordnung (VO (EU) Nr. 1408/2013) zu prüfen. Dabei ist zugleich das gemeinschaftsrechtliche Diskriminierungsverbot zu beachten.

Eine selbstbestimmte Grenze findet die Wahl und Ausformung der För- 10 dermaßnahmen nach § 1 LR-Satzung. Satzungsgemäß legt die Rentenbank neben allgemeinen Förderkrediten für die Landwirtschaft und den ländlichen Raum auch Sonder- und Programmkredite für spezielle Förderzwecke und Hilfsmaßnahmen aus (§ 1 Abs. 2 S. 1 LR-Satzung). Seit November 2008 tragen alle Förderprogramme die Bezeichnung „Pro-

---

28 Verständigung über die Ausrichtung rechtlich selbstständiger Förderinstitute in Deutschland zwischen der EU-Kommission und der Bundesregierung, Einigung 1.3.2002, Entscheidung der Kommission am 27.3.2002 (C (2002) 1286 – Staatliche Beihilfe Nr. E 10/2000 – Deutschland, Anstaltslast und Gewährträgerhaftung), akzeptiert durch Bundesregierung am 11.4.2002.

grammkredit". Die Zinssätze der Programmkredite werden aus den laufenden Erträgen der Rentenbank vergünstigt. Im Jahr 2019 betrug die Summe des Förderneugeschäftes rund 10,6 Mrd. EUR.[29]

11   Die Förderung untergliedert sich in die Förderbereiche Landwirtschaft, Aquakultur und Fischwirtschaft, Agrar- und Ernährungswirtschaft, Erneuerbare Energien und Ländliche Entwicklung. Um die durch die starke Dürre 2018 und Kalamitätsschäden stark betroffene Forstwirtschaft gesondert zu berücksichtigen, erweiterte die Rentenbank 2019 ihre Förderung durch Vorstandsbeschluss mit Einführung eines eigenen Förderbereichs „Forstwirtschaft". Hierdurch sollen die bereits zuvor bestehenden Fördermaßnahmen im Bereich der Forstwirtschaft visibler zu Tage treten. Jedem Förderbereich sind spezifische Förderprogramme zugeordnet. Bereichsübergreifend werden Innovationen und Leasingfinanzierungen unterstützt und „Agrar-Bürgschaften" ausgegeben.

12   Dem Bereich Landwirtschaft widmen sich die Förderprogramme „Wachstum" (klassische landwirtschaftliche Investitionen wie den Bau von Wirtschaftsgebäuden oder den Maschinenkauf), „Nachhaltigkeit" (Tier-, Umwelt- und Verbraucherschutz), „Produktionssicherung" (Finanzierung von Flächen, Betriebsmitteln und weiterer Investitionen, wie zB Tiererwerb oder die Abfindung weichender Erben) und „Liquiditätssicherung" (für unerwartete Ertragsausfälle). Dem Bereich Agrar- und Ernährungswirtschaft dienen die Programme „Wachstum und Wettbewerb" (Bau oder Erwerb von Wirtschaftsgebäuden, Maschinenkäufe), „Umwelt- und Verbraucherschutz" (Finanzierung diesbzgl. Investitionen) und „Betriebsmittel" (Finanzierung von Betriebsmitteln, Personal- und Beratungskosten). Mit dem Programm „Energie vom Land" fördert die Bank Investitionen zur Gewinnung erneuerbarer Energien. Der Bereich Ländliche Entwicklung gliedert sich in die Förderprogramme „Leben auf dem Land" (private Engagements in ländlichen Räumen, zB private Investitionen iR der Dorfsanierung) und „Räumliche Strukturmaßnahmen" (Finanzierung von Gemeinden und kommunalen Zweckverbänden im ländlichen Raum für Infrastrukturprojekte, zB wasserwirtschaftliche Maßnahmen oder kommunale Daseinsvorsorge). Im Bereich Forstwirtschaft werden programmunabhängig zB die Erstaufforstung, der Erwerb von Waldflächen oder der gemeinschaftliche Maschinenkauf von Forstbetrieben gefördert. Um eine Anreizwirkung zu erzielen, untergliedern sich die Programmkredite in die „Top"- und „Basis"-Zinskonditionen. In der Kategorie „Top" findet eine höhere Zinsverbilligung der Kredite statt. Unter diese Kategorie fallen besonders wünschenswerte Maßnahmen, so unterfallen bspw. die Programme „Nachhaltigkeit" und „Umwelt- und Verbraucherschutz" der „Top"-Zinskondition.

13   Die Förderprogramme werden stetig von den Abteilungen „Programmkredite" und „Agribusiness" der Rentenbank weiterentwickelt und dem tatsächlichen Bedarf der Förderbereiche angepasst. Die Förderprogram-

---

29   Geschäftsbericht 2019, S. 36.

me orientieren sich zudem an den Förderprogrammen des Bundes und der Länder, damit diese durch Darlehen begleitet werden können. Die so entwickelten Programmbedingungen sind auf ihre beihilferechtliche Zulässigkeit bzw. Notifizierungspflicht bei der EU-Kommission zu überprüfen. Die aktuellen Förderprogramme unterfallen jedoch den Freistellungstatbeständen der AGVO oder der Agrar-GVO oder basieren auf der (Agrar-) De-minimis-VO. Unterliegt ein Förderprogramm einer der genannten Freistellungsverordnungen, so ist lediglich eine Anzeige über das Meldesystem State Aid Notification Interactive (SANI 2) bei der EU-Kommission nötig (vgl. Art. 3 und 9 AGVO, Art. 3 und 9 Agrar-GVO). Richtet sich die beihilferechtliche Zulässigkeit nach der (Agrar-) De-minimis-VO, so bedarf es keiner Anzeige bei der EU-Kommission (vgl. Art. 3 Abs. 1 De-minimis-VO, Art. 3 Abs. 1 Agrar-de-minimis-VO).

Neben den standardisierten Förderprogrammen kann die Rentenbank **14** Programmkredite für spezielle Förder- und Hilfsmaßnahmen entwickeln und aus eigenen Mitteln finanzieren, § 1 Abs. 2 LR-Satzung.

Vereinzelt bestehen auch individuelle Förderverträge, die jedoch zu er- **15** heblichen Teilen auf Musterverträge zurückgehen, wie zB dem Sponsoring oder die Förderung extensiver Waldnutzung iR des sog. Vertragsnaturschutzes.

Im Geschäftsjahr 2019 sank die volumenmäßige Nachfrage (von 6,7 **16** Mrd. EUR auf 6,0 Mrd. EUR), ebenso wie die Anzahl der zugesagten Programmkredite (von 20579 auf 18818, -8,6 %).[30]

Neben den selbstgestalteten Förderprogrammen kann das BMEL im Ein- **17** vernehmen mit dem BMF Auftragsfördergeschäfte zuweisen, § 3 Abs. 1 S. 3. Für das Auftragsgeschäft werden Mittel des Bundes verwendet. Aus dem Wort „zuweisen" lässt sich eine Umsetzungspflicht entnehmen. Die Rentenbank ist demnach verpflichtet, das Auftragsgeschäft durchzuführen, jedoch auch berechtigt, eine angemessene Verwaltungsgebühr zu erheben. Beispiele für solche Auftragsgeschäfte sind die Corona-Liquiditätssicherungsdarlehen und die Dürrehilfen.

Hiervon zu unterscheiden ist das freiwillige Auftragsgeschäft für die Länder.

II. Aufgabendurchführung (Abs. 2 bis 5)

1. Instrumente der Aufgabendurchführung (Abs. 2 S. 1)

Die Fördermaßnahmen werden sich naturgemäß bei einer Förderbank **18** auf die Finanzierung konzentrieren. Durch den Einschub „insbesondere" (vgl. § 1 Abs. 1 S. 2 und § 1 Abs. 1 S. 1 LR-Satzung) wird deutlich, dass die Rentenbank nicht allein auf Finanzierungsmaßnahmen beschränkt ist. Die Förderung kann auch in Form von eigenen wissenschaftlichen Tagungen, Informationsveranstaltungen, Veröffentlichungen, Bereitstellung von Foren etc. erfolgen. In der Wahl des Formats verfügt die Ren-

---

30 Geschäftsbericht 2019, S. 36.

tenbank über einen weiten Gestaltungsspielraum. Dabei ist die Tatsache, dass vergleichbare Formate auch von privatwirtschaftlichen Akteuren angeboten werden, keine Grenze. Es besteht kein Subsidiaritätsgebot für staatliches Handeln im öffentlichen Interesse.

19 Abs. 2 S. 1 bezieht sich auf die entsprechenden Ausführungen der Verständigung II[31] und beschreibt die dort zulässigen Instrumente und Prinzipien. Danach kann die Bank alle ihr zur Verfügung stehenden bankmäßigen Instrumente einsetzen, insbes. die Gewährung von Darlehen, Finanzhilfen und Zuschüssen, die Übernahme von Bürgschaften und Garantien und die Eingehung von Beteiligungen. Gemäß der Verständigung II muss die Aufgabendurchführung notwendigerweise geprägt sein vom öffentlichen Förderauftrag und von der Wettbewerbsneutralität.

20 Bei der Aufgabendurchführung ist die Rentenbank gem. § 1 Abs. 3 LR-Satzung an die vom Verwaltungsrat zu erlassenden allgemeinen Richtlinien für die Kreditgewährung gebunden, die der Genehmigung der Aufsichtsbehörde bedürfen. Ebenso bedürfen die Förderrichtlinien für Förder-, Sonder- und Programmkredite der Zustimmung der Aufsichtsbehörde, § 1 Abs. 2 S. 2, Abs. 3 LR-Satzung.

2. Das Hausbankprinzip (Abs. 2 S. 2)

21 Die Gewährung von Darlehen soll idR über oder zusammen mit anderen Kreditinstituten erfolgen, § 3 Abs. 2 S. 2. Als Refinanzierungsinstitut vergibt die Rentenbank ihre Kredite grds. nach dem Hausbankenprinzip, also über andere Banken unabhängig von deren Rechtsform oder Verbandszugehörigkeit (§ 1 Abs. 1 S. 2 LR-Satzung). Das Hausbankprinzip wurde durch die letzte Novellierung des § 3 durch das Förderbankenneustrukturierungsgesetz eingeführt. § 3 entspricht damit der Verständigung II, die insbes. das „Durchleitungsprinzip" als mögliches Instrument der Förderbanken erwähnt.[32] Kreditanträge stellt der Kredit nehmende Landwirt demnach bei seiner jeweiligen Hausbank und nicht direkt bei der Rentenbank.[33] Erst wenn die Hausbank die Kreditvergabe positiv bewertet und die Kreditvergabe für vertretbar erachtet, wird der Antrag an das Förderinstitut weitergeleitet.[34] Vorteile des Hausbankprinzips für den Kreditnehmer sind die freie Wahl zwischen den unterschiedlichen Bankengruppen und die Tatsache, dass er nur einen Ansprechpartner hat und die jeweilige Hausbank alle weiteren Kontakte mit den Förderinsti-

---

31 Verständigung über die Ausrichtung rechtlich selbstständiger Förderinstitute in Deutschland zwischen der EU-Kommission und der Bundesregierung, Einigung 1.3.2002, Entscheidung der Kommission am 27.3.2002 (C (2002) 1286 – Staatliche Beihilfe Nr. E 10/2000 – Deutschland, Anstaltslast und Gewährträgerhaftung), akzeptiert durch Bundesregierung am 11.4.2002.
32 Verständigung über die Ausrichtung rechtlich selbstständiger Förderinstitute in Deutschland zwischen der EU-Kommission und der Bundesregierung, Einigung 1.3.2002, Entscheidung der Kommission am 27.3.2002 (C (2002) 1286 – Staatliche Beihilfe Nr. E 10/2000 – Deutschland, Anstaltslast und Gewährträgerhaftung), akzeptiert durch Bundesregierung am 11.4.2002, S. 11.
33 Vgl. LG Braunschweig 28.1.2013 – 2 O 909/12 (153), AUR 2013, 461 (461).
34 Ebd.; SBL BankR-HdB/*Langner* § 83 Rn. 27.

tuten übernimmt.[35] Für die Rentenbank besteht der Vorteil darin, dass die jeweilige Hausbank die geschäftlichen Risiken aufgrund der Nähe zum Kreditnehmer besser einschätzen kann, indem sie die Bonität des Kreditnehmers und die Projekte beurteilt.[36] Hierzu gehören neben dem Rating des Kreditnehmers auch die Bewertung von Sicherheiten.[37] Die Rentenbank bewertet hingegen nur das Risiko der entsprechenden Hausbank.

Die rechtliche Umsetzung der Kreditvergabe erfolgt nach dem sog. „Durchleitprinzip". Die Rentenbank stellt der jeweiligen Hausbank die bewilligten Mittel zur Verfügung, diese leitet sie direkt an den Endkreditnehmer weiter.[38] Der Förderung liegt eine sog. „Vertragskette" zugrunde: Die Hausbank schließt einen Kreditvertrag mit der Rentenbank und einen weiteren mit dem Endkreditnehmer.[39] Ggf. können auch weitere Refinanzierungsinstitute dazwischengeschaltet werden. In dem Vertrag der Hausbank mit der Rentenbank werden die Förderkonditionen über die „Allgemeinen Kreditbestimmungen Endkreditnehmer"[40] gegenüber dem Endkreditnehmer einbezogen.[41] Die Hausbank verpflichtet sich, diese Konditionen im Vertrag mit dem Endkreditnehmer weiterzugeben.[42] Hieran ändert auch eine Einschaltung eines weiteren zwischengeschalteten Refinanzierungsinstituts nichts.[43]

22

Gem. § 13 Abs. 4 S. 1 KWG gilt auch iR dieses Durchleitungssystems in Bezug auf die Anwendung des Art. 395 Abs. 1 CRR der Endkreditnehmer als Kreditnehmer der Rentenbank und nicht die jeweilige durchleitende Hausbank, sofern der Rentenbank die Kreditforderung der Hausbank gegen den Endkreditnehmer als Sicherheit abgetreten wird. Die Regelung des § 13 Abs. 4 KWG vermeidet einen „möglicherweise kreditrechtlich relevanten Interbankenkredit".[44] Die Anwendung des § 13 Abs. 4 S. 1 KWG beruht auf dessen S. 2 der eigens dem „Refinanzierungsprogramm der Rentenbank Rechnung trägt".[45] Die erforderliche Forderungsabtretung ist gem. den Allgemeinen Kreditbedingungen (AKB) bereits mit Forderungsentstehung von der Hausbank zu leisten.[46] Der jeweilige Endkreditnehmer erklärt durch Unterzeichnung des Kreditvertrages sein Einverständnis zur Einbeziehung der AKB und damit auch zur Forderungsabtretung.[47] In den AKB aF war vorgesehen, dass auch

23

---

35 Ebd.
36 Ebd.
37 Vgl. LG Braunschweig 28.1.2013 – 2 O 909/12 (153), AUR 2013, 461 (461).
38 Vgl. SBL BankR-HdB/*Langner* § 83 Rn. 28.
39 Ebd.
40 Allgemeine Kreditbedingungen Endkreditnehmer (AKB-EKN) der Landwirtschaftlichen Rentenbank vom 1.8.2018.
41 SBL BankR-HdB/*Langner* § 83 Rn. 28.
42 Ebd.
43 Vgl. LG Braunschweig 28.1.2013 – 2 O 909/12 (153), AUR 2013, 461 (462).
44 Schwennicke/Auerbach/*Auerbach*/Grol KWG § 13 Rn. 37.
45 Boos/Fischer/Schulte-Mattler/*Sprengard*/*Waßmann* § 13 Rn. 43.
46 Nr. 6 (1) AKB-EKN.
47 Nr. 6 (2) AKB-EKN.

alle Sicherheiten des Endkreditnehmers an die Rentenbank übertragen werden. Diese Reduktion der Sicherungsmittel in den AKB entspricht den Vorgaben des § 13 Abs. 4 KWG und ist auch sonst für die Risikotragung der Rentenbank ohne Auswirkung. Zwar bewertet die Rentenbank nur die Hausbank und kann damit keinen Einfluss auf die Sicherung des Endkreditnehmerdarlehens nehmen. Jedoch ist die jeweilige Hausbank der Rentenbank aufgrund ihrer Vertragsbeziehung zum Schadensersatz verpflichtet. Eine grundlegende Entscheidung über die Rechts- und Risikobeziehungen iR von Refinanzierungsdarlehen, die iSd Hausbankprinzips vergeben werden, traf das LG Braunschweig 2013.[48] Das Gericht betont hier die strikte Trennung der Vertragsketten. Das Verwendungsrisiko trage immer der jeweilige Darlehensnehmer der einzelnen Kreditverträge. Hieran ändere die Forderungsabtretung auch nichts, da diese dem wechselseitigen Interesse der Parteien nicht gerecht werde. Es sei gerade das Geschäftsmodell der Förderbank, dass sie nicht mit den jeweiligen Endkreditnehmer in Beziehung stehen. Zudem werde nur so der Grundsatz der Abwicklung in den jeweiligen Vertragsverhältnissen gewahrt.

24 Allein die unwahrscheinlichen Fälle des Doppelausfalls (zB sowohl Endkreditnehmer als auch Hausbank insolvent) sind problematisch für die Rentenbank. Bis dato ist kein Fall der Doppelinsolvenz aufgetreten.

Eine Ausnahme vom Hausbankprinzip besteht bei der Kreditvergabe an Gebietskörperschaften und kommunale Zweckverbände (→ Rn. 27). Darüber hinaus ist von der Kreditvergabe im Hausbankprinzip die Förderung über den Förderungsfonds strikt zu unterscheiden. Im Rahmen des Förderungsfonds tritt die Rentenbank selbst mit den Zuschussempfängern in Geschäftsbeziehung (s. hierzu Kommentierung § 9).

3. Wirkbereich außerhalb Deutschlands (Abs. 2 S. 3 und Abs. 4)

25 Abs. 2 S. 3 zwingt die Rentenbank zur Beachtung des unionsrechtlichen Diskriminierungsverbotes im Verhältnis zu anderen Kreditinstituten. Insoweit ist es unschädlich, dass keine Fördergeschäfte außerhalb Deutschlands stattfinden, da die Rentenbank nur hinsichtlich der Kreditinstitute an das Diskriminierungsverbot gebunden ist. Dass sich das Fördergeschäft auf die deutsche Land- und Forstwirtschaft und den deutschen ländlichen Raum beschränkt, ist auch in der Hinsicht europarechtskonform, dass die einzelnen Förderprogramme den beihilferechtlichen Freistellungen unterliegen. Der Beachtung des unionsrechtlichen Diskriminierungsgebots steht auch nicht entgegen, dass das Grundkapital der Rentenbank allein von den deutschen Landwirten aufgebracht wurden und sich die Begrenzung des Fördergeschäftes auf deutsches Territorium insoweit begründen lässt. Zum einen wurde der Anwendungsbereich des Fördergeschäftes nach der Wiedervereinigung auch auf die Land- und Forstwirtschaft der neuen Bundesländer sowie deren ländlichen Räume

---

[48] Vgl. zum Folgenden: LG Braunschweig 28.1.2013 – 2 O 909/12 (153), AUR 2013, 461 (461 ff.).

ausgeweitet. Zum anderen besteht aufgrund der Ausgestaltung als Anstalt des öffentlichen Rechts und mithin der Einbeziehung in den Staat eine Bindung an das Unionsrecht unabhängig von der Herkunft des Kapitals.

Abs. 4 erweitert den territorialen Wirkungsbereich der Rentenbank auch **26** jenseits der Staatsgrenzen hinaus und bezieht die EU ein. Diese Aufgabe ist wörtlich aus der Verständigung II übernommen worden.[49] Diese territoriale Erweiterung wird zum einen durch die Verfahrensvorgabe begrenzt, dass es sich um Projekte handeln muss, die von der Europäischen Investitionsbank oder ähnlichen europäischen Finanzierungsinstitutionen (hierzu zählen zB die Europäische Bank für Wiederaufbau und die Europäische Investitionsbank) mitfinanziert werden. Zudem muss materiellrechtlich ein Gemeinschaftsinteresse (gemeint ist ein Unionsinteresse) nachgewiesen werden.

4. Darlehen und andere Finanzierungsmöglichkeiten für Gebietskörperschaften und kommunale Zweckverbände (Abs. 3)

Abweichend vom Hausbankprinzip können Kredite an Gebietskörper- **27** schaften und kommunale Zweckverbände direkt vergeben werden (Abs. 3). Die Zulässigkeit der Vergabe von Direktkrediten der Rentenbank an Gebietskörperschaften (Gemeinden, Landkreise) und kommunale Zweckverbände richtet sich nach der Verständigung II. Demnach dürfen deutsche rechtlich selbstständige Förderinstitute die den staatlichen Haftungsinstituten (Anstaltslast und Gewährträgerhaftung; für die Rentenbank gilt eine Haftungsgarantie → § 1 a Rn. 7 ff.) immanenten Vorteile für die Durchführung von öffentlichen Förderaufgaben einsetzen.[50] Hierunter kann auch die Vergabe von Direktkrediten an Gebietskörperschaften und kommunale Zweckverbände zum Zwecke der Förderung der Land- und Forstwirtschaft durch die Rentenbank fallen, soweit die Fördermaßnahme sich an den Rahmen der in der Verständigung II näher getroffenen Festlegungen hält.[51]

Schwieriger ist die Frage zu beantworten, ob durch die Kreditvergabe **28** einer bundesunmittelbaren Anstalt des öffentlichen Rechts an Gebietskörperschaften, insbes. Kommunen, eine Kompetenzverlagerung zulasten der Kommunen zu erwarten ist. Normativ könnte das Subsidiaritätsprinzip im Verhältnis der Kommunen zum Staat betroffen sein.

Das Subsidiaritätsprinzip regelt die Frage, „welcher gesellschaftlichen **29** Handlungsebene bestimmte Aufgaben zugewiesen werden sollen, unter

49 Entscheidung der EU-Kommission zur Verständigung II, C (2002)1286, Staatliche Beihilfe E 10/2000, – Deutschland, Anstaltslast und Gewährträgerhaftung, S. 11.
50 Verständigung über die Ausrichtung rechtlich selbstständiger Förderinstitute in Deutschland zwischen der EU-Kommission und der Bundesregierung, Einigung 1.3.2002, Entscheidung der Kommission am 27.3.2002 (C (2002) 1286 – Staatliche Beihilfe Nr. E 10/2000 – Deutschland, Anstaltslast und Gewährträgerhaftung), S. 11.
51 Zur vergleichbaren Problematik der KfW s. *Wissenschaftliche Dienste*, KfW, S. 5 ff.

welchen Bedingungen Zuständigkeiten entzogen und nach oben verlagert werden dürfen": Der auf die katholische Soziallehre zurückzuführende Subsidiaritätsgrundsatz bedeutet deshalb grds., dass Aufgaben nach Möglichkeit den Einzelpersonen bzw. den je personennäheren Gemeinschaften zugewiesen werden sollen.[52] Im Hinblick konkret auf die Kompetenzverteilung zwischen Staat und Gemeinden verkörpert sich Subsidiarität in der institutionellen Garantie der kommunalen Selbstverwaltung.[53] Die Garantie der kommunalen Selbstverwaltung sichert den Kommunen „einen grds. alle Angelegenheiten der örtlichen Gemeinschaft umfassenden Aufgabenbereich sowie die Befugnis zu eigenverantwortlicher Führung der Geschäfte in diesem Bereich".[54] Aus dieser Selbstverwaltungsgarantie folgt die Subsidiarität bundesstaatlichen Handelns.[55] In der direkten Kreditvergabe an die Kommunen könnte eine Verletzung des Subsidiaritätsgrundsatzes in der Form gesehen werden, dass durch die Finanzierung der kommunalen Aufgaben durch eine bundesunmittelbare Anstalt des öffentlichen Rechts auch die Aufgabenwahrnehmung insgesamt auf die Rentenbank oder gar den Bund (zur Eigentumsfrage der Rentenbank → § 1 Rn. 10 ff.) übergeht. Dem ist jedoch in zweifacher Hinsicht zu widersprechen: Zum einen liegt es im Ermessen der jeweiligen Kommune einen Kreditantrag bei der Rentenbank zu stellen, so dass letztendlich sogar eine autonome (selbstverwaltende) Entscheidung über die Finanzierung der öffentlichen Aufgabe der Kommune gewährleistet ist.[56] Zum anderen werden die verfassungsrechtlichen Kompetenzzuweisungen nicht durch bloße Finanzierungshilfe ausgehöhlt.[57] Die Erfüllung der kommunalen Selbstverwaltung unterfallende öffentliche Aufgaben verbleibt den Gemeinden.[58] Zudem ist der Förderbereich der Rentenbank für kommunale Direktkredite stark begrenzt und ebenfalls dem öffentlichen Interesse verpflichtet.[59] Demnach ist die Vergabe von Direktkrediten der Rentenbank an Kommunen auch mit dem Subsidiaritätsprinzip vereinbar.

5. Refinanzierung (Abs. 5)

30   Die Refinanzierungsmöglichkeiten werden in Abs. 5 umschrieben. Danach ist die Rentenbank befugt, „zur Beschaffung der erforderlichen Mittel" Darlehen aufzunehmen, ungedeckte und gedeckte Schuldver-

---

52 *Wissenschaftliche Dienste*, KfW, S. 10; vgl. zur anthropologischen und theologischen Begründung der Subsidiarität *Baumgartner* in Nörr/Oppermann, Subsidiarität, S. 13 ff.
53 *Wissenschaftliche Dienste*, KfW, S. 10; *Isensee*, Subsidiarität, S. 159.
54 BVerfGE 79, 127 (143); 91, 228 (236); 107, 1 (11); 110, 370 (400); vgl. auch BVerfGE 21, 117 (128 f.); 23, 353 (365); 26, 228 (237 f.); 50, 195 (201); 56, 298 (312); 59, 216 (226); 83, 363 (382); Maunz/Dürig/*Mehde* Art. 28 Rn. 43.
55 *Wissenschaftliche Dienste*, KfW, S. 10.
56 Vgl. *Wissenschaftliche Dienste*, KfW, S. 3.
57 Vgl. *Wissenschaftliche Dienste*, KfW, S. 11.
58 Vgl. ebd.
59 Vgl. *Wissenschaftliche Dienste*, KfW, S. 3.

schreibungen auszugeben, Gewährleistungen zu übernehmen sowie alle
sonstigen banküblichen Finanzierungsinstrumente einzusetzen.

Diese Liste der zulässigen Geschäfte wird in § 2 LR-Satzung weiter aus-   31
geführt und präzisiert. Danach darf die Bank nur die Geschäfte und
Dienstleistungen betreiben, die im Sinne der Verständigung II[60] inhaltlich
mit der Erfüllung ihrer Aufgaben in direktem Zusammenhang stehen.
Sodann werden als mögliche Geschäfte für die Refinanzierung aufgeführt:

- Ankauf und Verkauf von Forderungen und Wertpapieren,
- Treasury Management und Geschäfte zur Risikosteuerung der Bank,
- Effektenhandel, Einlagengeschäft und Girogeschäft für eigene Rech-
  nung,
- Ausgabe von gedeckten und ungedeckten Schuldverschreibungen auf
  den Inhaber oder Namen,
- Aufnahme zweckgebundener Darlehen bei zentralen Kreditinstituten,
  Kapitalsammel-stellen und öffentlichen Stellen,
- Aufnahme sonstiger Darlehen,
- Anlage von Geldern bei öffentlichen und privaten Kreditinstituten,

Damit werden der Rentenbank die Finanzierungsinstrumente ermöglicht,
die iSd Abs. 5 banküblich sind. Denn die meisten Förderbanken nutzen
einen vergleichbaren Mix verschiedener Instrumente.[61] Dazu gehören
insbes. die Aufnahme von Krediten bei anderen Institutionen und die
Ausgabe von Schuldverschreibungen.[62] Bei allen diesen Aufgaben ist darauf zu achten, dass die Wettbewerbsneutralität des geschäftlichen Handelns der Förderbank als zwingendes Element der Verständigung II gewahrt bleibt. Dieses wird kritisch beurteilt bei Einlagen zur Refinanzierung, die ca. 41 % der im Fördergeschäft tätigen Institute weltweit nutzen, da dieses Refinanzierungsinstrument sehr nahe am „normalen"
Bankgeschäft sei und daher nicht mehr ohne Weiteres als wettbewerbsneutral beurteilt werden könnte.[63] In der Praxis nimmt die Rentenbank
keine Einlagen von Dritten an (zu den institutsinternen Ausnahmen
→ § 4 Rn. 8).

Im Gegensatz zu rund 40 % der weltweit tätigen Förderbanken[64] nutzt
die Rentenbank keine direkten Haushaltsmittel.

---

60 Verständigung über die Ausrichtung rechtlich selbstständiger Förderinstitute in
   Deutschland zwischen der EU-Kommission und der Bundesregierung, Einigung
   1.3.2002, Entscheidung der Kommission am 27.3.2002 (C (2002) 1286 – Staatliche Beihilfe Nr. E 10/2000 – Deutschland, Anstaltslast und Gewährträgerhaftung),
   akzeptiert durch Bundesregierung am 11.4.2002.
61 *Wruuck*, Investitionen und Wachstum stärken: Die Rolle der Förderbanken in Europa, EU-Monitor, Deutsche Bank Research, 9.5.2016, S. 11.
62 Ebd.
63 Ebd.
64 Ebd.

§ 4 Sonstige Geschäfte

(1) [1]Die Bank kann ferner alle Geschäfte und Dienstleistungen betreiben, die mit der Erfüllung ihrer Aufgaben in direktem Zusammenhang stehen. [2]In diesem Rahmen darf sie insbesondere Forderungen und Wertpapiere kaufen und verkaufen sowie Geschäfte und Maßnahmen zur Steuerung und Sicherstellung ihrer finanziellen Liquidität durchführen (Treasury Management) und alle für die Risikosteuerung erforderlichen Geschäfte betreiben.

(2) Der Effektenhandel, das Einlagengeschäft und Zahlungsdienste im Sinne des § 1 Absatz 1 Satz 2 des Zahlungsdiensteaufsichtsgesetzes sind der Bank nur für eigene Rechnung und nur insoweit gestattet, als sie mit der Erfüllung der öffentlichen Förderaufgaben in direktem Zusammenhang stehen.

I. Geschäfte und Dienstleistungen im direkten Zusammenhang (Abs. 1)

1   § 4 ist zuletzt im Jahre 2009[1] zur Anpassung an das Zahlungsdiensteaufsichtsgesetz und im Jahre 2017[2] aus redaktionellen Gründen geändert worden.

2   § 4 rundet das bereits in § 3 vorgesehene zwingende Junktim zwischen den öffentlichen Aufgaben der Rentenbank als Förderbank und den beihilferechtlich zulässigen Dienstleistungen ab, die sie anbieten kann. Dieses Junktim beruht auf der Verständigung II[3]. Danach müssen die Fördertätigkeiten präzise in den Förderbankengesetzen benannt werden,[4] denn Anstaltslast und Haftungsgarantien des Bundes stellen weiterhin Beihilfen nach Art. 107 Abs. 1 AEUV dar.[5] Dieser beihilferechtliche Vorteil setzt sich in den Fördermaßnahmen der Rentenbank zugunsten der Endkreditnehmer fort. Auch diese sind weiterhin als Beihilfen nach Art. 107 Abs. 1 AEUV, da sie dem Staat zuzurechnen sind unter Vorzugsbedingungen, dh ohne entsprechende Gegenleistung, erhalten werden

---

1 Art. 8 Gesetz zur Änderung des Einlagensicherungs- und Anlegerentschädigungsgesetzes und anderer Gesetze v. 25.6.2009, BGBl. I 1506 (1528).
2 Art. 14 Abs. 7 Gesetz zur Umsetzung der Zweiten Zahlungsdiensterichtlinie v. 17.7.2017, BGBl. I 2446.
3 Verständigung über die Ausrichtung rechtlich selbstständiger Förderinstitute in Deutschland zwischen der EU-Kommission und der Bundesregierung, Einigung 1.3.2002, Entscheidung der Kommission am 27.3.2002 (C (2002) 1286 – Staatliche Beihilfe Nr. E 10/2000 – Deutschland, Anstaltslast und Gewährträgerhaftung), akzeptiert durch Bundesregierung am 11.4.2002.
4 Verständigung über die Ausrichtung rechtlich selbstständiger Förderinstitute in Deutschland zwischen der EU-Kommission und der Bundesregierung, Einigung 1.3.2002, Entscheidung der Kommission am 27.3.2002 (C (2002) 1286 – Staatliche Beihilfe Nr. E 10/2000 – Deutschland, Anstaltslast und Gewährträgerhaftung), akzeptiert durch Bundesregierung am 11.4.2002.S. 11.
5 Verständigung über die Ausrichtung rechtlich selbstständiger Förderinstitute in Deutschland zwischen der EU-Kommission und der Bundesregierung, Einigung 1.3.2002, Entscheidung der Kommission am 27.3.2002 (C (2002) 1286 – Staatliche Beihilfe Nr. E 10/2000 – Deutschland, Anstaltslast und Gewährträgerhaftung), akzeptiert durch Bundesregierung am 11.4.2002, S. 5.

können.[6] Deshalb unterliegen sowohl die staatlichen Haftungsgarantien als auch die Fördertätigkeit den strengen Voraussetzungen der Verständigung II und ist auf „Komplementärfunktionen zum Wettbewerbsbereich" begrenzt.[7]

Ziff. 2 des dritten Teils der Verständigung II benennt ausdrücklich die **3** beihilferechtlich zulässigen Förderbereiche:

- Durchführung von öffentlichen Förderaufgaben;
- Beteiligung an Projekten im Gemeinschaftsinteresse, die von der Europäischen Investitionsbank oder ähnlichen Finanzierungsinstituten mitfinanziert werden;
- Gewährung von Darlehen und anderen Finanzierungsformen an Gebietskörperschaften und öffentlich-rechtliche Zweckverbände;
- Maßnahmen rein sozialer Art;
- Exportfinanzierung außerhalb der Europäischen Union, des Europäischen Wirtschaftsraumes und von Ländern mit offiziellem Status als EU-Beitrittskandidat, soweit diese im Einklang mit den für die Union bindenden internationalen Handelsabkommen, insbes. den WTO-Abkommen steht.[8]

Diese Aufzählung der zulässigen Förderbereiche ist abschließend.[9] Nur **4** in diesen in der Verständigung II genannten Bereichen dürfen „die den staatlichen Haftungsinstituten Anstaltslast und/oder Gewährträgerhaftung und/oder Refinanzierungsgarantien für die Förderinstitute immanenten Vorteile [...] eingesetzt werden".[10] Gem. 3.2. müssen die nicht genannten Förderbereiche oder Fördermaßnahmen, die die aufgeführten Bedingungen nicht erfüllen, „aufgegeben oder auf ein rechtlich selbstständiges Unternehmen ohne öffentliche Unterstützung ausgegliedert werden".[11] Eine Fortführung solcher nicht genannter Fördertätigkeiten durch die Förderbanken ist somit nicht vorgesehen.[12]

Andere Geschäfte als die in § 3 genannten darf die Rentenbank daher **5** nur betreiben, wenn sie in direktem Zusammenhang mit ihren Aufgaben stehen. Die beispielhafte Aufzählung des Treasury Managements als „anderes Geschäft" spiegelt ebenfalls den Wortlaut der Verständigung II wider, die das Treasury Management ausdrücklich nennt.[13]

---

6 MüKoWettbR/*Rosenfeld* Teil 8 E. Rn. 386.
7 Ebd.
8 MüKoWettbR/*Rosenfeld* Teil 8 E. Rn. 387; EU-Kommission, C (2002) 1286 – Staatliche Beihilfe E 10/2000 – Deutschland, Anstaltslast und Gewährträgerhaftung, S. 11 f.
9 MüKoWettbR/*Rosenfeld* Teil 8 E. Rn. 388.
10 EU-Kommission, C (2002) 1286 – Staatliche Beihilfe E 10/2000 – Deutschland, Anstaltslast und Gewährträgerhaftung, S. 11.
11 EU-Kommission, C (2002) 1286 – Staatliche Beihilfe E 10/2000 – Deutschland, Anstaltslast und Gewährträgerhaftung, S. 13.
12 MüKoWettbR/*Rosenfeld* Teil 8 E. Rn. 388.
13 EU-Kommission, C (2002) 1286 – Staatliche Beihilfe E 10/2000 – Deutschland, Anstaltslast und Gewährträgerhaftung, S. 11.

II. Effektenhandel, das Einlagengeschäft und Zahlungsdienste (Abs. 2)

6   § 4 Abs. 2 greift ebenso den Wortlaut der Verständigung II auf.[14] Nach dieser sind „der Effektenhandel, das Einlagengeschäft und das Girogeschäft [...] den Förderinstituten nur für eigene Rechnung und nur insoweit gestattet, als sie mit der Erfüllung ihrer öffentlichen Förderaufgaben in direktem Zusammenhang stehen".[15]

7   Eine beispielhafte Aufzählung der zulässigen Geschäfte und Dienstleistungen enthält § 2 LR-Satzung. Hierzu gehören insbes.:
1. Ankauf und Verkauf von Forderungen und Wertpapieren,
2. Treasury Management und Geschäfte zur Risikosteuerung der Bank,
3. Effektenhandel, Einlagengeschäft und Girogeschäft für eigene Rechnung,
4. Ausgabe von gedeckten und ungedeckten Schuldverschreibungen auf den Inhaber oder Namen,
5. Aufnahme zweckgebundener Darlehen bei zentralen Kreditinstituten, Kapitalsammelstellen und öffentlichen Stellen,
6. Aufnahme sonstiger Darlehen,
7. Anlage von Geldern bei öffentlichen und privaten Kreditinstituten,
8. Beratung und Dienstleistungen im Zusammenhang mit Fördermaßnahmen.

8   Unabhängig von § 4 sind die Bankgeschäfte zu beurteilen, die die Rentenbank auf arbeitsvertraglicher Basis für ihre Betriebsangehörigen (Mitarbeiter und Pensionäre) tätigt. Über das auf diesen Personenkreis beschränkte Kontensystem (Girokonten und in Verbindung damit Einlagen- und Kreditkonten als Unterkonten) werden vor allem Gehaltszahlungen und Mitarbeiterdarlehen abgewickelt. Da die Kontenführung nur für Betriebsangehörige und nicht für Dritte offensteht, gehört sie zur Organisation im institutionellen Innenbereich. Als solche ist sie kein Wettbewerbsfaktor und daher nach wie vor zulässig.[16] Die Gewährung von Darlehen an Mitarbeiter und Mitglieder der gesetzlich vorgeschriebenen Organe der Förderinstitute ist ausdrücklich nach der Vereinbarung II als „Maßnahme rein sozialer Art" zulässig.[17] Dabei ist jedoch Ziff. 4.4 PCGK[18] zu beachten, die den Abschluss von Kreditverträgen zwischen der Rentenbank und Mitgliedern des Verwaltungsrats als Aufsichtsorgans kritisch bewertet (s. hierzu Kommentierung zu § 5).

---

14 Gesetzentwurf der Fraktionen SPD und BÜNDNIS 90/DIE GRÜNEN zur Neustrukturierung der Förderbanken des Bundes (Förderbankenneustrukturierungsgesetz) vom 1.4.2003, BT-Drs. 15/743, 15.
15 EU-Kommission, C (2002) 1286, Staatliche Beihilfe E 10/2000 Deutschland, Anstaltslast und Gewährträgerhaftung, S. 11.
16 Gesetzentwurf der Fraktionen SPD und BÜNDNIS 90/DIE GRÜNEN zur Neustrukturierung der Förderbanken des Bundes (Förderbankenneustrukturierungsgesetz) vom 1.4.2003, BT-Drs. 15/743, 15.
17 EU-Kommission, C (2002) 1286, Staatliche Beihilfe E 10/2000 Deutschland, Anstaltslast und Gewährträgerhaftung, S. 12.
18 Public Corporate Governance Kodex des Bundes, Stand 16.9.2020 (Teil I der Grundsätze guter Unternehmens- und aktiver Beteiligungsführung im Bereich des Bundes).

§ 5 Organe

(1) Organe der Bank sind

1. der Vorstand,
2. der Verwaltungsrat,
3. die Anstaltsversammlung.

(2) Die Aufgaben und Befugnisse der Organe regelt, soweit sie nicht im Gesetz bestimmt sind, die Satzung.

I. Organe der Landwirtschaftlichen Rentenbank (Abs. 1) 1
1. Organisationsstruktur einer Anstalt des öffentlichen Rechts 1
2. Das defizitäre Organisationsrecht öffentlich-rechtlicher Kreditinstitute 6
3. Das Modell des aktienrechtlichen Organisationsrechtes 7
4. Abweichungen vom aktienrechtlichen Organisationsrecht 8
5. Organübergreifende Vorgaben des Public Corporate Governance Kodex des Bundes (PCGK) 12
6. Vorgaben des KWG 17
II. Satzung der Landwirtschaftlichen Rentenbank 18

I. Organe der Landwirtschaftlichen Rentenbank (Abs. 1)

1. Organisationsstruktur einer Anstalt des öffentlichen Rechts

Eine Anstalt des öffentlichen Rechts ist ein verselbstständigter Bestand von 1 Sach- und Personalmitteln, der eine bestimmte Verwaltungsaufgabe erfüllen soll.[1] Charakteristisch ist, dass eine Anstalt keine Mitglieder aufnimmt, sondern der Zweck durch eine Benutzungsmöglichkeit gewährt wird.[2] Als gemeinnützige Anstalt des öffentlichen Rechts hat die Rentenbank das Recht der Selbstverwaltung. Damit einher geht das Recht, eine Binnenverfassung zu erstellen. Diese Binnenverfassung ist wesentlich für Umsetzung der Verselbstständigung und verfolgt das Ziel der autonomen Aufgabenerfüllung durch Gewährleistung entsprechender Strukturen zur Durchführung von Entscheidungsprozessen.[3] Vertreten wird die rechtsfähige Anstalt durch ihre Organe. Unter einem Organ versteht man die rechtlich geschaffene Einrichtung eines Verwaltungsträgers, die dessen Zuständigkeit für diesen wahrnimmt.[4]

Das Organ, das keine Rechtsfähigkeit besitzt,[5] dient ausschließlich dem 2 Zweck, die Einrichtung eines Verwaltungsträgers handlungsfähig zu machen. Dabei kann das Organ sowohl die Aufgabe der ausschließlich internen Willensbildung als Beschlussorgan erfüllen als auch der externen

---

1 Grundlegende Definition von *Mayer*, Deutsches Verwaltungsrecht, S. 318: „Ein Bestand von Mitteln, sächlichen wie persönlichen, welche in der Hand eines Trägers öffentlicher Verwaltung einem besonderen öffentlichen Zweck dauernd zu dienen bestimmt sind.".
2 Vgl. *Maurer/Waldhoff* AllgVerwR § 23 Rn. 52 f.
3 *Bohn*, Die Anstalt des öffentlichen Rechts, S. 138.
4 *Maurer/Waldhoff* AllgVerwR § 21 Rn. 19; vgl. WBSK VerwR II § 86 Rn. 55.
5 *Löer*, Körperschafts- und anstaltsinterne Rechts- und Zweckmäßigkeitskontrolle, S. 24.

Willensäußerung als Handlungs- bzw. Vollzugsorgan dienen. Die Organstruktur unterscheidet sich von dem jeweiligen Anstaltszweck und ist mithin von Anstalt zu Anstalt unterschiedlich.[6] Verpflichtend ist allein die Schaffung eines Vorstandes.[7] Regelmäßig werden die Aufgaben der Anstalt jedoch arbeitsteilig von mehreren Organen wahrgenommen.[8]

3   Wie alle juristischen Personen sind auch öffentlich-rechtliche Kreditanstalten nur durch ihre Organe handlungsfähig.[9] „In ihnen vollzieht sich die innere Willensbildung der Anstalt, [...] durch sie nimmt das Institut nach außen am Rechtsleben teil".[10] Die Organverfassung der Rentenbank entspricht weitgehend dem Modell des aktienrechtlichen Organisationsrechts. Während in Bezug auf die Geschäftsführungs- und Vertretungsbefugnisse des Vorstandes überwiegend Übereinstimmung herrscht, ergeben sich beim Vergleich der Befugnisse des Verwaltungsrates als Pendant zum Überwachungsorgan Aufsichtsrat Abweichungen: Die Befugnisse des Verwaltungsrates der Rentenbank gehen über die eines aktienrechtlichen Aufsichtsrates hinaus (s. hierzu Kommentierung zu § 7).

4   Die Rentenbank verfügt über einen dreiteiligen Organaufbau: Vorstand (§ 6), Verwaltungsrat (§ 7) und Anstaltsversammlung (§ 8). Das Gesetz beschränkt sich darauf, die Besetzung und die Befugnisse der Organe zu regeln. Im Übrigen verweist es auf die LR-Satzung (§ 5 Abs. 2). Damit sind die Aufgaben und Befugnisse der Organe abschließend im LR-G sowie nach § 5 Abs. 2 in der LR-Satzung festgeschrieben.

5   Andere Gremien, wie zB Beiräte, können außerhalb des Organkatalogs des LR-G kraft der Organisationsgewalt der einzelnen Organe gebildet werden. Da sie aber im LR-G nicht als Organe der Rentenbank vorgesehen sind, können sie nicht ganz oder auch nur teilweise die Funktionen eines der Organe übernehmen.[11] Insoweit können sie nur als Hilfsgremien gebildet werden, die die Arbeit eines der Organe unterstützen, aber nicht dessen Aufgaben und Kompetenzen wahrnehmen, auch nicht im Sinne eines Veto-Rechts.[12] § 10 LR-Satzung eröffnet dem Verwaltungsrat die Möglichkeit Ausschüsse (Abs. 1) und Beiräte (Abs. 7) ins Leben zu rufen, über deren Bildung gem. § 9 Abs. 3 Nr. 6 LR-Satzung der Verwaltungsrat beschließen muss. Zu den satzungsmäßig gebildeten Ausschüssen gehören: der Nominierungsausschuss, der Vergütungskontrollausschuss, der Risikoausschuss, der Prüfungsausschuss und der Fachausschuss. Gem. § 10 Abs. 1 S. 1 LR-Satzung kann der Verwaltungsrat Befugnisse ganz oder teilweise auf die gebildeten Ausschüsse übertragen. So hat der Verwaltungsrat 2018 beschlossen, die Aufgabenbereiche des Verwaltungsausschusses zu trennen und einem neu gebildeten Nominierungsausschuss sowie einem ebenfalls

---

6   WBSK VerwR II § 86 Rn. 56.
7   Ebd.
8   *Löer*, Körperschafts- und anstaltsinterne Rechts- und Zweckmäßigkeitskontrolle, S. 24.
9   *Twiehaus*, S. 54.
10 Ebd.
11 Vgl. MüKoAktG/*Spindler* § 76 Rn. 9.
12 Vgl. ebd.

neu gebildeten Vergütungskontrollausschuss zu übertragen. Im Lichte der Ziff. 6.1.7 PCGK sollte die Entscheidungskompetenz jedoch beim Organ Verwaltungsrat verbleiben, um möglichst die Kompetenz und das Wissen aller Verwaltungsratsmitglieder auszuschöpfen.[13] Daher haben die Ausschüsse den Verwaltungsrat im Ganzen gem. § 10 Abs. 8 LR-Satzung zu unterrichten (s. zu den Ausschüssen Kommentierung zu § 7). Jedoch sind einzelne Ausschüsse des Verwaltungsrates in Ausnahmefällen entgegen Ziff. 6.1.7 PCGK aus Praktikabilitäts- und Effizienzgründen auch ermächtigt worden, selbst abschließend zu entscheiden.[14] Diese Abweichungen erklären Vorstand und Verwaltungsrat in ihrer jährlich abzugebenden (vgl. Ziff. 7.1. PCGK) Entsprechungserklärung (zuletzt April 2020).

2. Das defizitäre Organisationsrecht öffentlich-rechtlicher Kreditinstitute

Das Organisationsrecht der öffentlich-rechtlichen Kreditinstitute ist zersplittert, wenig übersichtlich, kaum systematisiert und den Teilgebieten unterentwickelt.[15] Jedes öffentlich-rechtliche Kreditinstitut hat ein eigenes Gründungs- bzw. Errichtungsgesetz und/oder eine eigene, vorwiegend die innere Organisation regelnde Satzung. Ein allgemeines Organisationsgesetz für öffentlich-rechtliche Anstalten existiert nicht. Hinzu kommt, dass es sich um Recht handelt, welches aus unterschiedlichen historischen Quellen gewachsen ist.   6

3. Das Modell des aktienrechtlichen Organisationsrechtes

Dennoch hat sich im Laufe der Zeit aus der weitgehend übereinstimmenden und zunehmend an Bedeutung gewinnenden Funktion der öffentlich-rechtlichen Kreditinstitute, in rentabler Weise Dienstleistungen im Wettbewerb mit anderen Banken[16] zu erbringen, inhaltlich ein in den Grundsätzen einheitliches Organisationsrecht herausgebildet. Dabei hat sich eine Organisationsform ähnlich der des Aktienrechts weitgehend durchgesetzt. In Bezug auf die Organverfassung der öffentlich-rechtlichen Kreditinstitute[17] des Bundes und der Länder hat dies zu einem dem Aktienrecht entsprechenden dreiteiligen Organaufbau geführt: Ein Vorstand als Geschäftsführungs- und Vertretungsorgan, einem Verwaltungsrat als Überwachungsorgan und der Gewährträgerversammlung[18] als oberste Institutsorgane. Die   7

---

13 *Schürnbrand* ZIP 2010, 1105 (1109).
14 Geschäftsbericht 2019, S. 63.
15 Vgl. *Gruson/U. Schneider* CBLR 1995, 337 (357 f.).
16 Dies gilt nicht für die Landwirtschaftliche Rentenbank, die aufgrund des Hausbankprinzips wettbewerbsneutral agiert.
17 Anzahl der Organe der Förderbanken des Bundes und der Länder: KfW (2), Investitionsbank Schleswig-Holstein (2), Hamburgische Investitions- und Förderbank (2), Bayerische Landesanstalt für Aufbaufinanzierung (2), Investitions- und Förderbank Niedersachsens (2), Landeskreditbank Baden-Württemberg (2), NRW.Bank (3), Investitionsbank des Landes Brandenburg (3), Thüringer Aufbaubank (4).
18 Die Landwirtschaftliche Rentenbank besitzt mangels Gewährträgerhaftung (vielmehr nur eine spezifische Haftung des Bundes für bestimmte Verbindlichkeiten) keine Gewährträgerversammlung als drittes Organ, sondern eine Anstaltsversammlung.

Rentenbank folgt dem dreigliedrigen Aufbau, weicht jedoch in der Aufgabenteilung von der klassischen Organisationsstruktur ab.

4. Abweichungen vom aktienrechtlichen Organisationsrecht

8   Die Organverfassung der Rentenbank übernimmt nur punktuell einzelne Strukturen des aktienrechtlichen Organisationsrechts. Im Übrigen setzt die Rentenbank eine eigene Tradition fort und hält an einer organisationsrechtlichen Besonderheit fest, die durch die RKA als ihrer Vorgängerorganisation begründet wurde.

9   Die RKA ist als Anstalt des öffentlichen Rechts begründet worden[19] und damit bewusst nicht als Personenvereinigung, weder als Gesellschaft des Handelsrechts noch als Verein des bürgerlichen Rechts oder als sonstige Körperschaft. Daher gab es von Anbeginn keine Beteiligung Einzelner in Form von Einlagen oder Anteilen am Kapital der Anstalt. Die RKA sollte von Anbeginn als eine Organisation gegründet werden, deren Leitung nicht einem finanziell interessierten Kreise zusteht, sondern Organen, die zT aus den landwirtschaftlichen Berufsvertretungen, zT aus Vertretern des Reichs und des Reichsrats, die im öffentlichen Interesse mit dem Ziel bestellt wurden, nur das öffentliche Interesse zu wahren.[20] Somit erinnert sie eher an eine Stiftung (zur Abgrenzung → § 1 Rn. 5).

10   1925 bestanden heftige Auseinandersetzungen über den inneren Aufbau.[21] Sie führten dazu, im Ergebnis einen erweiterten zusätzlichen Verwaltungsrat mit der Bezeichnung „Anstaltsversammlung" zu bilden.[22] Dieser Anstaltsversammlung gehörten nicht weniger als 110 Delegierte verschiedener landwirtschaftlicher Interessengruppen an.[23] Sie nimmt bislang eine organisationsrechtliche Sonderrolle wahr.

11   Ebenso weichen im Vergleich die Befugnisse des Verwaltungsrates von denen des privatrechtlichen Pendants, dem Aufsichtsrat, ab. So gehen die Befugnisse des Verwaltungsrates über die eines aktienrechtlichen Aufsichtsrates hinaus. Das wirkt sich wiederum beschränkend auf die Geschäftsführungsbefugnisse des Vorstandes aus, die nach aktienrechtlichem Verständnis unbeschränkt sind (→ § 6 Rn. 33 ff. und → § 7 Rn. 57 ff.).

5. Organübergreifende Vorgaben des Public Corporate Governance Kodex des Bundes (PCGK)

12   Die Rentenbank fällt als Anstalt des öffentlichen Rechts in den Geltungsbereich der Grundsätze guter Unternehmens- und aktiver Beteiligungsführung im Bereich des Bundes. Hierbei handelt es sich um ein Regelwerk, das 2009 von der Bundesregierung verabschiedet und 2020 inhaltlich konkre-

---

19   Reichsgesetz über die Errichtung der Deutschen Rentenbank-Kreditanstalt vom 18.7.1925, RGBl. I 145.
20   Vgl. zu den Organen der RKA: §§ 7–10 RKA-G.
21   *Becker,* Handlungsspielräume der Agrarpolitik in der Weimarer Republik zwischen 1923 und 1929, S. 228.
22   Ebd.
23   § 8 RKA-G.

tisiert und ergänzt wurde. Die Grundsätze legen Standards guter Unternehmensführung mit Anforderungen und Erwartungen an die Unternehmensorgane fest und bestehen aus zwei Teilen: Das zentrale Regelungswerk ist Teil I, der Public Corporate Governance Kodex (PCGK[24]). Teil II enthält Richtlinien für eine aktive Beteiligungsführung bei Unternehmen mit Bundesbeteiligung. Der PCGK wiederholt in angepasster Form wesentliche Inhalte des DCGK[25].

Die Rentenbank fällt als juristische Person des öffentlichen Rechts nach Ziff. 2.1 PCGK in den Anwendungsbereich des PCGK mit der Folge, dass ihr die Einhaltung der Regelungen empfohlen wird. Die Bundesregierung hat hier für die aus dem Bereich des DCGK bekannte Lösung des „comply or explain" optiert, statt eine gesetzlich verankerte Pflicht zur Beachtung des Kodex festzusetzen.[26] So müssen Vorstand und Verwaltungsrat jährlich erklären, dass den Empfehlungen des PCGK entsprochen wurde. Zudem müssen sie Abweichungen von den Empfehlungen begründen. Diese Erklärung ist auf der Internetseite dauerhaft öffentlich zugänglich zu machen und als Teil des Corporate Governance-Berichts zu veröffentlichen.[27] **13**

Zentrale Bedeutung hat der PCGK für die Rentenbank vor allem über seine Bestimmungen zum Aufsichtsrat/Verwaltungsrat. In diesen Regelungen (vgl. hierzu Kommentierung der § 7), die weitaus ausführlicher und strenger[28] sind als die des DCGK, sollen die möglichen Interessenskonflikte zwischen öffentlicher Zweckverfolgung und unternehmerischer Gewinnorientierung gelöst werden.[29] Da die Rentenbank nicht auf maximale Gewinnorientierung ausgerichtet ist, sondern der Förderzweck im Mittelpunkt der Banktätigkeit steht, sind derlei Konflikte zwischen Anstaltsträger und Landwirtschaftlicher Rentenbank nicht zu erwarten. **14**

Interessenkonflikte können sich darüber hinaus auch bei der laufenden Tätigkeit ergeben. Dabei soll bereits der Anschein eines derartigen Konflikts vermieden werden. So untersagt Ziff. 4.4 PCGK den Abschluss von Kreditverträgen zwischen der Rentenbank und Mitgliedern des Verwaltungsrats als Aufsichtsorgan. Parallel hierzu verbietet Ziff. 6.4.2 PCGK den Abschluss von Beratungs- und Dienstleistungsverträgen zwischen Mitgliedern dieser Organe.[30] **15**

Hervorzuheben ist die Maßgabe in Ziff. 6.2.1 PCGK, die auf die gleichberechtigte Teilhabe von Frauen im Verwaltungsrat hinzuwirken ist. Hiermit kommt die Bundesregierung ihrem verfassungsrechtlichen Förderauftrag **16**

---

24 Public Corporate Governance Kodex des Bundes, Stand 16.9.2020 (Teil I der Grundsätze guter Unternehmens- und aktiver Beteiligungsführung im Bereich des Bundes).
25 Deutscher Corporate Governance Kodex (idF vom 7.2.2017).
26 *Burgi* CCZ 2010, 41 (43).
27 Ebd.
28 Bspw. ist die Erstbestellungsdauer ist auf drei Jahre beschränkt (5.1.2 PCGK), statt auf fünf (5.1.2 DCGK).
29 *Schürnbrand* ZIP 2010, 1105 (1108 f.)
30 *Schürnbrand* ZIP 2010, 1105 (1109).

gem. Art. 3 Abs. 2 S. 2 GG nach.[31] Damit geht der PCGK über das im DCGK vorgegebene Prinzip der Vielfalt (Diversity) hinaus.[32]

6. Vorgaben des KWG

17   Für den Vorstand und den Verwaltungsrat der Rentenbank gelten darüber hinaus die Vorgaben des KWG (s. hierzu Näheres bei den §§ 6 und 7).

II. Satzung der Landwirtschaftlichen Rentenbank

18   Die Rentenbank hat als selbstständige Anstalt eine eigene Satzungsgewalt.[33] Die Satzung und ihre Änderungen werden nach § 7 Abs. 6 S. 1 vom Verwaltungsrat beschlossen. Die Satzung bedarf zum Inkrafttreten nach § 7 Abs. 6 S. 2 der Genehmigung der Aufsichtsbehörde, dh des Bundesministeriums für Ernährung und Landwirtschaft (BMEL) im Einvernehmen mit dem Bundesministerium der Finanzen (BMF).

Mit der Satzung erfahren nach dem LR-G wesentliche organisationsrechtliche und aufgabenrechtliche Bereiche ihre Ausformung bzw. Konkretisierung. Zu den organisationsrechtlichen Bereichen gehören

- § 5 Abs. 2 Aufgaben und Befugnisse der Organe
- § 6 Abs. 2 Zuweisung von Geschäftsführungsbefugnisse an andere Organe
- § 6 Abs. 3 Vertretungsberechtigung

Zu den aufgabenrechtlichen Bereichen gehören

- § 3 Abs. 1 Bestimmung der Fördermaßnahmen
- § 3 Abs. 3 Förderung von Gebietskörperschaften und öffentlich-rechtlichen Zweckverbänden
- § 3 Abs. 4 Förderung von EU-Projekten

19   Die derzeitig gültige Satzung der Rentenbank ist mWz 15.12.2018 in Kraft getreten. Sie ist in drei Teile gegliedert:

I.   Geschäfte der Bank
II.   Organisation und Verwaltung der Bank
III. Allgemeine Bestimmungen

Der Schwerpunkt der Bestimmungen der LR-Satzung liegt in der Ausformung der Organe nach § 5 Abs. 2. Die Allgemeinen Bestimmungen regeln das Geschäftsjahr, die Übernahme des PCGK, die Ausgestaltung des Dienstsiegels sowie die Art und Weise der Veröffentlichung der Bekanntmachungen der Rentenbank.

---

31 Ebd.
32 Ebd.
33 *Birkenfeld*, Kommunalrecht, Rn. 198.

§ 6 Vorstand

(1) [1]Der Vorstand besteht aus mindestens zwei Mitgliedern. [2]Die Vorstandsmitglieder werden vom Verwaltungsrat mit einer Mehrheit von mindestens zwei Dritteln seiner Mitglieder bestellt und abberufen. [3]Die Bestellung bedarf der Zustimmung der Aufsichtsbehörde (§ 11 Absatz 1).

(2) Der Vorstand führt die Geschäfte der Bank, soweit diese Aufgabe nicht durch Gesetz oder Satzung anderen Organen zugewiesen ist.

(3) [1]Der Vorstand vertritt die Bank gerichtlich und außergerichtlich. [2]Die Befugnis zur Vertretung der Bank sowie die Form für Willenserklärungen der vertretungsberechtigten Personen werden durch die Satzung geregelt. [3]Ist eine Willenserklärung der Bank gegenüber abzugeben, so genügt die Abgabe gegenüber einem Mitglied des Vorstandes. [4]Auf die Vertretung der Bank gegenüber ihren Organen sind die für Aktiengesellschaften geltenden Vorschriften entsprechend anzuwenden.

I. Entstehungsgeschichte 2
II. Bedeutung des Vorstandes und strikte Aufgabentrennung 5
III. Zusammensetzung, Bestellung und Voraussetzungen (Abs. 1) 8
  1. Zusammensetzung des Vorstandes (Abs. 1 S. 1) ... 8
  2. Rechtstellung der Vorstandsmitglieder 13
  3. Auswahlkriterien für Mitglieder des Vorstandes 15
  4. Bestellung und Abberufung (Abs. 1 S. 2) 20
    a) Bestellung 20
    b) Amtsdauer und Wiederbestellung 21
    c) Widerruf der Bestellung und Änderung des Vorstandes 24
  5. Anstellung des Vorstandes 28
  6. Bezüge des Vorstandes 29

IV. Funktion, Aufgaben und Pflichten des Vorstandes (Abs. 2) 33
  1. Vergleich zur aktienrechtlichen Geschäftsleitung durch den Vorstand 33
  2. Gemeinschaftliche Geschäftsführung (Abs. 2) 39
  3. Pflichten und Anforderungen an die Geschäftsführung 40
    a) Bankenaufsichtsrechtliche und europäische Anforderungen an die Auslagerung 40
    b) Vorbereitung und Durchführung von Beschlussfassungen 41
    c) Berichtspflichten 43
    d) Treuepflicht 45
V. Vertretungsbefugnis (Abs. 3) 46
VI. Public Corporate Governance Kodex 54

Das zentrale Entscheidungsgremium der Rentenbank ist nach § 6 Abs. 2 der Vorstand. Er führt die Geschäfte der Bank, soweit diese Aufgabe nicht durch Gesetz oder Satzung anderen Organen zugewiesen ist. Diese Geschäftsführung nimmt der Vorstand vergleichbar zu § 76 Abs. 1 AktG eigenverantwortlich nach Maßgabe der Gesetze, der LR-Satzung und der Geschäftsordnung des Vorstands wahr (§ 3 Abs. 4 LR-Satzung).   1

I. Entstehungsgeschichte

2 Die Bestimmung übernimmt die Regelungen aus den Bestimmungen zur RKA. Ebenso wie bei der heutigen Rentenbank bestand der Vorstand der RKA aus mindestens zwei Mitgliedern. Damit unterschied sich bereits diese Regelung von der allgemeinen aktienrechtlichen Vorgabe, wonach es im Belieben der Aktiengesellschaft stand, ob der Vorstand aus einer oder mehreren Personen bestand.[1] Eine solche Regelung fand sich auch bereits in den Vorgängerbestimmungen – den ersten Regelungen zu Aktiengesellschaften – welche sich damals noch in den §§ 178–319 HGB aF[2] fanden. Gem. § 231 Abs. 2 HGB aF[3] konnte der Vorstand ebenfalls aus einer oder mehreren Personen bestehen. Auf dem Weg zur Schaffung eines Aktiengesetzes im Jahre 1937 entstand 1931 eine erste eigenständige Regelung mit der Verordnung des Reichspräsidenten über Aktienrecht, Bankenaufsicht und über eine Steueramnestie[4] zusammen mit einer dazugehörigen Durchführungsverordnung[5]. Der Vorstand der RKA wurde nach § 7 Abs. 2 S. 2 RKA-G vom Verwaltungsrat bestellt. Der Vorstand vertrat die RKA gerichtlich (§ 7 Abs. 3 S. 1 RKA-G). Die Erklärungen waren für die RKA nur dann verbindlich, wenn sie von zwei Vorstandsmitgliedern oder von einem der Vorstandsmitglieder gemeinschaftlich mit einem Prokuristen oder von zwei Prokuristen oder von einem Vorstandsmitglied oder einem Prokuristen gemeinsam mit einem Handlungsbevollmächtigten abgegeben wurden (§ 7 Abs. 3 S. 2 RKA-G). Die für die RKA verbindlichen Urkunden waren mit deren Firma zu versehen (§ 7 Abs. 4 RKA-G).

3 Dem Vorstand oblag nach § 7 Abs. 2 S. 2 RKA-G die Geschäftsführung und Vermögensverwaltung der RKA, soweit sie nicht durch Gesetz oder nach deren Satzung einem anderen Organ zugewiesen waren. Die Mitglieder des Vorstandes waren an die ihnen vom Aufsichtsrat oder vom Verwaltungsrat gebotenen Anweisungen gebunden (§ 9 Abs. 6 RKA-G). Der Vorstand war selbstständig in der Anstellung des Personals.[6]

4 Seit 1949 enthält § 6 nahezu unveränderte Regelungen zum Vorstand der Rentenbank. Der Wegfall der „Vermögensverwaltung" in Abs. 2 erfolgte aufgrund sprachlicher Verbesserung ohne materiellen Gehalt durch das Zweite LR-Änderungsgesetz[7].[8] Das Fünfte LR-Änderungsgesetz[9] ergänzte Abs. 1 S. 2 um das Erfordernis einer Zweidrittelmehrheit bei Bestel-

---

1 § 70 Abs. 2 S. 1 AktG idF v. 4.2.1937, RGBl. I 107 ff.
2 Handelsgesetzbuch idF v. 21.5.1897, RGBl. I 437 ff.
3 Ebd.
4 Vom 19.9.1931, RGBl. I 493 ff.
5 Erste Verordnung zur Durchführung der aktienrechtlichen Vorschriften der Verordnung des Reichspräsidenten über Aktienrecht, Bankenaufsicht und über eine Steueramnestie vom 15.12.1931, RGBl. I 760.
6 Zum Ganzen *Berthold/Seelmann-Eggebert*, Die Deutsche Rentenbank, S. 69 f.
7 Vom 12.2.1963, RGBl. I 121.
8 Gesetzesentwurf des Deutschen Bundestages eines Zweiten Gesetzes zur Änderung des Gesetzes über die Landwirtschaftliche Rentenbank vom 5.11.1962, BT-Drs. IV/713, 6.
9 Vom 23.7.2002, BGBl. I 2782.

lung oder Abberufung durch den Verwaltungsrat und Abs. 1 S. 3 um das Zustimmungsbedürfnis der Aufsichtsbehörde zur Vorstandsbestellung. Abs. 3 regelt seit 2002 die Vertretungsbefugnis des Vorstandes, welche zuvor in § 12 Abs. 2 aF geregelt war.

II. Bedeutung des Vorstandes und strikte Aufgabentrennung

Der Vorstand ist ein durch das LR-G zwingend vorgeschriebenes und da- 5 mit notwendiges Organ der Rentenbank, durch das die Rentenbank als juristische Person des öffentlichen Rechts willens- und handlungsfähig wird.[10] Das bedeutet jedoch nicht, dass die Rentenbank nicht fortbesteht, wenn der Vorstand wegfällt.[11] Nur das Bestehen des Organs, nicht die Besetzung ist erforderlich.[12] Der Verwaltungsrat muss in diesem Fall nach § 6 Abs. 1 S. 2 für eine sofortige Wiederbesetzung sorgen, um die Rentenbank handlungsfähig zu belassen.[13] Der Verwaltungsrat kann aufgrund der strikten Kompetenzzuweisung im LR-G nicht selbst die Geschäftsführung übernehmen, auch nicht interimsweise durch den Verwaltungsratsvorsitzenden.[14]

Vom Gebot der strikten Aufgabenwahrnehmung zu trennen, ist der Re- 6 gelungsgehalt des § 6 Abs. 3 S. 4, der § 78 Abs. 1 S. 2 und § 112 AktG für entsprechend anwendbar erklärt.[15] Hier geht es zum einen um die Passivvertretung einer Aktiengesellschaft durch den Aufsichtsrat im Falle einer Führungslosigkeit, wenn dieser gegenüber Willenserklärungen abgegeben oder Schriftstücke zugestellt werden (§ 78 Abs. 1 S. 2 AktG). Zum anderen regelt § 112 S. 1 AktG die gerichtliche und außergerichtliche Aktivvertretung der Aktiengesellschaft durch den Aufsichtsrat gegenüber Vorstandsmitgliedern. Übertragen auf die Rentenbank bedeutet dies, dass der Verwaltungsrat die Rentenbank im Falle der Führungslosigkeit passiv vertritt und im Falle von gerichtlichen und außergerichtlichen Streitigkeiten Vorstandsmitgliedern gegenüber zur Aktivvertretung der Rentenbank befugt ist. Letzteres findet sich auch in § 4 Abs. 7 S. 1 LR-Satzung (vertiefend → Rn. 52 ff.). Eine allgemeine Ermächtigung zur Aktivvertretung ist darin nicht zu sehen.[16]

Die Bezeichnung „Vorstand" ist durch § 5 Abs. 1 Nr. 1 und § 6 vorge- 7 schrieben und daher zwingend für die Eintragung ins Handelsregister zu gebrauchen.[17]

---

10 Vgl. MüKoAktG/*Spindler* § 76 Rn. 7; Henssler/Strohn/*Dauner-Lieb* AktG § 76 Rn. 3.
11 Vgl. Hüffer/Koch/*Koch* AktG § 76 Rn. 6; Hölters/*Weber* AktG § 76 Rn. 3.
12 Vgl. MüKoAktG/*Spindler* § 76 Rn. 7.
13 Vgl. HMR AktG/*Kort* § 76 Rn. 18; Hölters/*Weber* AktG § 76 Rn. 3.
14 Vgl. MüKoAktG/*Spindler* § 76 Rn. 7; Kölner Komm AktG/*Mertens/Cahn* AktG § 76 Rn. 42.
15 Vgl. MüKoAktG/*Spindler* § 76 Rn. 7.
16 MüKoAktG/*Spindler* § 76 Rn. 7.
17 MüKoAktG/*Spindler* § 76 Rn. 8; Hölters/*Weber* AktG § 76 Rn. 4.

III. Zusammensetzung, Bestellung und Voraussetzungen (Abs. 1)
1. Zusammensetzung des Vorstandes (Abs. 1 S. 1)

8   Der Vorstand besteht aus mindestens zwei ordentlichen Mitgliedern, Abs. 1 S. 1 und § 3 Abs. 1 S. 1 LR-Satzung. Daneben kann der Verwaltungsrat noch stellvertretende Vorstandsmitglieder bestellen. Diese Möglichkeit ergibt sich aus dem Umkehrschluss aus § 3 Abs. 1 S. 2 LR-Satzung: Hierin wird deutlich, dass es neben den ordentlichen Mitgliedern auch andere Vorstandsmitglieder geben muss. Ausdrückliche Erwähnung finden die stellvertretenden Vorstandsmitglieder in § 4 Abs. 6 LR-Satzung. Die Bestellung eines stellvertretenden Vorstandsmitglieds ist in der Geschichte der Rentenbank nur ausnahmsweise erfolgt, zB um einen gleitenden Einstieg von neuen Vorstandsmitgliedern zu ermöglichen.[18] Hinsichtlich der Vertretungsmacht stehen die Stellvertreter den ordentlichen Vorstandsmitgliedern gleich (§ 4 Abs. 6 LR-Satzung). Die quantitative Vorgabe des LR-G ist aus verschiedenen Gründen geboten, auch wenn das aktienrechtliche Vorbild bis heute (§ 76 Abs. 2 S. 1 und 2 AktG) die Möglichkeit vorsieht, dass der Vorstand sich nur aus einer Person zusammensetzt. Zum einen kann die Arbeitslast des Vorstandsamtes nur begrenzt von einer einzelnen Person bewältigt werden.[19] Zum anderen trägt ein mehrköpfiger Vorstand zur Verhinderung des Machtmissbrauchs bei, da sich die Mitglieder wegen ihrer gesamtschuldnerischen Haftung wechselseitig überwachen.[20] Schließlich erweitert die Zahl der Mitglieder des Vorstands auch das Wissen und den Meinungsaustausch und trägt damit zu einer ausgewogeneren Meinungsbildung bei.[21] Dem Wortlaut des § 25 c KWG, der von Geschäftsleitern im Plural spricht, kann entnommen werden, dass der Vorstand aus mindestens zwei Personen bestehen muss. Darüber hinaus regelt § 33 Abs. 1 Nr. 5 KWG einen Versagungsgrund der Erlaubnis, wenn ein Kreditinstitut, das befugt ist, sich bei der Erbringung von Finanzdienstleistungen Eigentum oder Besitz an Geldern oder Wertpapieren von Kunden zu verschaffen, nicht mindestens zwei Geschäftsleiter hat, die nicht nur ehrenamtlich für das Institut tätig sind. Eine Höchstzahl bestimmt weder das LR-G noch die LR-Satzung oder das KWG. Sie bemisst sich jedoch anhand der Grenze praktikabler Zusammenarbeit,[22] die der Verwaltungsrat bei seiner ansonsten mit Ermessensspielraum ausgestalteten Entscheidung hinsichtlich der Zahl der Vorstandsmitglieder beachten muss.[23]

9   Die Größe der Vorstände der Rentenbank wechselte mehrfach, bewegte sich jedoch in einer Größenordnung zwischen zwei und vier Mitgliedern. Seit 1989 setzten sich die meisten Vorstände aus drei Mitgliedern zusam-

---

18 So wurde bspw. Diplom-Volkswirt Dr. Horst Reinhardt zunächst mWv 1.1.2007 zum stellvertretenden und mWv 1.10.2007 zum ordentlichen Vorstandsmitglied bestellt, Quelle: Pressemitteilung v. 10.11.2006.
19 Vgl. MüKoAktG/*Spindler* § 76 Rn. 5.
20 Vgl. ebd. mwN.
21 Vgl. MüKoAktG/*Spindler* § 76 Rn. 5.
22 Vgl. Hüffer/*Koch*/*Koch* AktG § 76 Rn. 55; HMR AktG/*Kort* § 76 Rn. 239.
23 Vgl. Hölters/*Weber* AktG § 76 Rn. 63.

men. Im Geschäftsjahr 2006/07 sowie 2007/08 bestand der Vorstand aus vier Mitgliedern. Vorstände mit nur zwei Mitgliedern werden bis heute als Interimslösung verstanden. Sie bestanden in den Geschäftsjahren 2003 bis 2006 sowie von 2010 bis 2014. Im Vergleich zu anderen Förderbanken kann insoweit festgestellt werden, dass die Rentenbank mit einem reduzierten Vorstand auskommt.[24]

Die Vorstandsmitglieder bestimmen im Einvernehmen mit dem Vorsitzenden des Verwaltungsrates ein ordentliches Mitglied zum Sprecher (§ 3 Abs. 1 S. 1 LR-Satzung). Der Verwaltungsrat kann auch einen Vorsitzenden des Vorstandes bestimmen (§ 3 Abs. 1 S. 2 LR-Satzung). Von dieser Möglichkeit hat der Verwaltungsrat der Rentenbank seit ihrer Gründung nicht durchgängig Gebrauch gemacht. **10**

Aus dem aktienrechtlichen Vorbild ist aufgrund der planwidrigen Nichtregelung im LR-G und einer vergleichbaren Interessenlage die Vorgabe zu entnehmen, dass Vorstandsmitglied nur eine natürliche Person sein darf (vgl. entsprechend § 76 Abs. 3 AktG). Zudem muss die Person unbeschränkt geschäftsfähig sein und darf nicht unter Einwilligungsvorbehalt nach § 1903 BGB stehen (vgl. entsprechend § 76 Abs. 3 S. 2 Nr. 1 AktG), um die Pflichten und Rechte vollumfänglich wahrnehmen zu können. Ebenso greifen die Bestellungshindernisse, die seit 1990[25] in § 76 Abs. 3 S. 2 Nr. 2, 3 b AktG bei Verurteilung wegen einer Insolvenzstraftat gem. den §§ 283–283 d StGB oder wegen Erteilung eines Berufs- oder Gewerbeverbots bestehen entsprechend. Diese Inkompatibilitätsregeln wurden hinsichtlich Insolvenzverschleppung, Falschangaben nach § 399 oder § 82 GmbHG, unrichtiger Darstellungen nach § 400 AktG, § 331 HGB, § 313 UmwG, § 17 PublG oder Vermögensdelikten nach den §§ 263–264 a StGB oder den §§ 265 b–266 a StGB durch das MoMiG[26] erweitert.[27] **11**

Nicht geregelt ist, ob eine Ernennung eines Ehrenvorsitzenden der Rentenbank zulässig ist. Die Ernennung einer Person zum Ehrenvorsitzenden kann sinnvoll sein, um Erfahrungen von ehemaligen Mitgliedern eines Organs der Rentenbank, sei es der Vorstand oder der Verwaltungsrat, weiter nutzen zu können. Überträgt man die organisationsrechtliche Anlehnung an das Aktienrecht auch auf diese Frage, so kann nach einhelliger Ansicht in der Lit.[28] davon ausgegangen werden, dass eine solche Ernennung eines Ehrenvorsitzenden auch ohne Satzungsermächtigung zulässig ist. Dieses ist dadurch zu rechtfertigen, dass es sich bei dem Ehrenvorsitzenden um nichts weiter als um die Verleihung eines Ehrentitels handelt. Der Ehrenvorsitzende ist aber kein tatsächliches Organ. Wäh- **12**

---

24 Vorstand der KfW (2020): 6 Mitglieder; Vorstand der L-Bank (2020): 4 Mitglieder; Vorstand der NRW.Bank (2020): 4 Mitglieder.
25 GmbHG-Novelle.
26 Gesetz zur Modernisierung des GmbH-Rechts und zur Bekämpfung von Missbräuchen (MoMiG) v. 23.10.2008, BGBl. I 2026.
27 Vgl. zum Ganzen: MüKoAktG/*Spindler* § 76 Rn. 6.
28 *Siebel* FS Peltzer, 2001, 528 f.

rend im Aktienrecht umstritten ist, ob die Hauptversammlung oder der Aufsichtsrat für die Ernennung zuständig ist, ist im Falle der Rentenbank davon auszugehen, dass diese Befugnis parallel zur Bestellung des Vorstandes nach § 6 Abs. 1 S. 2 dem Verwaltungsrat zusteht. Mangels Organeigenschaft ist der Ehrenvorsitz nicht mit Befugnissen bzw. Teilnahmerechten an Sitzungen oder gar Stimmrechten verbunden. Der Ehrenvorsitzende ist eher mit einem Sachverständigen iSd § 109 Abs. 1 S. 2 AktG zu vergleichen. IR seiner Leitungs- und Organisationsbefugnis ist es daher dem Vorsitzenden des Vorstandes bzw. dem Vorsitzenden des Verwaltungsrates freigestellt, den Ehrenvorsitzenden als Gast zu den Sitzungen des Vorstandes bzw. des Verwaltungsrates einzuladen. Rechtlich unbedenklich ist auch eine Unterrichtung des Ehrenvorsitzenden durch den Vorstand über Entwicklungen der Rentenbank einschließlich der Geschäftsgeheimnisse, da diesen nachwirkende Treuepflichten gegenüber der Bank aufgrund seiner früheren Tätigkeit treffen (vgl. zur Treuepflicht Kommentierung zu § 10).

2. Rechtstellung der Vorstandsmitglieder

13   Die Vorstandsmitglieder werden vom Verwaltungsrat gem. § 6 Abs. 1 S. 2 bestellt. Entsprechend des aktienrechtlichen Vorbildes (auch hier ist eine planwidrige Regelungslücke bei vergleichbarer Interessenlage anzunehmen) besitzen sie selbst nach hM Organqualität.[29] Ihr Handeln wird, soweit es innerhalb der zugewiesenen Kompetenzen erfolgt, unmittelbar der Rentenbank zugerechnet.[30] Das umfasst rechtsgeschäftliches, deliktisches sowie tatsächliches Handeln, zB die Inbesitznahme.[31] Ebenso wird der Rentenbank das Wissen oder Wissenmüssen eines Vorstandsmitglieds gleichermaßen zugerechnet.[32]

14   Die Vorstandsmitglieder der Rentenbank leiten die Bank gemeinschaftlich iSe Kollegialorgans.[33] Sie sind trotz ihrer unternehmerähnlichen Tätigkeit nicht selbst Kaufleute iSv § 1 HGB.[34] Diese Eigenschaft hat allein die von ihnen vertretene Rentenbank. Vorstandsmitglieder sind aber auch keine Arbeitnehmer, da sie keine abhängige, sondern eine weitgehend weisungsfreie (s. allein § 7 Abs. 4 Hs. 2) und damit selbstständige Tätigkeit ausüben. Daher greifen auch nicht die Arbeitnehmerschutzvorschriften des Arbeitsrechts und des Sozialversicherungsrechts.[35]

3. Auswahlkriterien für Mitglieder des Vorstandes

15   Da weder das LR-G noch die LR-Satzung noch das als Vorbild dienende aktienrechtliche Organisationsrecht Anforderungen an die Person der

---

29   Vgl. Hüffer/Koch/*Koch* AktG § 76 Rn. 7 mwN; aA Hölters/*Weber* AktG § 76 Rn. 5 mwN.
30   Vgl. MüKoAktG/*Spindler* § 76 Rn. 10.
31   Vgl. ebd.
32   Vgl. ebd.
33   Vgl. Hölters/*Weber* AktG § 76 Rn. 5 f.
34   Vgl. MüKoAktG/*Spindler* § 76 Rn. 10.
35   Vgl. ebd.

Vorstandsmitglieder stellen, sind allein die Vorschriften zur gesetzlichen Bankenaufsicht einschlägig. Die Auswahl von Vorstandsmitgliedern richtet sich daher maßgeblich nach § 25 c KWG, wonach die Geschäftsleiter eines Kreditinstituts für dessen Leitung fachlich geeignet und zuverlässig sein und der Wahrnehmung ihrer Aufgaben ausreichend Zeit widmen müssen (§ 25 c Abs. 1 S. 1 KWG). Die fachliche Eignung setzt voraus, dass die Geschäftsleiter in ausreichendem Maß theoretische und praktische Kenntnisse in den betreffenden Geschäften sowie Leitungserfahrung haben (§ 25 c Abs. 1 S. 2 KWG). Das Vorliegen der fachlichen Eignung ist regelmäßig anzunehmen, wenn eine dreijährige leitende Tätigkeit bei einem Kreditinstitut von vergleichbarer Größe und Geschäftsart nachgewiesen wird (§ 25 c Abs. 1 S. 1 KWG). Diese Anforderungen werden durch die BaFin in einem Merkblatt[36] konkretisiert.[37] Dieses Merkblatt ist rechtlich jedoch nur für die Verwaltung bindend, gibt aber Aufschluss über die Auslegung der Vorschrift.[38] Danach ist eine leitende Tätigkeit erst dann anzunehmen, wenn sie mindestens auf der Ebene direkt unterhalb des Vorstands erfolgt ist.[39] Bereits aus dieser Vorgabe sind die Berufsfelder vorgeprägt, denen die Mitglieder des Vorstandes regelmäßig angehören: Bankkaufmann, Dipl.-Kaufmann, Steuerberater und Wirtschaftsprüfer, Volkswirt, Dipl. Agraringenieur.

Die Zuverlässigkeitsanforderung an ein Vorstandsmitglied wird negativ **16** definiert.[40] Als zuverlässig angesehen wird derjenige, „der nach dem Gesamtbild seines Verhaltens die Gewähr dafür bietet, dass er das Gewerbe ordnungsgemäß ausüben wird".[41] Der Gesetzgeber geht von einem zuverlässigen Vorstandsmitglied aus, wenn er den „im Interesse einer soliden und umsichtigen Führung des Kreditinstitutes zu stellenden Ansprüchen" genügt.[42] Unzuverlässigkeit ist hingegen „anzunehmen, wenn persönliche Umstände nach der allgemeinen Lebenserfahrung die Annahme rechtfertigen, dass diese die sorgfältige und ordnungsgemäße Tätigkeit als Geschäftsleiter beeinträchtigen können."[43]

Das Gebot, der Wahrnehmung der Vorstandstätigkeit ausreichend Zeit **17** zu widmen, findet in der Mandatsbeschränkung nach § 25 c Abs. 2 KWG seine Konkretisierung,[44] begrenzt sich jedoch nicht hierauf: viel-

---

36 BaFin, Merkblatt zu den Geschäftsleitern gemäß KWG, ZAG und KAGB, 4.1.2016.
37 Boos/Fischer/Schulte-Mattler/*Braun* § 25 c Rn. 10.
38 Boos/Fischer/Schulte-Mattler/*Braun* § 25 c Rn. 11.
39 BaFin, Merkblatt zu den Geschäftsleitern gemäß KWG, ZAG und KAGB, 4.1.2016, S. 20.
40 Ebd.; Boos/Fischer/Schulte-Mattler/*Braun* § 25 c Rn. 19; Schwennicke/Auerbach/ *Schwennicke* KWG § 25 c Rn. 3.
41 Schwennicke/Auerbach/*Schwennicke* KWG § 25 c Rn. 3 mwN.
42 GE BReg zur Änderung des Gesetzes über das Kreditwesen und anderer Vorschriften über Kreditinstitute vom 8.10.1992, BT-Drs. 12/3377, 38.
43 BaFin, Merkblatt zu den Geschäftsleitern gemäß KWG, ZAG und KAGB, 4.1.2016, S. 20.
44 Boos/Fischer/Schulte-Mattler/*Braun* § 25 c Rn. 24.

mehr gilt die tatsächliche zeitliche Verfügbarkeit[45]. Die LR-Satzung regelt in § 3 Abs. 7 S. 1, dass die Vorstandsmitglieder außerhalb der Bank liegende Nebentätigkeiten nur mit Zustimmung des Verwaltungsrates ausüben dürfen. Für geschäftsführende Tätigkeiten in anderen Handelsgesellschaften bedarf es einer Ausnahmegenehmigung der Aufsichtsbehörde, § 3 Abs. 7 S. 2 LR-Satzung.

18   Mit Zulassung eines Vorstandsmitglieds bestätigt die Bankenaufsicht aufgrund der ihr vorliegenden umfassenden Dokumentation von Kenntnissen, Fähigkeiten und Erfahrungen dessen fachliche Eignung und Zuverlässigkeit.

19   Zum internen Auswahlverfahren führt die Rentenbank aus[46]:

„Sofern die Besetzung einer vakanten Vorstandsposition ansteht, wird der Verwaltungsrat bei der Ermittlung von Bewerbern durch den Verwaltungsausschuss [Anm. der Autoren: Seit 2018: Nominierungsausschuss iSd § 25 d Abs. 11 KWG] unterstützt. Entsprechend der Geschäftsordnung des Verwaltungsrats entwickelt der Verwaltungsausschuss eine Stellenbeschreibung mit Bewerberprofil. Darin werden Kriterien bzgl. der Auswahl der Kandidaten festgelegt. Diese richten sich fachlich grds. nach dem zu besetzenden Vorstandsressort und können um geeignete weitere Merkmale ergänzt werden, etwa um Erfahrungen mit öffentlichen Mandaten. Des Weiteren werden Diversitätsaspekte berücksichtigt, ua die Ausgewogenheit und Unterschiedlichkeit der Kenntnisse, Fähigkeiten und Erfahrungen aller Mitglieder des Vorstands."

4. Bestellung und Abberufung (Abs. 1 S. 2)

a) Bestellung

20   Die Bestellung und Abberufung der Vorstandsmitglieder obliegen innerhalb der organisatorischen Struktur der Rentenbank ausschließlich dem Verwaltungsrat (Abs. 1 S. 2), der mit seiner Personalentscheidung ein eigenes unternehmerisches Ermessen ausübt.[47] Auch die LR-Satzung kann diese Kompetenz nicht der Anstaltsversammlung übertragen, da es sich bei § 6 Abs. 1 S. 2 LR-Satzung um eine zwingende Regelung handelt.[48] Die Vorstandsmitglieder werden vom Verwaltungsrat mit einer Mehrheit von mindestens zwei Dritteln seiner Mitglieder bestellt und abberufen (vgl. § 6 Abs. 1 S. 2). Der Beschluss des Verwaltungsrates geht auf den Vorschlag des Nominierungsausschusses zurück (§ 3 Abs. 2 S. 1 LR-Satzung, § 25 d Abs. 11 KWG).[49] Die Bestellung bedarf der Zustimmung

---

45 BaFin, Merkblatt zu den Geschäftsleitern gemäß KWG, ZAG und KAGB, 4.1.2016, S. 22.
46 Landwirtschaftliche Rentenbank, Bericht zur Offenlegung nach Teil 8 CRR (insbes. Art. 431–455 CRR) und § 26 a KWG iVm § 64 r Abs. 15 KWG zum 31.12.2017, S. 21.
47 Vgl. Hüffer/Koch/*Koch* AktG § 84 Rn. 5.
48 Vgl. MüKoAktG/*Spindler* § 84 Rn. 12 mwN.
49 Zur Zulässigkeit der Übertragung der Vorarbeiten auf einen Ausschuss: NK-ArbR/ *Pusch/Daub* AktG § 84 Rn. 3.

der Aufsichtsbehörde (§ 6 Abs. 1 S. 3). Die Aufsichtsbehörde ist im Vorfeld rechtzeitig über die Einzelheiten der Bestellung zu informieren (§ 3 Abs. 2 S. 4 LR-Satzung).

b) Amtsdauer und Wiederbestellung

Im Gegensatz zum Aktienrecht (s. § 84 S. 1 AktG: fünf Jahre) sieht § 6   21
Abs. 1 keine zeitliche Begrenzung der Amtsdauer vor. Sie ist jedoch in § 3 Abs. 2 LR-Satzung ebenfalls auf fünf Jahre angeordnet. Dies entspricht Ziff. 5.2.4 PCGK. Für den Fall einer Erstbestellung empfiehlt Ziff. 5.2.4 PCGK eine Bestellhöchstdauer von drei Jahren. Eine solche Beschränkung der Erstbestellung findet sich nicht im Regelwerk der Rentenbank. Eine Wiederbestellung ist möglich. Damit folgt auch die Rentenbank der aktienrechtlichen Überzeugung, dass eine regelmäßige neue Legitimierung des Vorstandsamtes sinnvoll ist. Die vor der Einführung der zeitlichen Begrenzung vielfach üblichen langfristigen oder gar lebenslänglichen Bestellungen führten de facto zu einem Verlust der personalpolitischen Kompetenz des Verwaltungsrats. Dieser Verlust konnte nur zT mit dem Recht auf Abberufung und Kündigung nach § 6 Abs. 1 S. 2 kompensiert werden.

Der eigentliche Grund für die Begrenzung der Amtsdauer liegt darin,   22
dass der Verwaltungsrat spätestens alle fünf Jahre prüfen soll, ob ein Vorstandsmitglied noch zur Leitung der Bank geeignet ist, und sich darüber schlüssig werden muss, ob er das Mitglied behalten oder sich von ihm trennen soll.[50] Entscheidet sich der Verwaltungsrat aufgrund der bisherigen Tätigkeit des Vorstandsmitglieds für die Fortdauer des Amtes, so steht einer wiederholten Bestellung auf weitere höchstens fünf Jahre durch eine ausdrückliche Beschlussfassung nichts im Wege (§ 3 Abs. 2 S. 1 Hs. 2 und 3 LR-Satzung). Diese Regelung verfolgt zwei Ziele: das Vorstandsmitglied muss sich seine Wiederbestellung durch seine Leistungen verdienen und die Möglichmachung der freien Entfaltung des Vorstandsmitglied durch Gewährung genügender Sicherheit in zeitlicher Hinsicht.[51] Um die Entschließungsfreiheit des Verwaltungsrats zu gewährleisten, lässt § 84 Abs. 1 S. 4 AktG im Einklang mit der Rspr. und der hM im Schrifttum automatisch wirkende Verlängerungsklauseln bei der Bestellung nur iR der Höchstdauer von fünf Jahren zu.[52] Aufgrund der planwidrigen Nichtregelung und der vergleichbaren Interessenlage ist diese Begrenzung automatisch wirkender Verlängerungsklauseln auf den Fall der Rentenbank zu übertragen.

Die Wiederbestellung ist mangels entsprechender gesetzlicher Regelung   23
unbegrenzt möglich. Die Satzung selbst kann die Wiederbestellung nicht

---

50 Vgl. BGHZ 10, 187 (194 f.); Hüffer/Koch/*Koch* AktG § 84 Rn. 6; Hölters/*Weber*
    AktG § 84 Rn. 21; Henssler/Strohn/*Dauner-Lieb* AktG § 84 Rn. 9 mwN.
51 Vgl. MüKoAktG/*Spindler* § 84 Rn. 3.
52 Vgl. MüKoAktG/*Spindler* § 84 Rn. 47 mwN.

ausschließen, da sie andernfalls Kompetenzen des Verwaltungsrates beschneiden würde.[53]

c) Widerruf der Bestellung und Änderung des Vorstandes

24   Im Aktienrecht ist die Dauer des Vorstandsamtes für fünf Jahre verbindlich festgelegt und kann in dieser Zeit nur unter sehr erschwerten Voraussetzungen abberufen werden. Abs. 1 S. 2 bestimmt lediglich ein zwei Drittel Quorum für die Abberufung durch den Verwaltungsrat. Jedoch bestimmt § 3 Abs. 2 S. 3 LR-Satzung, dass der Widerruf der Bestellung nur aus wichtigem Grund erfolgen kann. Damit übernimmt die LR-Satzung auch das Kriterium aus § 84 Abs. 3 S. 1 AktG. Der Verwaltungsrat kann den Vorstand daher nicht grundlos abberufen; bei der Festlegung des wichtigen Grundes genießt der Verwaltungsrat auch keinen Beurteilungsspielraum, so dass seine Entscheidung der vollen gerichtlichen Überprüfung unterliegt.[54] Wie am Wortlaut des § 3 Abs. 2 S. 2 LR-Satzung deutlich wird („kann"), liegt es jedoch im Ermessen des Verwaltungsrats, ob er bei Vorliegen eines wichtigen Grundes die Bestellung widerruft. Dass dieses Entscheidungsermessen sehr weit geht, ist bereits am Verfahren erkennbar. So benötigt der Verwaltungsrat im Gegensatz zum Bestellungsakt beim Widerruf der Bestellung keine Zustimmung der Aufsichtsbehörde (argument a contrario aus § 6 Abs. 1 S. 3). Allerdings könnte das Nichtabberufen des Vorstandes ein pflichtwidriges Verhalten darstellen, vgl. § 10 LR-G iVm § 116 AktG.

25   Die Begrenzung der Entscheidungsfreiheit auf das Vorliegen eines wichtigen Grundes schützt die Unabhängigkeit des Vorstandes[55]: Während seiner Amtszeit muss der Vorstand als Geschäftsführer (§ 6 Abs. 2) in seinen Entscheidungen vom Verwaltungsrat weitestgehend unabhängig sein.[56] Würde der Verwaltungsrat die Bestellung von Vorstandsmitgliedern jederzeit frei widerrufen können, so wäre es denkbar, dass der Vorstand aufgrund der hohen Drucksituation, die durch Androhung der Abberufung entstehen könnte, bloßes ausführendes Organ des Verwaltungsrates würde.[57] Zugleich ist zu erwarten, dass schon die bloße Möglichkeit einer sofortigen Abberufung das Handeln der Vorstandsmitglieder lähmt.[58]

26   Zur Wahrnehmung ihrer Kontrollfunktion legt die Rentenbank selbst dar, dass mindestens einmal jährlich der Verwaltungsrat der Rentenbank die Struktur, Größe, Zusammensetzung und Leistung des Vorstands bewertet. Ebenso bewertet der Verwaltungsrat die Kenntnisse, Fähigkeiten

---

53 Vgl. MüKoAktG/*Spindler* § 84 Rn. 48 mwN.
54 Vgl. MüKoAktG/*Spindler* § 84 Rn. 130.
55 Vgl. MüKoAktG/*Spindler* § 84 Rn. 128 mwN.
56 Vgl. MüKoAktG/*Spindler* § 84 Rn. 5.
57 Vgl. ebd.
58 Vgl. ebd.

und Erfahrung der Vorstandsmitglieder.[59] Der berufliche Werdegang jedes Vorstandsmitglieds ist auf der Homepage der Rentenbank veröffentlicht.[60]

Jede Änderung des Vorstandes hat der Vorstand zur Eintragung in das 27 Handelsregister anzumelden (§ 3 Abs. 3 S. 1 LR-Satzung). Die Vorgabe in § 3 Abs. 3 S. 2 LR-Satzung, wonach die neuen Vorstandsmitglieder ihre Namensunterschrift zur Aufbewahrung beim Gericht zu zeichnen haben, entspricht nicht mehr der Praxis der Handelsregister.

5. Anstellung des Vorstandes

Der Vorstand steht nicht nur in einem Organverhältnis zur Rentenbank, 28 sondern auch in einem Dienstverhältnis.[61] Daher ist von der Bestellung des Vorstandes auch der Anstellungsvertrag zu unterscheiden; er ist ein Dienstvertrag und gewährt dem Vorstandsmitglied ua Anspruch auf Gehaltsbezüge.[62] Trotz des Dienstverhältnisses üben die Vorstandsmitglieder aufgrund ihrer Organstellung eine Arbeitgeberfunktion aus.[63] Die Anstellungsverträge der Vorstandsmitglieder schließt der Vorsitzende des Verwaltungsrates namens der Rentenbank iR der Aktivvertretungsbefugnis des Verwaltungsrates mit Zustimmung des Nominierungsausschusses des Verwaltungsrates und der Aufsichtsbehörde ab (§ 4 Abs. 7 S. 2 LR-Satzung, § 25 d Abs. 11 KWG).

6. Bezüge des Vorstandes

Das LR-G trifft zu den Bezügen keine Regelung. § 3 Abs. 6 LR-Satzung 29 hingegen bestimmt in Anlehnung an § 87 AktG, dass die Gesamtbezüge des einzelnen Vorstandsmitglieds in einem angemessenen Verhältnis zu dessen Aufgaben und zur wirtschaftlichen Lage der Bank stehen müssen. Die Bezüge werden vom Verwaltungsrat auf Vorschlag des Vergütungskontrollausschusses festgelegt.

Die Norm dient allein dem Schutz der Rentenbank, des Anstaltsträgers 30 und ihrer Gläubiger und nicht dem Schutz der Vorstandsmitglieder.[64] Damit begründet die Norm keinen Anspruch eines Vorstandsmitglieds auf höhere Bezüge.[65] Die Beschränkung der Vorstandsbezüge auf ein angemessenes Verhältnis zu den Vorstandsaufgaben und der wirtschaftlichen Lage der Rentenbank (§ 3 Abs. 6 S. 1 LR-Satzung) soll gewährleis-

---

59 Vgl. hierzu: Landwirtschaftliche Rentenbank, Bericht zur Offenlegung nach Teil 8 CRR (insbes. Art. 431–455 CRR) und § 26 a KWG iVm § 64 r Abs. 15 KWG zum 31.12.2017, S. 21.
60 Ebd.
61 Vgl. Hüffer/Koch/*Koch* AktG § 84 Rn. 14.
62 Vgl. ebd.
63 Vgl. ebd.; BGHZ 12, 1 (8) = NJW 1954, 505 (507); BGHZ 49, 30 (31) = NJW 1968, 396; BGHZ 79, 38 (41) = NJW 1981, 757 (758).
64 Vgl. Hüffer/Koch/*Koch* AktG § 87 Rn. 1.
65 Vgl. NK-ArbR/*Pusch*/*Daub* AktG § 87 Rn. 12; Kölner Komm AktG/*Mertens*/*Cahn* AktG § 87 Rn. 4.

ten, dass die Bezüge des Vorstands sich nicht zulasten der Rentenbank auswirken.[66]

Keinen Einfluss haben auf die Vergütungsregelung der Rentenbank indes die zentralen vergütungsbezogenen Anforderungen in der CRD IV-RL. Hierzu zählen insbes. die Art. 74 (Vergütungsgrundsätze), Art. 76 (Risikoausschuss) und Art. 92 ff. (Vergütungspolitik). IR des sog. EU-Bankenpakets vom 15.4.2019 wurden diese novelliert. Die Rentenbank ist jedoch wie alle deutschen rechtlich selbständigen Förderbanken europarechtlich vom Anwendungsbereich der CRR ausgenommen. Im Rahmen von § 1 a KWG gelten die Vorgaben der CRR jedoch mittelbar. Die Rentenbank ist nicht von den Anforderungen der InstitutsVergV befreit (§ 1 Abs. 1 InstitutsVergV iVm § 1 Abs. 1 b KWG).

31   Die Gesamtvergütung der Vorstandsmitglieder enthält laut Geschäftsbericht der Rentenbank keine Komponenten mit einer Anreizwirkung, bestimmte Geschäfte oder Risiken einzugehen, wie es im Aktienrecht der Fall ist.[67] Seit 2016 richtet sich die Vergütung nach einem Fixvergütungsmodell.[68] Aufgrund dieses Fixvergütungssystems ist eine nachträgliche Anpassung der Bezüge im Falle der Verschlechterung der finanziellen Lage der Rentenbank nicht wie nach den aktienrechtlichen Regelungen (§ 87 Abs. 2 AktG) möglich. Eine entsprechende Anwendung scheidet mangels vergleichbarer Interessenlage aus.

32   Abgerundet werden die Vorgaben des § 6 durch den in § 285 Nr. 9 b HGB normierten Zwang zur Offenlegung der Vorstandsbezüge. Darüber hinaus spricht der PCGK in seiner Ziff. 5.3 Empfehlungen hinsichtlich der Vergütung der Vorstandsmitglieder aus.

IV. Funktion, Aufgaben und Pflichten des Vorstandes (Abs. 2)

1. Vergleich zur aktienrechtlichen Geschäftsleitung durch den Vorstand

33   Die Organverfassung der Rentenbank entspricht weitgehend dem Vorbild des aktienrechtlichen Organisationsrechts. Folglich verkörpert sich in den Regelungen zum Vorstand der Rentenbank die starke, von Gesellschaftern weitgehend unabhängige Stellung des Vorstands als ein Charakteristikum des deutschen Aktienrechts.[69] Konkret wird dies dadurch deutlich, dass dem Vorstand nach § 6 Abs. 2 und 3 grds. die alleinige Geschäftsführung und Vertretungsmacht der Rentenbank zugewiesen wird.

34   Nach dem Aktienrecht hat der Vorstand nach § 76 Abs. 1 AktG das Recht und die Pflicht,[70] die Gesellschaft zu leiten. Davon unterscheidet das Aktiengesetz ausdrücklich die Geschäftsführung nach § 77 AktG und die Vertretung der Gesellschaft nach § 78 AktG. Das LR-G indes spricht

---

66 Vgl. MüKoAktG/*Spindler* § 87 Rn. 1 mwN.
67 Geschäftsbericht 2019, S. 62.
68 Ebd.
69 MüKoAktG/*Spindler* § 76 Rn. 1.
70 Hölters/*Weber* AktG § 76 Rn. 8.

nur von der Geschäftsführung und bestimmt nicht ausdrücklich die Leitung.

Aus aktienrechtlicher Sicht wird die Unterscheidung vorgenommen, um 35 klarzustellen, dass die Leitungsfunktion nicht übertragbar ist und daher zwingend dem Vorstand zukommt, während die Geschäftsführung sowohl auf einzelne Vorstandsmitglieder als auch auf nachgeordnete Ebenen verlagert werden kann. Eine Auslagerung auf Dritte ist nicht möglich.[71] Die Leitungsbefugnis ist aber explizit Teil der Geschäftsführung, der jedoch nicht delegierbar und deswegen hervorgehoben ist.[72] Die Geschäftsführung umfasst jegliches tatsächliches oder rechtliches Handeln für die Gesellschaft.[73] Die Leitung der Gesellschaft umfasst hingegen grds. die strategische Führungsfunktion des Vorstandes.[74] Was inhaltlich genau unter „Leitung" zu verstehen ist, ist kaum abstrakt definierbar.[75] Sie umfasst die Planungs- und Steuerungs-, die Organisations-, die Finanz- und die Informationsverantwortung.[76] Zur Leitung gehören insbes. die Festlegung der Unternehmenspolitik und Maßnahmen ihrer Durchsetzung, Entscheidungen über die zu übernehmenden geschäftlichen und finanziellen Risiken sowie die Sicherung der Rentabilität, die Sozialgestaltung, die Vertragsschlüsse, die Besetzung der oberen Führungspositionen und das Definieren von Zielvorgaben für einzelne Geschäftsbereiche.[77]

Durch die Formulierung des § 76 Abs. 1 AktG „unter eigener Verant- 36 wortung" werden die anderen Gesellschaftsorgane der AG von der Leitung der Gesellschaft ausgeschlossen.[78] § 6 Abs. 2 enthält hinsichtlich der Geschäftsführung keinen Hinweis auf die Eigenverantwortlichkeit. Vielmehr besteht die Geschäftsführungsbefugnis nur, wenn sie nicht anderen Organen durch Gesetz oder Satzung zugewiesen ist. Für den nicht „verwiesenen" Bereich der Geschäftsführung ist die Eigenverantwortlichkeit in § 3 Abs. 4 LR-Satzung angeordnet. Jedoch erfährt die Geschäftsführungsbefugnis des Vorstandes in zweierlei Hinsicht eine Einschränkung: Der Vorstand muss auch die Maßgaben der Satzung bei der Führung der Geschäfte beachten, die durch den Verwaltungsrat erlassen wird (§ 7 Abs. 6). Zudem gilt eine leichte Einschränkung der Geschäftsführungsbefugnisse des Vorstandes durch die Weisungsbefugnis des Verwaltungsrates nach § 7 Abs. 4 Hs. 2 für allgemeine und besondere Weisungen. Durch die Struktur als Auffangkompetenz („soweit diese Aufgabe nicht durch Gesetz oder Satzung anderen Organen zugewiesen ist")

71 Henssler/Strohn/*Dauner-Lieb* AktG § 76 Rn. 5 mwN; MüKoAktG/*Spindler* § 76 Rn. 14 mwN.
72 Hölters/*Weber* AktG § 76 Rn. 8 mwN.
73 Henssler/Strohn/*Dauner-Lieb* AktG § 76 Rn. 5; Hölters/*Weber* AktG § 76 Rn. 8.
74 Ebd.; Hüffer/Koch/*Koch* AktG § 76 Rn. 8; Henssler/Strohn/*Dauner-Lieb* AktG § 76 Rn. 5; MüKoAktG/*Spindler* § 76 Rn. 15.
75 MüKoAktG/*Spindler* § 76 Rn. 15 mwN.
76 Ebd. mwN.
77 MüKoAktG/*Spindler* § 76 Rn. 16 mwN.
78 Hölters/*Weber* AktG § 76 Rn. 8.

wird jedoch deutlich, dass der Verwaltungsrat nur in den für ihn vorgesehenen Kompetenzbereichen tätig werden kann und ihm keine grundsätzliche Befugnis zur Geschäftsführung der Rentenbank zusteht.

37 Mangels ausdrücklicher Regelung der Leitung der Rentenbank ist sie insoweit als unantastbare und weisungsunabhängige Kernkompetenz der Geschäftsführung, entsprechend des aktienrechtlichen Modells, dem Vorstand allein zugewiesen. Die Weisungsbefugnis des Verwaltungsrates kann sich daher nur auf den restlichen Geschäftsführungsbereich beziehen. Sie geht damit dennoch über das aktienrechtliche Modell hinaus.[79] Insoweit verschwimmen bei der Geschäftsführung der Rentenbank die Grenzen zwischen dem monistischen und dem dualistischen System. So überlässt die Rentenbank zB wichtige operationale Fragen wie den Vorschlag über die Gewinnverwendung nach § 9 Abs. 2 auch dem Verwaltungsrat.

38 Doch auch die Leitung der Rentenbank muss erkennbar sein. Entsprechend § 80 Abs. 1 AktG ist auf allen Geschäftsbriefen gleichviel welcher Form, die an einen bestimmten Empfänger gerichtet werden, die Rechtsform und der Sitz der Rentenbank, das Registergericht des Sitzes der Rentenbank und die Nummer, unter der die Rentenbank in das Handelsregister eingetragen ist, sowie alle Vorstandsmitglieder und der Vorsitzende des Verwaltungsrats mit dem Familiennamen und mindestens einem ausgeschriebenen Vornamen angegeben werden. Der Vorsitzende des Vorstands ist als solcher zu bezeichnen.

2. Gemeinschaftliche Geschäftsführung (Abs. 2)

39 Die Geschäftsführung obliegt bei der Rentenbank mangels Regelung im LR-G und aufgrund der vergleichbaren Interessenlage entsprechend der aktienrechtlichen Grundregel den Vorstandsmitgliedern gemeinschaftlich (vgl. § 77 Abs. 1 S. 1 AktG). Die gemeinschaftliche Geschäftsführung verfolgt das Ziel, durch die verschiedenen fachlichen Perspektiven der Vorstandsmitglieder eine horizontale Selbstkontrolle zu erreichen,[80] um so beste Ergebnisse zu erzielen. Die Geschäftsführung umfasst jegliches tatsächliches oder rechtliches Handeln für die Gesellschaft (→ Rn. 36).[81] Hinsichtlich der internen Organisation und Willensbildung ist auf die nach § 3 Abs. 4 LR-Satzung vorgesehene Geschäftsordnung des Vorstandes abzustellen.

---

79 § 111 AktG regelt allein Überwachungsbefugnisse des Aufsichtsrates. So auch Hölters/*Weber* AktG § 76 Rn. 4: „Die Befugnis zur Führung der Geschäfte der Aktiengesellschaft liegt ausschließlich beim Vorstand.".
80 Henssler/Strohn/*Dauner-Lieb* AktG § 77 Rn. 1; K. Schmidt/Lutter/*Seibt* AktG § 77 Rn. 2.
81 Hölters/*Weber* AktG § 77 Rn. 3 mwN; Henssler/Strohn/*Dauner-Lieb* AktG § 76 Rn. 5; Hölters/*Weber* AktG § 76 Rn. 8; MüKoAktG/*Spindler* § 77 Rn. 6.

3. Pflichten und Anforderungen an die Geschäftsführung

a) Bankenaufsichtsrechtliche und europäische Anforderungen an die Auslagerung

Zu den Pflichten des Geschäftsführungsorgans hinsichtlich der Anforderungen an eine ordnungsgemäße Geschäftsorganisation[82] finden sich Anhaltspunkte insbes. in §§ 25 a und 25 b KWG, den Mindestanforderungen an das Risikomanagement von Kreditinstituten (MaRisk) und den Bankenaufsichtlichen Anforderungen an die IT (BAIT). Durch § 25 b KWG wird ausdrücklich klargestellt, dass die Auslagerung von Bereichen auf ein anderes Unternehmen unter bestimmten Voraussetzungen zulässig ist. Jedoch darf das Outsourcing nicht zu einer Delegation der Verantwortung an das Auslagerungsunternehmen führen (§ 25 b Abs. 2 S. 1 KWG). Dabei werden in § 25 b Abs. 1 KWG – ähnlich wie in der RL 2014/65/EU[83] – die unterschiedlichen Anforderungen hinsichtlich der Auslagerung wichtiger betrieblicher Anforderungen und kundenferner Aufgaben nach der Bedeutung der einzelnen Aufgaben differenziert und zur Vermeidung übermäßiger Risiken besondere Anforderungen an die Auslagerung von Prozessen und Aktivitäten gestellt, die für die Durchführung von institutstypischen Dienstleistungen wesentlich sind. Um sicherzustellen, dass sich das Institut bei einer Auslagerung wesentlicher institutstypischer Dienstleistungen ausreichende Kontroll- und Weisungsrechte sowie Kündigungsrechte vertraglich zusichern lässt, und durch die Auslagerung die Ordnungsmäßigkeit dieser Geschäfte und Dienstleistungen nicht beeinträchtigt wird, bedarf die Auslagerung einer schriftlichen Vereinbarung (§ 25 b Abs. 3 S. 3 KWG). 40

In der Rentenbank wurde zur Erfüllung der og Anforderungen ein Zentrales Auslagerungsmanagement eingerichtet. Zu den Aufgaben des Zentralen Auslagerungsmanagements gehört ua die Verantwortung für die Erstellung und Aktualisierung der schriftlich fixierten Ordnung zu Auslagerungen, in der die gesetzlichen Anforderungen für Auslagerungen rentenbankspezifisch ausgestaltet werden. Das Auslagerungsportfolio der Rentenbank umfasst sowohl wesentliche wie auch nicht wesentliche Auslagerungen.

b) Vorbereitung und Durchführung von Beschlussfassungen

Anders als im Aktienrecht bereitet der Vorstand nicht und auch nicht auf Verlangen (vgl. § 83 Abs. 1 S. 1 AktG, dessen entsprechende Anwendung abzulehnen ist, da in Anbetracht § 7 Abs. 5 Hs. 2 die Planwidrigkeit der Regelungslücke anzuzweifeln und auch die Interessenlage aufgrund der kleinen Größe des Verwaltungsrates nicht vergleichbar ist) weder für die Anstaltsversammlung noch für den Verwaltungsrat Beschlüsse vor. Die Organe der Rentenbank sind insoweit eigenständig. Die einzig vorgese- 41

---

82 Boos/Fischer/Schulte-Mattler/*Wolfgarten* § 25 b Rn. 1.
83 RL 2014/65/EU des Europäischen Parlaments und des Rates v. 15.5.2014 über Märkte für Finanzinstrumente sowie zur Änderung der Richtlinien 2002/92/EG und 2011/61/EU (Neufassung), ABl. 2014 L 173, 349.

hene Beschlussvorbereitungspflicht innerhalb des Rechtsrahmens der Rentenbank trifft gem. § 7 Abs. 5 Hs. 2 den Verwaltungsrat. Dieser hat einen Vorschlag über die Gewinnverwendung der Anstaltsversammlung zur Beschlussfassung zuzuleiten.

Auf Verlangen der Aufsichtsbehörde ist der Vorstand verpflichtet über Gegenstände, die die Aufsichtsbehörde ankündigt, Beschluss zu fassen, § 11 Abs. 3.

42   Als mehrköpfiges Organ (vgl. § 6 Abs. 1 S. 1) und in Anlehnung an die gemeinschaftliche Vertretungsbefugnis (§ 4 Abs. 2 LR-Satzung) ist der Vorstand beschlussfähig, wenn alle Mitglieder an der Beschlussfassung teilnehmen. Aus der gesamtschuldnerischen Haftung des Vorstandes (vgl. § 10 iVm § 93 Abs. 2 S. 1 AktG) ergibt sich darüber hinaus das Erfordernis der Einstimmigkeit der Beschlussfassung.

c) Berichtspflichten

43   Unmittelbar aus dem LR-G ergibt sich eine Berichtspflicht gegenüber der Anstaltsversammlung hinsichtlich der Geschäftätigkeit der Bank, § 8 Abs. 3 S. 1. Der Vorstand ist darüber hinaus satzungsgemäß verpflichtet dem Verwaltungsrat regelmäßig, mindestens vierteljährlich über den Gang der Geschäfte unter Berücksichtigung aller relevanten Fragen der Planung, über die Risikolage, über das Risikomanagement, über die Einhaltung der bankaufsichts-rechtlichen Regelungen und über die finanzielle Lage der Bank in Textform zu berichten, § 3 Abs. 5 S. 1 LR-Satzung. Bei wichtigem Anlass hat der Vorstand dem Verwaltungsratsvorsitzenden oder seinem Stellvertreter schriftlich zu berichten; in Eilfällen kann mündlich berichtet werden, in diesem Fall ist ein schriftlicher Bericht unverzüglich nachzureichen § 3 Abs. 5 S. 2 LR-Satzung. Die Berichte haben den Grundsätzen einer gewissenhaften und getreuen Rechenschaft zu entsprechen, § 3 Abs. 5 S. 3 LR-Satzung.

44   Gem. § 325 Abs. 1 HGB ist der Vorstand zur Veröffentlichung des Jahresabschlusses und des Lageberichts verpflichtet. Beides sind Elemente des jährlichen Geschäftsberichts der Rentenbank. Grds. ist der Geschäftsbericht nicht mehr gesetzlich vorgeschrieben,[84] jedoch weiterhin gute Übung.[85]

d) Treuepflicht

45   S. zur Treuepflicht Kommentierung zu § 10.

V. Vertretungsbefugnis (Abs. 3)

46   Der Vorstand hat als Organ die Stellung eines „gesetzlichen Vertreters" der Rentenbank. Er vertritt die Rentenbank gerichtlich und außergerichtlich, Abs. 3. Die Befugnis zur Vertretung der Bank sowie die Form

---

84 Vgl. Semler/Peltzer/Kubis/*Müller*, Vorstands-HdB, § 10 Rn. 243, Fn. 137: „Der frühere § 160 AktG (Geschäftsbericht) wurde durch das BiRiLiG 1985 aufgehoben und durch Anhang und Lagebericht ersetzt.".
85 Vgl. Semler/Peltzer/Kubis/*Müller*, Vorstands-HdB, § 10 Rn. 243.

für Willenserklärungen der vertretungsberechtigten Personen werden durch die Satzung geregelt, § 6 Abs. 3 S. 2.

Die LR-Satzung sieht in § 4 Abs. 2 eine differenzierte Regelung vor, wonach Erklärungen für die Rentenbank nur verbindlich sind, wenn sie von zwei Vorstandsmitgliedern oder von einem Vorstandsmitglied gemeinschaftlich mit einem Prokuristen oder von zwei Prokuristen oder von einem Vorstandsmitglied oder Prokuristen gemeinschaftlich mit einem Handlungsbevollmächtigten abgegeben werden. Diese Regelung gleicht derjenigen der RKA (→ Rn. 2). Die Grundregel ist mithin ein Vier-Augen-Prinzip, das jedoch nicht persönlich von den Vorstandsmitgliedern wahrgenommen werden muss, sondern sogar vollständig an Prokuristen delegiert werden kann. 47

Der Vorstand kann Handlungsbevollmächtigte gem. §§ 54 ff. HGB und Prokuristen gem. §§ 48 ff. HGB bestellen (§ 4 Abs. 1 LR-Satzung). Beim Handeln ist das Vier-Augen-Prinzip zu beachten (vgl. § 4 Abs. 2 LR-Satzung), insbes. durch Gesamtvertretung. 48

Verbindliche Urkunden sind in der Weise zu zeichnen, dass die Vertretungsberechtigten zu dem Namen der Rentenbank ihre Unterschrift hinzufügen (§ 4 Abs. 3 LR-Satzung). Die mit Datenverarbeitungsanlagen erstellten Verzeichnisse, Abrechnungen, Konten- und Depotauszüge sowie sonstige Mitteilungen sind auch ohne Unterschrift wirksam, wenn ein entsprechender Vermerk angebracht ist (§ 4 Abs. 4 LR-Satzung). 49

Diese Verbindlichkeitsregelungen werden durch RL (EU) 2017/1132[86] (vormals Publizitätsrichtlinie) und insbes. durch Art. 9 RL (EU) 2017/1132 (ex-Art. 10 Publizitätsrichtlinie) überlagert.[87] Hiernach wird die Gesellschaft Dritten gegenüber durch rechtsgeschäftliche Handlungen der Organe verpflichtet, es sei denn, dass diese nicht dem Unternehmensgegenstand zugerechnet werden können und dies dem Dritten bekannt war oder bekannt sein konnte (Art. 9 Abs. 1 UAbs. 2 RL (EU) 2017/1132). Nicht ausreichend ist insoweit die Überschreitung des Unternehmensgegenstandes allein.[88] 50

Zugleich nimmt der Vorstand auch Aufgaben im eigenen Namen wahr. Es handelt sich um solche, zu denen er als Gesamtvorstand gegenüber der Rentenbank oder ihren Organen verpflichtet ist. Hierzu gehören ua die Pflicht zur Berichterstattung an den Verwaltungsrat (§ 3 Abs. 5 LR-Satzung) und an die Anstaltsversammlung nach § 8 Abs. 3. Für an die Rentenbank gerichtete Willenserklärungen genügt hingegen die Abgabe gegenüber einem Vorstandsmitglied (§ 6 Abs. 3 S. 3, § 4 Abs. 5 LR-Satzung). 51

---

86 RL 2017/1132/EU des Europäischen Parlamentes und des Rates vom 14.6.2017 über bestimmte Aspekte des Gesellschaftsrechts, ABl. 2017 L 169, 46.
87 Vgl. MüKoAktG/*Spindler* § 82 Rn. 2.
88 Vgl. ebd.

52   Die Vertretungsbefugnis des Vorstandes ist nach außen unbeschränkt.[89]
      Diese Regelung dient dem Schutz des Verkehrs.[90] Im davon strikt zu
      trennenden[91] Innenverhältnis gilt jedoch etwas anderes. Auf die Vertre-
      tung der Rentenbank gegenüber ihren Organen findet über § 6 Abs. 3
      S. 4 die Regelung in § 112 AktG entsprechende Anwendung. Dh, Vor-
      standsmitgliedern gegenüber vertritt der Verwaltungsrat die Bank ge-
      richtlich und außergerichtlich. Diesen aktienrechtlichen Grundsatz über-
      nimmt § 4 Abs. 7 S. 1 LR-Satzung.

53   In Anlehnung an das Aktienrecht (planwidrige Nichtregelung des LR-G
      und vergleichbare Interessenlage) bedarf es bei der Willensbildung im
      Falle der Aktivvertretung der Rentenbank gegenüber dem Vorstand eines
      Beschlusses des Verwaltungsrats.[92] Seine Beschlüsse fasst der Verwal-
      tungsrat, soweit nicht anders gesetzlich oder in der Satzung bestimmt,
      mit einfacher Stimmenmehrheit (§ 7 Abs. 4 S. 1 LR-Satzung) unter An-
      wesenheit mindestens der Hälfte seiner Mitglieder (§ 7 Abs. 2 S. 1 LR-
      Satzung). Handelt es sich in den Aktivvertretungsfällen um Rechtsge-
      schäfte, ist die Erklärungshandlung satzungsgemäß dem Vorsitzenden
      des Verwaltungsrates übertragen (§ 4 Abs. 7 S. 2 LR-Satzung). Sie erfor-
      dert die Zustimmung des Nominierungsausschusses (§ 10 Abs. 2 LR-Sat-
      zung, § 25 d Abs. 11 KWG) und der Aufsichtsbehörde (§ 11), § 4 Abs. 7
      S. 2 LR-Satzung.

VI. Public Corporate Governance Kodex

54   Die Grundsätze guter Unternehmens- und aktiver Beteiligungsführung
      des Bundes[93] sind aus zwei Gründen von der Rentenbank zu beachten:
      zum einen aufgrund der Rechtsnatur als Anstalt des öffentlichen Rechts,
      zum anderen aufgrund der Haftungsgarantie des Bundes nach § 1 a. Die-
      se enthalten neben Richtlinien für aktive Beteiligungsführung bei Unter-
      nehmen mit Bundesbeteiligung (Teil II) auch einen dem DCGK ähnlichen
      Public Corporate Governance Kodex.[94]

55   Eine diesbzgl. Entsprechenserklärung der Rentenbank ist in § 18 S. 1 LR-
      Satzung normiert. Hierin heißt es: „Der Vorstand und der Verwaltungs-
      rat erklären jährlich, dass den Empfehlungen des Public Corporate
      Governance Kodex des Bundes in der jeweils gültigen Fassung entspro-
      chen wurde und wird." Der PCGK enthält wie auch der DCGK wesentli-
      che Bestimmungen geltenden Rechts zur Geschäftsführung und Überwa-
      chung von Unternehmen, an denen die Bundesrepublik Deutschland be-
      teiligt ist, sowie international und national anerkannte Standards guter
      und verantwortungsvoller Unternehmensführung.[95] Seine Struktur zeich-

---

89   MüKoAktG/*Spindler* § 82 Rn. 7.
90   Ebd. mwN.
91   MüKoAktG/*Spindler* § 82 Rn. 2.
92   Vgl. MüKoAktG/*Habersack* § 112 Rn. 21.
93   V. 16.9.2020.
94   Vertiefend zum PCGK, *Schürnbrand* ZIP 2010, 1105 ff.
95   PCGK 1.1 Abs. 1.

net sich gleichlaufend zum DCGK durch Empfehlungen, Anregungen und Beschreibungen geltenden Rechts aus.

„Empfehlungen des [PCGK] sind durch die Verwendung des Wortes „soll" gekennzeichnet."[96] Um eine flexible Selbstregulierung zu gewährleisten, kann von den Empfehlungen abgewichen werden. Dies bedarf allerdings einer jährlichen Offenlegung.[97]   56

Die Sätze 2–4 des § 18 LR-Satzung gießen diesen Passus gem. der Verankerungsregelungen der Präambel und der Ziff. 2.3.5 der Richtlinien für eine aktive Beteiligungsführung bei Unternehmen mit Bundesbeteiligung in eine materiell-gesetzliche Verpflichtung, ein Abweichen von den Empfehlungen des PCGK zu begründen. Somit sind zwar nicht die einzelnen Empfehlungen des PCGK mangels staatlicher Rechtssetzung bindend,[98] allerdings besteht eine gesetzliche Pflicht etwaige Abweichungen von den Empfehlungen zu begründen.[99] Diese Regelung entspricht dem Prinzip „comply or explain".[100]   57

Anregungen hingegen sind durch die Formulierungen „sollte" und „kann" gekennzeichnet.[101] Für sie besteht keine Offenlegungspflicht im Falle des Abweichens.[102]   58

In dem PCGK finden sich Empfehlungen zu den Oberpunkten Anteilseigner und Anteilseignerversammlung (Ziff. 3 PCGK), Zusammenwirken von Geschäftsführung und Überwachungsorganen (Ziff. 4 PCGK), Geschäftsführung (Ziff. 5 PCGK), Überwachungsorgan (Ziff. 6 PCGK), Transparenz (Ziff. 7 PCGK) und Rechnungslegung und Abschlussprüfung (Ziff. 8 PCGK).   59

Die Rentenbank hat den PCGK mit Beschluss des Verwaltungsrates vom 16.7.2009 übernommen (nicht gleichzusetzen mit der jährlich abzugebenden Entsprechenserklärung, hierzu → Rn. 61). In der Beschlussfassung heißt es, dass die „Muss-Vorschriften" und „Kann-Vorschriften" des PCGK vollständig erfüllt werden.[103] Abweichungen, die bis zu diesem Zeitpunkt bestanden, wurden sukzessive durch Beschlüsse im Jahr 2010 behoben.   60

Die Entsprechenserklärung des Vorstandes und des Verwaltungsrates aus dem Geschäftsjahr 2019 (April 2020) nennt drei Abweichungen der Rentenbank von dem PCGK in der Fassung von 2009. Die Rentenbank wiederholt entgegen Ziff. 6.2.1 PCGK (2009) die Nennung der Vergütung der Vorstands- und Verwaltungsratsmitglieder nicht im Corporate   61

---

96 PCGK, 1.2 Abs. 2.
97 Ebd.
98 Vgl. zum DCGK OLG München 6.8.2008 – 7 U 5628/07, ZIP 2009, 133 (134).
99 Regierungskommission Deutscher Corporate Governance Kodex, https://www.dcgk.de/de/kodex.html (zul. aufgerufen am 17.12.2018).
100 *Schürnbrand* ZIP 2010, 1105 (1109).
101 PCGK, 1.2 Abs. 3.
102 Ebd.
103 Beschlüsse des Verwaltungsrates der Landwirtschaftlichen Rentenbank zum Public Corporate Governance Kodex (PCGK) vom 16.7.2009.

Governance Bericht, da die Vergütung unter Namensnennung in allgemein verständlicher Form im Geschäftsbericht der Rentenbank wiedergegeben wird.[104] Um die erforderliche Flexibilität bei notwendigen Änderungen sicherzustellen, weicht die Rentenbank von Ziff. 4.2.2 PCGK (2009) ab, indem in § 4 Abs. 2 der Geschäftsordnung des Vorstands angeordnet wird, dass die Ressortverteilung ohne Zustimmung des Verwaltungsrats in einem Geschäftsverteilungsplan festgelegt werden kann.[105] Weiter können die Ausschüsse in Ausnahmefällen entgegen Ziff. 5.1.8 PCGK (2009) aus Praktikabilitäts- und Effizienzgründen auch selbst abschließend entscheiden.[106] Bei allen genannten PCGK-Vorschriften handelt es sich lediglich um „Soll-Vorschriften".

---

104 Geschäftsbericht 2019, S. 63.
105 Ebd.
106 Ebd.

§ 7 Verwaltungsrat

(1) Der Verwaltungsrat besteht aus

1. acht Vertretern landwirtschaftlicher und ernährungswirtschaftlicher Organisationen, von denen benannt werden sechs vom Deutschen Bauernverband e.V., einer vom Deutschen Raiffeisenverband e.V. sowie einer als Vertreter der Ernährungswirtschaft (Industrie und Handel) von den ernährungswirtschaftlichen Verbänden;
2. drei Landwirtschaftsministern der Länder, die vom Bundesrat für eine von ihm zu bemessende Zeitdauer bestimmt werden, oder ihren ständigen Vertretern im Amt;
3. einem Vertreter der Gewerkschaften;
4. dem Bundesminister oder der Bundesministerin für Ernährung und Landwirtschaft; die Vertretung in den Sitzungen des Verwaltungsrates und seiner Ausschüsse durch einen ständigen Vertreter im Amt oder durch einen Abteilungsleiter ist zulässig;
5. je einem Vertreter des Bundesministeriums für Ernährung und Landwirtschaft sowie des Bundesministeriums der Finanzen; die Bundesministerien können auch durch andere sachverständige Personen vertreten sein;
6. drei Vertretern von Kreditinstituten oder anderen Kreditsachverständigen, die auf Vorschlag der Bundesregierung von den anderen Mitgliedern des Verwaltungsrates hinzugewählt werden.

(2) [1]Der Vorsitzende des Verwaltungsrates wird vom Verwaltungsrat aus den Reihen der vom Deutschen Bauernverband e.V. benannten Mitglieder gewählt. [2]Sein Stellvertreter ist der Bundesminister oder die Bundesministerin für Ernährung und Landwirtschaft.

(3) Mitglieder der Anstaltsversammlung dürfen dem Verwaltungsrat nicht angehören.

(4) Der Verwaltungsrat überwacht die Geschäftsführung des Vorstandes und beschließt über dessen Entlastung; er kann dem Vorstand allgemeine und besondere Weisungen erteilen.

(5) Der Verwaltungsrat beschließt über den Jahresabschluss, über die Zuführung zur Hauptrücklage und zur Deckungsrücklage sowie über die Aufteilung des Bilanzgewinnes auf den Förderungsfonds (§ 9 Absatz 2) und das Zweckvermögen (§ 9 Absatz 3); er hat seinen Vorschlag über die Gewinnverwendung nach § 9 Absatz 2 der Anstaltsversammlung zur Beschlussfassung zuzuleiten.

(6) [1]Der Verwaltungsrat beschließt die Satzung und ihre Änderungen. [2]Sie bedürfen der Genehmigung der Aufsichtsbehörde (§ 11 Absatz 1).

I. Gesetzeshistorie	1	IV. Zusammensetzung	
II. Vorgängerregelung	2	(Abs. 1 und 2)	8
III. Einleitung	6	1. Hintergrund der Regelung	8
		2. Zusammensetzung	
		(Abs. 1)	15

a) Allgemeines 15
b) Qualifikation der Mit-
   glieder des Verwal-
   tungsrates 18
c) Gleichstellung von
   Frauen und Männern   32
d) Vorsitzender des Ver-
   waltungsrats
   (Abs. 2 S. 1) 33
e) Amtsdauer 36
f) Inkompatibilitäten
   (Abs. 3) 40
3. Vergütung 41
4. Keine Weisungsgebunden-
   heit 42
V. Aufgaben des Verwaltungsrates (Abs. 4) 44
1. Die atypischen Aufgaben
   des Verwaltungsrates 44
2. Kompatibilität mit dem
   Aktienrecht und dem
   KWG 48
VI. Die Befugnisse des Verwaltungsrates (Abs. 4 und 5) 58
1. Eigene Geschäftsführungsbefugnisse 58
2. Überwachungsbefugnisse
   (Abs. 4) 61
a) Informationsrechte des
   Verwaltungsrates 63
b) Beratungsrechte 64
c) Zustimmungsvorbe-
   halte 67

d) Weisungsrechte 68
3. Haushaltsprüfung 69
4. Satzungsgebungsbefugnis
   (Abs. 7) 70
5. Befugnisse zur Vertretung
   der Landwirtschaftlichen
   Rentenbank gegenüber
   dem Vorstand 71
VII. Innere Ordnung des Verwaltungsrates 73
1. Sitzungs- und Beschlussverfahren 74
2. Ausschüsse 78
a) Nominierungsaus-
   schuss (§ 10 Abs. 2
   LR-Satzung iVm
   § 25 d Abs. 11 KWG)   81
b) Vergütungskontroll-
   ausschuss (§ 10 Abs. 3
   LR-Satzung iVm
   § 25 d Abs. 12 KWG)   84
c) Risikoausschuss (§ 10
   Abs. 4 LR-Satzung
   iVm § 25 d Abs. 8
   KWG) 85
d) Prüfungsausschuss
   (§ 10 Abs. 5 LR-Sat-
   zung iVm § 25 d
   Abs. 9 KWG) 88
e) Fachausschuss (§ 10
   Abs. 6 LR-Satzung) 89
VIII. Entlastung Verwaltungsrat 90

I. Gesetzeshistorie

1   § 7 ist zuletzt aus redaktionellen Gründen in den Jahren 2006[1] und 2015[2] geändert worden (Anpassung an neue Bezeichnung des Bundeslandwirtschaftsministeriums). Durch Art. 4 des CRD IV-Umsetzungsgesetzes vom 28.8.2013[3] wurde der Vorschlagsvorbehalt zugunsten der Bundesregierung nach Abs. 1 Nr. 6 eingefügt.

II. Vorgängerregelung

2   Der Verwaltungsrat geht als Organ zurück auf die gleichnamigen Organe der Deutschen Rentenbank und der RKA[4]. Dabei hat der Verwaltungsrat von seinem Namensvetter der Deutschen Rentenbank die Organisationsstruktur übernommen und von dem der RKA die Aufgaben und Befugnisse.

---

1   Art. 174 Neunte Zuständigkeitsanpassungsverordnung v. 31.10.2006, BGBl. I 2407.
2   Art. 349 Zehnte Zuständigkeitsanpassungsverordnung v. 31.8.2015, BGBl. I 1474.
3   BGBl. 2013 I 3395.
4   § 9 RKA-G.

Der Verwaltungsrat der Deutschen Rentenbank bestand aus dem Vorsit- 3
zenden und elf Mitgliedern.[5] Die elf Mitglieder des Verwaltungsrates
wurden von dem Aufsichtsrat aus seiner Mitte gewählt. Zu den gewähl-
ten Mitgliedern trat der Vorsitzende des Aufsichtsrates als Vorsitzender
des Verwaltungsrates. Die Wahl der Verwaltungsratsmitglieder war aus
der Personengruppe, wie sie sich bei der Zusammensetzung der General-
versammlung ergibt und gemäß des dortigen Zahlenverhältnisses vorzunehmen: es waren also drei Vertreter des Deutschen Landwirtschaftsrates
sowie je zwei vom Reichs-Landbund von der Vereinigung der deutschen
Bauernvereine, vom Reichsverband Deutscher Landwirtschaftlicher Genossenschaften und vom Generalverband der deutschen Raiffeisengenossenschaften zu bestellen. Die Beschlüsse des Verwaltungsrates wurden
mit einfacher Stimmenmehrheit gefasst. Zur Beschlussfähigkeit mussten
mindestens sechs Mitglieder einschließlich des Vorsitzenden oder sein
Stellvertreter anwesend sein.[6] In seinen Befugnissen glich der Verwaltungsrat der Deutschen Rentenbank vielmehr der heutigen Anstaltsversammlung.

Als Modell für die Befugnisse des heutigen Verwaltungsrates der Renten- 4
bank diente der Verwaltungsrat der RKA. Seine Zusammensetzung[7] war
jedoch nicht vergleichbar: Der Verwaltungsrat der RKA bestand aus dem
Vorsitzenden und 25 Mitgliedern: elf von der Anstaltsversammlung ge-
wählten Personen (Nr. 2), elf vom Reichsrat bestellten, auf dem Gebiet
des landwirtschaftlichen Kreditwesens besonders bewanderten Personen
(Nr. 3), einem von der Reichsregierung berufenen Vertreter der landwirtschaftlichen Arbeitnehmer (Nr. 4), einer weiteren von der Reichsregierung berufenen Person (Nr. 5) und dem Vorsitzenden (Nr. 1), der vom
Verwaltungsrat mit Zustimmung der Reichsregierung gewählt wurde[8].

Der Verwaltungsrat der RKA hatte die Tätigkeit des Vorstands zu über- 5
wachen.[9] Aus dieser Zeit stammt die Besonderheit der Rentenbank-Re-
gelung, wonach der Verwaltungsrat dem Vorstand allgemeine und besondere Anweisungen für die Geschäftsführung erteilen darf (damals in
§ 9 Abs. 6 S. 1 Hs. 2 RKA-G, heute in § 7 Abs. 4 Hs. 2). Die Weisungsbefugnis des Verwaltungsrates der RKA ging indes gesetzlich noch so weit,
dass er durch seine Weisungen zu bestimmen hatte, welche Geschäfte der
Bank vor dem Abschluss seiner Zustimmung bedürfen.[10] Dies ist heute
durch die Satzungshoheit des Verwaltungsrates (§ 7 Abs. 6) gedeckt. § 9
Abs. 4 LR-Satzung regelt die Zustimmungsbedürftigkeit einiger Banktä-
tigkeiten durch den Verwaltungsrat. Darüber hinaus stellte der Verwaltungsrat insbes. die allgemeinen Richtlinien auf, nach dem die Kredite
der RKA abgewickelt werden sollten (heute in § 9 Abs. 3 Nr. 5 LR-Sat-

---

5   § 5 Vorläufige Durchführungsbestimmungen zur Verordnung über die Errichtung
    der Deutschen Rentenbank vom 14.11.1923.
6   *Berthold/Seelmann-Eggebert*, Die Deutsche Rentenbank, S. 68 f.
7   § 9 Abs. 1 RKA-G.
8   § 9 Abs. 4 RKA-G.
9   § 9 Abs. 6 S. 1 Hs. 1 RKA-G.
10 § 9 Abs. 6 S. 2 RKA-G.

zung). Zudem konnte er die Bedingungen festsetzen, unter denen die Mittel der RKA vorübergehend angelegt werden sollten.[11]

III. Einleitung

6   Im Gegensatz zum Aktienrecht (mit dem Aufsichtsrat als Pendant) ist es dem Gesetzgeber beim LR-G gelungen, die organisationsrechtlichen Regelungen und die Kompetenzregelungen des Verwaltungsrates weitgehend in einer Bestimmung zusammenzufassen. Dies gelingt durch eine sehr abstrakte Regelung, die zudem durch umfassende Satzungsbestimmungen ergänzt wird. Gleichwohl enthält § 7 keine abschließende Regelung hinsichtlich der Befugnisse des Verwaltungsrates.[12] Aus dem Kreis der nicht in § 7 geregelten Aufgaben und Befugnisse sind an erster Stelle die gesetzlichen Rechte und die Pflichten zur Bestellung und Abberufung von Vorstandsmitgliedern (§ 6 Abs. 1 S. 2) sowie das satzungsmäßige Recht und die Pflicht zum Abschluss und zur Beendigung der Anstellungsverträge, die nach § 9 Abs. 4 Nr. 4 LR-Satzung ein bestimmtes Jahresgehalt übersteigen, zu nennen. Die in § 6 Abs. 1 S. 2 LR-G und § 3 Abs. 2 S. 1 Hs. 1 und S. 2 LR-Satzung geregelte Personalkompetenz findet ihre Ergänzung in der Befugnis zur Vertretung der Gesellschaft gegenüber den Vorstandsmitgliedern (§ 4 Abs. 7 LR-Satzung). Daneben enthält die Satzung weitere Rechte und Pflichten des Verwaltungsrates.[13]

7   Die Regelungen im LR-G zum Verwaltungsrat sind hinsichtlich der Aufgabenverteilung unter den Organen abschließend. Die Satzung kann weder dem Verwaltungsrat Aufgaben und Befugnisse anderer Organe noch Aufgaben und Befugnisse des Verwaltungsrats anderen Organen übertragen. Hieran ändert auch § 6 Abs. 2 nichts, denn dieser bestimmt eine Übertragung von Aufgaben an andere Organe nur für die Geschäftsführung („Der Vorstand führt die Geschäfte der Bank, soweit diese Aufgabe [...]").

IV. Zusammensetzung (Abs. 1 und 2)
1. Hintergrund der Regelung

8   Aufgrund der besonderen Befugnisse des Verwaltungsrats (§ 7 Abs. 4 Hs. 2) waren die Mitwirkungsrechte in diesem Organ von Anbeginn Gegenstand intensiver Diskussionen. Denn je wichtiger und umfassender die Kompetenzen des Organs sind, desto bedeutender sind auch die Regelungen hinsichtlich der personellen Ausgestaltung.[14] Dies wird bereits an der ursprünglichen Zusammensetzung des Verwaltungsrates deutlich. Dieser setzte sich bis 2002 aus folgenden Mitgliedern zusammen: dem Vorsitzenden und dessen Stellvertreter, Vertretern landwirtschaftlicher

---

11 Vgl. zum Ganzen *Berthold/Seelmann-Eggebert*, Die Deutsche Rentenbank, S. 68 f.
12 Vgl. Hüffer/Koch/*Koch* AktG § 111 Rn. 1; MüKoAktG/*Habersack* AktG § 111 Rn. 1.
13 § 1 Abs. 3 S. 1, § 3 Abs. 1 S. 2; § 3 Abs. 6 S. 2, § 6 Abs. 7 S. 1, § 4 Abs. 1 S. 2, § 4 Abs. 7, § 8 Abs. 1 S. 1, § 9, § 16 S. 2, § 18 LR-Satzung.
14 *Twiehaus*, S. 58.

und ernährungswissenschaftlicher Organisationen sowie der Gewerk-schaften, sechs Landwirtschaftsministern der Länder, je einem Vertreter der Kreditanstalt für Wiederaufbau, der DG Bank sowie der Deutschen Genossenschaftsbank und drei Vertretern landwirtschaftlicher Kreditin-stitute oder anderer Sachverständiger.

Im Jahr 2002 kündigte die Bundesregierung diesen 1949 erreichten Kon-sens durch das Fünfte LR-Änderungsgesetz[15]. Das Ziel sollte laut Ent-wurfsbegründung sein, das LR-G „an die heutigen wirtschaftlichen und rechtlichen Rahmenbedingungen" anzupassen.[16] Hierzu sollte das Profil als Förderbank des Bundes geschärft, der Einfluss des Bundes in den Gremien der Bank gestärkt sowie die staatliche Aufsicht neu organisiert werden.[17] Die stärkere Vertretung des Bundes in den Organen der Ren-tenbank trägt auch der Ausgestaltung als Anstalt öffentlichen Rechts ge-bührend Rechnung. So wird die Anstalt als Glied ihres Anstaltsträgers angesehen, dem es möglich sein muss, Einfluss auf sie zu nehmen;[18] wo-bei sich dies bei der Rentenbank nicht mit der Aufbringung des Anstalts-kapitals begründen lässt.[19] Vielmehr geht es hier um die effektive Umset-zung des vom Anstaltsträger definierten Förderzwecks. Zudem sprechen auch die haftungsrechtlichen Garantien des Bundes (§ 1 a) für dessen Be-rücksichtigung im Verwaltungsrat. Als wichtigster Punkt der Novellie-rung wurde die Verringerung des Verwaltungsrates von 31 auf nur noch 17 Mitglieder gewertet.[20] Diese Verringerung sowie die Stärkung des Einflusses des Bundes hatte notwendigerweise eine Verschiebung der bis-herigen Stimmenverteilung zur Folge. So kann der Deutsche Bauernver-band e.V. seitdem nur noch sechs statt neun Mitglieder ernennen. Statt-dessen erhielt der Bundesminister für Landwirtschaft einen Sitz im Rat sowie die Stellung als stellvertretender Vorsitzender des Verwaltungsra-tes. Ebenso wurde ein weiterer Vertreter des BMEL und einer des BMF neu in das Gremium aufgenommen. Diese Ministerienvertreter übernah-men die Aufsichtsaufgaben des bis zu dem Zeitpunkt noch gesondert be-rufenen Kommissars (§ 11 Abs. 1 aF).

9

Zugleich wurde die Zahl der Vertreter des Deutsche Raiffeisenverbands e.V. sowie der ernährungswirtschaftlichen Verbände von zwei auf jeweils einen Vertreter reduziert. Auch die Gewerkschaften stellen seitdem nur noch ein Verwaltungsratsmitglied und nicht, wie bis dahin, drei Mitglie-der. Die Landwirtschaftskammern verzichten seitdem auf ihre zuvor vor-gesehenen zwei Vertreter. Ebenso ersatzlos entfielen die Sitze der KfW, der DZ Bank (früher DG Bank) und der Deutschen Genossenschaftskas-

10

---

15 Fünftes Gesetz zur Änderung des Gesetzes über die Landwirtschaftliche Renten-bank vom 23.7.2002, BGBl. I 2782.
16 Entwurf eines Fünften Gesetzes zur Änderung des Gesetzes über die Landwirt-schaftliche Rentenbank vom 7.12.2001, BT-Drs. 14/7753, 1.
17 Ebd.
18 Vgl. VerfGH Bln 21.10.1999 – VerfGH 42/99, NVwZ 2000, 794 (794); WBSK VerwR II § 86 Rn. 18; *Twiehaus*, S. 58.
19 So aber *Twiehaus*, S. 58 für andere öffentlich-rechtliche Kreditinstitute.
20 Börsen-Zeitung v. 6.11.2001.

se. Die zuvor landwirtschaftlichen Kreditinstitute haben seitdem drei Vertreter und büßten das Erfordernis des landwirtschaftlichen Gepräges ein. Seit 2013 werden diese auf Vorschlag der Bundesregierung von anderen Verwaltungsratsmitgliedern hinzugewählt, vgl. § 7 Abs. 1 Nr. 6. Die Änderung geht zurück auf Art. 4 Nr. 2 des CRD IV-Umsetzungsgesetzes vom 28.8.2013[21].

11 Im Gesetzgebungsverfahren zum Fünften LR-Änderungsgesetz wurden die Einwendungen der betroffenen Verbände und Gewerkschaften nicht berücksichtigt. Hingegen bremste der Vorschlag, den Einfluss der Landwirtschaftsministerien der Bundesländer im Verwaltungsrat auf Kosten des Bundes dadurch zu reduzieren, dass sie künftig nur noch mit zwei und nicht mehr mit sechs Sitzen vertreten sein sollten, das Gesetzgebungsverfahren.[22]

12 So empfahl der Agrarausschuss des Bundesrates der Länderkammer in ihrer Stellungnahme zum Gesetzentwurf des Bundes verschiedene Änderungen einzuzufordern, um den Einfluss der Länder zu wahren.[23] Wegen des engen Abstimmungsbedarfs sei sicherzustellen, dass die Länder angemessen und mit unveränderter Zahl im Aufsichtsgremium vertreten seien.[24] Zu berücksichtigen sei ferner, dass die gewachsene Zahl der Länder seit der Wiedervereinigung ohnehin zu einer geringeren Präsenz der einzelnen Länder geführt habe.[25]

13 Auch das Bestreben des Bundes, als stellvertretenden Verwaltungsratsvorsitzenden per Gesetz den Minister für Ernährung und Landwirtschaft

---

21 Gesetz zur Umsetzung der Richtlinie 2013/36/EU über den Zugang zur Tätigkeit von Kreditinstituten und die Beaufsichtigung von Kreditinstituten und Wertpapierfirmen und zur Anpassung des Aufsichtsrechts an die Verordnung (EU) Nr. 575/2013 über Aufsichtsanforderungen an Kreditinstitute und Wertpapierfirmen (CRD IV-Umsetzungsgesetz) vom 28.8.2013, BGBl. I 3395. Das Gesetz dient der Umsetzung der Richtlinie 2013/36/EU des Europäischen Parlaments und des Rates vom 26.6.2013 über den Zugang zur Tätigkeit von Kreditinstituten und die Beaufsichtigung von Kreditinstituten und Wertpapierfirmen, zur Änderung der Richtlinie 2002/87/EG und zur Aufhebung der Richtlinien 2006/48/EG und 2006/49/EG (ABl. 2013 L 176, 338) sowie der Anpassung des Aufsichtsrechts an die Verordnung (EU) Nr. 575/2013 des Europäischen Parlaments und des Rates vom 26.6.2013 über Aufsichtsanforderungen an Kreditinstitute und Wertpapierfirmen und zur Änderung der Verordnung (EU) Nr. 646/2012 (ABl. 2013 L 176, 1).
22 Vgl. hierzu: Börsen-Zeitung v. 23.3.2002, Länder wollen Einfluss auf Rentenbank wahren; Bundesrat ruft Vermittlungsausschuss an.
23 Zum Gesetzgebungsverfahren s. BR-Drs. 740/01 vom 28.9.2001, Entwurf eines Fünften Gesetzes zur Änderung des Gesetzes über die Landwirtschaftliche Rentenbank vom 7.12.2001, BT-Drs. 14/7753, Beschlussempfehlung und Bericht des Ausschusses für Verbraucherschutz, Ernährung und Landwirtschaf zu dem GE BReg – Drs. 14/7753 – Entwurf eines Fünften Gesetzes zur Änderung des Gesetzes über die Landwirtschaftliche Rentenbank vom 31.1.2002, Beschlussempfehlung des Vermittlungsausschusses zu dem Fünften Gesetz zur Änderung des Gesetzes über die Landwirtschaftliche Rentenbank vom 15.5.2002, BT-Drs. 14/8169, BT-Drs. 14/9095.
24 Vgl. Stellungnahme des Bundesrates zu dem Entwurf eines Fünften Gesetzes zur Änderung des Gesetzes über die Landwirtschaftliche Rentenbank, BR-Drs. 740/01 vom 9.11.2001, 2, Nr. 2.
25 Ebd.

zu bestimmen, lehnten die Länder ab. Sie sprachen sich dafür aus, den stellvertretenden Verwaltungsratsvorsitzenden nicht per Gesetz festzulegen, sondern durch Wahl aus den Reihen der öffentlichen Vertreter zu bestimmen.[26] Damit hätten auch die Länder die Möglichkeit, diese Position zu besetzen. Der Bundesrat ließ die Novelle des Gesetzes über die Landwirtschaftliche Rentenbank nicht passieren und rief den Vermittlungsausschuss an.[27]

Eine Arbeitsgruppe aus Bund und Ländern verständigte sich schließlich auf einen Kompromiss. Die Zahl der Landesminister im Verwaltungsrat der Rentenbank wurde statt auf zwei auf nunmehr drei reduziert. Dadurch umfasst der Verwaltungsrat seitdem gem. § 7 Abs. 1 18 Mitglieder. Dem Begehren der Länder, den stellvertretenden Vorsitzenden aus den Reihen der öffentlichen Vertreter zu bestimmen, wurde nicht entsprochen. Gem. § 7 Abs. 2 S. 2 ist der Bundesminister für Ernährung und Landwirtschaft stellvertretender Vorsitzender des Verwaltungsrates per Gesetz. **14**

2. Zusammensetzung (Abs. 1)

a) Allgemeines

Der Verwaltungsrat besteht aus 18 Mitgliedern. Diese setzen sich gem. § 7 Abs. 1 zusammen aus **15**

- acht Vertretern land- und ernährungswirtschaftlicher Organisationen (Nr. 1),
- drei Landwirtschaftsministern der Länder oder ihren ständigen Vertretern im Amt (Nr. 2),
- dem Bundesminister für Ernährung und Landwirtschaft (Nr. 4),
- drei Vertretern von Kreditinstituten oder anderen Kreditsachverständigen (Nr. 6) und
- jeweils einem Vertreter
  - der Gewerkschaften (Nr. 3),
  - des BMEL (Nr. 5),
  - des BMF (Nr. 5).

Von den 8 Vertretern land- und ernährungswirtschaftlicher Organisationen werden

- sechs Vertreter vom Deutschen Bauernverband e.V.,
- einem Vertreter vom Deutschen Raiffeisenverband e.V. sowie
- einem Vertreter als Vertreter der Ernährungswirtschaft (Industrie und Handel) von den ernährungswirtschaftlichen Verbänden

---

26 Vgl. Börsen-Zeitung v. 8.11.2001, Länder halten an der Rentenbank fest; Widerstand gegen mehrBundeseinfluss – „Agrarförderung ist Ländersache"; Börsen-Zeitung v. 23.3.2002, Länder wollen Einfluss auf Rentenbank wahren; Bundesrat ruft Vermittlungsausschuss an; Stellungnahme des Bundesrates zu dem Entwurf eines Fünften Gesetzes zur Änderung des Gesetzes über die Landwirtschaftliche Rentenbank, BR-Drs. 740/01 vom 9.11.2001, 2, Nr. 4.
27 BR-PlPr 774, S. 131C – 131D.

benannt. Der Gesetzgeber geht davon aus, dass der Deutsche Bauernverband e.V. aus seinem Kontingent wenigstens eine Vertreterin der Landfrauen in den Verwaltungsrat beruft.[28] Diesem Anliegen folgt der Deutsche Bauernverband e.V. regelmäßig.

16 Die Landwirtschaftsminister der Länder werden vom Bundesrat für eine von ihm zu bemessende Zeitdauer bestimmt, § 7 Abs. 1 Nr. 2.[29] Der Bundesminister für Ernährung und Landwirtschaft kann zu den Verwaltungsratssitzungen einen ständigen Vertreter oder einen Abteilungsleiter entsenden (§ 7 Abs. 1 Nr. 4).

17 Die drei Vertreter der Kreditinstitute werden im Wege der Kooptation von den anderen 15 Mitgliedern des Verwaltungsrates auf Vorschlag der Bundesregierung hinzugewählt. Dabei gilt gem. § 5 Abs. 5 LR-Satzung, dass diese jeweils aus den Sektoren der Volks- und Raiffeisenbanken, der Sparkassen und Landesbanken sowie der Privat- und Geschäftsbanken vorzuschlagen sind.

b) Qualifikation der Mitglieder des Verwaltungsrates

18 Zunächst gilt aufgrund der planwidrigen Nichtregelung und vergleichbarer Interessenlage die aktienrechtliche Vorgabe aus § 100 AktG entsprechend. Hiernach kann das Verwaltungsratsmitglied nur eine natürliche und unbeschränkt geschäftsfähige Person sein. Die Bestellungsverbote aus § 100 AktG sind ebenfalls entsprechend anzuwenden.

19 Gem. § 5 Abs. 1 S. 1 LR-Satzung muss jedes Mitglied des Verwaltungsrates zuverlässig sein, über die erforderliche Sachkunde zur Wahrnehmung seiner Aufgaben, insbes. der Kontrollfunktion sowie zur Beurteilung und Überwachung der Geschäfte, verfügen und der Wahrnehmung seiner Aufgaben ausreichend Zeit widmen. In seiner Gesamtheit muss der Verwaltungsrat die Kenntnisse, Fähigkeiten und Erfahrungen haben, die zur Wahrnehmung der Kontrollfunktion sowie zur Beurteilung und Überwachung des Vorstandes notwendig sind, § 5 Abs. 1 S. 2 LR-Satzung. Zudem greifen die fast wortgleichen Vorgaben des KWG und des PCGK. Die Rentenbank hat sich durch Verwaltungsratsbeschluss gem. § 9 Abs. 3 Nr. 8 LR-Satzung vom 30.6.2009 verpflichtet, sich an den PCGK zu halten. Die Mitglieder des Verwaltungsrates müssen danach ebenfalls zuverlässig sein und die erforderliche Sachkunde zur Wahrnehmung der Kontrollfunktion sowie zur Beurteilung und Überwachung der Geschäfte, die das jeweilige Unternehmen betreibt, besitzen (§ 25 d Abs. 1 S. 1 KWG; Ziff. 6.2.1 PCGK).

20 Aus dem Zusammenspiel der Normen ergeben sich damit folgende Grundqualifikationen für die Mitglieder des Verwaltungsrates:

---

28 Entwurf der Bundesregierung eines Fünften Gesetzes zur Änderung des Gesetzes über die Landwirtschaftliche Rentenbank, 7.12.2001, BT-Drs. 14/7753, 12.
29 Zur Berufung der Landwirtschaftsminister der Länder vgl. BR-Drs. 74/04 v. 12.3.2004 idF der BR-Drs. 45/13 v. 29.1.2013.

- Zuverlässigkeit,
- erforderliche Sachkunde,
- ausreichend Zeit.

Die Anforderungen an die Zuverlässigkeit der Verwaltungsratsmitglieder 21
entspricht denen an die Vorstandsmitglieder (§ 25 c Abs. 1 S. 1 KWG,
§ 10 Abs. 2 S. 3, § 11 Abs. 2 S. 2 ZAG).[30]

Nach Auslegung der BaFin ist die erforderliche Sachkunde anzunehmen, 22
wenn „ein Mitglied eines Verwaltungs- oder Aufsichtsorgans fachlich in
der Lage ist, die Geschäftsleiter seines Instituts [...] angemessen zu kontrollieren, zu überwachen und die Entwicklung des Instituts [...] aktiv zu
begleiten. Dazu muss die Person die vom Unternehmen getätigten Geschäfte verstehen und deren Risiken beurteilen können. Das Mitglied
muss mit den für das Unternehmen wesentlichen gesetzlichen Regelungen vertraut sein. Ein Mitglied muss grds. nicht über Spezialkenntnisse
verfügen, jedoch muss es in der Lage sein, ggf. seinen Beratungsbedarf zu
erkennen".[31] Die Anforderungen an die Sachkunde der Mitglieder des
Verwaltungsrates sind demnach nach dem Umfang und der Komplexität
der von dem Institut betriebenen Geschäfte und anhand des Einzelfalls
zu beurteilen.[32] Bei der Rentenbank ist im besonderen Maße zu berücksichtigen, dass der Verwaltungsrat über Befugnisse verfügt, die über die
des Aufsichtsrates nach dem AktG hinausgehen (→ § 6 Rn. 38). Insoweit
sind grds. die Sachkundevoraussetzungen im besonderen Maße strikt
einzuhalten (zu den Ausnahmen → Rn. 26 f.).

Neben dem Erfordernis der Sachkunde des einzelnen Mitglieds verlangt 23
§ 25 d Abs. 2 S. 1 KWG ebenso wie die LR-Satzung von den Verwaltungsratsmitgliedern in ihrer Gesamtheit die notwendigen Kenntnisse,
Fähigkeiten und Erfahrungen.

Die erforderliche Sachkunde können sich die Verwaltungsratsmitglieder 24
„bereits durch (Vor-) Tätigkeiten in derselben Branche angeeignet haben,
zum Beispiel als Mitglied der Geschäftsleitung oder des Verwaltungs-
oder Aufsichtsorgans eines vergleichbaren Unternehmens".[33] Zudem
kann „eine (Vor-) Tätigkeit in anderen Branchen, in der öffentlichen Verwaltung oder aufgrund von politischen Mandaten [...] die erforderliche
Sachkunde begründen, wenn sie über einen längeren Zeitraum maßgeblich auf wirtschaftliche und rechtliche Fragestellungen ausgerichtet und
nicht völlig nachgeordneter Natur war oder ist."[34]

---

30 Schwennicke/Auerbach/*Schwennicke* KWG § 25 d Rn. 5 a.
31 BaFin, Merkblatt zu den Mitgliedern von Verwaltungs- und Aufsichtsorganen ge-
    mäß KWG und KAGB, 4.1.2016, S. 20.
32 Ebd.
33 BaFin, Merkblatt zu den Mitgliedern von Verwaltungs- und Aufsichtsorganen ge-
    mäß KWG und KAGB, 4.1.2016, S. 21.
34 Ebd.

25   Bei der Rentenbank von besonderer Relevanz sind zwei Erleichterungen
      des Nachweises der Sachkunde, die in der Praxis durch die BaFin eröff-
      net werden[35]:

26   Erstens: „Bei Kaufleuten im Sinne von §§ 1 ff. HGB und buchführungs-
      pflichtigen Land- und Forstwirten sowie anderen Unternehmern im Sin-
      ne von § 141 AO ist regelmäßig eine allgemeine wirtschaftliche Expertise
      anzunehmen. Abhängig von der Größe und dem Geschäftsmodell des
      Unternehmens können diese Personen über die erforderliche Sachkunde
      verfügen."[36] Diese Erleichterung ist im Falle der Rentenbank insoweit
      relevant, als dass hierdurch dem aufgrund des Förderzwecks erforderli-
      chen agrarwirtschaftlichen Sachverstand Rechnung getragen wird.

27   Zweitens: Bei „geborenen" Mitgliedern nimmt die BaFin die Sachkunde
      regelmäßig an, „wenn sie vor oder seit ihrem Amtsantritt über einen län-
      geren Zeitraum und in nicht unwesentlichem Umfang Tätigkeiten ausge-
      übt haben, die maßgeblich auf wirtschaftliche und rechtliche Fragestel-
      lungen ausgerichtet und nicht völlig nachgeordneter Natur waren".[37] Als
      Beispiele nennt die BaFin die Hauptverwaltungsbeamten einer Gebiets-
      körperschaft (zum Beispiel hauptamtlicher Bürgermeister oder Landrat),
      den Kämmerer einer Gebietskörperschaft und Beschäftigte in vergleich-
      barer Funktion.[38] Im Falle der Rentenbank greift diese Regelung beim
      Bundesminister für Ernährung und Landwirtschaft, nicht indes bei den
      Landesministern.

28   Zu den allgemeinen Anforderungen an die Sachkunde im Bereich des
      Kreditwesens tritt bei der Rentenbank als Förderbank der Land- und
      Forstwirtschaft und des ländlichen Raums das Erfordernis agrarwirt-
      schaftlicher Sachkunde. Freilich kann dieses Erfordernis nicht für jedes
      Mitglied gelten, dennoch sollte sich im Sachkunde-Gesamtbild (§ 5
      Abs. 1 S. 2 LR-Satzung) des Verwaltungsrates auch eine agrarwirtschaft-
      liche Prägung zeigen. Dies trägt auch der Kapitalaufbringung durch die
      Landwirtschaft Rechnung.

29   Da die Auswahl und Benennung der Verwaltungsratsmitglieder durch die
      in § 7 benannten Verbände und Ministerien erfolgt, sind diese auch an
      die Einhaltung der Qualifikationsvoraussetzung gebunden, insbes. auch
      bei der traditionellen Besetzung des Verwaltungsratsvorsitzenden mit
      dem Präsidenten des Deutschen Bauernverbandes e.V. Die Rentenbank
      weist allein auf die notwendig einzuhaltenden gesetzlichen Anforderun-
      gen hin. Eine Überprüfung wird von der Bankenaufsicht anhand der ein-
      gereichten Unterlagen vorgenommen. Gelingt der Sachkunde-Nachweis
      nicht, können die erforderlichen Kenntnisse durch entsprechende Fort-
      bildungen erworben werden.[39] Die Besetzung durch den Bundesminister

---

35 Ebd.
36 Ebd.
37 Ebd.
38 Ebd.
39 BaFin, Merkblatt zu den Mitgliedern von Verwaltungs- und Aufsichtsorganen ge-
    mäß KWG und KAGB, 4.1.2016, S. 22.

für Ernährung und Landwirtschaft erfolgt kraft Amtes (zur Qualifikation → Rn. 27).

Für das Gebot, der Wahrnehmung seiner Aufgaben ausreichend Zeit zu 30 widmen, regeln § 25d Abs. 3 und 3a KWG Mandatsbegrenzungen. Die Mandatsbegrenzung trägt dem Gedanken Rechnung, dass ein Mitglied bei einer zu großen Anzahl kumulativer Leitungs- und Aufsichtsmandate daran gehindert ist, für das einzelne Mandat die gebührende Zeit aufzubringen.[40] Die Rentenbank ist aufgrund ihrer Bilanzsumme zwar ein Institut von erheblicher Bedeutung, jedoch seit der Neuregelung des Art. 2 Abs. 5 Nr. 5 RL. EU 2013/36 im Juni 2019 kein CRR-Institut mehr. Damit greift § 25d Abs. 3a KWG. Die Mandatshöchstzahl beträgt fünf, § 25d Abs. 3a Nr. 3 KWG. Allerdings zählen nur Mandate in Unternehmen, die unter der Aufsicht der BaFin stehen.

Darüber hinaus ist jedes Verwaltungsratsmitglied gem. § 9 Abs. 5 S. 1 31 LR-Satzung dem Unternehmensinteresse verpflichtet. Daraus folgt, dass es bei seinen Entscheidungen weder persönliche Interessen verfolgen noch Geschäftschancen, die dem Unternehmen zustehen, für sich nutzen darf, § 9 Abs. 5 S. 2 LR-Satzung.

c) Gleichstellung von Frauen und Männern

Für die Rentenbank als Anstalt des öffentlichen Rechts findet Art. 3 des 32 Gesetzes für die gleichberechtigte Teilhabe von Frauen und Männern an Führungspositionen in der Privatwirtschaft und im öffentlichen Dienst vom 24.4.2015, der zur Festlegung von Zielgrößen für den Frauenanteil in Vorstand und Aufsichtsrat verpflichtet, keine Anwendung. Vielmehr greift bei der Rentenbank das Gesetz für die Gleichstellung von Frauen und Männern in der Bundesverwaltung und in den Unternehmen und Gerichten des Bundes (BGleiG), das jedoch keine vergleichbare Verpflichtung enthält. Allerdings fordert der PCGK, dass zumindest auf eine gleichberechtigte Teilhabe von Frauen hingewirkt werden soll (Ziff. 6.2.1 PCGK).

d) Vorsitzender des Verwaltungsrats (Abs. 2 S. 1)

Der Vorsitzende des Verwaltungsrates wird nach § 7 Abs. 2 S. 1 vom Ver- 33 waltungsrat aus den Reihen der vom Deutschen Bauernverband e.V. benannten Mitglieder gewählt. Dies geschieht gem. § 6 S. 1 LR-Satzung in seiner konstituierenden Sitzung unter Vorsitz des an Lebensjahren ältesten Verwaltungsratsmitglieds. Traditionell wird hierzu der Präsident des Deutschen Bauernverbandes e.V. benannt.[41] Diese Hervorhebung trägt der historischen Bedeutung der Landwirtschaft und der Aufbringung des Grundkapitals der Bank durch diesen Berufsstand Rechnung. Stellvertreter des Vorsitzenden des Verwaltungsrates ist kraft Amtes der Bundesminister oder die Bundesministerin für Ernährung und Landwirtschaft, § 7

---

40 BaFin, Merkblatt zu den Mitgliedern von Verwaltungs- und Aufsichtsorganen gemäß KWG und KAGB, 4.1.2016, S. 26.
41 Vgl. A. *Schneider*, Immergrüner Wandel, S. 104.

Abs. 2 S. 2. Allein im Jahr 2004 wurde die weder im Gesetz noch in der LR-Satzung vorgesehene Position des „Ständigen Vertreters" als Stellvertreter des Vorsitzenden des Verwaltungsrates geschaffen, die vom Parlamentarischen Staatssekretär Matthias Berninger besetzt wurde.

34 Aufgabe des Vorsitzenden des Überwachungsorgans/Verwaltungsrates ist die Koordination der Arbeit und die Wahrnehmung der Belange des Organs nach außen (Ziff. 6.1.3 PCGK). Ein Alleinentscheidungsrecht sollen jedoch weder der Vorsitzende noch einzelne Mitglieder haben (Ziff. 6.1.3 PCGK). Der Vorsitzende des Verwaltungsrates beruft zudem die Sitzungen des Verwaltungsrates ein (§ 7 Abs. 1 S. 2 LR-Satzung). Er koordiniert in der Praxis die Arbeit im Verwaltungsrat, leitet dessen Sitzungen (Ziff. 6.1.3 PCGK) und bestimmt die Reihenfolge der Verhandlungsgegenstände. Im Falle der Stimmengleichheit gibt die Stimme des Vorsitzenden des Verwaltungsrates, bei dessen Verhinderung die seines Stellvertreters, den Ausschlag, § 7 Abs. 4 S. 2 LR-Satzung. Der Vorsitzende des Überwachungsorgans/Verwaltungsrates soll mit dem Vorstand regelmäßig Kontakt halten und mit ihm über die Strategie, die Geschäftsentwicklung und das Risikomanagement des Unternehmens beraten (Ziff. 6.1.4 PCGK). Darüber hinaus definiert der PCGK einen unverzüglichen Informationsanspruch des Vorsitzenden des Überwachungsorgans/Verwaltungsrats über wichtige Ereignisse, die für die Beurteilung der Lage und Entwicklung sowie für die Leitung des Unternehmens von wesentlicher Bedeutung sind (Ziff. 6.1.4 PCGK). Dazu korrespondierend verlangt § 3 Abs. 5 S. 2 LR-Satzung, dass der Vorstand bei wichtigem Anlass dem Verwaltungsratsvorsitzenden oder seinem Stellvertreter schriftlich zu berichten hat; in Eilfällen kann mündlich berichtet werden, insoweit ist ein schriftlicher Bericht unverzüglich nachzureichen. Über erlangte Informationen soll der Vorsitzende die übrigen Mitglieder des Überwachungsorgans unterrichten und erforderlichenfalls eine außerordentliche Sitzung einberufen (Ziff. 6.1.4 PCGK). Darüber hinaus lädt der Vorsitzende zu den Anstaltsversammlungen (§ 14 Abs. 2 S. 1 LR-Satzung) und führt dessen Vorsitz (§ 15 Abs. 1 Hs. 1 LR-Satzung). Auch iR des Vorstandes kommt dem Vorsitzenden des Verwaltungsrates eine besondere Rolle zu. Gem. § 3 Abs. 1 S. 2 LR-Satzung dürfen die Vorstandsmitglieder ihren Sprecher nur im Einvernehmen mit dem Vorsitzenden des Verwaltungsrates bestimmen.

35 Scheidet der Vorsitzende des Verwaltungsrates während der Amtszeit aus, so hat der Verwaltungsrat unverzüglich eine Ersatzwahl für die restliche Amtszeit des Ausgeschiedenen vorzunehmen, § 6 S. 2 LR-Satzung.

e) Amtsdauer

36 Die Amtsdauer der Mitglieder des Verwaltungsrates mit Ausnahme der in § 7 Abs. 1 Nr. 2 bezeichneten Vertreter der Länder und dem nach § 7 Abs. 1 Nr. 4 in den Verwaltungsrat berufenen Bundesminister für Ernährung und Landwirtschaft endet mit dem Schluss der Anstaltsversammlung, die über die Gewinnverwendung des fünften Jahresabschlusses seit

Beginn der Amtsdauer beschließt (§ 5 Abs. 2 LR-Satzung). Die Mitglieder des Verwaltungsrates können ihr Amt jederzeit niederlegen, § 5 Abs. 3 S. 1 LR-Satzung. Dies geschieht gem. § 5 Abs. 3 S. 1 LR-Satzung durch Erklärung gegenüber dem Vorsitzenden des Verwaltungsrates. Die in § 7 Abs. 1 Nr. 1, 3 und 5 bezeichneten Mitglieder des Verwaltungsrates können gem. § 5 Abs. 3 S. 2 LR-Satzung von den zu ihrer Entsendung berufenen Organisationen oder Stellen vorzeitig abberufen werden. Für ausgeschiedene Mitglieder des Verwaltungsrates können Ersatzmitglieder für den Rest der Amtsdauer benannt oder gewählt werden (§ 5 Abs. 3 S. 3 LR-Satzung).

Anders als bei den Mitgliedern des Vorstandes (Ziff. 5.2.4 PCGK) gilt   37
keine Begrenzung der Erstbestellung eines Verwaltungsratsmitglieds im Rahmen des PCGK. Ebenso sieht das Regelwerk der Rentenbank keine Bestellhöchstdauer für Erstbestellungen vor.

Des Weiteren ist eine angemessene Altersgrenze festzulegen (Ziff. 6.2.2   38
PCGK). Diese Festlegung ist im Lichte der aktiven Rolle, die das LR-G und die LR-Satzung den Mitgliedern des Verwaltungsrates zuweist, sinnvoll. Diese Altersgrenze ist nicht notwendigerweise mit dem regulären Ruhestand bei Arbeitnehmern und Beamten gleichzusetzen, sondern kann auf der Grundlage bestehender Erfahrungswerte aus der Branche hiervon abweichen. Eine Abweichung ist hinsichtlich der Anforderung „angemessen" ausdrücklich zu begründen.

Bis zum Zusammentritt des neuen Verwaltungsrates führt der bisherige   39
Verwaltungsrat die Geschäfte weiter, § 5 Abs. 4 S. 2 LR-Satzung.

f) Inkompatibilitäten (Abs. 3)

Nach § 7 Abs. 3 dürfen Mitglieder der Anstaltsversammlung dem Ver-   40
waltungsrat nicht angehören. Durch diese Inkompatibilitätsregelung sollen Interessenskonflikte vermieden werden. Zwar übt die Anstaltsversammlung keine Aufsichtsfunktion über den Verwaltungsrat aus. Die Anstaltsversammlung verfügt jedoch über einen eigenen Kompetenzrahmen. So legt der Verwaltungsrat nach § 7 Abs. 5 S. 2 der Anstaltsversammlung den Vorschlag für die Gewinnverwendung zur Beschlussfassung vor. Diese Beschlusskompetenz könnte durch personelle Überschneidungen beschädigt werden.

3. Vergütung

Die Vergütung der Verwaltungsratsmitglieder einschließlich der Sitzungs-   41
gelder wird gem. § 12 Abs. 1 S. 1 LR-Satzung durch Beschluss der Anstaltsversammlung (zur Anstaltsversammlung s. § 8) festgelegt; der Beschluss bedarf der Zustimmung der Aufsichtsbehörde. Die Vergütung trägt der Verantwortung und dem Tätigkeitsumfang der Verwaltungsratsmitglieder sowie der wirtschaftlichen Lage der Bank Rechnung, § 12 Abs. 1 S. 2 LR-Satzung. Damit entspricht die LR-Satzung der Ziff. 6.3 PCGK. Der Vorsitz und der stellvertretende Vorsitz im Verwaltungsrat

sowie der Vorsitz und die Mitgliedschaft in den Ausschüssen sollen bei der Vergütung berücksichtigt werden, § 12 Abs. 1 S. 3 LR-Satzung.

4. Keine Weisungsgebundenheit

42 Die Mitglieder des Verwaltungsrates sind, auch wenn die nach § 7 Abs. 1 Nr. 1, 3 und 5 berufenen Mitglieder vorzeitig abberufen werden können (§ 5 Abs. 3 S. 2 LR-Satzung), nicht weisungsgebunden. Die Wahrnehmung der öffentlichen Aufgaben der Anstalt des öffentlichen Rechts, denen die Mitglieder des Verwaltungsrates in Ausübung ihres Amtes ausschließlich verpflichtet sind, erfordert eine eigenverantwortliche und von Weisungen freie Tätigkeit. Eine Weisungsbindung würde auch der Organstellung des Verwaltungsrates nicht gerecht.[42]

43 Zur Verantwortlichkeit der Verwaltungsratsmitglieder gem. der aktienrechtlichen Vorschriften (§ 10 und § 8 Abs. 1 S. 1 LR-Satzung) s. Kommentierung zu § 10.

V. Aufgaben des Verwaltungsrates (Abs. 4)

1. Die atypischen Aufgaben des Verwaltungsrates

44 Die Aufgabe des Verwaltungsrates besteht vor allem darin, die Geschäftsführung und Vermögensverwaltung des Vorstandes laufend zu überwachen (§ 7 Abs. 4 Hs. 1 LR-G, § 8 Abs. 1 S. 1 LR-Satzung). Hierzu zählt auch die Überwachung der Einhaltung der einschlägigen bankaufsichtsrechtlichen Regelungen durch den Vorstand, § 8 Abs. 1 S. 1 LR-Satzung. Insoweit ist zunächst die Aufgabenstellung des Verwaltungsrates mit der des Aufsichtsrates einer Aktiengesellschaft (§ 111 Abs. 1 AktG) identisch.

45 Mit dem Verwaltungsrat als Überwachungsorgan setzen das LR-G und die LR-Satzung zunächst das aktienrechtliche Grundmodell mit einem Verwaltungsrat als Pendant zum Aufsichtsrat um, das wirtschaftlich handelnden Anstalten des öffentlichen Rechts zugrunde liegt. Sie erfüllen zugleich die Vorgaben des PCGK. Nach Ziff. 6.1.1 PCGK ist dem Verwaltungsrat als Überwachungsorgan die Aufgabe zugeordnet, die Geschäftsführung regelmäßig zu beraten und zu überwachen. Gegenstand der Überwachung ist die Ordnungsmäßigkeit, Zweckmäßigkeit[43] und die Wirtschaftlichkeit der Geschäftsführungsentscheidungen, insbes. aber auch die Satzungsmäßigkeit (Ziff. 6.1.1 PCGK). Dabei ist der Verwaltungsrat in Entscheidungen von grundlegender Bedeutung einzubinden (Ziff. 6.1.1 PCGK).

46 Betrachtet man aber die Aufgaben des Verwaltungsrates, so ist eine vollständige Gleichsetzung mit den aktienrechtlichen Befugnissen des Aufsichtsrates nicht möglich. Während im Aktienrecht der Aufsichtsrat weitgehend auf die Kontrolle des Vorstandes beschränkt ist, dem die alleinige Geschäftsführung (→ § 6 Rn. 35 f.) obliegt, gehen die Befugnisse des Ver-

---

42 *Wulf,* Der Verwaltungsrat öffentlich-rechtlicher Kreditinstitute, S. 124.
43 Abl. und nur von einer Rechtskontrolle ausgehend: *Schlierbach/Püttner,* S. 186 f.

waltungsrates darüber hinaus.[44] Zwar ist der Gegenstand der Überwachung – die Ordnungsmäßigkeit, Zweckmäßigkeit und Wirtschaftlichkeit der Geschäftsführung – der gleiche wie beim Aufsichtsrat der Aktiengesellschaft, doch zeigen sich beim näheren Hinsehen auch Befugnisse des Verwaltungsrates, die über diejenigen des Aufsichtsrates hinausgehen. Dazu gehört insbes. das Recht nach § 7 Abs. 4 Hs. 2, dem Vorstand allgemeine und spezifische Weisung geben zu können. Ein solches Weisungsrecht des Verwaltungsrates bestand auch schon bei seinem Funktionsvorgänger der RKA (vgl. § 9 Abs. 6 S. 1 Hs. 2 RKA-G[45] → Rn. 5). In der Lit. wird daraus gefolgert, dass die eigentliche Geschäftspolitik der Rentenbank vom Verwaltungsrat bestimmt wird.[46] Ausgedehnte Zustimmungsvorbehalte (vgl. § 9 Abs. 4 LR-Satzung), Beschlussbefugnisse in wichtigen Angelegenheiten (§ 7 Abs. 5), eine eigene Kompetenz-Kompetenz (vgl. § 6 Abs. 2 iVm § 7 Abs. 6), Richtlinienkompetenz hinsichtlich der Haupttätigkeit der Bank, der Förderung (§ 1 Abs. 3 S. 1 iVm § 9 Abs. 3 Nr. 5 LR-Satzung) und schließlich das weitgehend unbeschränkte Weisungsrecht hinsichtlich der Geschäftsführung (§ 7 Abs. 4 Hs. 2) überantworten dem Verwaltungsrat einen beherrschenden Einfluss in der Entscheidungsfindung der Rentenbank.[47] Insbes. durch die Richtlinienkompetenz werden Eigeninitiative und Dispositionsfreiheit des Vorstandes beschränkt.[48] Ein Widerspruch zur alten Fassung des PCGK (2009) wurde durch die Neufassung 2020 aufgelöst. In der Anm. zu Ziff. 4.1.1 PCGK (2009) hieß es „Weder die Hauptversammlung noch der Aufsichtsrat einer Aktiengesellschaft sind befugt, dem Vorstand Weisungen zu erteilen (§ 76 Abs. 1 AktG)." Der Widerspruch bedurfte keiner Erklärung in der jährlichen Entsprechenserklärung zum PCGK, da es sich lediglich um eine Anmerkung und nicht um eine Empfehlung handelt. Zudem war der Widerspruch auch dadurch zu relativieren, dass die Anmerkung sich zum einen konkret auf eine AG bezog und zum anderen dadurch, dass die Ziff. 3.1.2 PCGK (2009) ausdrücklich vorsah, dass die Satzung Zustimmungsvorbehalte des Überwachungsorgans im Hinblick auf Geschäfte grundlegender Bedeutung beinhalten soll. Auch hinsichtlich der Unterwerfung des PCGK kommt dem Verwaltungsrat eine gewisse Geschäftsführungsbefugnis zu. Er beschließt die Corporate Governance-Grundsätze der Bank und deren Umsetzung (§ 9 Abs. 3 Nr. 8 LR-Satzung).

Der Widerspruch ist darüber hinaus aus der tradierten Organisationsstruktur zu erklären. 47

---

44 Vertiefend zu den „geschäftsführerähnlichen" Befugnissen des Verwaltungsrates, *Löer*, Körperschafts- und anstaltsinterne Rechts- und Zweckmäßigkeitskontrolle, S. 230 ff.
45 Reichsgesetz über die Errichtung der Deutschen Rentenbank-Kreditanstalt vom 18.6.1925, RGBl. 1925 I 145.
46 *Scholz*, Die Kreditinstitute des Bundes, S. 46.
47 *Twiehaus*, S. 65.
48 *Löer*, Körperschafts- und anstaltsinterne Rechts- und Zweckmäßigkeitskontrolle, S. 232, *Löer* nimmt jedoch deren Vereinbarkeit mit dem KWG und dem Aktienrecht aufgrund verbleibender Geschäftsführungsmaßnahmen an.

2. Kompatibilität mit dem Aktienrecht und dem KWG

48   Dadurch stehen die Regelungen in § 7 in einem Spannungsverhältnis zu den Bestimmungen des Aktienrechts und des KWG.[49]

49   Aus dem KWG ergibt sich die Notwendigkeit einer strikten Trennung der Organkompetenzen.[50] Sie folgt zum einen daraus, dass allein die Vorstandsmitglieder als Geschäftsleiter (§ 1 Abs. 2 KWG) gegenüber der BaFin für die Geschäftsführung der Rentenbank verantwortlich sind.[51] Der Vorstand allein ist Adressat der kreditrechtlichen Pflichten.[52] Eine externe Verantwortung des Überwachungsorgans ist hingegen nicht geregelt.[53] Dies würde im Falle von Geschäftsführungsmaßnahmen zu Zurechnungsproblemen führen.[54] Zum anderen würden die besonderen Anforderungen des § 25 c KWG an die geschäftsleitende Person unterlaufen.[55] § 25 d KWG regelt jedoch fast identisch die Anforderungen an die Mitglieder des Überwachungsorgans. Die Zuverlässigkeitsanforderung wird dabei sogar identisch ausgelegt.[56] Eine strikte Trennung der Organkompetenzen wurde darüber hinaus in einem Schreiben des Bundesaufsichtsamtes für das Kreditwesen aus dem Jahr 1971 auch für öffentlich-rechtliche Kreditinstitute angenommen.[57] Unter Hinweis auf den Sinngehalt von § 111 Abs. 4 S. 1 AktG wurde eine generelle Weisungsbefugnis des Aufsichtsorgans gegenüber der Geschäftsführung, wie sie in § 7 Abs. 4 Hs. 2 normiert ist, mit dem KWG nicht für vereinbar gehalten.[58] Diese Rechtsauffassung muss heute mit einer unvergleichbar stärkeren Finanzmarktaufsicht und einer höheren Verantwortung der Organe der Kreditinstitute umso stärker unterstrichen werden. Eine derartig klare, spezifischen Organen zugeordnete Aufgabentrennung und Verantwortungszuweisung ist darüber hinaus im Hinblick auf das aktienrechtliche Prinzip des § 111 Abs. 4 S. 1 AktG, wonach Maßnahmen der Geschäftsführung dem Aufsichtsrat nicht übertragen werden können, geboten. Auch dieses Prinzip trägt der getrennten Haftung der Organe Rechnung, die über § 10 auch für die Organe der Rentenbank gilt.

50   Die spezifische Ausgestaltung des Verwaltungsrats (vgl. V. 1. Die atypischen Aufgaben des Verwaltungsrates → Rn. 44) wirft die Frage nach der Zulässigkeit und Sinnhaftigkeit auf. Formal kann darauf abgestellt

---

49   Vgl. *Löer*, Körperschafts- und anstaltsinterne Rechts- und Zweckmäßigkeitskontrolle, S. 239.
50   *Löer*, Körperschafts- und anstaltsinterne Rechts- und Zweckmäßigkeitskontrolle, S. 239; strikte Trennung der Organkompetenzen auch im Aktienrecht angenommen von *Rümker* FS Werner, 1984, 750.
51   Vgl. *Rümker* FS Werner, 1984, 750.
52   *Löer*, Körperschafts- und anstaltsinterne Rechts- und Zweckmäßigkeitskontrolle, S. 231.
53   Ebd.
54   Ebd.
55   Ebd.
56   Schwennicke/Auerbach/*Schwennicke* KWG § 25 d Rn. 5 a.
57   Abdruck des Schreibens in: *Reischauer/Kleinhans* KWG § 1 Rn. 240 zit. nach *Rümker* FS Werner, 1984, 752.
58   Schreiben des BAKred vom 14.1.1971, zit. bei *Reischauer/Kleinhans* KWG § 1 Rn. 240 und *Rümker* FS Werner, 1984, 752.

werden, dass das LR-G ein spezielleres Gesetz zu den gesetzlichen Vorgaben des KWG und den unverbindlichen Empfehlungen des PCGK ist.[59] Dieser Rückzug auf die formale Seite bedarf jedoch noch einer Unterfütterung durch materielle, namentlich inhaltliche, ökonomische, politische und gesellschaftsrechtliche Gründe.

Zunächst ist darauf hinzuweisen, dass die aktienrechtlichen Vorgaben 51 nach § 111 Abs. 4 S. 1 AktG sinnvoll in privatgesellschaftsrechtlichen Verhältnissen sind, um die Verantwortungsbereiche der einzelnen Organe und der durch sie repräsentierten Interessengruppen sichtbar zu machen. IR der mittelbaren Staatsverwaltung kann es indes nur ein öffentliches Interesse geben, dessen Bestimmung dem Anstaltsträger obliegt. Das ist jedoch keine Besonderheit der Rentenbank, sondern charakterisiert alle wirtschaftlich handelnden Anstalten des öffentlichen Rechts.

Trotz der Anlehnung des Organaufbaus an das Aktienrecht und der in 52 vielfacher Weise bestehenden Vorbildfunktion[60] des Aktienrechts, ist die entsprechende Anwendung aktienrechtlicher Bestimmungen im Einzelfall dahingehend zu untersuchen, ob Besonderheiten des öffentlich-rechtlichen Kreditinstitutes gegen die Anwendung oder zumindest für eine modifizierte Anwendung der aktienrechtlichen Wertungen und Bestimmungen sprechen (→ Einl. Rn. 29).[61] Eine entsprechende Anwendung aktienrechtlicher Bestimmungen wird aufgrund der ähnlichen Organstruktur und Funktionszuweisungen in öffentlich-rechtlichen Kreditinstituten häufig anzunehmen sein, soweit keine institutsspezifischen Sonderregelungen bestehen, „dh also in den entscheidungsrelevanten Punkten bei einer wertenden Gesamtbetrachtung übereinstimmende Tatbestände gegeben sind".[62]

Hier muss an die besondere Rechtsnatur der Rentenbank als eigenständige Einrichtung erinnert werden, die zwar die Rechtsnatur als Anstalt des öffentlichen Rechts erhalten hat, jedoch nicht im Eigentum eines öffentlich-rechtlichen Trägers und damit auch nicht hierarchisch einer Gebietskörperschaft noch einem anderen Träger öffentlicher Gewalt zugeordnet ist. Vielmehr gehört die Rentenbank nur sich selbst, da ausschließlich die Eigentümer und Pächter der mit der Rentenbankgrundschuld belasteten landwirtschaftlichen Grundstücke das Grundkapital der Rentenbank aufgebracht haben. Diese für eine Anstalt des öffentlichen Rechts atypische Errichtung setzt sich konsequent auch in den Organisationsstrukturen durch die herausgehobene Vertretung des landwirtschaftlichen Berufsstandes im Verwaltungsrat fort. Zum anderen hat aber auch der Bund als Träger der Anstaltslast und der Haftungsgarantie nach § 1 a ein förderpolitisches Interesse wahrzunehmen und ist daher über seine Prä-

---

59 AA: *Löer*, Körperschafts- und anstaltsinterne Rechts- und Zweckmäßigkeitskontrolle, S. 239, hält das KWG für das speziellere Gesetz im Hinblick auf die durch das KWG gesetzten Anforderungen an die Organstruktur und Organwalter.
60 *Rümker* FS Werner, 1984, 752.
61 *Rümker* FS Werner, 1984, 754.
62 Ebd.

senz im Verwaltungsrat an der Mitgestaltung wichtiger Entscheidungen der Bank aktiv beteiligt.[63] Diese Durchbrechung des aktienrechtlichen Verbots der Übertragung von Geschäftsführungsbefugnissen an den Verwaltungsrat nach § 111 Abs. 4 S. 1 AktG ist gleichwohl aktienrechtskonform, da auch das Aktienrecht Durchbrechungen dieses Verbots kennt.[64] So sieht das Aktienrecht bspw. vor, dass der Aufsichtsrat gem. § 111 Abs. 2 S. 3 AktG den Prüfungsauftrag des Abschlussprüfers erteilt oder dass der Aufsichtsrat eine präventive Kontrolle der Geschäftsführung durch ein Beratungsrecht ausübt.[65] Zudem besteht in § 111 Abs. 4 S. 2 AktG selbst ein Zustimmungsvorbehalt[66] des Aufsichtsrates. Dieser Zustimmungsvorbehalt ist als eine Art Vetorecht des Aufsichtsrates zu werten.[67] Hinzu treten Personalkompetenzen (§ 84 AktG) und Vertretungsbefugnisse (§§ 112, 89 AktG), welche im LR-G identisch ausgestaltet sind (vgl. § 6 Abs. 1 S. 2, Abs. 3 S. 4). Die Kompetenzabgrenzung richtet sich nicht strikt nach einheitlichen Vorgaben, sondern ist von der Realstruktur der jeweiligen Gesellschaft abhängig. Sie muss die Funktionsfähigkeit des Systems der Checks and Balances erhalten und dabei als Schranke insbes. ein notwendigerweise fortbestehendes Initiativrecht des Vorstandes, den Grundsatz der Organadäquanz (hier ist insbes. auf die ehrenamtliche Wahrnehmung der Verwaltungsratsmitgliedschaft hinzuweisen) sowie ein korrespondierendes Haftungsrisiko anerkennen.[68] Daher sind die Durchbrechungen des aktienrechtlichen Verbots der Übertragung von Geschäftsführungsbefugnissen an den Verwaltungsrat unter folgenden Vorgaben zulässig:

- Beschränkung auf ausdrücklich und abschließend im LR-G oder in LR-Satzung genannte Fälle
- Beschränkung auf Entscheidungen, die struktureller und/oder grundsätzlicher Art sind und deren (aus der Sicht des Verwaltungsrates) negativen Wirkungen iR einer repressiven Kontrolle nicht zurückgenommen werden können
- Überwachungsbefugnisse können nicht durch Generalklausel geregelt werden, soweit sie sich auf eine präventive Kontrolle des Vorstandes erstrecken
- Es darf sich nicht um ein eigenes unternehmerisches Gestaltungsrecht des Verwaltungsrats handeln, da dies der Überwachungsfunktion nicht zu entnehmen ist

---

63 Entwurf der Bundesregierung eines Fünften Gesetzes zur Änderung des Gesetzes über die Landwirtschaftliche Rentenbank, 7.12.2001, BT-Drs. 14/7753, 9 und 17.
64 Hüffer/Koch/*Koch* AktG § 111 Rn. 33.
65 Zum Beratungsrecht: Hüffer/Koch/*Koch* AktG § 111 Rn. 13; § 90 Rn. 4 d.
66 Besondere Ausprägungen hiervon sind: §§ 89 Abs. 2 S. 1, 114 Abs. 1, 115 Abs. 1 S. 1; MüKoAktG/*Habersack* § 111 Rn. 113.
67 MüKoAktG/*Habersack* § 111 Rn. 113.
68 Hüffer/Koch/*Koch* AktG § 76 Rn. 2; § 111 Rn. 34.

■ Die verstärkte Befugnis des Verwaltungsrats muss einhergehen mit
  einer Erhöhung der
  – Qualifikationsanforderungen und
  – der Haftung
  der Mitglieder des Verwaltungsrates.

Hinsichtlich der Qualifikationsanforderungen sind die Vorgaben des
PCGK im besonders strengen Sinne zu handhaben (bereits → Rn. 27 mit
den dort genannten Ausnahmen für politische Vertreter). Hinsichtlich
der Haftung erweist es sich als problematisch, wenn § 7 Abs. 4 Hs. 2
dem Verwaltungsrat Befugnisse einräumt, die über die des Aufsichtsrates
hinausgehen, zugleich aber in § 10 die Haftung der Mitglieder des Verwaltungsrates auf die schwächere Haftung eines Aufsichtsratsmitglieds
begrenzt (zum Umfang der Haftung näher → § 10 Rn. 48).

Von Stralendorff schlägt hinsichtlich der Lösung des Gesetzeskonfliktes,   54
insbes. mit Blick auf die Weisungsrechte des Verwaltungsrates, indes vor,
diesen dadurch zu lösen, dass Beschlüsse des Verwaltungsrates, mit denen auf den Vorstand eingewirkt werden soll und die daher formalrecht-
lich gesehen dem Prinzip des § 111 Abs. 4 S. 1 AktG widersprechen würden, materiell in KWG-konformer Auslegung einschränkend als Ausübung eines Zustimmungsvorbehalts nach dem Vorbild des § 111 Abs. 4
S. 2 AktG zu interpretieren sind.[69] Diese Konsequenz ergäbe sich aus
dem erwähnten Schreiben des BAKred, das unter aufsichtsrechtlichen
Aspekten die Verantwortung für solche Maßnahmen ausschließlich in
die Geschäftsführungskompetenz des Vorstandes verweist und die Mitwirkung des Verwaltungsrates lediglich als Zustimmung ansieht.[70]

Dieser Lösung ist zugute zu halten, dass sie die Aufsichtsbefugnisse des   55
Verwaltungsrates auf reaktive Maßnahmen begrenzt und damit eine aktive Geschäftsführung durch den Verwaltungsrat durch das Instrument
der Weisung ausschließt. Der Verwaltungsrat kann somit Entscheidungen des Vorstandes verhindern, selbst aber keine erzwingen. Dieser
Ausschluss einer umfassenden aktiven Geschäftsführung durch den Verwaltungsrat folgt bereits aus dem Gebot der Erhaltung des Systems der
Checks and Balances innerhalb der Rentenbank. Zudem widerspreche es
dem Grundsatz der Organadäquanz. Jedoch reicht diese Begrenzung
nicht aus, um den Gesetzeskonflikt zu lösen. Die Umdeutung des weitestgehend umfassenden (ausgenommen ist der unveräußerliche Kern der
Geschäftsführung, die Geschäftsleitung, → § 6 Rn. 33 ff.) Weisungsrechts
in ein umfassendes Recht zur Ausübung des Zustimmungsvorbehaltes
würde bedeuten, die Begrenzung der Fälle des Zustimmungsvorbehaltes
in der LR-Satzung auszuheben. Dadurch wird weder für die Finanzmarktaufsicht noch für den Vorstand der Rentenbank ex ante (!) deut-

---

69 *v. Stralendorff*, Erl. zum LR-G in: Das Deutsche Bundesrecht, IV E 11, 1093. EL
   2010, § 7 Rn. 9.
70 *Rümker* FS Werner, 1984, 763; *Löer*, Körperschafts- und anstaltsinterne Rechts-
   und Zweckmäßigkeitskontrolle, S. 233.

lich, welches Organ für welche Entscheidungen verantwortlich ist. Die
Umdeutung kann auch nicht durch die grds. bestehende satzungsgebende
Gewalt des Verwaltungsrates begründet werden, die es ihm ermöglichen
würde, die begrenzten Fälle der Zustimmungsvorbehalte zu erweitern.
Denn dem Verwaltungsrat ist es verwehrt, die Satzung zu ändern, um die
grundsätzliche Verantwortungsverteilung innerhalb der Rentenbank
durch ein allgemeines Zustimmungsvorbehaltsrecht des Verwaltungsrates umzustoßen (s. hierzu VI. 4. Satzungsgebungsbefugnis). Nur punktuelle, abstrakt formulierte Ergänzungen sind möglich, nicht hingegen eine
generalklauselartige Kompetenz zur Festlegung von Zustimmungsvorbe-
halten im Einzelfall.

56   Der Gesetzeskonflikt kann indes dadurch gelöst werden, dass der Umfang des Weisungsrechts an den des Zustimmungsvorbehaltes geknüpft
wird. In den enumerativ genannten Fällen, in denen die LR-Satzung dem
Verwaltungsrat die Befugnis zur Geltendmachung eines Zustimmungsvorbehaltes einräumt, kann der Verwaltungsrat statt des Vorbehalts die
Weisung an den Vorstand erteilen, diese Entscheidung gar nicht erst zu
treffen. Im Grunde verlagert das Weisungsrecht damit die Entscheidung
des Verwaltungsrates vor und verkürzt damit das Verfahren. Dies kann
in den Fällen sinnvoll sein, in denen der Vorstandsbeschluss aufgrund
mangelnder Zustimmung bei erfolgtem Vorbehalt zwar rechtlich schwe-
bend unwirksam ist, faktisch aber bereits eine schädigende Wirkung hat
und daher eine spätere Entscheidung des Verwaltungsrats auf der Grundlage eines Zustimmungsvorbehalts keine ausreichende Wirkung erzielt.
Diese Interpretation wird insoweit durch die LR-Satzung bestätigt, als
dass die Satzung selbst das Weisungsrecht aus § 7 Abs. 4 Hs. 2 nicht
mehr aufgreift, sondern nur Zustimmungsvorbehalte statuiert (vgl. § 9
Abs. 4 LR-Satzung). Zwar kann der Verwaltungsrat aufgrund der Satzungsgebungsbefugnis weitere Zustimmungsvorbehalte normieren, jedoch ist das Weisungsrecht darüber hinaus auf geschäftsführende Maßnahmen, die nicht der Geschäftsleitung unterfallen, begrenzt (→ § 6
Rn. 33 ff.).

57   Des Weiteren wird der Gesetzeskonflikt durch die Legalitätspflicht des
Vorstandes (→ § 10 Rn. 13) entschärft. Diese verhindert, dass der Vorstand sich aufgrund einer rechtswidrigen Weisung des Verwaltungsrates
haftbar macht. Die Umsetzungspflicht der Weisung (→ Rn. 68) ist insoweit teleologisch zu reduzieren.

VI. Die Befugnisse des Verwaltungsrates (Abs. 4 und 5)

1. Eigene Geschäftsführungsbefugnisse

58   Eine Besonderheit des Verwaltungsrates der Rentenbank gegenüber vergleichbaren Organen anderer Kreditinstitute sind eigene Gestaltungs-
und Geschäftsführungsbefugnisse. So enthält § 6 Abs. 2 einen Geschäfts-
führungsvorbehalt, wonach der Vorstand die Geschäfte der Bank (nur)
führt, „soweit diese Aufgabe nicht […] anderen Organen zugewiesen
ist“.

Derartige Zuweisungen bestehen zugunsten des Verwaltungsrates: So hat 59
der Verwaltungsrat das Recht über zweckgebundene Rücklagen, die Aufteilung des Bilanzgewinns und über den Gewinnverwendungsvorschlag
zu beschließen (§ 9 Abs. 3 Nr. 1–3 LR-Satzung iVm § 7 Abs. 5 und § 2
Abs. 2 und 3 LR-G), allgemeine Richtlinien für die Kreditgewährung zu
erlassen (§ 9 Abs. 3 Nr. 5 iVm § 1 Abs. 3 S. 1 LR-Satzung), Zustimmungsvorbehalte bei der Ausgabe von Schuldverschreibungen, bei der
Übernahme, Änderung und Aufgabe von Beteiligungen, bei dem Erwerb,
der Belastung und der Veräußerung von Grundeigentum, bei dem Abschluss von Anstellungsverträgen mit höherem Jahresgehalt, bei der Bestellung von Prokuristen sowie bei der betrieblichen Altersversorgung
auszuüben (§ 9 Abs. 4 LR-Satzung). Aufgrund der Satzungshoheit (§ 7
Abs. 6) steht es dem Verwaltungsrat frei, bis zur Grenze des unveräußer-
lichen Kerns der Geschäftsführung, der Geschäftsleitung (→ § 6
Rn. 33 ff.), weitere Zustimmungserfordernisse in der Satzung zu regeln.

Dem Verwaltungsrat obliegt schließlich die Bereitstellung und Abberu- 60
fung der Vorstandsmitglieder in der sinnvollen Verbindung mit dem
Recht, die Anstellungsbedingungen zu regeln (§ 6 Abs. 1 S. 2 LR-G, § 3
Abs. 6 S. 2, Abs. 7 S. 1 LR-Satzung).

2. Überwachungsbefugnisse (Abs. 4)

Gem. § 7 Abs. 4 Hs. 1 überwacht der Verwaltungsrat die Geschäftsfüh- 61
rung des Vorstandes und beschließt über dessen Entlastung. Die Überwachung der Geschäftsführung ist neben der Wahrnehmung der Personalkompetenz die wesentliche Funktion des Verwaltungsrats. Das LR-G gewährt dem Verwaltungsrat zu diesem Zweck Überwachungsinstrumente.

Gegenstand der Überwachung ist die Geschäftsführung. Sie bezieht je- 62
doch auch die „Leitung" der Gesellschaft und damit auch die strategische Unternehmensführung mit ein.[71] Grds. sollen keine „überwa-
chungsfreien" Bereiche existieren.[72] Seine Grenze findet die Überwa-
chungsbefugnis in der Kompetenzabgrenzung: die Überwachung darf
nicht so intensiv und kleinteilig sein, dass die Geschäftsführungskompetenz faktisch gemeinsam ausgeübt wird.[73] Personell umfasst die Überwachungspflicht jedes einzelne Vorstandsmitglied.[74]

a) Informationsrechte des Verwaltungsrates

Von grundlegender Bedeutung für die Überwachungsaufgabe und für die 63
bei ihrer Wahrnehmung zu treffenden Entscheidungen ist die umfassende
und zuverlässige Information des Überwachungsorgans. Befugnisse des
Verwaltungsrates zur Informationsbeschaffung, wie etwa Prüfungs-,
Kontroll-, Einsichts- und Berichtsrechte sind weder im LR-G noch in der
LR-Satzung ausdrücklich festgelegt. Stattdessen ist aber die Berichts-

---

71 Vgl. Spindler/Stilz/*Spindler* AktG § 111 Rn. 6.
72 Vgl. Spindler/Stilz/*Spindler* AktG § 111 Rn. 8.
73 Vgl. Spindler/Stilz/*Spindler* AktG § 111 Rn. 8.
74 Vgl. ebd.

pflicht des Vorstandes an den Verwaltungsrat in Anlehnung an die entsprechende Vorschrift im Aktienrecht (§ 90 AktG) in § 3 Abs. 5 LR-Satzung vorgesehen, woraus sich im Umkehrschluss auch ein Berichtsrecht des Verwaltungsrates gegenüber dem Vorstand ableiten lässt.[75]

b) Beratungsrechte

64 Der Verwaltungsrat kann sich bei der Erfüllung seiner Überwachungsaufgabe nicht damit begnügen, seine Informationsrechte auszuüben und die erhaltenen Informationen, welche sich auch aus der Berichtspflicht des Vorstandes (§ 3 Abs. 5 S. 1 LR-Satzung) ergeben können, lediglich zur Kenntnis zu nehmen. Er muss sich aufgrund der bei der Informationsprüfung gewonnenen Erkenntnissen ein Urteil bilden und entscheiden, ob und wie er von seinen Einwirkungsrechten (s. hierzu nachfolgende Punkte c) und d)) Gebrauch macht.

65 Nicht geregelt, aber zweifelsfrei als Teil der Überwachungsfunktion und aufgrund vergleichbarere Interessenlage entsprechend anzuwendender aktienrechtlicher Vorgaben[76] anzuerkennen ist die Möglichkeit und Pflicht zur Beratung der Geschäftsführung bei Entscheidungen über die künftige Unternehmenspolitik. Diese Beratungsaufgabe versteht sich – gleichsam im Sinne einer effektiven, in die Zukunft gerichteten und damit präventiven Kontrolle[77] – als Teil der allgemeinen Überwachungspflicht. Im Aktienrecht wird durch Beratungsfunktion des Aufsichtsrates eine Tendenz hin zu einer mit dem Vorstand gemeinsamen zukunftsorientierten Gestaltung der Leitlinien der Geschäftspolitik wahrgenommen;[78] freilich ohne rechtliche Bindungswirkung für den Vorstand.

66 Indirekt kommt das aufgrund der gegenseitigen Förderungspflicht zum Wohle der Rentenbank organübergreifend geltende Beratungsrecht durch die Teilnahme des Verwaltungsratsvorsitzenden an den Sitzungen der Anstaltsversammlung, § 14 Abs. 2, § 15 Abs. 1 LR-Satzung zur Anwendung.[79]

c) Zustimmungsvorbehalte

67 Für Geschäfte von grundlegender Bedeutung legt die LR-Satzung Zustimmungsvorbehalte zugunsten des Überwachungsorgans fest, § 4 Abs. 1 S. 2 und § 9 Abs. 4 LR-Satzung. Hierzu gehören die Bestellung eines Prokuristen, Entscheidungen oder Maßnahmen, die zu einer erheblichen Veränderung der Geschäftätigkeit iR des LR-G oder zu einer grundlegenden Veränderung der Vermögens-, Finanz- oder Ertragslage oder der Risikostruktur der Rentenbank führen können. Aufgelistet sind insoweit Zustimmungserfordernisse bei der Ausgabe von Schuldver-

---

75 *Wulf,* Der Verwaltungsrat öffentlich-rechtlicher Kreditinstitute, S. 18; *Löer,* Körperschafts- und anstaltsinterne Rechts- und Zweckmäßigkeitskontrolle, S. 236.
76 Spindler/Stilz/*Spindler* AktG § 111 Rn. 10 mwN.
77 Hüffer/Koch/*Koch* AktG § 111 Rn. 13.
78 Hüffer/Koch/*Koch* AktG § 111 Rn. 5.
79 *Löer,* Körperschafts- und anstaltsinterne Rechts- und Zweckmäßigkeitskontrolle, S. 241 f.

schreibungen (Nr. 1), für die Übernahme, Änderung und Aufgabe von Beteiligungen (Nr. 2), für den Erwerb, die Belastung und die Veräußerung von Grundeigentum, abgesehen vom Fall der Zwangsversteigerung (Nr. 3), für die Bestellung von Prokuristen und den Abschluss von Anstellungsverträgen mit einem Jahresgehalt, das eine vom Verwaltungsausschuss festgesetzte Höhe übersteigt (Nr. 4) und für die Aufstellung von Richtlinien über die Gewährung von Ruhegehältern einschließlich Witwen- und Waisengeldern (Nr. 5). Die Kompetenz des Verwaltungsrates, zusätzliche Zustimmungsvorbehalte durch Satzung zu bestimmen (§ 7 Abs. 6 iVm § 6 Abs. 2), bleibt hiervon unberührt.

d) Weisungsrechte

Dem Verwaltungsrat steht im Gegensatz zum Aufsichtsrat der AG ausdrücklich ein Weisungsrecht in geschäftsführungsrelevanten Angelegenheiten zu, § 7 Abs. 4 Hs. 2 (zur Zulässigkeit eines solchen Weisungsrechtes → Rn. 46 ff.; zur Reichweite des Weisungsrechtes → Rn. 56 und → § 6 Rn. 33 ff.).[80] Anders als das Beratungsrecht sind die Weisungen des Verwaltungsrates bindender Natur hinsichtlich des „ob" der Umsetzung. Dies ergibt sich bereits nach Wortlautauslegung des Wortes „erteilen", das einen imperativen Auftrag bzw. einen verpflichtenden Charakter enthält und aus der allgemeinen verwaltungsrechtlichen Interpretation des Terminus „Weisung"[81]. Lediglich hinsichtlich der Umsetzungsmodalitäten (das „wie" der Umsetzung) gewährt die Weisung dem Vorstand Handlungsspielraum. Zudem gilt eine teleologische Reduktion im Hinblick auf die Umsetzungspflicht rechtswidriger Weisungen aufgrund der Legalitätspflicht des Vorstandes.

68

3. Haushaltsprüfung

Der Verwaltungsrat genehmigt den Jahresabschluss (§ 7 Abs. 5 LR-G, § 9 Abs. 1 LR-Satzung) und bestimmt mit Zustimmung der Aufsichtsbehörde den Abschlussprüfer (§ 9 Abs. 2 LR-Satzung). Der Verwaltungsrat beschließt über die Entlastung der Vorstandsmitglieder (§ 7 Abs. 4 LR-G, § 9 Abs. 3 Nr. 4 LR-Satzung).

69

4. Satzungsgebungsbefugnis (Abs. 7)

Ferner hat der Verwaltungsrat das Recht, die Satzung und ihre Änderungen zu beschließen (§ 7 Abs. 6 S. 1). Damit stellt sich das LR-G bewusst gegen das aktienrechtliche Modell, das nach § 179 Abs. 1 S. 1 AktG dieses Recht der Hauptversammlung überantwortet. Die Hauptversammlung kann auf den Aufsichtsrat nur die Befugnis zur Fassungsänderungen, dh zu sprachlichen, nicht inhaltlichen Änderungen übertragen (§ 179 Abs. 1 S. 2 AktG). Der Verwaltungsrat der Rentenbank verfügt mit der ausschließlich ihm übertragenen Satzungsgebungsbefugnis über eine im Vergleich mit anderen Förderbanken einzigartige Kompetenz-

70

---

80 MüKoAktG/*Habersack* § 111 Rn. 12.
81 Vgl. Maunz/Dürig/*Kirchhof* Art. 84 Rn. 236.

Kompetenz. Diese Satzungsgebungskompetenz unterliegt jedoch dem Genehmigungsvorbehalt der Aufsichtsbehörde, § 7 Abs. 6 S. 2. Aufgrund dieser Regelung könnte nach dem Wortlaut die gesamte Geschäftsführung auf den Verwaltungsrat übertragen werden mit der Folge, dass dieser dann geschäftsführendes Organ ohne Vertretungsmacht wäre. Allerdings ist die Geschäftsleitung, die Teilmenge der Geschäftsführung ist, eine nicht übertragbare Kompetenz des Vorstandes (→ § 6 Rn. 33 ff.). Diese isolierte Auslegung dieser Bestimmung verkennt darüber hinaus die Überlagerung des LR-G durch EU- und staatliche Finanzmarktregelungen, die notwendigerweise ein System der Checks and Balances bei der Geschäftsführung eines Kreditinstitutes vorsehen. An diese Vorgaben ist auch der Verwaltungsrat gebunden. Die ausschließliche Überantwortung der Satzungsgebung an den Verwaltungsrat ist wiederum aus der besonderen Eigentümerstruktur der Rentenbank zu begründen. Die Rentenbank verfügt über keine personalisierbaren Eigentümer, deren Interessen über die „Hauptversammlung" in die Struktur und die Aufgaben der Rentenbank einfließen können. Bei der Rentenbank konzentrieren sich indes das Interesse einer abstrakt definierten Berufsgruppe der Landwirte in Deutschland, die das Grundkapital eingebracht haben, und das Interesse der Anstalts- und Gewährträger aufgrund der gesetzlich statuierten rechtsforminhärenten unbeschränkten Haftung und Ausstattungspflicht. Diese sind im Verwaltungsrat angemessen vertreten, so dass es interessensgerecht und angemessen erscheint, diese Kompetenz untypischerweise bei diesem Organ zu verorten. Satzungsänderungen müssen mit einer Zweidrittelmehrheit der Verwaltungsratsmitglieder beschlossen werden und sind nach der Genehmigung durch die Aufsichtsbehörde bekannt zu machen, § 9 Abs. 3 Nr. 7 LR-Satzung.

5. Befugnisse zur Vertretung der Landwirtschaftlichen Rentenbank gegenüber dem Vorstand

71   Auf die Vertretung der Rentenbank gegenüber ihren Organen sind nach § 6 Abs. 3 S. 4 die für Aktiengesellschaften geltenden Vorschriften (§§ 112, 78 Abs. 2 S. 2 AktG) entsprechend anzuwenden. Dementsprechend vertritt gegenüber Vorstandsmitgliedern, der Verwaltungsrat die Rentenbank gerichtlich und außergerichtlich (§ 4 Abs. 7 S. 1 LR-Satzung).

72   In Anlehnung an das Aktienrecht (aufgrund planwidriger Nichtregelung des LR-G und vergleichbarer Interessenlage) bedarf es bei der Willensbildung im Falle der Aktivvertretung der Rentenbank eines Beschlusses des Verwaltungsrats.[82] Handelt es sich in den Aktivvertretungsfällen um Rechtsgeschäfte, ist die Erklärungshandlung satzungsgemäß dem Vorsitzenden des Verwaltungsrates übertragen (§ 4 Abs. 7 S. 2 LR-Satzung). Sie erfordert die Zustimmung des Nominierungsausschusses (§ 10 Abs. 2

---

82 Vgl. MüKoAktG/*Habersack* § 112 Rn. 21.

LR-Satzung, § 25 d Abs. 11 KWG) und der Aufsichtsbehörde (§ 11), § 4 Abs. 7 S. 2 LR-Satzung.

VII. Innere Ordnung des Verwaltungsrates

Die innere Ordnung des Verwaltungsrates wird weitestgehend durch die LR-Satzung bestimmt. Die Satzung sieht in § 8 Abs. 2 (iVm § 9 Abs. 3 Nr. 6 LR- Satzung) zwingend vor, dass sich der Verwaltungsrat eine Geschäftsordnung gibt. Damit entspricht dies auch den Vorgaben des PCGK (Ziff. 6.1.2). 73

1. Sitzungs- und Beschlussverfahren

Das Sitzungs- und Beschlussverfahren ist ausführlich in § 7 LR-Satzung normiert. Hiernach versammelt sich der Verwaltungsrat an dem bei der Einberufung zu bestimmenden Ort so oft, wie die Geschäfte es erfordern, mindestens jedoch einmal in jedem Halbjahr, § 7 Abs. 1 S. 1 LR-Satzung. Eine unverzügliche Einberufung ist erforderlich, wenn mindestens sechs Mitglieder oder die Aufsichtsbehörde dies verlangen, § 7 Abs. 1 S. 3 LR-Satzung. Zu allen Sitzungen des Verwaltungsrates und seiner Ausschüsse ist die Aufsichtsbehörde einzuladen, § 7 Abs. 1 S. 4 LR-Satzung. Für die Teilnahme an Sitzungen des Verwaltungsrates sowie seiner Ausschüsse oder Beiräte werden angemessene Reisekosten vergütet, § 12 Abs. 2 LR-Satzung. 74

Beschlüsse und Wahlergebnisse fasst der Verwaltungsrat mit einfacher Stimmenmehrheit, § 7 Abs. 4 S. 1 LR-Satzung. Satzungsänderungen bedürfen jedoch einer Zweidrittelmehrheit, § 9 Abs. 3 Nr. 7 LR-Satzung. Beschlussfähigkeit liegt vor, wenn mindestens die Hälfte seiner Mitglieder anwesend ist, § 7 Abs. 2 S. 1 LR-Satzung. Insbes. in Eilfällen ist auch eine schriftliche, telekopierte oder durch sonstige technische Hilfsmittel zustande gekommene Beschlussfassung zulässig, § 7 Abs. 3 LR-Satzung. 75

Über das Ergebnis der Verhandlungen des Verwaltungsrates ist eine Niederschrift aufzunehmen, die von dem Vorsitzenden und dem Schriftführer, der nicht Mitglied des Verwaltungsrates zu sein braucht, zu unterzeichnen ist, § 7 Abs. 5 LR-Satzung. 76

Gem. § 11 LR-Satzung sind Urkunden und Erklärungen des Verwaltungsrates mit dem Namen der Rentenbank sowie den Worten „Der Verwaltungsrat" zu versehen und von dem Vorsitzenden des Verwaltungsrates oder seinem Stellvertreter zu unterzeichnen. 77

2. Ausschüsse

Viele Aufgaben erledigt der Verwaltungsrat nicht in seiner Gesamtheit, sondern in fachlich qualifizierten Ausschüssen, denen er für bestimmte Gebiete seine Befugnisse ganz oder teilweise übertragen kann (§ 10 Abs. 1 S. 1 LR-Satzung). Laut Satzung vorgesehen sind: der Nominierungsausschuss (§ 10 Abs. 2 iVm § 25 d Abs. 11 KWG), der Vergütungskontrollausschuss (§ 10 Abs. 3 iVm § 25 d Abs. 12 KWG), der Risiko- 78 ausschuss (§ 10 Abs. 4 iVm § 25 d Abs. 8 KWG), der Prüfungsausschuss (§ 10 Abs. 5 iVm § 25 d Abs. 9 KWG) und der Fachausschuss (§ 10 Abs. 6). Den genannten Ausschüssen dürfen mit Ausnahme des Fachausschusses nur Mitglieder des Verwaltungsrates angehören (§ 10 Abs. 1 S. 2 LR-Satzung). Die Ausschüsse dienen der Steigerung der Effizienz der Arbeit des Verwaltungsrates und der Behandlung komplexer Sachverhalte.[83] Die Ergebnisse der Ausschusssitzungen sind dem Verwaltungsrat bei seiner nächsten Zusammenkunft mitzuteilen (§ 10 Abs. 8 LR-Satzung). Die Kompetenzen der Ausschüsse hat der Verwaltungsrat in seiner Geschäftsordnung festgelegt.

79   Der PCGK empfiehlt – in Abhängigkeit von den Verhältnissen im Einzelfall – die Einrichtung von fachlich qualifizierten Ausschüssen, in denen bestimmte Sachthemen behandelt werden (Ziff. 6.1.5 PCGK). Die Entscheidungskompetenz soll jedoch dem Plenum des Überwachungsorgans vorbehalten bleiben (Ziff. 6.1.7 PCGK). Für die Beschlussfassung innerhalb der einzelnen Ausschüsse werden gem. § 10 Abs. 1 S. 3 LR-Satzung die Regelungen für die Beschlussfassung des gesamten Verwaltungsrates aus § 7 Abs. 2–5 übertragen. Von seiner Übertragungskompetenz gem. § 10 Abs. 1 S. 1 LR-Satzung hat der Verwaltungsrat vereinzelt Gebrauch gemacht. Aus Praktikabilitäts- und Effizienzgründen sind einzelne Ausschüsse entgegen Ziff. 6.1.7 PCGK ermächtigt worden, selbst abschließend zu entscheiden.[84] Diese Abweichungen erklären Vorstand und Verwaltungsrat in ihrer jährlich abzugebenden (vgl. Ziff.7.1 PCGK) Entsprechungserklärung (zuletzt April 2020).

80   Das Hinzuziehen von Sachverständigen und Auskunftspersonen innerhalb der jeweiligen Ausschüsse ist gestattet, § 10 Abs. 1 S. 4 LR-Satzung. Zudem besteht die Möglichkeit, externe Sachverständigenbeiräte einzuberufen, die außerhalb der inneren Ordnung des Verwaltungsrates wirken, § 10 Abs. 7 LR-Satzung.

a) Nominierungsausschuss (§ 10 Abs. 2 LR-Satzung iVm § 25 d Abs. 11 KWG)

81   Der Nominierungsausschuss besteht aus dem Vorsitzenden des Verwaltungsrates, seinem Stellvertreter, einem Vertreter des BMF und vier weiteren Mitgliedern des Verwaltungsrates, § 10 Abs. 2 S. 1 LR-Satzung.

82   Der Nominierungsausschuss ist zum einen zuständig für die Behandlung von Rechts- und Verwaltungsangelegenheiten, § 10 Abs. 2 S. 3 LR-Satzung. Insoweit hat er die Aufgaben des vormaligen Verwaltungsausschusses übernommen, sofern sie nicht dem Vergütungskontrollausschuss zugewiesen wurden. Zum anderen entscheidet er über den Abschluss oder die Änderung von Anstellungsverträgen mit Vorstandsmitgliedern und unterstützt den Verwaltungsrat bei der Ermittlung von Bewerbern für die Besetzung einer Stelle im Vorstand. Die Bestellung und der Widerruf der Bestellung von Anstellungsverträgen mit Vorstandsmit-

---

83   Ziff. 6.1.5 PCGK.
84   Geschäftsbericht 2019, S. 63.

gliedern ist Sache des gesamten Verwaltungsrates. Das gilt nach dem ac-
tus-contrarius-Gedanken auch für die Kündigung oder sonstige Aufhebung. Die Besetzung des Vorstandes durch den Verwaltungsrat erfolgt jedoch gem. § 3 Abs. 2 LR-Satzung auf Vorschlag des Nominierungsausschusses. Weiter unterstützt er den Verwaltungsrat bei der Vorbereitung
von Wahlvorschlägen für die Wahl der Mitglieder des Verwaltungsrates
gem. § 7 Abs. 1 Nr. 6.

Der Nominierungsausschuss entscheidet iR der Kompetenzzuweisung, **83**
Rechts- und Verwaltungsangelegenheiten zu behandeln, auch über die
Zustimmung zur Bestellung von Prokuristen und zum Abschluss von Anstellungsverträgen mit einem Jahresgehalt, das eine vom Nominierungsausschuss festgesetzte Höhe übersteigt (§ 9 Abs. 4 Nr. 4 LR-Satzung),
über die Zustimmung zum Erwerb, zur Belastung und zur Veräußerung
von Grundeigentum (§ 9 Abs. 4 Nr. 3 LR-Satzung) sowie über die Zustimmung zu Krediten nach § 15 Abs. 1 S. 1 Nr. 1–6 KWG (personenbe-
zogene Organkredite).

b) Vergütungskontrollausschuss (§ 10 Abs. 3 LR-Satzung iVm § 25 d Abs. 12 KWG)

Der Vergütungskontrollausschuss setzt sich aus dem Vorsitzenden des **84**
Verwaltungsrates, seinem Stellvertreter, einem Vertreter des BMF und
vier weiteren Mitgliedern des Verwaltungsrates zusammen, § 10 Abs. 3
S. 1 LR-Satzung. Er überwacht die Ausgestaltung eines angemessenen
Vergütungssystems. Die Gesamtbezüge der einzelnen Vorstandsmitglieds
müssen in einem angemessenen Verhältnis zu dessen Aufgaben und zur
wirtschaftlichen Lage der Bank stehen (§ 3 Abs. 6 S. 1 LR-Satzung).
Gem. § 10 Abs. 3 S. 2 LR-Satzung bereitet der Vergütungskontrollausschuss die Beschlüsse des Verwaltungsrates über die Vergütung der Mitglieder des Vorstandes vor. Der Verwaltungsratsbeschluss über die jeweiligen Bezüge der Vorstandsmitglieder wird nur auf Vorschlag des Vergütungskontrollausschusses getroffen (§ 3 Abs. 6 S. 2 LR-Satzung).

c) Risikoausschuss (§ 10 Abs. 4 LR-Satzung iVm § 25 d Abs. 8 KWG)

Der Risikoausschuss besteht gem. § 10 Abs. 4 S. 1 LR-Satzung aus einem **85**
Vertreter des BMEL, einem Vertreter des BMF, zwei Vertretern der Kreditwirtschaft, wovon einer den Vorsitz des Risikoausschusses haben soll
(§ 10 Abs. 4 S. 7 LR-Satzung), sowie zwei Vertretern des Deutschen Bauernverbandes e.V. Die Maßgabe bzgl. des Vorsitzes soll sicherstellen,
dass der Vorsitzende des Risikoausschusses über besondere Kenntnisse
und Erfahrungen in der Anwendung von Rechnungslegungsgrundsätzen
und internen Kontrollverfahren verfügt.

Zum Aufgabengebiet des Risikoausschusses gehört gem. § 10 Abs. 4 S. 3 **86**
LR-Satzung insbes. die Beratung des Verwaltungsrates zur aktuellen und
künftigen Gesamtrisikobereitschaft und -strategie der Bank sowie dessen
Unterstützung bei der Überwachung der Umsetzung dieser Strategie
durch den Vorstand (zu den Beratungsrechten gegenüber dem Vorstand

→ Rn. 64). Entscheidungen des Verwaltungsrats, die sich wesentlich auf das Risikoprofil und die Risikostrategie der Bank auswirken können, bedürfen einer vorherigen Beschlussempfehlung des Risikoausschusses an den Verwaltungsrat, § 10 Abs. 4 S. 4 LR-Satzung. Die Beschlussfassung des Verwaltungsrates in derartigen Entscheidungen ist zu vertagen, wenn nicht mindestens ein Vertreter des Bundes anwesend ist, § 7 Abs. 2 S. 2 LR-Satzung. Eine weitere Vertagung des betroffenen Tagesordnungspunktes in der nächsten Sitzung ist unzulässig, § 7 Abs. 2 S. 3 LR-Satzung. Für die Berichtspflicht des Vorstandes gem. § 3 Abs. 5 LR-Satzung bestimmt der Risikoausschuss Art, Umfang, Format und Häufigkeit der Informationen, die der Vorstand zum Thema Strategie und Risiko vorlegen muss, § 10 Abs. 4 S. 5 LR-Satzung.

87   Der Risikoausschuss ist ferner zuständig für die Behandlung von Kredit- und Beteiligungsangelegenheiten, § 10 Abs. 4 S. 6 LR-Satzung. Er bereitet daher die Beschlüsse des Verwaltungsrates durch Beratung und Empfehlungen, insbes. bei Erlass allgemeiner Richtlinien für die Kreditgewährung (§ 9 Abs. 3 Nr. 5 iVm § 1 Abs. 3 S. 1 LR-Satzung), und in Beteiligungsangelegenheiten (§ 9 Abs. 4 Nr. 2 LR-Satzung) vor. Der Risikoausschuss entscheidet über die Zustimmung zu Krediten nach § 15 Abs. 1 Nr. 7-11 KWG (organverbundene Unternehmen).

d) Prüfungsausschuss (§ 10 Abs. 5 LR-Satzung iVm § 25 d Abs. 9 KWG)

88   Mit der Einrichtung des Prüfungsausschusses in der in § 10 Abs. 5 S. 1 LR-Satzung vorgeschriebenen Weise entspricht die LR-Satzung der Vorgabe des PCGK, wonach ein Prüfungsausschuss (Audit Committee) eingerichtet werden soll, der sich insbes. mit Fragen der Rechnungslegung und des Risikomanagements, der erforderlichen Unabhängigkeit des Abschlussprüfers, der Erteilung des Prüfungsauftrages an den Abschlussprüfer, der Bestimmung von Prüfungsschwerpunkten und der Honorarvereinbarung befasst (Ziff. 6.1.6 PCGK). Insbes. an die fachliche Eignung der Mitglieder des Prüfungsausschusses sind besonders hohe Maßstäbe zu legen.[85] Der Prüfungsausschuss besteht aus dem Vorsitzenden des Verwaltungsrates, einem Vertreter des BMEL oder des BMF und fünf weiteren Mitgliedern des Verwaltungsrates, § 10 Abs. 5 S. 1 LR-Satzung. Der Prüfungsausschuss arbeitet eng mit dem jeweilig bestellten Abschlussprüfer zusammen, welcher gem. § 10 Abs. 5 S. 2 LR-Satzung an den Beratungen des Prüfungsausschusses über den Jahres- und Konzernabschluss teilnimmt und seine Prüfergebnisse mitteilt.

e) Fachausschuss (§ 10 Abs. 6 LR-Satzung)

89   Der Fachausschuss ist gem. § 7 Abs. 5 Hs. 2 für die Vorbereitung des Vorschlags des Verwaltungsrates über die Gewinnverwendung an die Anstaltsversammlung. Der Verwendungsvorschlag dient zur Vorbereitung der abschließenden Entscheidung der Anstaltsversammlung über die Verwendung des Förderungsfonds nach von ihr zu erlassenden Richt-

---

85 Ziff. 6.1.6 PCGK.

linien (§ 9 Abs. 2). Der Fachausschuss besteht gem. § 10 Abs. 6 S. 2 LR-Satzung aus drei Mitgliedern des Verwaltungsrates, darunter einem Vertreter des BMEL, und drei Mitgliedern der Anstaltsversammlung, die vom Verwaltungsrat berufen werden. Den Vorsitz führt der Vorsitzende des Verwaltungsrates (§ 10 Abs. 6 S. 3 LR-Satzung).

VIII. Entlastung Verwaltungsrat

Das aktienrechtliche Vorbild des Verwaltungsrates, der Aufsichtsrat, wird gem. § 120 Abs. 1 S. 1 AktG von der Hauptversammlung entlastet. Eine Entlastungsregelung hinsichtlich des Verwaltungsrates der Rentenbank findet sich weder im LR-G noch in der LR-Satzung.   90

Ein drittes Organ, das den Verwaltungsrat entlasten könnte, könnte die Anstaltsversammlung darstellen. Bis 2002[86] oblag der Anstaltsversammlung gem. § 8 Abs. 3 aF[87] die Entscheidung über die Entlastung des Verwaltungsrats. Dieser Passus wurde ohne Erläuterungen im Gesetzesentwurf durch das Fünfte LR-Änderungsgesetz gestrichen.   91

Die Übertragung der aktienrechtlichen Regelung des § 120 Abs. 1 S. 1 AktG auf die Rentenbank ist nicht geboten. Es bestehen zwischen der Anstaltsversammlung und Hauptversammlung wesentliche Unterschiede (→ § 8 Rn. 14). Zudem ist eine Entlastungskompetenz der Anstaltsversammlung nur sachgerecht, wenn keine personellen Verflechtungen zwischen dem zu entlastenden Verwaltungsrat und der die Entlastung aussprechenden Anstaltsversammlung besteht, um eine unbeeinflusste Entlastung zu gewährleisten.[88] Gem. § 7 Abs. 3 dürfen Mitglieder der Anstaltsversammlung dem Verwaltungsrat nicht angehören. Allerdings besteht die Gefahr, dass die Mitglieder der unterschiedlichen Organe jedoch dem gleichen Interessensverband angehören.[89]   92

Somit ist eine Entlastung des Verwaltungsrates nicht vorgesehen.

---

86 Neufassung nach Änderung durch das Fünfte Gesetz zur Änderung des Gesetzes über die Landwirtschaftliche Rentenbank v. 23.7.2002, BGBl. I 2782.
87 Seit der ersten Fassung 1949 (WiGBl. S. 77) bis zur Änderung durch das Fünfte LR-Änderungsgesetz 2002.
88 *Rümker* FS Werner, 1984, 757; *Twiehaus*, S. 68.
89 *Twiehaus*, S. 68.

§ 8 Anstaltsversammlung

(1) Die Anstaltsversammlung ist die Vertretung der Eigentümer und Pächter der mit der Rentenbankgrundschuld belasteten Grundstücke.

(2) [1]Die Anstaltsversammlung besteht aus 28 Mitgliedern, von denen je zwei von den Ländern Baden-Württemberg, Bayern, Brandenburg, Hessen, Mecklenburg-Vorpommern, Niedersachsen, Nordrhein-Westfalen, Rheinland-Pfalz, Sachsen, Sachsen-Anhalt, Schleswig-Holstein sowie Thüringen und je eines von den Ländern Berlin, Bremen, Hamburg sowie Saarland benannt werden. [2]Bei der Auswahl der Vertreter sind die einzelnen Betriebsgrößenklassen, insbesondere die bäuerlichen Familienbetriebe, angemessen zu berücksichtigen.

(3) [1]Die Anstaltsversammlung nimmt die Berichte des Vorstandes über die Geschäftstätigkeit der Bank und des Verwaltungsrates über die von ihm gefassten Beschlüsse entgegen und berät die Bank in Fragen der Förderung der Landwirtschaft und des ländlichen Raumes sowie bei allgemeinen agrar- und geschäftspolitischen Fragen. [2]Sie beschließt über die Gewinnverwendung gemäß § 9 Absatz 2.

I. Zur Entstehungsgeschichte ... 1	V. Innere Ordnung 17
II. Organstellung der Anstaltsversammlung (Abs. 1) 6	1. Amtsdauer 18
	2. Vorsitz, Einberufung 19
III. Vergleich zur Hauptversammlung 11	3. Beschlussfassung 24
	VI. Befugnisse (Abs. 3) 26
IV. Persönliche Voraussetzungen der Mitglieder der Anstaltsversammlung (Abs. 2) 15	VII. Haftung 30

I. Zur Entstehungsgeschichte

1   Die erste Anstaltsversammlung des Vorgängerinstitutes der RKA trat am 5.8.1925 zusammen.[1] Die Mitglieder der Anstaltsversammlung wurden jeweils für fünf Geschäftsjahre berufen (§ 8 Abs. 3 RKA-G). Die Anstaltsversammlung der RKA bestand aus 110 Mitgliedern (§ 8 Abs. 1 RKA-G). Von diesen wurden berufen: je 20 Mitglieder durch den Deutschen Landwirtschaftsrat, den Reichsverband der deutschen landwirtschaftlichen Genossenschaften, den Generalverband der deutschen Raiffeisengenossenschaften, den Reichslandbund, die Vereinigung der deutschen Bauernvereine und zehn seiner Mitglieder durch die Arbeitsgemeinschaft der Organisationen landwirtschaftlicher Kleinbetriebe.[2]

2   Fiel einer dieser Organisationen mit Ausnahme des Deutschen Landwirtschaftsrates ohne Rechtsnachfolger fort, so bestimmte der Verwaltungsrat mit Zweidrittelmehrheit der Gesamtstimmen, also nicht nur der anwesenden Vertreter, wer anstelle der weggefallenen Organisation einzutreten hat, § 8 Abs. 2 RKA-G. Ersatzmitglieder konnten von den vertretungsberechtigten Gruppen für den Fall des Ausscheidens eines Mitglie-

---

1 *Berthold/Seelmann-Eggebert*, Die Deutsche Rentenbank, S. 191.
2 *Berthold/Seelmann-Eggebert*, Die Deutsche Rentenbank, S. 192.

des bezeichnet werden. Ihre Mitgliedschaft erlosch gleichfalls mit Ablauf der Amtsperiode. Jedes Mitglied hatte nur eine Stimme, durfte also nicht vertretungsweise ein abwesendes Mitglied vertreten.[3]

Mitglieder zur Anstaltsversammlung konnten nur die im Gesetz verzeichneten landwirtschaftlichen Interessengruppen bestellen. Es gehören hierzu nur Vertreter der landwirtschaftlichen Schichten, welche eigenen Grundbesitz haben und daher an der Aufbringung der Grundschuldzinsen und des Vermögens der RKA beteiligt waren.[4] Die Reichsregierung und der Reichsrat waren daher nicht vertreten. Auch die landwirtschaftlichen Arbeitnehmer entsandten hierzu keine Mitglieder. Diese letzteren Gruppen entsandten jedoch ihre Vertreter in den Verwaltungsrat,[5] durch welchen sie ihren Einfluss auf die Geschäftsgebaren der Kreditanstalt ausüben konnten.[6]   3

Innerhalb der ersten sechs Monate nach Ablauf des Geschäftsjahres, also nach dem 31.12.1925 fand die Bilanz und die Gewinn- und Verlustrechnung feststellende ordentliche Anstaltsversammlung statt (§ 10 Abs. 1 RKA-G).[7]   4

Die Anstaltsversammlung war zuständig für die Festlegung über die Verwendung des Reingewinns (§ 18 RKA-Satzung). Sie wählte die elf landwirtschaftlichen Vertreter des Verwaltungsrates, § 9 Abs. 1 Nr. 2 RKA-G. Sie prüfte die Bilanz sowie Gewinn- und Verlustrechnung, die ihr vom Vorstand und Verwaltungsrat zusammen mit einem Jahresbericht vorzulegen waren und erteilte dem Vorstand und dem Verwaltungsrat Entlastung (§ 10 Abs. 1 RKA-G). Der gesamte Verwaltungsrat, auch die Regierungs- und Reichsratsmitglieder, waren also ihr gegenüber verantwortlich und ihrem Urteil über die Geschäftsführung unterworfen.[8]   5

II. Organstellung der Anstaltsversammlung (Abs. 1)

Grds. ist der Anstaltsträger bei der Wahl der Organstruktur weitestgehend frei. Anzahl, Art und Zusammensetzung bestimmen sich vielmehr nach der konkret zu errichtenden Anstalt.[9] Vorgegeben ist allein ein Vorstandsorgan.[10] Öffentlich-rechtliche Kreditinstitute verfügen daneben sinnvollerweise und aufgrund der spezifisch bankenrechtlichen Vorgaben des KWG über ein Überwachungsorgan.[11] Ein Repräsentativorgan der Anstaltsbenutzer ist nicht erforderlich.[12] Die Einrichtung eines solchen dritten Repräsentativorgans ist bei öffentlich-rechtlichen Kreditinstituten   6

---

3 Ebd.
4 *Berthold/ Seelmann-Eggebert*, Die Deutsche Rentenbank, S. 193.
5 § 9 Abs. 1 RKA-G.
6 *Berthold/ Seelmann-Eggebert*, Die Deutsche Rentenbank, S. 193.
7 Ebd.
8 *Berthold/Seelmann-Eggebert*, Die Deutsche Rentenbank, S. 194.
9 WBSK VerwR II § 86 Rn. 56.
10 Ebd.
11 Vgl. *Twiehaus*, S. 57 f.
12 WBSK VerwR II § 86 Rn. 56; *Twiehaus*, S. 67.

selten.[13] Die Rentenbank ist eines der wenigen öffentlich-rechtlichen Kreditinstitute, die ein solches Repräsentativorgan in Form der Anstaltsversammlung besitzt. Orientiert an der Vorgängerin regelt § 8 seit der Errichtung 1949 die Anstaltsversammlung. Ihre Zusammensetzung und ihre Aufgaben haben sich seitdem nur leicht verändert.

7 Nach § 8 Abs. 1 ist die Anstaltsversammlung seit ihrer Gründung „die Vertretung der Eigentümer und Pächter der mit der Rentenbankgrundschuld belasteten Grundstücke". Jedoch setzt sich die Anstaltsversammlung nicht aus allen Landwirten zusammen, die zur Kapitalbildung der Rentenbank beigetragen haben. Bereits nach § 8 Abs. 2 idF von 1949[14] beschränkte die Anstaltsversammlung sich auf lediglich 30 Eigentümer oder Pächter, die vom Länderrat des Vereinigten Wirtschaftsgebietes, vom Deutschen Bauernverband e.V. und vom Deutschen Raiffeisenverband e.V. berufen wurden. Nach § 8 Abs. 2 geltender Fassung besteht die Anstaltsversammlung aus 28 Vertretern der Landwirtschaft, die ausschließlich von den Bundesländern benannt werden (je 2 von den Flächenstaaten; je 1 von den Stadtstaaten und dem Saarland). Insbes. die Ausweitung auf die neuen Bundesländer unterstreicht den repräsentativen Charakter der Anstaltsversammlung. Zur Entrichtung der Rentenbankgrundschuldzinsen waren lediglich Landwirte des damaligen Vereinigten Wirtschaftsgebietes[15] verpflichtet (vgl. § 2 RentBkGrSchG). Landwirte der neuen Bundesländer zahlten demnach weder in den Erhebungsjahren der Rentenbankgrundschuldzinsen noch nach der Wiedervereinigung in das Kapital der Rentenbank ein, entsenden dennoch Mitglieder in die Anstaltsversammlung. Die Anpassung an die Tatsachen, dass viele der damals zahlenden Landwirte nicht mehr in der Landwirtschaft tätig sind und an die Wiedervereinigung Deutschlands erfolgte durch das Fünfte Gesetz zur Änderung des Gesetzes über die Landwirtschaftliche Rentenbank im Jahre 2001.[16]

8 Damit spiegelt die Anstaltsversammlung in besonderem Maße die doppelte Rechtsnatur der Rentenbank wider. Denn die in der Anstaltsversammlung vertretenen Landwirte, die das Grundkapital der Rentenbank durch Zahlung von Rentenbankgrundschuldzinsen aufgebracht haben, sind gerade nicht die Eigentümer oder Anteilseigner der Rentenbank. Auch bestimmen die „Einzahler" selbst nicht ihre Vertreter. Zugleich handelt es sich nicht um eine Vertretung im rechtlichen Sinne.

9 *Von Stralendorff* spricht insoweit von einer Repräsentation im Sinne einer rechtlichen Fiktion, da weder die Mitglieder der Anstaltsversamm-

---

13 Vgl. *Twiehaus*, S. 65 f.
14 WiGBl. S. 77.
15 Ausweitung auf die französische Besatzungszone durch Verordnung über die Erstreckung der Rentenbankgesetzgebung der Verwaltung des Vereinigten Wirtschaftsgebietes auf Länder des französischen Besatzungsgebietes vom 21.2.1950, BGBl. I 37.
16 Vgl. Entwurf eines Fünften Gesetzes zur Änderung des Gesetzes über die Landwirtschaftliche Rentenbank v. 7.12.2001, BT-Drs. 14/7753, 13.

lung von der „Landwirtschaft" gewählt noch benannt werden.[17] „Damit die Entscheidungen der Anstaltsversammlung als solche der Eigentümer und Pächter der mit der Rentenbankgrundschuld belasteten Grundstücke angesehen werden könnten, müsste die Anstaltsversammlung wenigstens von den Eigentümern und Pächtern dieser Grundstücke gewählt oder doch jedenfalls mit deren Willen zur Wahrnehmung ihrer Aufgaben bestellt worden sein."[18] Dies ist jedoch nicht der Fall. Die Mitglieder der Anstaltsversammlung werden ausschließlich von den Ländern bestimmt, vgl. § 8 Abs. 2 S. 1. Zugleich handelt es sich aber auch nicht um eine Vertretung der Länder. Dies stellt § 8 Abs. 2 S. 2 klar, der vorgibt, dass bei der Auswahl der Vertreter die einzelnen Betriebsgrößenklassen, insbes. die bäuerlichen Familienbetriebe, angemessen zu berücksichtigen sind. Weitestgehend haben die Länder Vertreter der regionalen Bauernverbände zu Mitgliedern der Anstaltsversammlung bestimmt, idR deren Präsidenten. Zugleich sind auch Vertreter der Landwirtschaftskammern, der Gartenbauverbände sowie auch einzelne Landwirte als Mitgliedern benannt worden. Bei der Anstaltsversammlung handelt es sich letztlich um eine Interessenvertretung sui generis zugunsten der landwirtschaftlichen Betriebe, die „über die ihrer Gruppe als Gesamtheit nützende Verwendung des Vermögens der Bank und seiner Erträge zu wachen" hat.[19]

Die Anstaltsversammlung ist im System der Organe einer Anstalt des öffentlichen Rechts ein Organ „sui generis". *Huber* bezeichnet es zutreffend als „ein Organ genossenschaftlich-korporativer Willensbildung", das in den anstaltlichen Aufbau des Instituts tritt, ohne jedoch aufgrund der beschränkten Befugnisse der Versammlung den anstaltlichen Grundcharakter des Instituts zu beseitigen.[20] Parallelen finden sich im Hinblick auf die Gemeinwirtschaftliche Anstalt, die als eine neue öffentlich-rechtliche Unternehmensform in der Ersten Republik Österreich geschaffen wurde. Hierbei sollte – vergleichbar zur Rentenbank – die Grundkonzeption der Aktiengesellschaft übernommen werden, zugleich aber ein demokratisch legitimiertes Gremium an die Stelle der Hauptversammlung treten und so die Angelegenheiten der mit dem Unternehmen verbundenen Interessengruppen vertreten.[21] 10

III. Vergleich zur Hauptversammlung

Mit Vorgesagtem wird deutlich, dass die Anstaltsversammlung weder hinsichtlich ihrer Zusammensetzung[22] noch ihrer Befugnisse mit der Hauptversammlung der Aktiengesellschaft vergleichbar ist. Insoweit en- 11

17 *v. Stralendorff*, Erl. zum LR-G in: Das Deutsche Bundesrecht, IV E 11, 1093. EL 2010, § 8 Rn. 3.
18 *Lange*, Zur Rechtsstellung der Landwirtschaftlichen Rentenbank, S. 47 (nv).
19 Entwurf eines Fünften Gesetzes zur Änderung des Gesetzes über die Landwirtschaftliche Rentenbank v. 7.12.2001, BT-Drs. 14/7753, 13.
20 *Huber*, Wirtschaftsverwaltungsrecht Bd. 1, S. 144; *Scholz*, Die Kreditinstitute des Bundes, S. 48.
21 Hierzu grundlegend *Gerlich*: Die gescheiterte Alternative, S. 317 ff.
22 *Twiehaus*, S. 66.

det hier die Parallelität der Strukturen zwischen Landwirtschaftlicher Rentenbank als Anstalt des öffentlichen Rechts und der Aktiengesellschaft, wie sie in den §§ 6 Abs. 3 und 10 angelegt und auch in der Rechtspraxis fortentwickelt worden ist.

12   Der größte strukturelle Unterschied ist darin zu sehen, dass die Eigentümer und Pächter der mit der Rentenbankgrundschuld belasteten Grundstücke, die in der Anstaltsversammlung vertreten werden, nicht Anteilseigner der Rentenbank sind, wie es bei der aktienrechtlichen Hauptversammlung der Fall ist. Weder im LR-G noch in der LR-Satzung sind Anteilseigner als solche benannt. Weiter spricht gegen die Einordnung als Anteilseigner, dass kein Eigentümer der Rentenbank existiert.[23] Die Rentenbank ist eine rechtsfähige Anstalt des öffentlichen Rechts, an der zivilrechtliches Eigentum nicht besteht.[24]

13   Zudem verfügt die Anstaltsversammlung weder über zentrale Kreationsrechte der Hauptversammlung (Bestellung der Mitglieder des Aufsichtsrats § 119 Abs. 1 Nr. 1 AktG, Bestellung Abschlussprüfer § 119 Abs. 1 Nr. 5 AktG), noch über vergleichbare Kontrollrechte (Entlastung von Vorstand und Aufsichtsrat § 120 Abs. 1 AktG; Bestellung von Sonderprüfern § 142 AktG). Auch besitzt die aktienrechtliche Hauptversammlung mehr Entscheidungsbefugnisse hinsichtlich geschäftsrelevanter Entscheidungen (Vergütung des Vorstandes § 119 Abs. 1 Nr. AktG, Kapitalbeschaffung § 119 Abs. 1 Nr. 7 AktG). Diese Aufgaben sind iR der Rentenbank dem Verwaltungsrat zugeordnet (§ 9 Abs. 2 LR-Satzung [Bestellung Abschlussprüfer], § 7 Abs. 4 LR-G§ 9 Abs. 3 Nr. 4 LR-Satzung [Entlastung des Vorstandes]), § 3 Abs. 6 S. 2 LR-Satzung [Vergütung des Vorstandes], § 7 Abs. 5 iVm § 2 Abs. 2 [Kapitalbeschaffung]). Allein die Beschlusskompetenz der Anstaltsversammlung über die Gewinnverwendung gem. § 8 Abs. 3 S. 2 iVm § 9 Abs. 2 in Form des Förderungsfonds ähnelt den aktienrechtlichen Befugnissen der Hauptversammlung (§ 119 Abs. 1 Nr. 2). Allerdings ist auch diese Beschlusskompetenz aufgrund der Beschlusskompetenz des Verwaltungsrates hinsichtlich der Aufteilung des Bilanzgewinns auf den Förderungsfonds und aufgrund der Beschlussvorbereitung durch den Verwaltungsrat (§ 7 Abs. Abs. 5) stark beschnitten.

14   Eine Übertragung der aktienrechtlichen Entlastungsregelung des Aufsichtsrates ist mangels ausdrücklicher Gleichstellung der Anstaltsversammlung und der Hauptversammlung ausgeschlossen. In der Lit. wird die Notwendigkeit eines dritten Organs zur Kontrolle des Verwaltungsrates angemahnt.[25] Dieser Kritik ist zugute zu halten, dass der Verwal-

---

23   Vgl. *Lange*, Zur Rechtsstellung der Landwirtschaftlichen Rentenbank, S. 40, 48 (nv); Entwurf eines Fünften Gesetzes zur Änderung des Gesetzes über die Landwirtschaftliche Rentenbank v. 7.12.2001, BT-Drs. 14/7753, 13.
24   *Lange*, Zur Rechtsstellung der Landwirtschaftlichen Rentenbank, S. 48 (nv); Entwurf eines Fünften Gesetzes zur Änderung des Gesetzes über die Landwirtschaftliche Rentenbank v. 7.12.2001, BT-Drs. 14/7753, 13.
25   *Rümker* FS Werner, 1984, 757; *Twiehaus*, S. 68.

tungsrat über gestaltende Befugnisse verfügt, die im Lichte eines institutionellen Gleichgewichts zwingend einer Kontrolleinrichtung bedürfen. Diese Kontrolleinrichtung muss derart ausgestaltet sein, dass keine personellen Verflechtungen zwischen Verwaltungsrat und Anstaltsversammlung bestehen, um eine unbeeinflusste Entlastung des Verwaltungsrats zu gewährleisten.[26] *Twiehaus* unterstreicht, dass keine personelle Unabhängigkeit der Mitglieder des Verwaltungsrates und der Anstaltsversammlung iR der Rentenbank besteht, da die Mitglieder den gleichen Berufsinteressensgruppen angehören.[27] Jedoch untersagt § 7 Abs. 3 eine Doppelmitgliedschaft. Sollte der Anstaltsversammlung ein Kontrollrecht eingeräumt werden, müsste dieses so eng ausgelegt werden, dass jenseits der personellen Doppelmitgliedschaft auch die Doppelmitgliedschaft einzelner Verbände ausgeschlossen ist. § 8 Abs. 3 idF von 1949 sah vor, dass die Anstaltsversammlung über die Entlastung des Verwaltungsrats beschließt. Dieser Passus wurde ohne Erläuterungen im Gesetzesentwurf durch das Fünfte LR-Änderungsgesetz gestrichen. Die bis dahin geltende Beschlusskompetenz über die Entlastung des Vorstandes wurde dem Verwaltungsrat übertragen. Diese Kompetenzänderung wird damit begründet, die Befugnisse des Verwaltungsrates zu erweitern,[28] in dem fortan aufgrund des erheblichen finanziellen und förderpolitischen Interesses des Bundes nunmehr Vertreter des Bundes vertreten sind, um so den Bundeseinfluss zu erhöhen[29].

IV. Persönliche Voraussetzungen der Mitglieder der Anstaltsversammlung (Abs. 2)

§ 8 Abs. 2 S. 2 verpflichtet die Länder, bei der Auswahl der Vertreter die   15
einzelnen Betriebsgrößenklassen, insbes. die bäuerlichen Familienbetriebe, angemessen zu berücksichtigen. Damit werden die Länder implizit verpflichtet, Personen zu benennen, die landwirtschaftlich aktiv sind. Weitere persönliche Voraussetzungen, insbes. eine spezifische Sachkunde, sind im Gegensatz zu den Mitgliedern des Vorstandes und des Verwaltungsrates nicht erforderlich. Dieses ist im Lichte der begrenzten Funktionen der Anstaltsversammlung auch angemessen. Auch der PCGK enthält keine spezifischen Anforderungen an ein der Anstaltsversammlung entsprechendes Organ.

Die Mitglieder der Anstaltsversammlung sind – wie auch beim Verwal-   16
tungsrat – ehrenamtlich tätig. Für die Teilnahme an Sitzungen der Anstaltsversammlung werden angemessene Reisekosten vergütet (§ 16 S. 1 LR-Satzung) und ein Sitzungsgeld ausgezahlt (§ 16 S. 2 LR-Satzung), welches der Verwaltungsrat mit Zustimmung der Aufsichtsbehörde festlegt.

---

26 *Twiehaus*, S. 68.
27 Ebd.
28 Entwurf der Bundesregierung eines Fünften Gesetzes zur Änderung des Gesetzes über die Landwirtschaftliche Rentenbank, 7.12.2001, BT-Drs.14/7753, 12.
29 Entwurf der Bundesregierung eines Fünften Gesetzes zur Änderung des Gesetzes über die Landwirtschaftliche Rentenbank, 7.12.2001, BT-Drs.14/7753, 13.

V. Innere Ordnung

17 Das LR-G trifft über die innere Ordnung der Anstaltsversammlung keine
Aussage, insbes. nicht über den Vorsitz. Entsprechende Regelungen zur
inneren Ordnung finden sich indes in §§ 13–16 LR-Satzung. Dieses Un-
terlassen des Gesetzgebers ist zumindest unglücklich, da es sich um eine
grundsätzliche Strukturfrage der inneren Ordnung der Rentenbank handelt.

1. Amtsdauer

18 Die Amtsdauer der Mitglieder der Anstaltsversammlung endet nach § 13
Abs. 1 LR-Satzung mit dem Schluss der Anstaltsversammlung, die über
die Gewinnverwendung im fünften Jahr seit Beginn ihrer Amtsdauer beschließt. Nach § 13 Abs. 1 S. 2 iVm § 5 Abs. 3 S. 1 LR-Satzung ist eine
Niederlegung des Amtes jederzeit durch schriftliche Erklärung möglich.
Eine Abberufung iSd § 5 Abs. 3 S. 2 LR-Satzung ist hingegen nicht auf
die Zusammensetzung der Anstaltsversammlung übertragbar, da Mitglieder der Anstaltsversammlung von den Ländern bestimmt werden und
zugleich auch nicht als Vertreter dieser Organisationen bzw. Körperschaften auftreten, sondern die Landwirtschaft als solches repräsentie-
ren. Diese Bestimmung ist daher weder vom Wortlaut noch nach ihrem
Sinn und Zweck anwendbar. Eine Abberufung der Mitglieder ist daher
nicht möglich.

2. Vorsitz, Einberufung

19 Nach § 15 Abs. 1 LR-Satzung führt den Vorsitz der Anstaltsversammlung – ohne Stimmrecht – der Vorsitzende des Verwaltungsrates oder
sein Stellvertreter; sind beide nicht anwesend, so eröffnet der an Lebensjahren älteste Teilnehmer die Versammlung und lässt von dieser einen
Vorsitzenden wählen. Damit entspricht diese Satzungsregelung auch dem
Regelfall der aktiengesellschaftlichen Praxis, nach der der Vorsitzende
des Aufsichtsrates auch die Hauptversammlung leitet.[30] Von der aktiengesellschaftlichen Praxis weicht jedoch die Satzungsregelung zur Einberufung zu den Sitzungen der Anstaltsversammlungen ab. Im Gegensatz
zu § 121 Abs. 2 S. 1 AktG lädt nicht der Vorstand zur Anstaltsversammlung ein. Die Einladung wird vom Vorsitzenden des Verwaltungsrates
oder seinen Stellvertreter ausgesprochen (§ 14 Abs. 2 S. 1 LR-Satzung).
Nach dem ausdrücklichen Wortlaut der LR-Satzung darf der Vorstand
nur im Auftrag der genannten Verwaltungsratsmitglieder diese Einladung aussprechen (im Gegensatz hierzu § 121 Abs. 2 S. 1 AktG). Eine
weitere Delegation des Einberufungsrechts auf Dritte ist nicht zulässig.
Dieses Einberufungsrecht haben der Vorsitzende des Verwaltungsrates
bzw. sein Vertreter auch für die Einberufung außerordentlicher Anstaltsversammlungen, allerdings nur auf der Grundlage eines ausdrücklichen
Beschlusses des Verwaltungsrates (§ 14 Abs. 3 S. 1 LR-Satzung). Hierin

---

30 Vgl. *Noack* BOARD 2011, 120 (120).

zeigt sich damit auch eine Herausstellung des Verwaltungsrates im Gegensatz zu seinem aktienrechtlichen Pendant. Diese Herausstellung begründet sich durch den in ihm verwirklichten Einfluss des Bundes auf die Rentenbank.

§ 14 Abs. 3 S. 2 LR-Satzung erstreckt jedoch das Einberufungsrecht für den Fall einer außerordentlichen Anstaltsversammlung darüber hinaus auch auf den Fall, dass mindestens 15 Mitglieder unter schriftlicher Darlegung der Gründe oder die Aufsichtsbehörde es verlangen.   20

Sehr formstreng fordert die LR-Satzung die Einladung zwingend durch eingeschriebenen Brief innerhalb einer Frist von 14 Tagen, § 14 Abs. 2 S. 1 LR-Satzung. Auf diese Formstrenge hat der Gesetzgeber im Aktienrecht seit 2001[31] verzichtet, indem er die Regelung dispositiv gestellt hat, so dass in der Satzung geringere Anforderungen an die Zustellungsart bestimmt werden können (§ 121 Abs. 4 S. 2 AktG). Damit kommt der Gesetzgeber kleinen AG mit überschaubarem Aktionärskreis entgegen, bei welchen eine derartige Förmlichkeit als unnötig und im Einzelfall sogar als hinderlich empfunden wird.[32] Bei der Rentenbank wäre eine vergleichbare Erwägung sicher ebenso angebracht.   21

Zum Inhalt der Einladung trifft die LR-Satzung nur eine Aussage darüber, dass Unterlagen für die Beschlussfassung mit zu senden sind, vgl. § 14 Abs. 1 S. 3 LR-Satzung. Für darüber hinausgehende Anforderungen an den Inhalt können, mangels Regelung im LR-G und aufgrund der vergleichbaren Interessenlage, die Maßstäbe des § 121 Abs. 3 AktG zugrunde gelegt werden. Danach muss die Einladung Angaben zur Zeit und zum Ort der Hauptversammlung (bzw. der Anstaltsversammlung) enthalten. Zudem ist die Tagesordnung anzugeben. Die Mitglieder der Anstaltsversammlung müssen anhand der bekannt gemachten Tagesordnung ohne Weiteres erkennen können, worüber verhandelt und beschlossen werden soll.[33] Zwischen Tagesordnung und Beschlussvorschlägen muss differenziert werden. Beschlussvorschläge können als Auslegungshilfe zur Konkretisierung der Tagesordnung herangezogen werden. Hieraus folgt allerdings keine vollständige Gleichsetzung von Tagesordnungspunkt und Beschlussvorschlag, da dies eine unzulässige Einengung möglicher Beschlussinhalte bedeuten würde.[34] Auf die Angabe des Sitzes der Rentenbank kann verzichtet werden, da diese nach § 1 Abs. 2 nur einen Sitz hat.   22

Zu allen Anstaltsversammlungen ist nach § 14 Abs. 2 S. 3 LR-Satzung die Aufsichtsbehörde einzuladen. Dieses Teilnahmerecht korrespondiert   23

---

31 Gesetz zur Anpassung der Formvorschriften des Privatrechts und anderer Vorschriften an den modernen Rechtsgeschäftsverkehr vom 13.7.2001, BGBl. I 1542.
32 Begründung des Regierungsentwurfs zur Anpassung der Formvorschriften des Privatrechts und anderer Vorschriften an den modernen Rechtsgeschäftsverkehr vom 14.12.2000, BT-Drs. 14/4987, 30.
33 Vgl. MüKoAktG/*Kubis* § 121 Rn. 46; vgl. MHdB AG/*Hoffmann-Becking* § 31 Rn. 42.
34 Vgl. MHdB AG/*Hoffmann-Becking* § 31 Rn. 42.

mit dem Teilnahmerecht der Aufsichtsbehörde in Sitzungen des Verwaltungsrates nach § 7 Abs. 1 S. 4 LR-Satzung.

3. Beschlussfassung

24   Gem. § 13 Abs. 2 LR-Satzung ist die Anstaltsversammlung beschlussfähig, wenn mindestens die Hälfte der Mitglieder anwesend ist. Beschlüsse können sodann gem. § 15 Abs. 2 S. 1 LR-Satzung mit einfacher Mehrheit der Stimmen der bei der Abstimmung anwesenden Mitglieder getroffen werden. Im Falle der Stimmengleichheit gilt ein Antrag als abgelehnt, § 15 Abs. 2 S. 2 LR-Satzung.

25   Die Verhandlungen der Anstaltsversammlungen sind zu protokollieren (§ 15 Abs. 3 LR-Satzung). Diese Niederschrift bedarf der Unterzeichnung des Vorsitzenden, eines Mitglieds der Anstaltsversammlung und des Schriftführers, der nicht Mitglied der Anstaltsversammlung selbst zu sein braucht.

VI. Befugnisse (Abs. 3)

26   Die Kompetenzen der Anstaltsversammlung sind angesichts der erweiterten Befugnisse des Verwaltungsrates geringer als die der Hauptversammlung nach dem Aktienrecht. Vielmehr handelt es sich bei der Anstaltsversammlung um ein vorrangig beratendes Organ. So hat sie nicht die Kompetenzen, die typischerweise Anteilseignern iR der Hauptversammlung einer Aktiengesellschaft zustehen, wie zB Entscheidungen über den Jahresabschluss, Bestellung der Abschlussprüfer, Satzungsänderungen, Entlastung des Vorstandes usw. Ihre Entscheidungskompetenz beschränkt sich auf zwei Bereiche:

27   Die Anstaltsversammlung beschließt nach Maßgabe der §§ 9 Abs. 2 iVm § 8 Abs. 3 S. 2 auf Vorschlag des Verwaltungsrates (§ 7 Abs. 5 Hs. 2) abschließend über die Verwendung des Förderungsfonds nach von ihr zu erlassenden Richtlinien.

28   Die Anstaltsversammlung beschließt über die Vergütung der Verwaltungsratsmitglieder einschließlich der Sitzungsgelder (§ 12 Abs. 1 S. 1 LR-Satzung).

29   Stattdessen weist das Gesetz der Anstaltsversammlung vor allem eine Beratungsfunktion zu. Die Anstaltsversammlung berät die Bank in Fragen der Förderung der Landwirtschaft und des ländlichen Raumes sowie bei allgemeinen agrar- und geschäftspolitischen Fragen (§ 8 Abs. 3 S. 1 LR-G iVm § 14 Abs. 1 S. 2 LR-Satzung). Für die erforderlichen Informationen sorgen die Berichtspflichten des Vorstandes über die Geschäftstätigkeit der Bank und des Verwaltungsrats über die von ihm gefassten Beschlüsse (vgl. § 8 Abs. 8 S. 1).

VII. Haftung

30   Mangels ausdrücklicher Regelung in § 10 können die aktienrechtlichen Grundsätze zur Sorgfaltspflicht und Verantwortlichkeit nicht übertragen

werden. Aufgrund der begrenzten Befugnisse der Anstaltsversammlung und ihres Wesensunterschiedes zur Hauptversammlung erscheint eine Übertragung der aktienrechtlichen Regelungen auch nicht geboten.

§ 9 Gewinnverwendung

(1) Der Bilanzgewinn darf nur für eine das Allgemeininteresse wahrende Förderung der Landwirtschaft und des ländlichen Raumes verwendet werden.

(2) Höchstens die Hälfte des zur Verteilung kommenden Betrages fließt einem Förderungsfonds zu, über dessen Verwendung die Anstaltsversammlung nach von ihr zu erlassenden Richtlinien entscheidet.

(3) Mindestens die Hälfte des zur Verteilung kommenden Betrages soll dem Zweckvermögen des Bundes nach dem Gesetz über das Zweckvermögen des Bundes bei der Landwirtschaftlichen Rentenbank vom 12. August 2005 (BGBl. I S. 2363) zugeführt werden, solange dieses von der Bank verwaltet wird und solange die Bank von allen Steuern vom Vermögen, vom Einkommen und vom Gewerbebetrieb befreit ist.

I. Bilanzgewinn	1	III. Förderungsfonds (Abs. 2)	7
II. Gruppennützigkeitsbindung		1. Allgemeines	7
(Abs. 1)	3	2. Verwendung	12
1. Zweckbindung aufgrund		IV. Zweckvermögen des Bundes	
der Historie der Landwirt-		(Abs. 3)	13
schaftlichen Rentenbank	5		
2. Zweckbindung aufgrund			
verfassungsrechtlicher			
Grundlagen	6		

I. Bilanzgewinn

1   Unter Bilanzgewinn ist der Saldo aus der Gewinn- und Verlustrechnung zu verstehen. Er wird im Lagebericht der Rentenbank veröffentlicht, der als Teil des Geschäftsberichts zusammengefasst dem Verwaltungsrat und der Anstaltsversammlung sowie der Öffentlichkeit (Offenlegungspflicht, § 325 Abs. 1 HGB) im Internet zur Verfügung gestellt wird.[1] Berichtspflichtig ist gem. § 3 Abs. 5 LR-Satzung der Vorstand der Rentenbank (zum Geschäftsbericht → § 6 Rn. 44).

2   Der Bilanzgewinn wird auf zwei große „Fördertöpfe" aufgeteilt, den Förderungsfonds (Abs. 2) und das Zweckvermögen des Bundes (Abs. 3), und unterliegt einer Gruppennützigkeitsbindung.

II. Gruppennützigkeitsbindung (Abs. 1)

3   Die Bestimmung, wonach der Bilanzgewinn der Rentenbank nur für eine das Allgemeininteresse wahrende Förderung der Landwirtschaft und des ländlichen Raumes verwendet werden darf, greift den in § 3 für die Geschäftsaufgaben definierten öffentlichen Zweck wörtlich wieder auf und erstreckt ihn auch auf die Gewinnverwendung. Durch diese Regelung wird unterbunden, dass der Bilanzgewinn ohne Zweckbindung in den

---

1   S. zum Geschäftsbericht allgemein: Semler/Peltzer/Kubis/*Müller*, Vorstands-HdB, § 10 Rn. 240, 243.

Bundeshaushalt abgeführt wird.[2] Die Zweckbindung ist inhaltlich wie in § 3 begrenzt.

Die Zweckbindung der Verwendung des Bilanzgewinnes folgt der beson- 4 deren historischen Grundlage der Rentenbank und der daraus resultierenden besonderen Eigentumsstruktur (1.) sowie aus verfassungsrechtlichen Vorgaben (2.).

1. Zweckbindung aufgrund der Historie der Landwirtschaftlichen Rentenbank

Das Grundkapital der Rentenbank ist nicht von der öffentlichen Hand, 5 sondern iR einer gesetzlich angeordneten „Selbsthilfeaktion" von der Landwirtschaft aufgebracht worden (→ § 2 Rn. 7 ff.). Der Gesetzgeber hatte die Eigentümer und Pächter der mit der Rentenbankgrundschuld belasteten Grundstücke, vor allem Landwirte, zur Zahlung von Rentenbankgrundschuldzinsen herangezogen, um auf diese Weise die wirtschaftliche Lage der Landwirtschaft und der mit ihr verbundenen Wirtschaftszweige zu verbessern (zur Historie vgl. Einleitung).

2. Zweckbindung aufgrund verfassungsrechtlicher Grundlagen

Es ist zudem verfassungsrechtlich geboten, dass das Aufkommen aus den 6 Rentenbankgrundschuldzinsen im Interesse der Landwirtschaft verwendet wird.[3] Da die Rentenbankgrundschuldzinsen auf gesetzlicher Grundlage (RentBkGrSchG) öffentlich-rechtlich geregelt, von den Finanzämtern erhoben und an die Rentenbank, eine Anstalt des öffentlichen Rechts, abgeführt wurden, handelt es bei ihnen um öffentliche Abgaben.[4] Die Rentenbankgrundschuldzinsen sind jedoch nicht als steuerliche Abgaben, sondern als Sonderabgaben zu qualifizieren, weil sie einem begrenzten Personenkreis im Hinblick auf vorgegebene besondere wirtschaftliche Zusammenhänge auferlegt worden sind.[5] Sonderabgaben dürfen nach der Rspr. des BVerfG nur im Interesse der Gruppe der Abgabepflichtigen, also gruppennützig, verwendet werden. Gruppennützige Verwendung bedeutet dabei nicht, dass die Rentenbankgrundschuldzinsen im Interesse jedes einzelnen Abgabepflichtigen zu verwenden sind; es genügt, wenn ihr Aufkommen überwiegend im Interesse der Gesamtgruppe, also der Landwirtschaft und der mit ihr verbundenen Wirtschaftszweige, verwendet wird (→ § 2 Rn. 11 ff.).[6]

---

2 S. im Vergleich hierzu § 2 Abs. 3 ZweckVG: „Die Hälfte der dem Zweckvermögen zuwachsenden Zinseinkünfte ist an den Bundeshaushalt abzuführen.".

3 *Lange,* Rechtsgutachten zur Rechtsstellung der Landwirtschaftlichen Rentenbank, S. 63, 101 (nv).

4 *Lange,* Rechtsgutachten zur Rechtsstellung der Landwirtschaftlichen Rentenbank, S. 63 ff. (nv).

5 BVerfGE 55, 274 (297 f.); *Lange,* Rechtsgutachten zur Rechtsstellung der Landwirtschaftlichen Rentenbank, S. 73 (nv).

6 BVerfGE 82, 159 (180 f.); *Lange,* Rechtsgutachten zur Rechtsstellung der Landwirtschaftlichen Rentenbank, S. 80 f. (nv).

III. Förderungsfonds (Abs. 2)

1. Allgemeines

7   Höchstens die Hälfte des Bilanzgewinns fließt, gewissermaßen wie eine Art Dividende auf das eingezahlte Grundkapital, dem Förderungsfonds der Rentenbank zu. Aus diesem werden Zuwendungen als nicht rückzahlbare Zuschüsse für eine Vielzahl unterschiedlicher Vorhaben gewährt. Die Anstaltsversammlung entscheidet nach § 9 Abs. 2 einmal jährlich regelmäßig im Frühjahr abschließend über die Verteilung der Fördermittel nach der von ihr erlassenen „Richtlinien über die Verwendung des Förderungsfonds der Landwirtschaftlichen Rentenbank"[7]. Allerdings bestimmt § 7 Abs. 5 Hs. 2, dass der Verwaltungsrat einen Vorschlag über die Gewinnverwendung zur Beschlussfassung der Anstaltsversammlung zuleitet. Dieser Vorschlag wird vom Fachausschuss des Verwaltungsrates (§ 10 Abs. 6 LR-Satzung, s. zu dessen Zusammensetzung Kommentierung zu § 7) vorbereitet.

8   Die Richtlinien enthalten einen Katalog von Bereichen, die im Mittelpunkt der Förderung stehen (Nr. 1 der Richtlinie). Dazu zählen insbes.[8] „agrarbezogene Forschung und Forschungskoordination" und „Maßnahmen der agrarbezogenen Fort- und Weiterbildung", die seit Jahren Schwerpunkte der Fördertätigkeit bilden.[9] Damit nimmt die Rentenbank als Anstalt des öffentlichen Rechts des Bundes die Kompetenzen des Bundes für die Förderung der Forschung nach Art. 74 Abs. 1 Nr. 13 GG wahr. Die Auflistung ist, wie der Begriff „Mittelpunkt" verdeutlicht, für die genannten Förderbereiche nicht abschließend.

9   Die Fördermittel werden nur auf schriftliche Bewerbung bewilligt (Nr. 6.1. der Richtlinie). Mittelempfänger können ausschließlich juristische Personen oder sonstige Personenvereinigungen (Nr. 2 der Richtlinie) sein. Einzelpersonen sind damit von der Förderung ausgeschlossen. Zuwendungen werden grds. für die Deckung von Ausgaben für einzelne, inhaltlich und zeitlich abgegrenzte[10], das Allgemeininteresse wahrende Vorhaben gewährt (Nr. 4.1.1 der Richtlinie). Diese müssen von überregionaler Bedeutung oder Modellvorhaben sein, welche Erkenntnisse erwarten lassen, die auf eine Vielzahl ähnlicher Vorhaben übertragbar sind (Nr. 4.1.1 der Richtlinie). Die Bewerbung muss zwischen dem 1.11. und 31.12. eines Jahres bei der Rentenbank eingehen (Nr. 6.1 der Richtlinie), um im darauffolgenden Frühjahr bei den Beratungen des Fachausschusses, der den Empfehlungsbeschluss des Verwaltungsrates (§ 7

---

7   Vom 9.5.2003, idF vom 31.10.2019, abrufbar auf der Internetseite der Landwirtschaftlichen Rentenbank.

8   Insgesamt sind 14 Bereiche genannt, vgl. Nr. 1 der Richtlinien über die Verwendung des Förderungsfonds der Landwirtschaftlichen Rentenbank idF vom 31.10.2019.

9   Vgl. Geschäftsbericht 2019, S. 45.

10   Regelungen für die teilweise Deckung von Gesamtausgaben (institutionelle Förderung) finden sich in Nr. 4.1.2 der Richtlinie.

Abs. 5 Hs. 2) an die Anstaltsversammlung vorbereitet (§ 10 Abs. 6 LR-Satzung), berücksichtigt werden zu können.

Grds. werden alle Fördermittel offen und kompetitiv vergeben. Ein 10
Rechtsanspruch auf Gewährung von Zuwendungen aus dem Förderungsfonds besteht nicht (Nr. 1 der Richtlinie). Vielmehr entscheidet die Anstaltsversammlung aufgrund ihres pflichtgemäßen Ermessens iR der verfügbaren Fördermittel.

Nr. 6.5 der Richtlinie bestimmt, dass für die Zusage, Auszahlung und 11
Abrechnung der Mittel sowie für den Nachweis und die Prüfung ihrer Verwendung und die ggf. erforderliche Aufhebung der Zusage und die Rückzahlung der gewährten Mittel die Verwaltungsvorschriften zu § 44 BHO sowie §§ 48–49 a VwVfG entsprechend gelten, soweit in der Richtlinie keine Abweichungen zugelassen worden sind. Vor der Neufassung der Richtlinien über die Verwendung des Förderungsfonds im Jahre 2019 sprach die Richtlinie nicht von der „Zusage", sondern vom „Zuwendungsbescheid". Durch die Änderungen bleiben die öffentlich-rechtlichen Bindungen der Mittelvergabe unberührt. Die Mittelvergabe aus dem Förderungsfonds unterfällt nicht der Kernaufgabe des § 3.

2. Verwendung

Im Jahr 2019 standen dem Förderungsfonds 8,2 Mio. EUR zur Verfügung.[11] Die Mittelzuweisung an den Förderungsfond steigt jährlich.[12] 12

Um die richtlinienkonforme Verwendung der Zuschüsse zu gewährleisten, müssen die Mittelempfänger Verwendungsnachweise und Sachberichte erbringen (6.4 der Richtlinie). Zudem werden stichprobenartig Vor-Ort-Kontrollen durchgeführt.

IV. Zweckvermögen des Bundes (Abs. 3)

Mindestens die Hälfte des Bilanzgewinns ist dem Zweckvermögen zuzuführen, das die Rentenbank nach § 1 Abs. 1 S. 2 ZweckVG treuhänderisch für den Bund verwaltet. Das Zweckvermögen ist eine selbstständige, einem bestimmten Zweck gewidmete Vermögensmasse, die aus dem Vermögen des Widmenden ausgeschieden ist und eigene Einkünfte erzielt. 13

Das Zweckvermögen geht auf das Entschuldungsabwicklungsgesetz[13] 14
zurück, das die Übertragung von Aktiva und Passiva der Deutschen Rentenbank und der RKA auf die Rentenbank zum Gegenstand hatte.[14] Nach dessen § 10 Abs. 3 bildeten „die übergegangenen Guthaben, Forderungen und Rechte ein Zweckvermögen, das die Rentenbank treuhänderisch für die Inhaber der in Abs. 1 genannten Ablösungsschuldver-

---

11 Geschäftsbericht 2019, S. 45.
12 Ebd.
13 Gesetzes zur Abwicklung der landwirtschaftlichen Entschuldung vom 25.3.1952, BGBl. I 203.
14 v. Krosigk IKO 1977, 70 (70); vertiefend: v. Stralendorff ZweckVG.

schreibungen und für denjenigen verwaltet, der nach Maßgabe des Art. 134 GG als berechtigt anzusehen ist". Seit 1968 verwaltet die Rentenbank das Zweckvermögen als Eigentum[15] für den Bund.[16] Als Verwendungszweck legte der Gesetzgeber von Anbeginn fest, dass es jenseits der Befriedigung der Ansprüche der Inhaber von Ablösungsschuldverschreibungen nur zur Verbesserung der Agrarstruktur und zur Sicherung land- und forstwirtschaftlicher Betriebe verwendet werden durfte.[17] Heute bestimmt § 2 ZweckVG, dass das Zweckvermögen nur zur Förderung von Innovationen in der Landwirtschaft, der Forstwirtschaft, dem Gartenbau und der Fischerei verwendet werden darf. Seit 1981 fließen die Zinseinkünfte dem Bundeshaushalt zu.[18] Bei Auflösung und Abwicklung der Anstalten „Absatzförderungsfonds der deutschen Forst- und Holzwirtschaft" und „Absatzförderungsfonds der deutschen Land- und Ernährungswirtschaft" sind die verbliebenen jeweiligen Überschüsse auf das Zweckvermögen der Rentenbank übergegangen (§ 2 Abs. 2 AbsFondsForstAuflG[19]; § 2 Abs. 2 AbsFondsLwAuflG).[20]

15 § 1 Abs. 1 S. 2 ZweckVG bestimmt, dass die Rentenbank das Zweckvermögen treuhänderisch für den Bund verwaltet. Das ZweckVG aus dem Jahr 2005 hat damit die Frage klären wollen, wem nach Aufhebung des Entschuldungsabwicklungsgesetzes im Jahre 2001[21] das Zweckvermögen rechtlich zuzuordnen ist. Die Regelung ist aber offengeblieben. § 1 Abs. 1 S. 2 ZweckVG begründet allein ein Treuhandverhältnis, das als schuldrechtliche Beziehung jedoch über die Eigentumslage keine Aussage trifft. Das Treuhandverhältnis findet nur im (schuldrechtlichen) Innenverhältnis Beachtung.[22]

16 Das BMF[23] und der Bundesrechnungshof[24] gehen davon aus, dass es sich bei dem Zweckvermögen um ein Sondervermögen des Bundes iSd § 113 BHO handelt. Ein Sondervermögen stellt nach Nr. 2.1. der Allgemeinen Verwaltungsvorschriften zu § 26 BHO rechtlich unselbständige abgesonderte Teile des Bundesvermögens dar, die durch Gesetz oder aufgrund ei-

---

15 v. Stralendorff ZweckVG Einl. Rn. 4; s. GE BReg zur Abwicklung der landwirtschaftlichen Entschuldung vom 3.7.1951, BT-Drs. 1/2526, 9 „Landwirtschaftliche Rentenbank als Eigentümerin"; Lange, Rechtsfragen des Zweckvermögens der Landwirtschaftlichen Rentenbank, S. 20; (nv); G. Schmidt VerwArch 60, 295 (329 f.).
16 Art. 11 des Gesetzes zur Änderung des Gesetzes zur Abwicklung der landwirtschaftlichen Entschuldung vom 25.7.1968, BGBl. I 859.
17 v. Krosigk IKO 1977, 70 (70).
18 Art. 16 des Subventionsabbaugesetzes vom 26.6.1981, BGBl. I 537.
19 Gesetz zur Auflösung und Abwicklung der Anstalt Absatzförderungsfonds der deutschen Forst- und Holzwirtschaft vom 25.5.2011, BGBl. I 950.
20 Gesetz zur Auflösung und Abwicklung der Anstalt Absatzförderungsfonds der deutschen Land- und Ernährungswirtschaft vom 25.5.2011, BGBl. I 950.
21 Art. 8 Nr. 1 des Gesetzes zur Änderung der Insolvenzordnung und anderer Gesetze (im Folgenden: Insolvenzänderungsgesetz) vom 26.10.2001, BGBl. I 2710.
22 v. Stralendorff ZweckVG Einl. Rn. 4.
23 Zit. nach Lange, Rechtsfragen des Zweckvermögens der Landwirtschaftlichen Rentenbank, S. 16 (nv).
24 Bundesrechnungshof, Jahresbericht 2015, Bemerkung Nr. 25, Punkt 25.1.

nes Gesetzes entstanden und zur Erfüllung einzelner Aufgaben des Bundes bestimmt sind. Dabei muss der Bund dieses Sondervermögen nicht unmittelbar selbst verwalten. Sondervermögen iSd § 113 BHO können auch abgesonderte Teile des Bundesvermögens sein, die von Stellen außerhalb der unmittelbaren Bundesverwaltung treuhänderisch für den Bund verwaltet und in ihren Errichtungsgesetzen als „Treuhandvermögen" oder „Zweckvermögen" bezeichnet werden.[25]

Das Zweckvermögen des Bundes bei der Rentenbank ist aber kein unselbständiger abgesonderter Teil eines Bundesvermögens. Die Selbständigkeit der Vermögensmasse wird zunächst dadurch deutlich, dass sie formell vollständig im Eigentum der Rentenbank ist. Die Existenz des Zweckvermögens beruht bereits historisch darauf, dass die Guthaben, Forderungen und Rechte ausschließlich der Rentenbank übertragen worden sind.[26] Die treuhänderische Verwaltung widerspricht nicht der Tatsache, dass die Rentenbank Eigentümerin und damit Rechtsträgerin des Zweckvermögens ist.[27]   17

Gegen die Selbständigkeit spricht zudem, dass sich das Zweckvermögen in wesentlichen Teilen aus den Bilanzgewinnen der Rentenbank zusammensetzt, die zur Hälfte in das Zweckvermögen einfließen. Die Rentenbank steht trotz ihrer Rechtsnatur als Anstalt des öffentlichen Rechts nicht im Eigentum des Bundes (§ 1). Daher ist auch der Bilanzgewinn der Rentenbank nicht Teil eines unselbständigen Bundesvermögens. Die Übertragung von Bilanzmitteln der Rentenbank auf das Zweckvermögen ändert daran nichts. Vielmehr wird dadurch die Rechtsnatur des Zweckvermögens durch die besondere Rechtsnatur der Rentenbank überlagert. Notwendigerweise müssen daher die Mittel aus dem Zweckvermögen einen Agrarbezug haben. Eine (auch gesetzliche) Änderung des Förderungszwecks und der Zweckbindung wäre mit dem bisherigen Finanzierungsmodell, das sich im Wesentlichen aus den Mitteln der Rentenbank speist, nicht möglich. Es handelt sich daher nicht um eine Vermögensmasse, über die der Bund als Treuhandgeber frei und unabhängig entscheiden darf. Das aber zeichnet ein unselbständiges Bundesvermögen aus.   18

Es handelt sich damit um kein Sondervermögen iSd Haushaltsrechtes. Die Frage, wem das Zweckvermögen nach Aufhebung des Entschuldungsabwicklungsgesetzes im Jahre 2001 rechtlich zuzuordnen ist, rich-   19

25 *Lange,* Rechtsfragen des Zweckvermögens der Landwirtschaftlichen Rentenbank, S. 63 (nv).
26 *Lange,* Rechtsfragen des Zweckvermögens der Landwirtschaftlichen Rentenbank, S. 20 f. (nv); GE BReg zur Abwicklung der landwirtschaftlichen Entschuldung vom 3.7.1951, BT-Drs. 1/2526, 9; anders zu gesetzlich eingesetzten Treuhändern im Allgemeinen: *Liebich/Mathews* Treuhand und Treuhänder, S. 46.
27 *v. Stralendorff* ZweckVG Einl. Rn. 4; s. GE BReg zur Abwicklung der landwirtschaftlichen Entschuldung vom 3.7.1951, BT-Drs. 1/2526, 9 „Landwirtschaftliche Rentenbank als Eigentümerin"; *Lange,* Rechtsfragen des Zweckvermögens der Landwirtschaftlichen Rentenbank, S. 20 (nv); ähnl. *G. Schmidt* VerwArch 60, 295 (329 f.).

tet sich vielmehr nach den dinglichen Eigentumsverhältnissen. Der in § 10 Abs. 2 Entschuldungsabwicklungsgesetz geregelte Übergang von Guthaben, Forderungen und Rechten auf die Rentenbank kann nur so verstanden werden, dass die Rentenbank als vollrechtsfähige juristische Person des öffentlichen Rechts Eigentümerin der übergegangenen Vermögenswerte wird.[28] Der gesetzlich angeordnete Übergang der Vermögenswerte ist rechtlich abgeschlossen und bleibt auch nach Auflösung des „Übertragungsgesetzes" bestehen.[29] Die durch das ZweckVG auferlegte treuhändische Verwaltung steht den dinglichen Eigentumsverhältnissen nicht entgegen.[30]

20 Der Gruppennützigkeitsbindung des Gewinns der Rentenbank (→ Rn. 3 ff.) steht nicht im Wege, dass die Rentenbank die Hälfte des Gewinns dem Zweckvermögen zukommen lässt, § 9 Abs. 3.[31] Denn auch das Zweckvermögen darf nach § 2 Abs. 1 ZweckVG nur für die Förderung von Innovationen in der Landwirtschaft verwendet werden. Insoweit entspricht die Zweckbindung des Zweckvermögens der Gruppennützigkeitsbindung des Gewinns der Rentenbank.

21 Nach § 1 Abs. 2 ZweckVG kann das Zweckvermögen nur durch Gesetz aufgelöst werden. Soweit das Zweckvermögen aus Gewinnen der Rentenbank gespeist worden ist und etwa weiterhin gespeist wird, muss dessen Verwendung aber auch nach einer potenziellen Abführung an den Bundeshaushalt auf die Förderung der Landwirtschaft beschränkt sein.[32]

22 Das bei der Rentenbank gebildete Zweckvermögen hat seit seiner Bildung vor allem durch jährliche Zuführung der Hälfte des Bilanzgewinnes der Rentenbank (im Jahr 2019 8,125 Mio. EUR[33]) einen beträchtlichen Umfang erreicht. Es belief sich im Jahr 2019 auf insgesamt 109 Mio. EUR.[34]

23 Nach § 2 Abs. 1 ZweckVG werden die Mittel des Zweckvermögens für innovative vorwettbewerbliche Investitionsvorhaben sowie die Markt- und Praxiseinführung von Innovationen in der Landwirtschaft, der Forstwirtschaft, dem Gartenbau und der Fischerei verwendet. Gefördert werden kleine und mittlere Unternehmen sowie Forschungseinrichtungen. Im Mittelpunkt stehen Vorhaben im Bereich der experimentellen Entwicklung. Hierzu gehört die Umsetzung von Erkenntnissen der indus-

---

28 *Lange,* Rechtsfragen des Zweckvermögens der Landwirtschaftlichen Rentenbank, S. 20 f. (nv); GE BReg zur Abwicklung der landwirtschaftlichen Entschuldung vom 3.7.1951, BT-Drs. 1/2526, 9. anders zu gesetzlich eingesetzten Treuhändern im Allgemeinen: *Liebich/Mathews* Treuhand und Treuhänder, S. 46.
29 *Lange,* Rechtsfragen des Zweckvermögens der Landwirtschaftlichen Rentenbank, S. 22 (nv).
30 *Lange,* Rechtsfragen des Zweckvermögens der Landwirtschaftlichen Rentenbank, S. 24 (nv); *v. Stralendorff* ZweckVG Einl. Rn. 4.
31 Vgl. *Lange,* Rechtsfragen des Zweckvermögens der Landwirtschaftlichen Rentenbank, S. 91 f. (nv).
32 *Lange,* Rechtsfragen des Zweckvermögens der Landwirtschaftlichen Rentenbank, S. 102 (nv).
33 Geschäftsbericht 2019, S. 119, 132.
34 Geschäftsbericht 2019, S. 110.

triellen oder universitären Forschung in neue oder verbesserte Produkte, Verfahren oder Dienstleistungen. Auch die konzeptionelle Planung und der Entwurf von neuen Produkten, Verfahren oder Dienstleistungen sowie Studien zur technischen Durchführbarkeit sind förderfähig.

Weder LR-G noch LR-Satzung treffen konkrete Bestimmungen über die Verwendung des Zweckvermögens. Die Einzelfallentscheidung obliegt auch nicht der Anstaltsversammlung, wie beim Förderungsfonds, sondern dem BMEL als Vertreter des Bundes als Eigentümer des Zweckvermögens. Nach § 7 Abs. 5 Hs. 1 beschließt der Verwaltungsrat allein über die Aufteilung des Bilanzgewinnes auf das Zweckvermögen. Das Förderverfahren ist zweiteilig. Die Bundesanstalt für Landwirtschaft und Ernährung (BLE) ist für die fachliche Prüfung von Fördervorhaben aus dem Innovationsfonds sowie aus dem Zweckvermögen des Bundes bei der Rentenbank zuständig. Interessenten reichen bei der BLE eine kurze Projektskizze ein. Sofern diese als förderwürdig eingestuft wird, kann ein formeller Antrag eingereicht werden. Die BLE prüft den Antrag fachlich und ist während der Projektlaufzeit fachlicher Ansprechpartner. Der Förderbescheid ergeht durch die Rentenbank, die damit Zuwendungsgeber ist. Die Verwaltungsvorschriften zur Durchführung dieser Vorschrift erlässt das BMEL im Einvernehmen mit dem BMF.[35]

24

Soweit die Forschungsförderung beihilferechtlich relevant ist, ist sie nach Art. 25 AGVO[36] von der Notifizierungspflicht freigestellt. Unter den in der AGVO festgelegten Voraussetzungen (einschließlich spezieller Beihilfeintensitäten) sind Beihilfen für Forschung und Entwicklungsvorhaben, Beihilfen für technische Durchführbarkeitsstudien, Beihilfen an KMU zu den Kosten für gewerbliche Schutzrechte, FuE-Beihilfen im Agrar- und Fischereisektor, Beihilfen an junge innovative Unternehmen, Beihilfen für Innovationsberatungsdienste und innovationsunterstützende Dienstleistungen und Beihilfen für das Ausleihen hochqualifizierten Personals in bestimmten Fällen von der Anmeldepflicht freigestellt. Adressaten der Beihilfe sind die in einem bestimmten land- oder forstwirtschaftlichen Sektor oder Teilsektor tätigen Einrichtungen für Forschung und Wissensverbreitung. Beihilfefähig sind bis zu 100 % der Kosten.

25

Die Richtlinie über die Verwendung des Zweckvermögens des Bundes bei der Rentenbank orientiert sich an den Höchstgrenzen der genannten Freistellungsverordnungen für die einzelnen Bereiche. Bei Durchführbarkeitsstudien kann ein Zuschuss gewährt werden, der bei mittleren Unternehmen bis zu 60 %, bei kleinen Unternehmen bis zu 70 %[37] und bei Einrichtungen für Forschung und Wissensverbreitung für nichtwirtschaftliche Tätigkeiten bis zu 100 % der förderfähigen Ausgaben und Kosten beträgt. Für Kosten experimenteller Entwicklungsvorhaben kann ein Zuschuss gewährt werden, der bei mittleren Unternehmen bis zu

26

---

35 Richtlinien über die Verwendung des Zweckvermögens des Bundes bei der Landwirtschaftlichen Rentenbank (LR) vom 30.1.2015, BAnz. AT 19.2.2015 B1.
36 VO (EU) Nr. 651/2014, ABl. 2014 L 187/1.
37 Art. 25 AGVO (VO (EU) Nr. 651/2014).

35 %, bei kleinen Unternehmen bis zu 45 %[38] und bei Einrichtungen für Forschung und Wissensverbreitung für nichtwirtschaftliche Tätigkeiten bis zu 100 % der förderfähigen Ausgaben und Kosten beträgt.

27 Die Dotierung des Zweckvermögens aus dem Bilanzgewinn der Renten-bank ist an die Voraussetzung geknüpft, dass das Zweckvermögen von der Rentenbank verwaltet wird und dass die Rentenbank steuerbefreit bleibt, § 9 Abs. 3. Wie die Bundesbank und die anderen Förderinstitute von Bund und Ländern ist die Rentenbank von der Körperschaftsteuer (§ 5 Abs. 1 Nr. 2 KStG) der Vermögenssteuer (§ 3 Abs. 1 Nr. 2 VStG) und der Gewerbesteuer (§ 3 Nr. 2 GewStG) befreit.

Die Hälfte der dem Zweckvermögen als selbstständige Vermögensmasse zuwachsenden Zinseinkünfte ist an den Bundeshaushalt abzuführen (§ 2 Abs. 3 ZweckVG).

Die Verwendung des Zweckvermögens unterliegt nach § 2 Abs. 2 ZweckVG der Prüfung durch den Bundesrechnungshof.

---

38 Ebd.

§ 10 Besondere Pflicht der Organe

Sorgfaltspflicht und Verantwortlichkeit der Mitglieder des Vorstandes und des Verwaltungsrates richten sich nach den entsprechenden Vorschriften für Vorstands- und Aufsichtsratsmitglieder der Aktiengesellschaften.

I. Aktienrechtliche Parallelität in den Sorgfaltspflichten und Haftung 1

II. Sorgfaltspflichten und Haftung des Vorstandes 7
  1. Grundsätze 7
  2. Allgemeiner Sorgfaltsmaßstab 11
  3. Haftungsprivileg für unternehmerische Entscheidungen 16
    a) Unternehmerische Entscheidung 22
    b) Auf der Grundlage angemessener Information 23
    c) Frei von Fremdeinflüssen und Interessenkonflikten 25
    d) Am Wohl der Landwirtschaftlichen Rentenbank ausgerichtet .. 26
    e) Im guten Glauben 27
  4. Verhaltenspflichten der Vorstandsmitglieder und Haftung bei Pflichtverletzung 28

    a) Pflicht zur sorgfältigen Wahrnehmung der Organfunktion 31
    b) Treuepflicht 35
    c) Verschwiegenheitspflicht (§ 10 iVm § 93 Abs. 1 S. 3 AktG) 37
    d) Haftung nach § 10 iVm § 93 Abs. 2 AktG 40
    e) Besondere Pflichtverletzungstatbestände nach § 10 LRG iVm § 93 Abs. 3 AktG 44
    f) Haftungsausschluss ... 45
    g) Schadensersatzanspruch von Gläubigern 46
    h) Verjährung 47

III. Sorgfaltspflichten und Haftung der Verwaltungsratsmitglieder 48

IV. Schadensersatzansprüche nach § 10 iVm 117 AktG 57

I. Aktienrechtliche Parallelität in den Sorgfaltspflichten und Haftung

Die Organverfassung der Rentenbank lehnt sich an die der Aktiengesellschaft an. Konsequenterweise erklärt daher § 10 hinsichtlich der Sorgfaltspflicht, Verantwortlichkeit und Haftung der Mitglieder des Vorstandes und des Verwaltungsrates die Vorschriften für Vorstands- und Aufsichtsratsmitglieder der Aktiengesellschaften (§ 93 AktG und § 116 AktG) für entsprechend anwendbar.   1

Die entsprechende Anwendung der aktienrechtlichen Regelungen ist für öffentliche Kreditinstitute nicht unüblich.[1] Die hM wendet die haftungsrechtlichen Grundsätze des Gesellschaftsrechts auch ohne explizite Erwähnung in den Errichtungsgesetzen auf die Vorstandsmitglieder der Kreditinstitute anderer Rechtsformen an.[2]   2

---

1 Vgl. Abb. 2 bei *Brogl* in Brogl, Handbuch Banken-Restrukturierung, Rn. 20.
2 *Brogl* in Brogl, Handbuch Banken-Restrukturierung, Rn. 21 f.; Krieger/Schneider/*Fischer*, Managerhaftung-HdB, § 19 Rn. 9 mwN.

3   Die Bestimmung in § 10 ist als dynamischer Verweis zu verstehen. Daher wird nicht nur der Wortlaut der §§ 93 und 116 AktG übernommen, sondern auch die Rspr. und der Meinungsstand in der fachwissenschaftlichen Lit., soweit sie auf die Rentenbank aufgrund ihrer besonderen Rechtsnatur und ihrer spezifischen Aufgaben anwendbar sind. Im Folgenden soll die Haftung der Vorstands- und Verwaltungsratsmitglieder im Lichte der derzeitigen Auslegung der §§ 93, 116 AktG auf diese relevanten Inhalte hin dargestellt werden.

4   § 10 iVm § 93 AktG ist zwingendes Recht, sodass weder in der Satzung noch in der Geschäftsordnung des Vorstands oder im Dienstvertrag abweichende Regelungen getroffen werden dürfen.[3] Das Gleiche gilt auch für Beschränkungen[4] oder Verschärfungen[5] der Sorgfaltsanforderungen und der Vorstands- bzw. Verwaltungsratshaftung.[6]

5   Die entsprechende Anwendung der aktienrechtlichen Bestimmungen besteht seit der Errichtung der Rentenbank 1949.[7] In § 10 Abs. 1 aF wurde auch die Strafbarkeit aus dem Aktienrecht übertragen.

6   § 10 Abs. 2 aF enthielt zudem eine besondere Verschwiegenheitsverpflichtung hinsichtlich der Verhältnisse und Geschäfts- und Betriebsgeheimnisse der Eigentümer, Pächter und Nießbraucher der mit der Rentenbankgrundschuld belasteten Grundstücke. Diese Verschwiegenheitspflicht erstreckte sich zudem auf alle Angestellten der Rentenbank und endete auch nicht mit dem Ausscheiden aus der Stellung als Organmitglied oder mit Beendigung der Tätigkeit für die Rentenbank. Mit dem Fünften LR-Änderungsgesetz wurde die Erstreckung auf die Strafbarkeit und Abs. 2 aF gestrichen. Die Erstreckung auf die aktienrechtliche Strafbarkeit ohne weitere Konkretisierung wurde als rechtlich bedenklich angesehen; für Abs. 2 sah man keinen Bedarf mehr.[8]

II. Sorgfaltspflichten und Haftung des Vorstandes
1. Grundsätze

7   Nach § 6 Abs. 2 führt der Vorstand der Rentenbank die Geschäfte unter eigener Verantwortung. Dabei unterliegt er begrenzt Weisungen des Verwaltungsrates (→ § 6 Rn. 33 ff. und → § 7 Rn. 68); unbegrenzt ist er an die einschlägigen Rechtsnormen gebunden (§ 3 Abs. 4 LR-Satzung), die er selbst einhalten und über deren Einhaltung durch die Rentenbank er wachen muss.[9] Außerdem prägt die Treuepflicht der Vorstandsmitglieder gegenüber der Rentenbank den Rahmen dieser eigenverantwortlichen

---

3   *Hölters* in Hölters AktG § 93 Rn. 11; NK-ArbR/*Pusch/Daub* AktG § 93 Rn. 2.
4   Vgl. LG Mannheim 21.9.1954 – WM 1955, 116.
5   Vgl. BGHZ 64, 325 (326 f.)
6   NK-ArbR *Pusch/Daub* AktG § 93 Rn. 2.
7   § 10 Abs. 1 LR-G idF vom 11.5.1949, WGBl. 1949, 77.
8   Entwurf eines Fünften Gesetzes zur Änderung des Gesetzes über die Landwirtschaftliche Rentenbank v. 7.12.2001, BT-Drs. 14/7753, 13.
9   Vgl. *U. Schmidt* in Heidel AktR § 93 Rn. 7; NK-ArbR/*Pusch/Daub* AktG § 93 Rn. 2.

Geschäftsleitung insoweit, dass der Vorstand sein Handeln vorrangig am Interesse der Rentenbank ausrichten muss.[10]

§ 10 iVm § 93 AktG legt die allgemeinen Sorgfaltspflichten und den objektiven Verhaltensmaßstab der Vorstandsmitglieder bei der Führung der Geschäfte der Rentenbank fest und regelt deren Haftung gegenüber der Bank und gegebenenfalls auch gegenüber Dritten.[11] Ersatzansprüche gegenüber Vorstandsmitgliedern stehen nach § 10 iVm § 93 Abs. 2–4 AktG grds. nur der Bank zu. **8**

Diese Regelung dient damit vorrangig dem Schutz der Rentenbank, mittelbar jedoch auch dem Schutz außenstehender Gläubiger. Letztere sind nach § 10 iVm § 93 Abs. 5 AktG unter bestimmten Voraussetzungen berechtigt, Ersatzansprüche der Rentenbank gegenüber Vorstandsmitgliedern bis zur Höhe ihrer eigenen Forderung gegen die Rentenbank selbst geltend zu machen. **9**

Die Bindung an die Sorgfaltspflichten und die entsprechende Haftung beginnen und enden mit dem wirksamen Vorstandsamt, auf den Abschluss oder der Beendigung des Anstellungsvertrages kommt es nicht an.[12] **10**

2. Allgemeiner Sorgfaltsmaßstab

Nach § 10 iVm § 93 Abs. 1 Satz 1 AktG haben die Vorstandsmitglieder bei ihrer Geschäftsführung die Sorgfalt eines ordentlichen und gewissenhaften Geschäftsleiters anzuwenden. Diese Bestimmung besitzt eine Doppelfunktion: Zum einen regelt sie den objektiven Verschuldensmaßstab für die entsprechende Haftung nach § 10 iVm § 93 Abs. 2 AktG und zum anderen erlegt sie dem Vorstand objektive Verhaltenspflichten auf.[13] **11**

§ 10 iVm § 93 Abs. 1 S. 1 AktG verlangt von jedem Vorstandsmitglied ein Handeln wie ein „pflichtbewusster, selbstständig tätiger Leiter eines Unternehmens der konkreten Art, der nicht mit eigenen Mitteln wirtschaftet, sondern ähnlich wie ein Treuhänder fremden Vermögensinteressen verpflichtet ist".[14] Diese gegenüber dem gemeinen Geschäftsmann hinausgehende Sorgfaltspflicht begründet sich in der ihnen durch § 6 zugewiesenen Stellung und Verantwortung der Vorstandsmitglieder.[15] **12**

Ausgangspunkt für die Beurteilung der Sorgfalt ist zunächst die Legalitätspflicht, dh „die Pflicht, sich bei seiner Amtsführung gesetzestreu zu verhalten".[16] Diese Legalitätspflicht beruht auf zwei Pfeilern[17]: der inter- **13**

---

10 Vgl. NK-ArbR/*Pusch/Daub* AktG § 93 Rn. 2.
11 Ebd.
12 NK-ArbR/*Pusch/Daub* AktG § 93 Rn. 2.
13 NK-ArbR/*Pusch/Daub* AktG § 93 Rn. 11; Spindler/Stilz/*Fleischer* AktG § 93 Rn. 10.
14 NK-ArbR/*Pusch/Daub* AktG § 93 Rn. 11; BGH, DStR 1995, 1033 (1033); Hüffer/Koch/*Koch* AktG § 93 Rn. 4; ähnl. Kölner Komm AktG/*Mertens/Cahn* AktG § 93 Rn. 10.
15 Vgl. MüKoAktG/*Spindler* § 93 Rn. 25; NK-ArbR/*Pusch/Daub* AktG § 93 Rn. 11.
16 Spindler/Stilz/*Fleischer* AktG § 93 Rn. 14.
17 Vgl. ebd.

nen Pflichtenbindung, die durch LR-G und LR-Satzung konkretisiert wird, und der externen Pflichtenbindung, die sich aus Rechtsvorschriften außerhalb des LR-G ergibt. Die externe Pflichtenbindung bzw. die Leistungssorgfalt kann sich jedoch wegen ihrer großen Unbestimmtheit und Diversität nicht aus ethischen Verhaltensstandards (Geschäftsmoral, Ehrenkodizes, etc) ergeben.[18] Die Legalitätspflicht findet zudem ihre Normierung in § 3 Abs. 4 LR-Satzung.

14   Maßgeblich für die Bestimmung des Sorgfaltsmaßstabs sind unter anderem die Art der jeweiligen Geschäftsführungsmaßnahme und das aktuelle wirtschaftliche Umfeld.[19] Leitfrage ist: Wie würde sich ein ordentlicher und gewissenhafter selbstständig tätiger Geschäftsleiter eines nach Art und Größe vergleichbaren Unternehmens verhalten?[20] Die Geschäftsleitertätigkeit unterliegt einem speziellen Sorgfaltsmaßstab, der mit der Sorgfalt in eigenen Angelegenheiten nach § 277 BGB vergleichbar ist.[21] Welche Sorgfalt ein ordentlicher und gewissenhafter Geschäftsleiter im Einzelnen zu beachten hat, wird im Gesetz nicht definiert. Die Ausprägung des generalklauselartigen Sorgfaltsbegriffs bleibt der Rspr. und Lit. vorbehalten.

15   Der BGH verlangt grds. dabei vom Vorstand ein „von Verantwortungsbewusstsein getragenes, ausschließlich am Unternehmenswohl orientiertes, auf sorgfältiger Ermittlung der Entscheidungsgrundlagen beruhendes unternehmerisches Handeln".[22] Die Konkretisierung ist einzelfallabhängig.

3. Haftungsprivileg für unternehmerische Entscheidungen

16   Spätestens mit der Finanzmarktkrise 2008 stieg die Erwartungshaltung in Gesellschaft, Politik und Wirtschaft, Vorstandsmitglieder stärker in die Verantwortung zu nehmen, was sich nicht selten in der Forderung der persönlichen Haftung von Vorstandsmitgliedern äußerte.[23] Dennoch ist in § 93 Abs. 1 S. 2 AktG weiterhin eine Haftungsprivilegierung normiert. Nach ihr entfällt die Pflichtverletzung, soweit das Vorstandsmitglied bei einer unternehmerischen Entscheidung vernünftigerweise annehmen durfte, auf der Grundlage angemessener Information zum Wohle der Gesellschaft zu handeln. Diese Regelung trägt dem Umstand Rechnung, dass dem Vorstand ein weiter Ermessensspielraum bei unternehmerischen Entscheidungen zusteht, der für eine unternehmerische Tätig-

---

18 *Fleischer* DB 2017, 2015 (2018).
19 *Hölters* in Hölters AktG § 93 Rn. 26 m. Verweis auf: BGHZ 129, 30 (34) für Geschäftsführer eines Treuhandunternehmens; Spindler/Stilz/*Fleischer* AktG § 93 Rn. 41; MüKoAktG/*Spindler* § 93 Rn. 25.
20 *Hölters* in Hölters AktG § 93 Rn. 26 m. Verweis auf: BGHZ 129, 30 (34) für Geschäftsführer eines Treuhandunternehmens; OLG Düsseldorf AG 1997, 231 (235) – ARAG/Garmenbeck; OLG Hamm AG 1995, 512 (514); OLG Koblenz GmbHR 1991, 416 (417) für GmbH-Geschäftsführer; Spindler/Stilz/*Fleischer* AktG § 93 Rn. 41.
21 *Hölters* in Hölters AktG § 93 Rn. 2.
22 BGH ZIP 1997, 883 (886).
23 *Brogl* in Brogl, Handbuch Banken-Restrukturierung, Rn. 1.

keit schlichtweg unverzichtbar ist.[24] Eine Sorgfaltspflichtverletzung kann daher erst angenommen werden, wenn der Vorstand diesen Ermessensspielraum schuldhaft überschreitet.[25]

Zugleich ermöglicht die Regelung dem Vorstandsmitglied, geschäftliche Risiken iR von unternehmerischen Entscheidungen einzugehen.[26] Hierbei gilt dennoch, dass das Vorstandsmitglied stets die Vor- und Nachteile der geplanten Maßnahme unter Einschluss erkennbarer Risiken abzuwägen[27] und die Risiken nicht in völlig unverantwortlicher Weise falsch zu beurteilen hat[28].[29] Existenzgefährdende Risiken, deren Eintritt nicht völlig unwahrscheinlich ist, dürfen nur als ultima ratio eingegangen werden,[30] dh nur in solchen Fällen, in denen der Gesellschaft ohne die existenzrisikobehaftete Maßnahme ebenfalls der Existenzverlust droht[31].[32] Das Eingehen von geschäftlichen Risiken führt damit nicht per se zu einer Sorgfaltspflichtverletzung.[33] **17**

Generell hat das Vorstandsmitglied stets seine individuellen Fähigkeiten und Kenntnisse bei seiner Tätigkeit einzusetzen. In der Person liegende Unfähigkeit zur Geschäftsführung enthebt sie nicht der Verantwortung.[34] Die Regelung unterstreicht zugleich, dass gerade keine Erfolgshaftung vorliegen soll.[35] **18**

Bei der Beurteilung der Sorgfaltspflichtverletzung ist eine ex-ante-Perspektive einzunehmen.[36]

Die Haftungserleichterung nach Abs. 1 Satz 2 ist wie jede Ausnahmevorschrift restriktiv anzuwenden, mithin muss auch die Darlegungs- und Beweislast für das Vorliegen der Tatbestandsmerkmale beim betroffenen Organ liegen.[37] **19**

Das Nichtvorliegen einer unternehmerischen Entscheidung führt jedoch nicht unmittelbar zum Vorliegen einer Pflichtverletzung, sondern eröffnet vielmehr die Einzelfallprüfung nach § 10 iVm § 93 Abs. 1 Satz 1 AktG.[38] **20**

---

24 NK-ArbR/*Pusch/Daub* AktG § 93 Rn. 11.
25 Ebd.
26 *Hölters* in Hölters AktG § 93 Rn. 32 m. Verweis auf BGHZ 135, 244 (253) – ARAG/Garmenbeck; OLG Frankfurt DB 2010, 2788 (2793).
27 BGH NZG 2008, 705 (706) für GmbH-Geschäftsführer.
28 Begr. RegE UMAG vom 14.3.2005, BT-Drs. 15/5092, 11.
29 *Hölters* in Hölters AktG § 93 Rn. 32.
30 OLG Düsseldorf ZIP 2010, 28 (32); MüKoAktG/*Spindler* § 93 Rn. 26; MHdB AG/ *Wiesner* § 25 Rn. 63.
31 *Oltmanns*, Geschäftsleiterhaftung, S. 247 f.; ähnl. *Schlimm*, Geschäftsleiterermessen, S. 328 f.; HMR AktG/*Hopt/Roth* § 93 Rn. 88.
32 *Hölters* in Hölters AktG § 93 Rn. 32.
33 Hüffer/Koch/*Koch* AktG § 93 Rn. 7.
34 Vgl. HMR AktG/*Hopt/Roth* § 93 Rn. 59; Spindler/Stilz/*Fleischer* AktG § 93 Rn. 205; MüKoAktG/*Spindler* § 93 Rn. 199.
35 Begr. RegE UMAG vom 14.3.2005, BT-Drs. 15/5092, 11; *Hölters* in Hölters AktG § 93 Rn. 31.
36 HMR AktG/*Hopt/Roth* § 93 Rn. 61 mwN; MHdB AG/*Wiesner* § 25 Rn. 5.
37 Begr. RegE UMAG vom 14.3.2005, BT-Drs. 15/5092, 12.
38 NK-ArbR/*Pusch/Daub* AktG § 93 Rn. 22.

21 Die Regelung des § 93 Abs. 1 S. 2 AktG wird in der Lit. mit einem „sicheren Hafen" verglichen.[39] Wobei das Einhalten der gesetzlichen Pflichten obligatorisch ist (Legalitätspflicht) und nicht der Regelung des § 93 Abs. 1 S. 2 AktG unterfällt.[40] Sie entspricht darüber hinaus der angloamerikanischen Business Judgement Rule.[41] Daher orientiert sich auch die Rspr. an der Business Judgement Rule[42] und hat fünf Voraussetzungen definiert, nach denen eine Pflichtverletzung entfällt. Es muss a) eine „unternehmerische Entscheidung" vorliegen, die b) ein Handeln auf der Grundlage angemessener Information, c) ohne Sonderinteressen und sachfremde Einflüsse, d) zum Wohl der Bank und e) im guten Glauben getroffen wurde.

a) Unternehmerische Entscheidung

22 Die Voraussetzung der „unternehmerischen Entscheidung" ist umstritten.[43] Der Gesetzgeber nimmt in seiner Begründung eine unternehmerische Entscheidung an, wenn sie „infolge ihrer Zukunftsbezogenheit durch Prognosen und nicht justiziable Einschätzungen geprägt" ist.[44] Demgegenüber stellen manche Literaturstimmen darauf ab, dass ein Handeln unter Unsicherheit vorliegen muss.[45]

b) Auf der Grundlage angemessener Information

23 Nach § 10 iVm § 93 Abs. 1 Satz 2 AktG muss das Vorstandsmitglied vernünftigerweise annehmen dürfen, auf der Grundlage angemessener Information zu handeln. Es ist die ex ante Perspektive des Entscheiders maßgeblich, sofern die Beurteilung bei nachträglicher Überprüfung nachvollziehbar erscheint.[46] Diese Voraussetzung soll verhindern, dass risikoreiche Maßnahmen ohne die gebotene Entscheidungsvorbereitung leichtfertig bzw. unsorgfältig[47] getroffen werden.[48] Nach der Gesetzesbegründung möchte das Gesetz nicht den Mut zum unternehmerischen Risiko unterbinden, zugleich aber Unbesonnenheit und Leichtsinn auf Kosten der Kapitalgeber – bei der Rentenbank auf Kosten des öffentlichen Förderauftrages – und der Arbeitnehmer vermeiden.[49]

---

39 *Hölters* in Hölters AktG § 93 Rn. 29; allgA, HMR AktG/*Hopt/Roth* § 93 Rn. 61 mwN.
40 MüKoAktG/*Spindler* § 93 Rn. 52.
41 *Hölters* in Hölters AktG § 93 Rn. 29.
42 Ebd.
43 NK-ArbR/*Pusch/Daub* AktG § 93 Rn. 20; ein Überblick über die vertretenen Ansichten findet sich bei *S. Schneider* DB 2005, 707 (708).
44 Begr. RegE UMAG vom 14.3.2005, BT-Drs. 15/5092, 11.
45 Henssler/Strohn/*Dauner-Lieb* AktG § 93 Rn. 20; Hüffer/Koch/*Koch* AktG § 93 Rn. 18.
46 NK-ArbR/*Pusch/Daub* AktG § 93 Rn. 26; Henssler/Strohn/*Dauner-Lieb* AktG § 93 Rn. 22.
47 BGHZ 135, 244 (253); Spindler/Stilz/*Fleischer* AktG § 93 Rn. 70 ff.; BGH NZG 2017, 116; BGH NJW 2008, 3361 Rn. 11.
48 NK-ArbR/*Pusch/Daub* AktG § 93 Rn. 26; *Götz/Holtzborn* WM 2006, 157 (157).
49 Begr. RegE UMAG vom 14.3.2005, BT-Drs. 15/5092, 12.

Hierdurch wird der Sorgfalts- und Haftungsmaßstab der Entscheidungs- 24 vorbereitung determiniert.[50] Die sorgfältige Ermittlung der Entscheidungsgrundlagen zeigt sich insbes. in der Art und Weise der Informationsbeschaffung.[51] Dabei kommt es nicht auf eine allumfängliche Informationseinholung an, vielmehr reicht eine „angemessene Tatsachenbasis" aus,[52] die einen Kosten-Nutzen-Ausgleich berücksichtigt.[53] Die Angemessenheit bestimmt sich nach dem Zeitvorlauf, dem Gewicht und der Art der zu treffenden Entscheidung und anerkannter betriebswirtschaftlicher Verhaltensmaßstäbe.[54] Fehlt es den Vorstandsmitgliedern an eigener Sachkunde, sind diese angehalten, externen Rat von einem unabhängigen, fachlich qualifizierten Berufsträger einzuholen und diesen entsprechend zu unterrichten.[55] Die Einholung externen Rates entbindet den Vorstand jedoch nicht von einer sorgfältigen Plausibilitätskontrolle.[56]

c) Frei von Fremdeinflüssen und Interessenkonflikten

Jenseits des Wortlauts des § 10 iVm § 93 Abs. 1 S. 2 AktG wird verlangt, 25 dass das Vorstandsmitglied bei seiner Entscheidungsfindung frei von Fremdeinflüssen und Interessenkonflikten und ohne unmittelbaren Eigennutz handelt.[57] Die Regierungsbegründung ist hierbei deutlich: Nur derjenige dürfe annehmen, zum Wohle der Gesellschaft zu handeln, der sich in seiner Entscheidung frei von solchen Einflüssen wisse.[58] Leider lässt die Regierungsbegründung damit den Rechtsanwender allein: Wann ein Interessenkonflikt vorliegt, wird mangels gesetzlicher Vorgaben bislang weder in der Lit.[59] noch in der Rspr.[60] ausreichend konkretisiert.[61] Die Gesetzesbegründung geht davon aus, dass es aufgrund der impliziten Formulierung keiner ausdrücklichen Erwähnung dieses Merkmals bedürfe.[62] Seine Ableitung erfolgt aA nach aus dem Merkmal „zum Wohle der Gesellschaft".[63] Ein Anhaltspunkt findet sich in der Funktion dieses Merkmals: Es dient der Sicherstellung der sachlichen Unbefangenheit und Unabhängigkeit der Vorstandsmitglieder.[64] Die Gesetzesbegründung lehnt die Unbefangenheit ab, wenn Sondereinflüsse außerhalb des Unternehmens vorliegen, was bei einem Handeln zum eigenen Nutzen oder

---

50 Spindler/Stilz/*Fleischer* AktG § 93 Rn. 70.
51 Ebd.
52 Henssler/Strohn/*Dauner-Lieb* AktG § 93 Rn. 22.
53 MüKoAktG/*Spindler* § 93 Rn. 55 mwN.
54 Begr. RegE UMAG vom 14.3.2005, BT-Drs. 15/5092, 12.
55 NK-ArbR/*Pusch/Daub* AktG § 93 Rn. 28; vgl. OLG Stuttgart 25.11.2009 – AG 2010, 133 (135).
56 NK-ArbR/*Pusch/Daub* AktG § 93 Rn. 28; BGH 20.9.2011 – AG 2011, 876 (877).
57 Vgl. Spindler/Stilz/*Fleischer* AktG § 93 Rn. 72; Begr. RegE UMAG vom 14.3.2005, BT-Drs. 15/5092, 11.
58 Begr. RegE UMAG vom 14.3.2005, BT-Drs. 15/5092, 11.
59 *Lutter* FS Priester, 2007, 423.
60 BGHZ 180, 9 Rn. 21 ff.; 180, 105 Rn. 15 ff.; BGH NJW 1980, 1629 (1630).
61 Spindler/Stilz/*Fleischer* AktG § 93 Rn. 72.
62 Begr. RegE UMAG vom 14.3.2005, BT-Drs. 15/5092, 11.
63 Henssler/Strohn/*Dauner-Lieb* AktG § 93 Rn. 24; krit. K. Schmidt/Lutter/*Krieger/Sailer-Coceani* AktG § 93 Rn. 19; *Brömmelmeyer* WM 2005, 2065 (2068).
64 NK-ArbR/*Pusch/Daub* AktG § 93 Rn. 25.

zum Nutzen von dem Vorstandsmitglied nahestehenden Personen oder Gesellschaften anzunehmen ist.[65] Das Vorstandsmitglied ist hingegen nicht schon deswegen befangen, weil es durch die Entscheidung mittelbar einen Vorteil erlangt.[66] Im Falle der Deckungsgleichheit zwischen eigenen Interessen und derer der Rentenbank darf das Vorstandsmitglied sich auch von eigenen Interessen leiten lassen.[67]

d) Am Wohl der Landwirtschaftlichen Rentenbank ausgerichtet

26 Unternehmerische Entscheidungen müssen am Wohl der Rentenbank ausgerichtet sein. Dieses Tatbestandsmerkmal in § 10 iVm § 93 Abs. 1 Satz 2 AktG ist gleichbedeutend mit dem Unternehmensinteresse, an das der Vorstand bei der Geschäftsleitung gebunden ist.[68] Was das Unternehmensinteresse ist, wird seit Jahrzehnten zwar kontrovers, jedoch ohne übereinstimmendes Ergebnis diskutiert.[69] Im Bereich der Rentenbank besteht die Besonderheit, dass das Interesse bereits über die Zwecksetzung spezifisch normativ durch das LR-G und die LR-Satzung definiert und durch die Organe der Rentenbank spezifiziert ist. Auch bei diesem Merkmal kommt es auf die ex-ante-Perspektive der Vorstandsmitglieder an.[70] Das Merkmal der Annahme zwingt nach der Gesetzesbegründung zu einem Perspektivenwechsel bei der Beurteilung der Voraussetzungen der Entscheidungsfindung.[71] Grds. wird jedoch dieser Maßstab kaum eine Steuerungsfunktion wahrnehmen, da nach hM die unternehmerische Entscheidung selbst nur einer Evidenzkontrolle unterliegt.[72] Ein Handeln entgegen des Wohls der Gesellschaft ist daher nur anzunehmen, wenn der Vorstand vorsätzlich der Gesellschaft schaden will oder das mit der unternehmerischen Entscheidung verbundene Risiko in völlig unverantwortlicher Weise falsch beurteilt.[73]

e) Im guten Glauben

27 Zuletzt muss das Vorstandsmitglied gem. der „Business Judgment Rule", in gutem Glauben handeln.[74] Das ungeschriebene Tatbestandsmerkmal der Gutgläubigkeit ist Bestandteil des „annehmen Dürfens".[75] Fehlt es an der Gutgläubigkeit, also glaubt das Vorstandsmitglied selbst nicht an

---

65 Begr. RegE UMAG vom 14.3.2005, BT-Drs. 15/5092, 11.
66 NK-ArbR/*Pusch/Daub* AktG § 93 Rn. 25; *Gehb/Heckelmann* ZRP 2005, 145 (147).
67 Vgl. NK-ArbR/*Pusch/Daub* AktG § 93 Rn. 25.
68 *Kort* ZIP 2008, 717 (717); Hüffer/Koch/*Koch* AktG § 76 Rn. 34 f., 36; aA *Zöllner* AG 2003, 2 (7); *Hölters* in Hölters AktG § 93 Rn. 37.
69 *Hölters* in Hölters AktG § 93 Rn. 37 mwN.
70 Begr. RegE UMAG vom 14.3.2005, BT-Drs. 15/5092, 11.
71 Ebd.
72 Spindler/Stilz/*Fleischer* AktG § 93 Rn. 75 mwN.
73 NK-ArbR/*Pusch/Daub* AktG § 93 Rn. 24; BGHZ 135, 244, 253; BGH NJW 1997, 1926; Begr. RegE UMAG vom 14.3.2005, BT-Drs. 15/5092, 11.
74 Spindler/Stilz/*Fleischer* AktG § 93 Rn. 76; vgl. Begr. RegE UMAG vom 14.3.2005, BT-Drs. 15/5092, 12; *Fleischer* ZIP 2004, 685 (691); *Hauschka* ZRP 2004, 65 (66); HMR AktG/*Hopt/Roth* § 93, Rn. 115; Hüffer/Koch/*Koch* AktG § 98 Rn. 54; Grigoleit/*Grigoleit/Tomasic* AktG § 93 Rn. 32; *Ihrig* WM 2004, 2098 (2105).
75 Begr. RegE UMAG vom 14.3.2005, BT-Drs. 15/5092, 11.

die Richtigkeit seiner Entscheidung, ist dieses nicht schutzwürdig.[76] Das entspricht dem internationalen Standard.[77]

4. Verhaltenspflichten der Vorstandsmitglieder und Haftung bei Pflichtverletzung

Jenseits der generalklauselartigen Vorgaben aus § 6 Abs. 2 ist nicht ausdrücklich geregelt, was der Vorstand bei der eigenverantwortlichen Geschäftsführung der Rentenbank zu tun hat, bzw. welche Einzelpflichten sich aus der Geschäftsführungsverantwortung ergeben. Hierfür werden in § 10 iVm § 93 Abs. 1 S. 1 und 3 AktG Verhaltenspflichten der Vorstände statuiert, die die Leitungsverantwortung aus § 76 Abs. 1 AktG bzw. § 6 Abs. 2 konkretisieren. 28

Demnach ergeben sich eine Pflicht zur sorgfältigen Wahrnehmung der Organfunktion, eine Treuepflicht gegenüber der Bank, eine die Treuepflicht konkretisierende Verschwiegenheitspflicht (§ 10 iVm § 93 Abs. 1 S. 3 AktG) und einige in § 10 iVm § 93 Abs. 3 ausdrücklich genannte Pflichtverletzungstatbestände.[78] 29

Diese Pflichtenregelung in Abs. 1 ist jedoch keine eigenständige Anspruchsgrundlage, vielmehr richtet sich die Haftung für die Pflichtverletzungen nach § 10 iVm § 93 Abs. 2 AktG (für Sorgfaltspflichtverletzungen nach Abs. 1) und § 10 iVm § 93 Abs. 3 AktG (für die namentlich genannten Pflichten).[79] Haftungsmodalitäten finden sich in den Abs. 4 und 5 des § 10 iVm § 93 AktG.[80] 30

a) Pflicht zur sorgfältigen Wahrnehmung der Organfunktion

Die einzelnen Pflichten des Vorstands als Organ der Gesellschaft sind vielfältig. Die sorgfältige Wahrnehmung der Organfunktion umfasst in erster Linie die tatsächliche unternehmerische Leitung, die sich insbes. in die Unternehmensorganisation, die Unternehmensplanung, die Steuerung der Unternehmensabläufe und Informationsflüsse sowie der Finanzen und die Überwachung letzterer unterteilt.[81] Die Vorstandsmitglieder der Rentenbank müssen mithin durch Organisation und Kontrolle das tägliche Geschäft der Rentenbank ausführen und dabei die finanzielle und wirtschaftliche Situation der Rentenbank beachten sowie für die Verfolgung der vorgegebenen, auch wirtschaftlichen Ziele sorgen.[82] Spezifisch erlegt die Organisationspflicht dem Vorstandsmitglied auf, in seinem Geschäftsbereich klare Aufteilungen und Zuordnungen der Aufgaben zu treffen und diese durch funktionierende Leitungsstrukturen umzusetzen 31

---

76 *Hölters* in Hölters AktG § 93 Rn. 37; Spindler/Stilz/*Fleischer* AktG § 93 Rn. 76.
77 *Block/Barton/Radin*, The Business Judgment Rule, S. 320 ff. zit. nach Spindler/ Stilz/*Fleischer* AktG § 93 Rn. 76.
78 Vgl. NK-ArbR/*Pusch/Daub* AktG § 93 Rn. 3.
79 Hüffer/Koch/*Koch* AktG § 93 Rn. 4.
80 Ebd.
81 Vgl. *Hölters* in Hölters AktG § 93 Abschnitt D. II.; vgl. auch Spindler/Stilz/*Fleischer* AktG § 93 Abschnitt II. 2.
82 NK-ArbR/*Pusch/Daub* AktG § 93 Rn. 13.

und zu beaufsichtigen.[83] Insbes. iR der Aufgabendelegation treffen die Vorstandsmitglieder eine Auswahl-, Einweisungs-, Überwachungs- und Aufsichtspflicht.[84] Aufgrund der gesamtschuldnerischen Haftung der Vorstandsmitglieder nach § 10 iVm § 93 Abs. 2 S. 1 AktG erstreckt sich die Kontrolle auf die gesamte Geschäftsleitung, unabhängig von den zugewiesenen Geschäftsbereichen.[85] Für die nicht unmittelbar zugewiesenen Geschäftsbereiche gilt jedoch ein abgesenkter Kontrollmaßstab, der sich in eine bloße Überwachungspflicht der Vorstandskollegen hinsichtlich der ordnungsgemäßen Geschäftsbereichsleitung umwandelt.[86] Diese Überwachungspflicht verwandelt sich in eine Handlungspflicht, wenn Hinweise auf die Verletzung der Sorgfaltspflicht bestehen.[87] Unabhängig von dieser gegenseitigen Überwachung sind die Vorstandsmitglieder zur kollegialen Zusammenarbeit verpflichtet.[88]

32   Daneben hat der Vorstand dafür zu sorgen, dass die Organisation und die Entscheidungsprozesse sowie auch sonstiges Handeln der Rentenbank gesetzes- und satzungsmäßig sind (vgl. Legalitätspflicht → Rn. 13).[89] Hierbei ist auch insbes. die Einhaltung des europäischen Rechts zu beachten.[90] Das Legalitätserfordernis gilt darüber hinaus auch für die Weisungen des Verwaltungsrates gem. § 7 Abs. 4 Hs. 2.[91] Beeinträchtigen die Weisungen des Verwaltungsrates (→ § 7 Rn. 68) die Interessen der Rentenbank oder verlangen sie ein pflichtwidriges Verhalten von den Vorstandsmitgliedern, so sind diese angehalten, notfalls gerichtlich gegen die entsprechenden Weisungen vorzugehen.[92]

33   Die Finanzverantwortung betreffende Pflichten bestehen insbes. hinsichtlich der Liquiditätssicherung der Bank und der Entwicklung einer Finanzplanung.[93] Besondere Ausprägung erfährt die Finanzverantwortung iR der Krisenbewältigung.[94]

---

83 Ebd.; *Hölters* in Hölters AktG § 93 Rn. 43; HMR AktG/*Hopt/Roth* § 93 Rn. 151 ff.; ähnl. Kölner Komm AktG/*Mertens/Cahn* AktG § 93 Rn. 80.
84 *Hölters* in Hölters AktG § 93 Rn. 47 m. Verweis auf: BGHZ 127, 336 (347) für GmbH-Geschäftsführer.
85 NK-ArbR/*Pusch/Daub* AktG § 93 Rn. 13.
86 Ebd.
87 Ebd.; Kölner Komm AktG/*Mertens/Cahn* AktG § 93 Rn. 92; Fleischer/*Spindler*, HdBVorstR, § 15 Rn. 82 ff.
88 NK-ArbR/*Pusch/Daub* AktG § 93 Rn. 17 m. Verweis auf BGH 13.7.1998 – AG 1998, 519; Kölner Komm AktG/*Mertens/Cahn* AktG § 93 Rn. 81.
89 NK-ArbR/*Pusch/Daub* AktG § 93 Rn. 14; HMR AktG/*Hopt/Roth* § 93 Rn. 153; Spindler/Stilz/*Fleischer* AktG § 93 Rn. 56; Grigoleit/*Grigoleit/Tomasic* AktG § 93 Rn. 37; *U. Schmidt* in Heidel AktR § 93 Rn. 7 und 17; Kölner Komm AktG/*Mertens/Cahn* AktG § 93 Rn. 67 und 83 mwN; Henssler/Strohn/*Dauner-Lieb* AktG § 98 Rn. 7 a; *Thümmel,* Persönliche Haftung von Managern und Aufsichtsräten, Rn. 200 mwN; MHdB/AG *Wiesner* § 25 Rn. 6.
90 NK-ArbR/*Pusch/Daub* AktG § 93 Rn. 15; Kölner Komm AktG/*Mertens/Cahn* AktG § 93 Rn. 73.
91 Vgl. NK-ArbR/*Pusch/Daub* AktG § 93 Rn. 14; vgl. HMR AktG/*Hopt/Roth* § 93 Rn. 54, 74 ff.; Kölner Komm AktG/*Mertens/Cahn* AktG § 93 Rn. 68.
92 NK-ArbR/*Pusch/Daub* AktG § 93 Rn. 14.
93 Spindler/Stilz/*Fleischer* AktG § 93 Rn. 58 mwN; *Hölters* in Hölters AktG § 93 Rn. 53.
94 Vgl. hierzu vertiefend Spindler/Stilz/*Fleischer* AktG § 93 Rn. 57 a und b mwN.

Weiterhin bedarf es eines unternehmensinternen Informationsflusses, um 34
die sorgfältige Wahrnehmung der Organfunktion effektiv gewährleisten
zu können.[95]

b) Treuepflicht

Auch ohne ausdrückliche normative Fixierung prägt die Treuepflicht die 35
Sorgfaltspflichten. Aufgrund ihrer Stellung als „Treuhänder" des ihnen
anvertrauten Vermögens und Geschäftsbereichs unterliegen die Vorstandsmitglieder kraft ihrer Bestellung einer organschaftlichen Treubin-
dung zur Rentenbank, die in Umfang und Intensität der Einzelpflichten
die Standards des § 242 BGB übersteigen.[96]

Die Treuepflicht geht damit vollumfänglich den persönlichen Interessen 36
eines Vorstandsmitglieds vor.[97] Das wird besonders deutlich beim Abschluss eigener Geschäfte mit der Rentenbank, die insoweit vom Verwaltungsrat vertreten wird (s. § 4 Abs. 7 LR-Satzung, § 6 Abs. 3).[98] Des Weiteren folgt aus der Treuepflicht der Vorstandsmitglieder die Pflicht zur
Transparenz gegenüber dem Verwaltungsrat[99] sowie die Pflicht, den dokumentierten, aber auch den nicht dokumentierten, jedoch erkennbaren
Willen der Rentenbank zu respektieren.[100]

c) Verschwiegenheitspflicht (§ 10 iVm § 93 Abs. 1 S. 3 AktG)

Eine Präzisierung der organschaftlichen Treupflicht ist das Verschwie- 37
genheitsgebot nach § 10 iVm § 93 Abs. 1 Satz 3 AktG. Hiernach haben
Vorstandsmitglieder über vertrauliche Angaben und Geheimnisse, namentlich Betriebs- oder Geschäftsgeheimnisse, die ihnen durch ihre Tätigkeit im Vorstand bekanntgeworden sind, Stillschweigen zu bewahren.

Vertrauliche Angaben idS sind alle Informationen, die ein Vorstandsmit- 38
glied in dieser Eigenschaft, nicht notwendig durch eigene Tätigkeit, erlangt hat.[101] Es kommt bei der Information darauf an, ob ihre Weiterga-
be geeignet ist, materielle oder immaterielle (zB Ansehensverlust) Nachteile für die Rentenbank mit sich zu bringen.[102] Geheimnisse der Rentenbank iSd Vorschrift sind Tatsachen, die nicht offenkundig sind und nach
ausdrücklich geäußertem oder aus dem Anstaltsinteresse ableitbarem
mutmaßlichen Willen der Rentenbank auch nicht offenkundig werden
sollen, sofern ein berechtigtes objektives Geheimhaltungsinteresse besteht.[103]

---

95 Vgl. hierzu: Spindler/Stilz/*Fleischer* AktG § 93 Rn. 57 mwN; NK-ArbR/*Pusch/*
    Daub AktG § 93 Rn. 16 mwN; *Hölters* in Hölters AktG § 93 Rn. 52.
96 Vgl. Hüffer/Koch/*Koch* AktG § 93 Rn. 28; NK-ArbR/*Pusch/Daub* AktG § 93
    Rn. 4; MüKoAktG/*Spindler* § 93 Rn. 125; jeweils mwN.
97 MüKoAktG/*Spindler* § 76 Rn. 13; § 93 Rn. 125 mwN.
98 MüKoAktG/*Spindler* § 76 Rn. 13.
99 BGHZ 20, 239; *Fleischer* NZG 2006, 561 (567 f.).
100 MüKoAktG/*Spindler* § 76 Rn. 13.
101 Hüffer/Koch/*Koch* AktG § 93 Rn. 30.
102 Vgl. ebd.; NK-ArbR/*Pusch/Daub* AktG § 93 Rn. 33; jeweils mwN.
103 BGH NJW 2016, 2569 Rn. 31; MüKoAktG/*Spindler* § 93 Rn. 134; Hüffer/Koch/
     Koch AktG § 93 Rn. 30.

39   Dies gilt sinngemäß nach § 10 iVm § 93 Abs. 1 S. 4 AktG weder für Aus-
     künfte gegenüber einer bankenaufsichts- noch handelsrechtlichen Behör-
     de oder Prüfstelle iR einer von dieser durchgeführten Prüfung. Die Ver-
     schwiegenheitspflicht der Vorstandsmitglieder wird durch die Verschwie-
     genheitspflicht der bei der Behörde oder Prüfstelle Beschäftigten er-
     setzt.[104]

d) Haftung nach § 10 iVm § 93 Abs. 2 AktG

40   Die Rechtsfolgen der Verletzung einer Verhaltenspflicht unter Außer-
     achtlassung der Sorgfalt eines ordentlichen und gewissenhaften Ge-
     schäftsleiters sind in Abs. 2 geregelt. Nach § 10 iVm § 93 Abs. 2 S. 1
     AktG haben Vorstandsmitglieder Schadensersatz zu leisten, wenn sie
     durch eine Pflichtverletzung schuldhaft einen Schaden verursachen. Die
     Vorstandshaftung nach § 10 iVm § 93 Abs. 2 AktG bildet eine eigene
     Anspruchsgrundlage der Rentenbank auf Schadensersatz. Die den Vor-
     standsmitgliedern drohende persönliche Inanspruchnahme soll diese prä-
     ventiv zur Beachtung einer größeren Sorgfalt veranlassen.[105]

41   Die Verteilung der Darlegungs- und Beweislast wird in § 10 iVm § 93
     Abs. 2 S. 2 AktG geregelt. Hiernach trifft bei Streitigkeiten darüber, ob
     die Vorstandsmitglieder die Sorgfalt eines ordentlichen und gewissenhaf-
     ten Geschäftsleiters angewandt haben, die Beweislast die Vorstandsmit-
     glieder selbst. Diese Abkehr von der allgemeinen zivilprozessualen Be-
     weislastverteilung ergibt sich aus dem Umstand, dass das jeweilige Vor-
     standsmitglied sein Verhalten und die Gesichtspunkte, die für eine sorg-
     fältige Ausübung der Geschäftsleitung sprechen, besser überblicken kann
     als die Bank, die insoweit regelmäßig in Beweisnot geriete.[106]

42   Die Haftung der Vorstandsmitglieder knüpft unabhängig von dem Beste-
     hen eines wirksamen Anstellungsvertrages an deren Organstellung an
     (Organhaftung[107]).[108] Es handelt sich daher um eine reine Innenhaftung
     des Vorstandsmitglieds im Verhältnis zur Rentenbank.[109] Dies schließt
     jedoch eine vertragliche Haftung nach § 280 BGB aufgrund einer Verlet-
     zung der Pflichten aus dem Anstellungsvertrag nicht aus; regelmäßig tre-
     ten diese Ansprüche jedoch im Wege der Anspruchskonkurrenz zu-
     rück.[110] Eine Außenhaftung der Vorstandsmitglieder gegenüber den
     Gläubigern ergibt sich aus § 10 iVm § 93 AktG nicht.[111]

---

104 Hüffer/Koch/*Koch* AktG § 93 Rn. 33.
105 *Hölters* in Hölters AktG § 93 Rn. 8.
106 Spindler/Stilz/*Fleischer* AktG § 93 Rn. 220 mwN.
107 Vgl. nur: Hüffer/Koch/*Koch* AktG § 93 Rn. 36 *Hölters* in Hölters AktG § 93
     Rn. 226 mwN.
108 MüKoAktG/*Spindler* § 93 Rn. 11 mwN.
109 Vgl. Henssler/Strohn/*Dauner-Lieb* AktG § 93 Rn. 26.
110 NK-ArbR/*Pusch/Daub* AktG § 93 Rn. 38; vgl. Hüffer/Koch/*Koch* AktG § 93
     Rn. 36 mwN.
111 Henssler/Strohn/*Dauner-Lieb* AktG § 93 Rn. 26.

Die Haftung beginnt und endet dementsprechend regelmäßig mit der or- 43
ganschaftlichen Tätigkeit für die Rentenbank.[112]

e) Besondere Pflichtverletzungstatbestände nach § 10 LRG iVm § 93 Abs. 3 AktG

In Abs. 3 ist ein Katalog von besonderen Pflichtverletzungstatbeständen 44
enthalten. Sie können einen Schadensersatzanspruch der Rentenbank begründen. Die gesondert aufgeführten Tatbestände sollen die Rentenbank
vor unzulässigem Kapitalabfluss schützen.[113] Abs. 3 ist als Konkretisierung des Abs. 2 S. 1 anzusehen, sodass auch die dortigen Tatbestandsvor-
aussetzungen für die Anspruchsbegründung vorliegen müssen.[114] Lediglich die Pflichtwidrigkeit wird durch das Vorliegen einer der neun Son-
dertatbestände indiziert.[115] Zudem besteht die eigenständige Bedeutung
des Abs. 3 darin, dass die Rentenbank durch die Vermutungsregelung in
Abs. 3 hinsichtlich der Nachweispflicht begünstigt wird.[116]

f) Haftungsausschluss

§ 10 iVm § 93 Abs. 4 AktG enthält einen Haftungsausschluss bei einem 45
gesetzmäßigen Beschluss der Hauptversammlung bzw. des Verwaltungsrates. Weiterhin sind die eingeschränkten Möglichkeiten der Rentenbank
geregelt, auf Schadensersatzansprüche zu verzichten oder sich darüber zu
vergleichen.[117]

g) Schadensersatzanspruch von Gläubigern

Nach § 10 iVm § 93 Abs. 5 AktG besteht für Gläubiger der Rentenbank 46
bei Vorliegen der dort genannten Voraussetzungen die Möglichkeit,
einen Schadensersatzanspruch gegen das grob pflichtwidrig handelnde
Vorstandsmitglied geltend zu machen. Ratio des Abs. 5 ist es, den Gläubigern der Rentenbank einen erleichterten Zugang zum haftenden Vorstandsmitglied zu eröffnen, soweit die Bank selbst nicht zahlen kann.[118]
Aufgrund der Anstaltslast des Bundes für die Rentenbank und der in
§ 16 Abs. 1 S. 1 angeordneten Insolvenzunfähigkeit ist die Rechtsgrund-
verweisung auf Abs. 5 faktisch überflüssig.

h) Verjährung

Die Verjährung des Schadensersatzanspruchs richtet sich nach § 10 iVm 47
§ 93 Abs. 6 AktG. Die Verjährungsfrist für alle Schadensersatzansprüche

---

112 Vertiefend: MüKoAktG/*Spindler* § 93 Rn. 12–14; Spindler/Stilz/*Fleischer* AktG
§ 93 Rn. 178 f.
113 Vgl. NK-ArbR/*Pusch/Daub* AktG § 93 Rn. 56; *Hölters* in Hölters AktG § 93
Rn. 273 „Verletzung von Kapitalerhaltungsvorschriften"; HMR AktG/*Hopt/Roth*
§ 93 Rn. 326.
114 NK-ArbR/*Pusch/Daub* AktG § 93 Rn. 56.
115 Ebd.
116 Vgl. *Hölters* in Hölters AktG § 93 Rn. 273 ff.
117 Vgl. NK-ArbR/*Pusch/Daub* AktG § 93 Rn. 58.
118 NK-ArbR/*Pusch/Daub* AktG § 93 Rn. 72; *Hölters* in Hölters AktG § 93 Rn. 322.

gegenüber Vorstandsmitgliedern der Rentenbank aus den Abs. 2–5 beträgt mangels Börsennotierung fünf Jahre.

III. Sorgfaltspflichten und Haftung der Verwaltungsratsmitglieder

48 Nach § 10 LR G iVm § 116 AktG gelten für die Verwaltungsratsmitglieder sinngemäß die Vorschriften des § 93 Abs. 1–6 AktG über die Sorgfaltspflicht und Verantwortlichkeit der Vorstandsmitglieder. Dieser Verweis ist ebenfalls als dynamischer Verweis zu verstehen.[119] Die aktienrechtliche Verantwortlichkeit ergibt sich darüber hinaus aus § 8 Abs. 1 S. 2 LR-Satzung.

49 Der Schutzzweck des § 116 AktG entspricht demjenigen des § 93 AktG: Schadensprävention und Schadensausgleich.[120]

50 Aufgrund der unterschiedlichen Aufgaben und Tätigkeitsstrukturen sowie Unterschiede hinsichtlich der beruflichen Werdegänge zwischen Vorstands- und Verwaltungsratsmitgliedern sieht § 10 iVm § 116 S. 1 AktG bewusst nur die „sinngemäße" Geltung des § 93 vor.[121] Das Verwaltungsratsmitglied ist gem. § 10 iVm § 116 S. 1 AktG verpflichtet, diejenige Sorgfalt eines ordentlichen und gewissenhaften Überwachers und Beraters zu beachten, die anhand der Aufgaben des Verwaltungsrats als Organ und unter Berücksichtigung des Nebenamtscharakters des Verwaltungsratsamtes zu konkretisieren ist.[122]

51 Wie auch der in Bezug genommene § 93 AktG ist § 116 AktG zwingend.[123] Abweichungen durch die LR-Satzung oder durch Geschäftsordnung oder Schuldvertrag sind unzulässig; in Betracht kommt allein die Konkretisierung der Pflichten.[124]

52 § 10 iVm § 116 S. 2 AktG regelt zwar besonders hervorgehoben, jedoch weiter deklaratorisch, die Verschwiegenheitspflicht der Verwaltungsratsmitglieder.[125] Sie entspringt der vom Verwaltungsratsmitglied geschuldeten organschaftlichen Treuepflichten.[126] Die Verschwiegenheitspflicht ist notwendige Voraussetzung, um die erforderliche Vertraulichkeit zwischen Vorstand und Verwaltungsrat für den Berichts- und Informationsaustausch zu sichern.[127] Darüber hinaus soll durch die Verschwiegenheitspflicht der offene Diskurs und damit die Funktionsfähigkeit des Verwaltungsrates ermöglicht werden.[128]

119 Henssler/Strohn/*Henssler* AktG § 116 Rn. 1.
120 MüKoAktG/*Habersack* § 116 Rn. 2; *Hambloch-Gesinn/Gesinn* in Hölters AktG § 116 Rn. 3.
121 Henssler/Strohn/*Henssler* AktG § 116 Rn. 1; MüKoAktG/*Habersack* § 116 Rn. 2; jeweils mwN; *Hambloch-Gesinn/Gesinn* in Hölters AktG § 116 Rn. 3.
122 Vgl. MüKoAktG/*Habersack* § 116 Rn. 2 mwN.
123 HMR AktG/*Hopt/Roth* § 116 Rn. 16.
124 MüKoAktG/*Habersack* AktG § 116 Rn. 4.
125 Vgl. *Hambloch-Gesinn/Gesinn* in Hölters AktG § 116 Rn. 1.
126 Vgl. Hüffer/Koch/*Koch* AktG § 116 Rn. 9; Spindler/Stilz/*Spindler* AktG § 116 Rn. 99 mwN; Henssler/Strohn/*Henssler* AktG § 116 Rn. 9.
127 Vgl. Henssler/Strohn/*Henssler* AktG § 116 Rn. 9; Spindler/Stilz/*Spindler* AktG § 116 Rn. 99.
128 Spindler/Stilz/*Spindler* AktG § 116 Rn. 99 mwN.

Dem Verwaltungsrat als Gesamtorgan obliegt dabei die Informationshoheit. Er darf mithin darüber entscheiden, ob Vorgänge, die ausschließlich aus seiner Sphäre stammen, an Dritte mitgeteilt werden oder ob er sich spiegelbildlich nachträglich durch Mehrheitsbeschluss von der Verschwiegenheitspflicht befreit.[129] Die Verschwiegenheitspflicht gilt grds. für alle Verwaltungsratsmitglieder gleichermaßen, unabhängig davon, wer sie in den Verwaltungsrat entsandte.[130] Allein Verwaltungsratsmitglieder, die von einer Gebietskörperschaft (relevant sind bei der Rentenbank Bund und Länder) in den Verwaltungsrat gewählt oder entsandt wurden, sind gem. § 394 AktG hinsichtlich ihrer Berichtspflicht an die Körperschaft nicht an die Verschwiegenheitspflicht gebunden.[131] Nach § 349 S. 2 AktG gilt dies nicht für vertrauliche Angaben und Geheimnisse der Gesellschaft, namentlich Betriebs- oder Geschäftsgeheimnisse, wenn ihre Kenntnis für die Zwecke der Berichte nicht von Bedeutung ist. 53

Auch gilt die Verschwiegenheitspflicht grds. nicht gegenüber dem Vorstand; Ausnahmen bestehen im Einzelfall.[132] Trotz der Ausgestaltung als Organhaftung wirkt die Verschwiegenheitspflicht aufgrund nachwirkender Treuepflichten auch nach Ausscheiden des Verwaltungsratsmitglieds fort, ohne dass hierzu eine vertragliche Regelung erforderlich ist.[133] 54

Die Verwaltungsratsmitglieder unterliegen den entsprechenden Haftungs- und Beweislastregelungen bei Sorgfaltspflichtverletzungen wie die Vorstandsmitglieder (→ Rn. 7 ff.). 55

Darüber hinaus machen sich die Verwaltungsratsmitglieder gem. § 10 iVm § 116 S. 3 AktG schadensersatzpflichtig, wenn sie eine unangemessene Vergütung gem. § 3 Abs. 6 S. 2 LR-Satzung festsetzen. Um diesem Schadensersatzanspruch zu entgehen, wacht der Vergütungskontrollausschuss (§ 10 Abs. 3 LR-Satzung) über die angemessenen Vergütungssysteme. Aufgrund des Fixvergütungssystems scheidet eine Haftung für die Nichtherabsetzung der Vorstandsvergütung in Krisenlagen nach § 10 iVm 116 S. 1 iVm § 93 Abs. 2 AktG[134] bzw. nach dem deklaratorischen[135] § 10 iVm § 116 S. 3 AktG aus. 56

IV. Schadensersatzansprüche nach § 10 iVm 117 AktG

§ 10 iVm § 117 Abs. 1 S. 1 AktG bestimmt die Haftung für die vorsätzliche Schadenszufügung unter Benutzung des Einflusses auf die Gesellschaft gegenüber der Rentenbank. Diese vorsätzliche Schadenszuführung kann auch durch ein Verwaltungsratsmitglied selbst geschehen.[136] Darüber hinaus haften die Mitglieder des Vorstandes oder des Verwaltungs- 57

129 Spindler/Stilz/*Spindler* AktG § 116 Rn. 102 mwN.
130 Spindler/Stilz/*Spindler* AktG § 116 Rn. 103 mwN.
131 Spindler/Stilz/*Spindler* AktG § 116 Rn. 105 mwN.
132 Spindler/Stilz/*Spindler* AktG § 116 Rn. 106 mwN.
133 Spindler/Stilz/*Spindler* AktG § 116 Rn. 108.
134 *Habersack* NZG 2018, 127 (130).
135 Hüffer/Koch/*Koch* AktG § 116 Rn. 18 mwN.
136 Vgl. BGH NJW 1985, 1777 (1778).

rates gem. § 10 iVm § 117 Abs. 2 AktG mit dem Schädiger gesamt-
schuldnerisch, wenn sie unter Verletzung ihrer Pflichten gehandelt haben. Diese gesamtschuldnerische Haftung gegenüber der Rentenbank
tritt neben die Haftung aus § 10 iVm § 93 oder 116 AktG. Da die Rentenbank als Anstalt öffentlichen Rechts keine Aktionäre besitzt, ist dieser
Anspruch nicht übertragbar. Die Bedeutung ist mithin marginal.[137]

---

137 Vgl. Spindler/Stilz/*Schall* AktG § 116 Rn. 27 mwN. *Schall* geht davon aus, dass
     § 117 AktG nur in der Form der Direkthaftung Bedeutung entfaltet.

§ 11 Aufsicht

(1) [1]Die Bank untersteht der Aufsicht des Bundesministeriums für Ernährung und Landwirtschaft (Aufsichtsbehörde), das seine Entscheidungen im Einvernehmen mit dem Bundesministerium der Finanzen trifft. [2]Die Aufsichtsbehörde trägt dafür Sorge, dass der Geschäftsbetrieb der Bank mit dem öffentlichen Interesse insbesondere an der Förderung der Landwirtschaft und des ländlichen Raumes sowie mit den Gesetzen und der Satzung in Einklang steht.

(2) Die Aufsichtsbehörde ist befugt, von den Organen der Bank Auskunft über alle Geschäftsangelegenheiten zu verlangen, Bücher und Schriften der Bank einzusehen sowie an den Sitzungen des Verwaltungsrates und seiner Ausschüsse sowie an der Anstaltsversammlung teilzunehmen und Anträge zu stellen; ihren Vertretern ist jederzeit das Wort zu erteilen.

(3) Die Aufsichtsbehörde ist ferner befugt, die Anberaumung von Sitzungen der Organe und die Ankündigung von Gegenständen zur Beschlussfassung zu verlangen sowie die Ausführung von Anordnungen und Beschlüssen zu untersagen, die gegen das öffentliche Interesse insbesondere an der Förderung der Landwirtschaft und des ländlichen Raumes oder gegen die Gesetze oder die Satzung verstoßen.

(4) Im Übrigen ist die Bank in der Verwaltung und Geschäftsführung selbständig, desgleichen in der Anstellung des Personals.

I. Funktion der Aufsicht über öffentlich-rechtliche Kreditinstitute	1
II. Anstaltsaufsicht (Abs. 1 und 4)	5
1. Aufsichtsbehörde	6
2. Umfang der Anstaltsaufsicht	8
3. Instrumente der Anstaltsaufsicht (Abs. 2 und 3)	13
a) Informationsrechte	14
b) Repressive Aufsichtsmittel	15
c) Präventive Aufsichtsmittel	21
III. Weitere Aufsichtsstrukturen jenseits des § 11	23
1. Interne Aufsicht	23
2. Wirtschaftsprüfer	29
3. Bundesrechnungshof	31
4. Parlamentarische Kontrolle.......................	36
5. Banken- und Finanzmarktaufsicht	38

I. Funktion der Aufsicht über öffentlich-rechtliche Kreditinstitute

Aufsicht und Kontrolle von „öffentlichen Banken" wie der Rentenbank 1 stehen in einem Spannungsverhältnis zwischen dem erforderlichen Schutz ihrer Selbständigkeit und der zwingenden demokratisch-parlamentarischen Kontrolle. Mit der Schaffung einer selbstständigen Einrichtung, wie sie sich in der Rentenbank in besonderem Maße aufgrund ihrer beispiellosen, historisch bedingten Rechtsnatur und Eigentumsverhältnisse (s. hierzu Kommentierung zu § 1) ergibt, sollte eine möglichst effiziente, sachbezogene Erfüllung von öffentlichen Aufgaben gewährleistet werden. Es sollte gerade verhindert werden, dass durch die Einmischung der Politik in die laufenden Geschäfte sachfremde Erwägungen eingespeist werden, die der Aufgabenerfüllung zuwiderlaufen.[1] Als Einrichtung der öffentlichen Verwaltung, die mit der Erfüllung staatlicher Aufgaben betraut ist, kann die Rentenbank – wie auch alle anderen öffentlich-rechtlichen Förderbanken – indes nicht den demokratisch-parlamentarischen Kontrollmechanismen entzogen sein.[2] Aufgrund der Einordnung in den Verwaltungsaufbau des Staates darf es keine „kontrollfreien" oder „ministerialfreien" Räume geben.[3] „Öffentliche Banken" wie die Rentenbank in ihrer Ausgestaltung als Anstalt des öffentlichen Rechts müssen der Aufsicht und Kontrolle ihres Anstaltsträgers und auch einer allgemeinen Kontrolle der Kreditinstitute unterstehen.[4] Ausnahmen von dieser Kontrollsystematik müssen ausdrücklich in der Verfassung normiert sein.[5] Art. 88 S. 2 GG regelt eine solche Ausnahme im Hinblick auf die Bundesbank, wonach die Bundesbank ihre Aufgaben und Befugnisse der EZB übertragen darf. Es bestehen jedoch auch immer wieder Bedenken im Hinblick auf Art. 79 Abs. 3 GG.[6] Die allgemeine Staatsaufsicht für Anstalten (oder auch Körperschaften) des öffentlichen Rechts ist nicht allgemeingültig geregelt, so dass insoweit die jeweiligen Errichtungsgesetze und anstaltszugehörige Satzungen maßgebend sind.[7]

2   Darüber hinaus ist eine strikte Kontrolle auch verfassungsrechtlich geboten, weil der Bund für die Verbindlichkeiten des Instituts haftet (§ 1 a).[8] Die Übernahme von Bürgschaften und Garantien unterliegt den finanzverfassungsrechtlichen Vorgaben.[9] Die der Anstalt des öffentlichen Rechts inhärente Anstaltslast und die in § 1 a normierte Haftungsgarantie des Bundes berühren „den Kern des parlamentarischen Budgetrechts und den verfassungsrechtlich verbürgten Kontrollauftrag der Rechnungshöfe".[10] Die Haftungsinstitute erfordern eine umfassende und strenge Kontrolle, da sie das parlamentarische Budgetrecht relativieren und das Trägergemeinwesen finanziell stark belasten können.[11]

3   Die Aufsicht und Kontrolle kann unternehmensintern oder durch externe Kontrolleinrichtungen erfolgen. Unternehmensintern erfolgen Aufsicht und Kontrolle der Rentenbank über die Anstaltsversammlung und den Verwaltungsrat (§§ 5 ff.). Darüber hinaus unterliegt die Rentenbank

---

1   *Siekmann*, Die rechtliche Regulierung öffentlicher Banken in Deutschland, S. 3.
2   Ebd.
3   *Siekmann*, Die rechtliche Regulierung öffentlicher Banken in Deutschland, S. 34, 37.
4   Ebd.
5   Ebd.
6   Vgl. AK-GG/*Faber* Art. 88 Rn. 31; *Waigel*, Die Unabhängigkeit der Europäischen Zentralbank, S. 215 ff., 243, 269, 283; s. allg. zum demokratischen Defizit der EZB: *Gormley/de Haan*, European Law Review 21 (1996), 95 (95 ff.).
7   Vgl. *Twiehaus*, S. 69.
8   *Siekmann*, Die rechtliche Regulierung öffentlicher Banken in Deutschland, S. 35.
9   Ebd.
10 Ebd.
11 Ebd.

einer externen Kontrolle durch die staatliche Aufsicht[12] in Form einer Anstaltsaufsicht. Davon losgelöst überwacht die staatliche Bankenaufsicht die Einhaltung der banken- und finanzmarktrechtlichen Vorgaben.

Neben der demokratisch-legitimatorisch begründeten Funktion der Staatsaufsicht tritt im Hinblick auf die Bankenaufsicht als Teil der Wirtschaftsaufsicht die Funktion des Verbraucher- und Kundenschutzes der Kreditinstitute.[13] Dabei ist insbes. die Schlüsselstellung der Kreditwirtschaft als Kreditgeber und Geldsammelstelle für die gesamte Volkswirtschaft zu beachten.[14] Damit ist die Kreditwirtschaft auch zugleich sehr „vertrauensempfindlich" im Hinblick auf ihre Kreditnehmer.[15] Daneben soll die Bankenaufsicht die Geldwäsche bekämpfen.[16]   4

II. Anstaltsaufsicht (Abs. 1 und 4)

Nach § 11 Abs. 4 ist die Rentenbank als Ausdruck ihrer funktionalen Selbstverwaltung als selbstständige Anstalt des öffentlichen Rechts (§ 1) in der Verwaltung und Geschäftsführung unabhängig. Jede Selbstverwaltung ist aber zugleich verfassungs- und gesetzesgebunden und unterfällt als Korrelat der Selbstverwaltung einer Staatsaufsicht.[17] Art. 130 Abs. 3 GG verlangt, dass nicht landesunmittelbare und nicht auf Länder-Staatsverträge beruhende Anstalten des öffentlichen Rechts der Aufsicht der obersten Bundesbehörde unterstehen. Die oberste Bundesbehörde, welche die Aufsicht gem. Abs. 3 ausübt, stellt das BMEL als zuständiges Ministerium dar (hierzu mehr unter 1.).[18] Die Aufsicht der Rentenbank ist in § 11 geregelt. Die Aufsicht erstreckt sich darauf, das öffentliche Interesse wahrzunehmen, was insbes. mit der Beachtung des Legalitätsgrundsatzes einhergeht, § 11 Abs. 1 S. 2. Durch die Hervorhebung, dass die Aufsicht insbes. Sorge zu tragen hat, dass der Geschäftsbetrieb mit dem öffentlichen Interesse an der Förderung der Landwirtschaft und des ländlichen Raumes im Einklang steht, wird der Schwerpunkt der Aufsichtstätigkeit klargestellt.[19] Dies wird auch durch § 11 aF[20] deutlich. Danach lag der Schwerpunkt der Aufsichtstätigkeit des Kommissars hin-   5

---

12 Vgl. WBSK VerwR II § 86 Rn. 58; *Löer*, Körperschafts- und anstaltsinterne Rechts- und Zweckmäßigkeitskontrolle, S. 226; „staatlich" ist hier nicht iSd Verwaltungsrechts zu verstehen, hiervon wird auch die Sonderaufsichtsbehörde BaFin erfasst, vgl. *Siekmann*, Die rechtliche Regulierung öffentlicher Banken in Deutschland, S. 37.

13 *Löer*, Körperschafts- und anstaltsinterne Rechts- und Zweckmäßigkeitskontrolle, S. 227.

14 Vgl. SBL BankR-HdB/*Fischer/Boegl* § 125 Rn. 19; Schriftlicher Bericht des Wirtschaftsausschusses über den von der Bundesregierung eingebrachten Entwurf eines Gesetzes über das Kreditwesen und den vom Bundesrat eingebrachten Entwurf eines Gesetzes über Zinsen, sonstige Entgelte und Werbung der Kreditinstitute vom 1.3.1961, BT-Drs. 3/2563, 2.

15 SBL BankR-HdB/*Fischer/Boegl* § 125 Rn. 21.

16 SBL BankR-HdB/*Fischer/Boegl* § 125 Rn. 22.

17 VerfGH RhPf DVBl. 2012, 432 ff.

18 v. Münch/Kunig/*Mager* Art. 130 Rn. 9.

19 GE BReg eines Fünften Gesetzes zur Änderung des Gesetzes über die Landwirtschaftliche Rentenbank vom. 7.12.2001, BT-Drs. 14/7753, 14.

20 § 11 des LR-G idF vom 15.5.1963.

gegen noch bei der Überwachung, „dass der Geschäftsbetrieb [...] mit den Gesetzen und der Satzung in Einklang" steht.

1. Aufsichtsbehörde

6   Aufsichtsbehörde ist gemäß den Vorgaben des Art. 130 Abs. 3 GG das in § 11 Abs. 1 S. 1 konkret benannte BMEL als oberste Bundesbehörde, das seine Entscheidungen (in der Form von Verwaltungsakten, § 35 VwVfG[21]) im Einvernehmen mit dem BMF trifft. Das Einvernehmen selbst ist kein Verwaltungsakt, sondern ein Verwaltungsinternum.[22] Die Mitwirkung des BMF an der Staatsaufsicht im Wege des Einvernehmens betrifft somit nur das Innenverhältnis zwischen BMEL und BMF. Im Außenverhältnis gegenüber der Rentenbank trifft die Aufsichtsbehörde ihre Entscheidung allein.

7   Bis 2002 bestellte die Bundesregierung als Aufsichtsorgan einen Kommissar und dessen Vertreter.[23] Mit der Novellierung des LR-G wurde auch die staatliche Aufsicht modernisiert und neu organisiert, um sie an die heute üblichen Regelungen und Organisationsformen anzupassen.[24] Die Aufsicht durch einen Kommissar und seinen Vertreter wurde abgeschafft und wird nunmehr durch das BMEL gemeinsam mit dem BMF ausgeübt, die hierzu jeweils einen Vertreter in den Verwaltungsrat entsenden, § 7 Abs. 1 Nr. 5.

2. Umfang der Anstaltsaufsicht

8   Die Aufsicht über juristische Personen des öffentlichen Rechts ist grds. in Form der Rechtsaufsicht oder Fachaufsicht möglich.[25] Das BVerfG fordert für den „hinreichende[n] Gehalt[s.] an demokratischer Legitimation"[26] Fachweisungsbefugnis, mithin eine Fachaufsicht für das gesamte „amtliche Handeln mit Entscheidungscharakter".[27] Eine bloße Rechtsaufsicht ist hiernach damit nicht ausreichend.[28]

9   Bei juristischen Personen des öffentlichen Rechts mit dem Recht der Selbstverwaltung, wie es bei Anstalten des öffentlichen Rechts und damit der Rentenbank der Fall ist, ist eine Abweichung von diesen Grundsätzen verfassungsrechtlich erlaubt.[29] Soweit sie amtlich mit Entscheidungscharakter tätig werden, müssen jenseits des demokratischen Gründungsakts auch ihre Entscheidungen eigenständig demokratisch legitimiert

---

21 Vgl. *Twiehaus*, S. 75.
22 Vgl. WBSK VerwR I § 45 Rn. 89.
23 S. die Liste in *Pohl/A. Schneider*, Die Rentenbank, S. 404.
24 GE BReg eines Fünften Gesetzes zur Änderung des Gesetzes über die Landwirtschaftliche Rentenbank vom. 7.12.2001, BT-Drs. 14/7753, 14.
25 *Siekmann*, Die rechtliche Regulierung öffentlicher Banken in Deutschland, S. 38; s. a. WBSK VerwR II § 86 Rn. 82.
26 BVerfGE 107, 59 (87).
27 BVerfGE 107, 59 (87); *Siekmann*, Die rechtliche Regulierung öffentlicher Banken in Deutschland, S. 38.
28 *Siekmann*, Die rechtliche Regulierung öffentlicher Banken in Deutschland, S. 38.
29 *Siekmann*, Die rechtliche Regulierung öffentlicher Banken in Deutschland, S. 39.

sein.[30] Zugleich sind durch diese Entscheidungen nur Personen belastend zu adressieren, die an der Wahl der Vertretungsorgane iR der Selbstverwaltung beteiligt sind.[31]

Die Rentenbank handelt jedoch nicht „amtlich", da sie weder über eine 10 Verwaltungsaktsbefugnis verfügt noch sonst hoheitlich tätig wird. Daher ist das Legitimationserfordernis nicht in gleicher Weise gegeben wie bei anderen grundrechtsrelevant agierenden Anstalten des öffentlichen Rechts. Insoweit beschränkt sich die Staatsaufsicht nach § 11 Abs. 1 S. 2 wie auch bei den kommunalen Sparkassen[32] auf eine reine Legalitätskontrolle.[33] Nach dieser Bestimmung ist es Aufgabe der Staatsaufsicht, dafür zu sorgen, „dass der Geschäftsbetrieb der Bank mit dem öffentlichen Interesse insbesondere an der Förderung der Landwirtschaft und des ländlichen Raumes sowie mit den Gesetzen und der Satzung in Einklang steht". Dieser Charakterisierung als reine Rechtsaufsicht steht auch nicht entgegen, dass in dieser Bestimmung materielle Kriterien (die Förderung der Landwirtschaft und des ländlichen Raumes) genannt werden, die das öffentliche Interesse spezifizieren. Abs. 1 S. 2 zeigt nur den Schwerpunkt der staatlichen Aufsicht über die Rentenbank auf. Der Gesetzgeber wird in der Begründung hierzu konkreter: „Die sinnvolle Einbindung der LR-Tätigkeit in das agrarpolitische Maßnahmenbündel insbes. des Bundes, aber auch der Länder und der Europäischen Union, steht dabei im Vordergrund des Bundesinteresses".[34] Denn es handelt sich im Grunde um ein bloßes Aufgreifen des in § 3 Abs. 1 S. 1 bestimmten staatlichen Auftrags an die Rentenbank, an die sie kraft des Legalitätsprinzips, das sie als mittelbare Staatsverwaltung verpflichtet, gebunden ist.[35] Historisch unterstützt wird diese Ansicht durch § 11 Abs. 3 aF.[36] Hiernach konnte der zur Aufsicht berufene Kommissar die „Ausführung von Anordnungen und Beschlüssen [zu] untersagen, die gegen die Gesetze oder gegen die Satzung verstoßen." Dies spricht gegen die Einordnung als Ermessenskontrolle.[37] Zudem bedarf es keiner Ermessenskontrolle, um einer missbräuchlichen Handhabung der Selbstverwaltung entgegen zu wirken, denn das LR-G selbst verfügt über ausreichen-

30 BVerfGE 107, 59 (94): „Verbindliches Handeln mit Entscheidungscharakter" im Bereich der funktionalen Selbstverwaltung ist „aus verfassungsrechtlicher Sicht aber nur gestattet, weil und soweit das Volk auch insoweit sein Selbstbestimmungsrecht wahrt, indem es maßgebenden Einfluss auf dieses Handeln behält".

31 BVerfGE 111, 191 (217); *Siekmann*, Die rechtliche Regulierung öffentlicher Banken in Deutschland, S. 39.

32 WBSK VerwR II § 87 Rn. 146: danach handelt es sich bei der Sparkassenaufsicht um eine besondere Kommunalaufsicht.

33 So auch *Twiehaus*, S. 70; *Löer*, Körperschafts- und anstaltsinterne Rechts- und Zweckmäßigkeitskontrolle, S. 226; aA: *Huber*, Wirtschaftsverwaltungsrecht Bd. 1, S. 145, 143; *F. Müller*, Selbstverwaltung und Interesseneinfluss bei den Anstalten des Öffentlichen Rechts, S. 96, 106.

34 GE BReg eines Fünften Gesetzes zur Änderung des Gesetzes über die Landwirtschaftliche Rentenbank vom. 7.12.2001, BT-Drs. 14/7753, 14.

35 *Twiehaus*, S. 70 f.

36 LR-G idF vom 11.5.1949, WiGBl. S. 77.

37 *Twiehaus*, S. 70.

de Beschränkungen und Auflagen, die Gegenstand einer Legalitätskontrolle sein können.[38]

11 Darüber hinaus verfügt die Aufsichtsbehörde über punktuelle fachaufsichtliche Kompetenzen in spezifischen präventiven Aufsichtsmitteln, die im LR-G bzw. der LR-Satzung aufgeführt sind (hierzu Aufzählung unter 3. c) Präventive Aufsichtsmittel → Rn. 22). In diesen Fällen kann die Aufsichtsbehörde ihre Entscheidung nicht nur auf Rechtsmäßigkeits-, sondern auch auf Zweckmäßigkeiterwägungen zulässigerweise stützen. Die normierten Fälle der Ermessenskontrolle sind abschließend.[39]

12 Gegenstand der Anstaltsaufsicht sind die gesamte Geschäftstätigkeit und der interne Verwaltungsbetrieb der Rentenbank.[40]

3. Instrumente der Anstaltsaufsicht (Abs. 2 und 3)

13 Der Kanon förmlicher Instrumente der Rechtsaufsicht umfasst grds. drei Kategorien: Informationsrechte, repressive und präventive Aufsichtsmittel.[41] Die der Aufsichtsbehörde zur Verfügung stehenden Aufsichtsmittel sind im LR-G gesetzlich geregelt und auf diese Fälle beschränkt. Im Lichte des Selbstverwaltungsrechts der Rentenbank als Anstalt des öffentlichen Rechts ist eine einseitige Erweiterung der Aufsichtsmittel durch die Aufsichtsbehörde nicht zulässig.

a) Informationsrechte

14 Die Aufsichtsbehörde ist berechtigt, sich über alle aufsichtsrelevanten Angelegenheiten der Rentenbank zu informieren. Die Information ist Voraussetzung für den Einsatz der folgenden Aufsichtsmittel, gibt aber auch die Möglichkeit zur Beratung und zu Empfehlungen. Konkret hat die Aufsichtsbehörde ein Auskunftsrecht über alle Geschäftsangelegenheiten und ein Einsichtsrecht in sämtliche Bücher und Schriften der Rentenbank (Abs. 2). Die Auskunftserteilung kann mündlich oder in schriftlicher Form geschehen. Zum Informationsrecht gehört auch das ausdrücklich eingeräumte Recht auf Teilnahme an den Sitzungen des Verwaltungsrates und seiner Ausschüsse sowie an der Anstaltsversammlung (Ladungspflichten in § 7 Abs. 1 S. 4 und § 14 Abs. 2 S. 2 LR-Satzung), das Antragsrecht sowie das Recht, Stellung zu nehmen. Die Ausübung des Informationsrechts wird durch ein jederzeitiges Rederecht flankiert, § 11 Abs. 2 Hs. 2. Punktuell wird das Informationsrecht der Aufsichtsbehörde in einzelnen Bestimmungen besonders geregelt. So bestimmt § 3 Abs. 2 S. 4 LR-Satzung, dass die Aufsichtsbehörde im Vorfeld rechtzeitig über die Einzelheiten der Bestellung von Vorstandsmitgliedern zu informieren ist.

---

38 *Twiehaus*, S. 72.
39 *Twiehaus*, S. 74.
40 Vgl. *Twiehaus*, S. 70.
41 Vgl. WBSK VerwR II § 86 Rn. 82; *Geis*, Kommunalrecht, § 24 Rn. 3.

b) Repressive Aufsichtsmittel

Die repressiven Aufsichtsmittel reagieren auf erfolgte und von der Auf- 15
sichtsbehörde festgestellte Rechtsverletzungen der Rentenbank und dienen deren Beseitigung. In Betracht kommen grds. die Beanstandung, die
Anordnung, die Ersatzvornahme und die Bestellung eines Kommissars.[42]
Das LR-G übernimmt jedoch nur in begrenztem Umfang diesen verwaltungsrechtlichen Instrumentenkanon.

Ausdrücklich geregelt ist in Abs. 3 die Beanstandung.[43] Die Aufsichtsbe- 16
hörde kann die Ausführung von Anordnungen und Beschlüssen untersagen, die gegen das öffentliche Interesse insbes. an der Förderung der
Landwirtschaft und des ländlichen Raumes oder gegen die Gesetze oder
die Satzung verstoßen. Sie kann damit rechtswidrige Beschlüsse der Rentenbank aufheben, bzw. deren Aufhebung durch die Rentenbank verlangen. Daneben können Sitzungen der Organe anberaumt (Unverzügliche
Einberufung des Verwaltungsrates, § 7 Abs. 1 S. 3 LR-Satzung, außerordentliche Einberufung der Anstaltsversammlung, § 14 Abs. 2 S. 2 LR-
Satzung) und die Ankündigung von Gegenständen zur Beschlussfassung
verlangt werden (Abs. 3). Diese Kompetenz ist ungewöhnlich, da der
Aufsichtsbehörde ein unmittelbarer Einfluss auf die Entscheidung in der
Sache nicht zusteht.[44] Zudem ist fraglich, auf welche Organe sich Abs. 3
bezieht. Der Wortlaut spricht für die Einbeziehung aller in § 5 genannten
Organe, mithin auch des Vorstandes. Aus systematischer Sicht kann an-
geführt werden, dass Abs. 2, der sich auf die Teilnahme der Aufsichtsbehörde an den Sitzungen des Verwaltungsrates und der Anstaltsversammlung bezieht, den Vorstand gerade nicht anführt. Für letztere Ansicht
spricht auch, dass die Befugnis der Anberaumung von Sitzungen und die
Ankündigung von Gegenständen zur Beschlussfassung hinsichtlich des
Vorstandsorgans ins Leere laufen würde, da kein Vertreter der Aufsichtsbehörde mangels entsprechender Regelung im LR-G und LR-Satzung an
den Sitzungen des Vorstandes teilnimmt.

Anknüpfungspunkt für weitere Aufsichtsmittel ist im Übrigen die For- 17
mulierung in Abs. 1, wonach die Aufsichtsbehörde Sorge trägt, dass der
Geschäftsbetrieb der Rentenbank mit den Gesetzen und der Satzung in
Einklang steht.

Diese Generalklausel umfasst nicht die Anordnung: Zwar kann die Auf- 18
sichtsbehörde die Erfüllung der der Rentenbank gesetzlich obliegenden
Pflichten innerhalb angemessener Frist verlangen, dabei kann die Aufsichtsbehörde aber nicht die Art und Weise der Erfüllung der gesetzlichen Pflichten vorgeben. Im Lichte des sich aus der Rechtsnatur als
selbstständige rechtsfähige Anstalt ergebenden und in Abs. 4 unterstri-
chenen Selbstverwaltungsrechts der Rentenbank obliegt es allein der

---

42 Vgl. ebd.
43 *Löer*, Körperschafts- und anstaltsinterne Rechts- und Zweckmäßigkeitskontrolle,
S. 227.
44 Ebd.

Rentenbank, die erforderlichen Maßnahmen zu bestimmen; eine Ausnahme mag in den Fällen der Ermessensreduktion auf Null gegeben sein, wenn nur eine mögliche Maßnahme die Rechtmäßigkeit wiederherzustellen vermag. Diese Fälle werden jedoch überaus selten sein.

19 Nicht erfasst vom Aufsichtsrecht nach § 11 ist die Ersatzvornahme.[45] Als Ersatzvornahme bezeichnet man das Recht der Aufsichtsbehörde, die obliegende Aufgabe anstelle und auf Kosten des Aufsichtsadressaten selbst durchzuführen oder durch einen Dritten durchführen zu lassen, wenn der Aufsichtsadressat einer Verpflichtung nicht nachkommt.[46] Ein derart schwerwiegender Eingriff in das Selbstverwaltungsrecht bedarf einer ausdrücklichen gesetzlichen Ermächtigung, die nicht durch eine Generalklausel wie in § 11 Abs. 1 legitimiert werden kann.[47]

20 Das gilt auch für das Eingriffsinstrument der Bestellung eines Kommissars bzw. eines Beauftragten,[48] der alle oder einzelne Aufgaben der Einrichtung anstelle des zuständigen Organs und auf Kosten der Einrichtung wahrnimmt.[49] Auch für dieses Aufsichtsmittel findet sich im LR-G keine Ermächtigungsgrundlage.

c) Präventive Aufsichtsmittel

21 Die präventiven Aufsichtsmittel sollen durch Vorwegkontrolle rechtswidrige Akte verhindern (Genehmigungsvorbehalt) oder eine sofortige Kontrolle ermöglichen (Anzeigenvorbehalt). Präventive Aufsichtsmittel sind von der Generalklausel in § 11 nicht erfasst. Sie finden sich jedoch punktuell im LR-G und in der LR-Satzung.

22 Fälle eines Genehmigungsvorbehalts, wonach bestimmte Beschlüsse der Rentenbank zu ihrer Rechtswirksamkeit der Genehmigung, Zustimmung durch die oder ein Mitwirken von der Aufsichtsbehörde bedürfen, sind:

- Genehmigung der Satzung und deren Änderungen (§ 7 Abs. 6 S. 2 LR-G, § 21 LR-Satzung);
- Erlass von Grundsätzen für Förder-, Sonder- und Programmkredite (§ 3 Abs. 1 S. 2 LR-G iVm § 1 Abs. 2 S. 3 LR-Satzung);
- Erlass der Richtlinien für die Kreditgewährung (§ 3 Abs. 2–5 LR-G iVm § 1 Abs. 3 S. 2 LR-Satzung);
- Bestellung von Vorstandsmitgliedern (§ 6 Abs. 1 S. 2 LR-G iVm § 3 Abs. 2 S. 3 und 4 LR-Satzung);
- Ausnahmeregelung für die Nebentätigkeiten von Vorstandsmitgliedern (§ 3 Abs. 7 2. Hs. LR-Satzung);
- Rechtsgeschäften des Vorsitzenden des Verwaltungsrates mit dem Vorstand, insbes. über die Regelung der Bezüge seiner Mitglieder (§ 4 Abs. 7 S. 2 LR-Satzung);

---

45 Vgl. *Löer*, Körperschafts- und anstaltsinterne Rechts- und Zweckmäßigkeitskontrolle, S. 227.
46 Vgl. Schoch/Schneider/Bier/*Pietzner/Möller* § 169 Rn. 100.
47 Anders *Twiehaus*, S. 73, im Falle der Sparkassen.
48 Anders *Twiehaus*, S. 73, im Falle der Sparkassen.
49 Vgl. *Geis*, Kommunalrecht, § 24 Rn. 23 ff.

- Bestellung eines Treuhänders und eines Stellvertreters (§ 13 Abs. 4 S. 1 LR-G)
- Bestimmung des Abschlussprüfers durch den Verwaltungsrat (§ 9 Abs. 2 LR-Satzung);
- Festlegung der Vergütung der Verwaltungsratsmitglieder durch Beschluss der Anstaltsversammlung (§ 12 Abs. 1 S. 1 2. Hs. LR-Satzung);
- Festlegung der Höhe eines Sitzungsgeldes für die Mitglieder der Anstaltsversammlung durch den Verwaltungsrat (§ 16 S. 2 LR-Satzung).

III. Weitere Aufsichtsstrukturen jenseits des § 11

1. Interne Aufsicht

Jenseits dieser genannten Fälle hat die Aufsichtsbehörde damit keine sachliche Weisungsbefugnis. Die Aufsicht in der Sache obliegt nach § 7 Abs. 4 iVm § 8 Abs. 1 LR-Satzung allein dem Verwaltungsrat als zentrales Organ der internen Aufsicht. Über diesen kann jedoch eine Einflussnahme der Aufsichtsbehörde erfolgen. Dort ist sowohl das BMEL durch den amtierenden Bundesminister als Stellvertreter des Verwaltungsratsvorsitzes (§ 7 Abs. 1 Nr. 4, § 7 Abs. 2 S. 2) und einem weiteren Vertreter (§ 7 Abs. 1 Nr. 5) sowie auch das BMF durch einen Vertreter (§ 7 Abs. 1 Nr. 5)repräsentiert. Dies kann als „anstaltsinterne Kontrollinstitution des Gewährträgers" begriffen werden.[50] 23

Das Aufsichtsrecht des Verwaltungsrates richtet sich nach § 7 Abs. 4 gegen den Vorstand, der auch Empfänger der Weisungen ist (§ 7 Abs. 4 Hs. 2).[51] Die Ausgestaltung des § 7 Abs. 4 entspricht dem „Standardtyp" interner Überwachungsrechte.[52] Die interne Aufsicht erstreckt sich im Gegensatz zur Anstaltsaufsicht grds. sowohl auf eine Rechtmäßigkeits- als auch Zweckmäßigkeitskontrolle.[53] Das ergibt sich aus dem Katalog der Zustimmungsvorbehalte in § 9 Abs. 4 LR-Satzung. Grds. folgt dieses auch aus der Befugnis des Verwaltungsrates nach § 7 Abs. 4 Hs. 2, dem Vorstand allgemeine und besondere Weisungen[54] zu erteilen (zum Weisungsrecht des Verwaltungsrates → § 7 Rn. 68).[55] 24

Weder das Organisationsgesetz noch die Satzung sehen spezifische Instrumente der internen Aufsicht vor. Hier wird man ein allgemeines Informationsrecht des Verwaltungsrates aus dem Überwachungsrecht ableiten.[56] Dieses Informationsrecht umfasst – parallel zum Informationsrecht der Anstaltsaufsicht – ein Auskunfts-, Einsichts- und Befragungs- 25

---

50 Vgl. *Twiehaus,* S. 69.
51 *Löer*, Körperschafts- und anstaltsinterne Rechts- und Zweckmäßigkeitskontrolle, S. 236.
52 Ebd.
53 Ebd.
54 *Twiehaus,* S. 63: Erweiterung um „Ermessensaufsicht".
55 *Löer*, Körperschafts- und anstaltsinterne Rechts- und Zweckmäßigkeitskontrolle, S. 236.
56 Ebd.

recht.[57] Das Bankgeheimnis bildet dabei keine Grenze des Informationsrechts, da die Information keine Außenwirkung entfaltet, sondern innerhalb der Rentenbank fließt.[58]

26   Ebenso erfasst sind zudem das Beanstandungsrecht sowie ein Beratungsrecht des Verwaltungsrats.

27   Jenseits der ausdrücklich normierten Zustimmungsvorbehalte darf das
Überwachungsrecht des Verwaltungsrats nicht die grds. dem Vorstand
vorbehaltene Geschäftsleitung erfassen. Eine Ersatzvornahme ist daher
als Überwachungsmittel des Verwaltungsrates ausgeschlossen. Die Ein-
setzung eines Kommissars bzw. eines Beauftragten geht als Überwa-
chungsinstrument ins Leere, da der Verwaltungsrat ein eigenständiges
Kreationsrecht nach § 6 Abs. 1 S. 2 hat, wonach er die Vorstandsmitglieder ernennen und abberufen kann. Die nach § 7 Abs. 4 Hs. 2 zulässigen
besonderen Weisungen des Verwaltungsrates sind nur im Kontext der
Überwachungsfunktion zu verstehen und damit durch den Überwa-
chungszweck begrenzt. Da Zweckmäßigkeitserwägungen in diese besonderen Weisungen einfließen können, entsteht ein Spannungsverhältnis[59]
zu der im KWG geforderten strikten Zuweisung der Sachentscheidungs-
kompetenz an den Vorstand bzw. die strikte Trennung der Organkompetenzen.[60] Das LR-G eröffnet aber dem Verwaltungsrat auch derartige
Kompetenzen. Diese Normenkollision ist formal nach der lex specialis
Regel zu lösen (vertiefend zur Normkollision → § 7 Rn. 48 ff.). Das LR-
G ist nicht nur ein Errichtungsgesetz, sondern regelt auch die materiellrechtlichen Spezifika der Rentenbank als historisch eigenständig gewachsene und abweichend rechtlich geformte Anstalt. Diese Besonderheiten
sollen nach dem Willen des Gesetzgebers fortgeführt werden. Eine Har-
monisierung der Struktur der Rentenbank über das KWG hin zu einer
„standardisierten" Förderbank ist ausdrücklich vom Gesetzgeber nicht
gewollt worden. Damit ist das LR-G in formeller Hinsicht lex specialis
zum KWG.[61]

28   Ein umfassender Informationsfluss zwischen den Organen wird auch
durch punktuelle Verschränkungen erreicht. So führt der Vorsitzende des
Verwaltungsrates oder sein Stellvertreter den Vorsitz der Anstaltsversammlung, § 14 Abs. 2 S. 1 LR-Satzung.[62]

---

57 Vgl. ebd.
58 *Löer*, Körperschafts- und anstaltsinterne Rechts- und Zweckmäßigkeitskontrolle,
    S. 236 f.; *Schlierbach/Püttner*, S. 185.
59 Vgl. hierzu: *Löer*, Körperschafts- und anstaltsinterne Rechts- und Zweckmäßig-
    keitskontrolle, S. 231 f.
60 *Wulf*, Der Verwaltungsrat öffentlich-rechtlicher Kreditinstitute, S. 25, 33 f.
61 Anders *Löer*, Körperschafts- und anstaltsinterne Rechts- und Zweckmäßigkeits-
    kontrolle, S. 239.
62 *Löer*, Körperschafts- und anstaltsinterne Rechts- und Zweckmäßigkeitskontrolle,
    S. 241 spricht in dem Zusammenhang von einem „versteckten" Beratungsrecht.

2. Wirtschaftsprüfer

Die in § 316 Abs. 1 S. 1 HGB angeordnete Wirtschaftsprüfung hat Kon- 29
troll-, Informations- und Beglaubigungsfunktion.[63] Überprüft werden
muss hiernach der gem. § 340 a Abs. 1 HGB auch von Kreditinstituten,
die nicht in der Rechtsform einer Kapitalgesellschaft betrieben werden,
nach den Vorschriften für große Kapitalgesellschaften aufzustellende
Jahresabschluss. Mangelt es an einer solchen Prüfung, ist der Jahresabschluss mangels Regelung im LR-G, aber vorliegender vergleichbarer Interessenlage nichtig entsprechend des Telos des § 256 Abs. 1 Nr. 1 AktG.
Den Prüfungsumfang determiniert § 317 Abs. 1 HGB. Hiernach ist die
Buchführung in die Prüfung einzubeziehen und zu überprüfen, ob die gesetzlichen Vorschriften und die sie ergänzenden Bestimmungen des Ge-
sellschaftsvertrages und der Satzung beachtet worden sind und ob der
Jahresbericht ein den tatsächlichen Verhältnissen entsprechendes Bild der
Vermögens-, Finanz- und Ertragslage des Unternehmens vermittelt
(§ 264 Abs. 2 S. 1 HGB). Im Hinblick auf die Buchführung gibt § 239
Abs. 2 HGB vor, dass geprüft wird, ob die Eintragungen in den Büchern
vollständig, richtig, zeitgerecht und geordnet vorgenommen worden
sind. Diese verpflichtende Wirtschaftsprüfung ist im Wesentlichen nur
formaler Natur.[64] Neben dem Jahresabschluss ist auch der Lagebericht
zu prüfen, § 316 Abs. 1 S. 1 HGB. Bei dessen Prüfung geht es im Wesentlichen darum, „ob die Lage des Unternehmens und die Chancen und Risiken der künftigen Entwicklung zutreffend dargestellt sind".[65] Die allgemeine Geschäftsführung ist hingegen nicht Gegenstand der Prüfung.[66]
Die Prüfung durch den Wirtschaftsprüfer macht eine parlamentarische
Kontrolle oder eine Kontrolle durch den Bundesrechnungshof nicht
überflüssig, da sie zwar „notwendig, aber keinesfalls hinreichend" ist.[67]
Insbes. das Recht des Verwaltungsrats, den Abschlussprüfer zu bestimmen (§ 9 Abs. 2 LR-Satzung) wird als Schwäche der Wirtschaftsprüfung
angesehen, da es aufgrund des bestehenden Weisungsrechts des Verwaltungsrates gegenüber dem Vorstand (§ 7 Abs. 4 Hs. 2) anfällig für Interessenskonflikte ist.[68] Dem wird aber prozedural durch das Zustim-
mungserfordernis des BMEL nach § 9 Abs. 2 LR-Satzung für die Bestellung der Wirtschaftsprüfer und materiell durch die Vorgaben der EU-Ab-
schlussprüferverordnung[69] entgegengewirkt.

Im Fall der Rentenbank beschließt der Verwaltungsrat den gem. § 340 a 30
Abs. 1 HGB aufzustellenden Jahresabschluss, § 7 Abs. 5, § 9 Abs. 1 LR-

---

63 MüKoHGB/*Ebke* HGB § 316 Rn. 24 mwN; Baumbach/Hopt/*Merkt* HGB § 316
    Rn. 1.
64 *Siekmann*, Die rechtliche Regulierung öffentlicher Banken in Deutschland, S. 43.
65 Ebd.
66 Baumbach/Hopt/*Hopt*/*Merkt* HGB § 317 Rn. 5.
67 *Siekmann*, Die rechtliche Regulierung öffentlicher Banken in Deutschland, S. 43.
68 Vgl. *Siekmann*, Die rechtliche Regulierung öffentlicher Banken in Deutschland,
    S. 44.
69 VO (EU) Nr. 537/2014, ABl. 2014 L 158, 77.

Satzung.[70] Die LR-Satzung greift in einigen Bestimmungen den Abschlussprüfer auf. Gem. § 9 Abs. 2 LR-Satzung bestimmt der Verwaltungsrat den Abschlussprüfer mit der Zustimmung der Aufsichtsbehörde. Die Behandlung von Fragen hinsichtlich der Durchführung der Abschlussprüfung wird innerhalb des Verwaltungsrates dem Prüfungsausschuss übertragen, § 10 Abs. 5 S. 1 LR-Satzung. An den Beratungen des Prüfungsausschusses über den Jahres- und Konzernabschluss nimmt der bestimmte Abschlussprüfer teil, um über die Ergebnisse seiner Prüfung zu berichten, § 10 Abs. 5 S. 2 LR-Satzung.

3. Bundesrechnungshof

31 Weder die in § 11 geregelte Anstaltsaufsicht noch die Kontrolle durch Wirtschaftsprüfer begrenzt den Bundesrechnungshof in seinen Kontrollaufgaben. Bereits 1952 wollte der Rechnungshof seine Kontrollaufgaben unter der Berufung auf § 4 Abs. 1 S. 1 der Verordnung über die Rechnungslegung und Rechnungsprüfung während des Krieges vom 5.7.1940[71] gegenüber der Rentenbank ausüben.[72] Die Rentenbank bestritt hingegen den Fortbestand der Verordnung, sodass die Parteien sich darauf einigten, die Prüfung von einer Wirtschaftsprüfungsgesellschaft durchführen zu lassen und den Bundesrechnungshof nur in Einzelfragen unmittelbar heranzuziehen.[73] Nach einer Befreiung der Rentenbank von der Prüfungspflicht durch den Rechnungshof zwischen 1982 und 1995 unterliegt die Haushalts- und Wirtschaftsführung der Rentenbank seit 1995 wieder vollständig der unmittelbaren Prüfung des Bundesrechnungshofes.[74]

32 Die Kontrolle erfolgt durch den Bundesrechnungshof als eine staatliche Institution, deren Mitgliedern durch das Grundgesetz (richterliche) Unabhängigkeit verliehen worden ist (Art. 114 Abs. 2 S. 1 GG).[75] Das unterscheidet diese Kontrolle maßgebend von der Kontrolle der Wirtschaftsprüfer als bezahlten Auftragnehmern.[76] Daneben bestehen wesentliche Unterschiede in Bezug auf den Prüfungsgegenstand und den Prüfungsmaßstab. Hinsichtlich des Prüfungsgegenstandes handelt der Bundesrechnungshof unbeschränkt.[77] Sein Prüfungsmaßstab umfasst neben der Ordnungsmäßigkeit auch die Wirtschaftlichkeit der Haushalts- und Wirtschaftsführung des Staates bzw. dessen Einrichtungen.[78]

33 § 111 Abs. 1 S. 1 iVm § 112 Abs. 2 S. 1 BHO bestimmt, dass die Haushalts- und Wirtschaftsführung von Unternehmen in der Rechtsform einer

---

70 § 9 Abs. 1 LR-Satzung spricht von „genehmigen".
71 RGBl. II 139.
72 *Pohl/A. Schneider*, Die Rentenbank, S. 364.
73 Ebd.
74 S. hierzu die Darstellung bei *Pohl/A. Schneider*, Die Rentenbank, S. 364 ff.
75 Zusammenfassende Darstellung bei *Stern* in Böning/v. Mutius, Finanzkontrolle, S. 29 ff.
76 *Siekmann*, Die rechtliche Regulierung öffentlicher Banken in Deutschland, S. 48.
77 Ebd.
78 *Siekmann*, Die rechtliche Regulierung öffentlicher Banken in Deutschland, S. 48.

bundesunmittelbaren juristischen Person des öffentlichen Rechts unabhängig von der Höhe der Beteiligung des Bundes vom Bundesrechnungshof geprüft werden. Umstritten ist jedoch, ob sich der Prüfungsauftrag auch auf öffentliche Unternehmen erstreckt, deren Mittel nicht aus dem Staatsetat gespeist werden.[79] Das trifft insbes. auf die Rentenbank zu. Hinsichtlich des von ihr treuhänderisch verwalteten Zweckvermögens regelt § 2 Abs. 2 ZweckVG, dass die Verwendung des Zweckvermögens der Prüfung durch den Bundesrechnungshof unterliegt.

Für den restlichen Bereich (Förderungsfonds, vgl. § 9) besteht indes keine 34
vergleichbare Regelung innerhalb des LR-G; jedoch folgt eine Prüfungspflicht aus § 55 Abs. 1 HGrG. Danach prüft der Bundesrechnungshof die Haushalts- und Wirtschaftsführung der juristischen Person, wenn eine Garantieverpflichtung des Bundes zugunsten dieser juristischen Person des öffentlichen Rechts besteht. Damit besteht eine Prüfungspflicht insbes. für Förderbanken, die einer Anstaltslast und Gewährträgerhaftung unterliegen (vgl. für die Rentenbank Kommentierung zu § 1 a). Diese Regelung ist sinnhaft, da für den Bund Zuschuss- und Garantieverpflichtungen zumindest abstrakt besonders risikobehaftet sind und daher einer Kontrolle unterliegen sollen.[80] Folglich reicht hier für die Prüfungspflicht des Bundesrechnungshofs bereits das Bestehen einer der Anstaltsform inhärenten Anstaltslast oder einer gesetzlich begründeten Haftung des Bundes nach § 1 a aus; auf die tatsächliche Inanspruchnahme kommt es nicht an.[81]

Fraglich ist, ob nicht auch die erweiterten Prüfungs- und Berichtsrechte 35
des § 53 HGrG gem. § 55 Abs. 2 HGrG auf die Rentenbank anzuwenden sind. § 55 Abs. 2 umfasst nach der Gesetzesbegründung „insbes. öffentlich-rechtliche Kreditinstitute".[82],[83] Ein öffentlich-rechtliches Unternehmen wird angenommen, wenn es „am Wettbewerb mit privatrechtlichen Unternehmen bei eigenwirtschaftlicher Zielsetzung" teilnimmt.[84] Die Rentenbank agiert jedoch wettbewerbsneutral aufgrund des Hausbankprinzips (s. hierzu Kommentierung zu § 3). Ob es sich bei § 55 Abs. 2 HGrG um eine lex specialis Regelung zu § 55 Abs. 1 HGrG handelt, kann damit dahinstehen.[85]

---

79 Vertiefend zum Streitstand: *Siekmann*, Die rechtliche Regulierung öffentlicher Banken in Deutschland, S. 49; *Eibelshäuser/Wallis* in Engels/Eibelshäuser HGrG § 55 Rn. 3; *v. Lewinski/Burbat* HGrG § 55 Rn. 3.
80 *v. Lewinski/Burbat* HGrG § 55 Rn. 3.
81 Piduch/*Nebel* BHO § 112 Rn. 2; *v. Lewinski/Burbat* HGrG § 55 Rn. 7.
82 GE BReg einer Bundeshaushaltordnung vom 21.6.1968, BT-Drs. 5/3040, 58.
83 *v. Lewinski/Burbat* HGrG § 55 Rn. 10.
84 Ebd.; Piduch/*Nebel* BHO § 112 Rn. 3.
85 Zum Streitstand: *Siekmann*, Die rechtliche Regulierung öffentlicher Banken in Deutschland, S. 51.

4. Parlamentarische Kontrolle

36   Ein zentrales Merkmal der Demokratie[86] und des Rechtsstaats[87] ist die parlamentarische Kontrolle der Exekutive und damit der gesamten Verwaltung[88], inklusive der öffentlichen Unternehmen und Formen mittelbarer Staatsverwaltung. Sie wird insbes. durch Fragerecht und Informationsansprüche der Abgeordneten wahrgenommen.[89] Das löst Konflikte im Hinblick auf Geheimhaltungsinteressen des öffentlichen Unternehmens aus.[90] Diese Konflikte sind unter Beachtung der betroffenen Rechte vorrangig durch den Gesetzgeber aufzulösen. Dies ist im Hinblick auf parlamentarische Untersuchungsausschüsse durch das PUAG geschehen. Soweit die Förderbank Gegenstand eines Untersuchungsausschusses wird, greifen sämtliche Untersuchungsbefugnisse des Untersuchungsausschusses.

37   Aber auch jenseits des Sonderfalls „Untersuchungsausschüsse" können die Abgeordneten Fragerechte und ihre Informationsansprüche grds. umfassend wahrnehmen.[91] Das BVerfG legt hierzu deutlich fest: „Das Budgetrecht des Parlaments schließt einen Anspruch des Parlaments wie der einzelnen Abgeordneten darauf ein, dass ihnen die für eine sachverständige Beurteilung des Haushaltsplans erforderlichen Informationen nicht vorenthalten werden".[92] Eine pauschale Berufung auf Nichtwissen, Persönlichkeitsschutz oder Geschäftsgeheimnisse[93] der öffentlichen Unternehmen, ist nicht zulässig.[94] Entsprechendes muss für Informationen aus Einrichtungen und Unternehmen gelten, die durch Garantieerklärungen – bei der Rentenbank in der Gestalt von Anstaltslast und Haftungsgarantie des Bundes (s. hierzu Kommentierung zu § 1 a) – budgetrelevante Risiken bilden. Die parlamentarische Kontrolle ist aber im Lichte des Selbstverwaltungsrechts einer selbstständigen Anstalt des öffentlichen Rechts wie der Rentenbank auf die zwingend erforderlichen Informationen zu beschränken.

5. Banken- und Finanzmarktaufsicht

38   Die Rentenbank untersteht als Kreditinstitut der Banken- und Finanzmarktaufsicht. Diese ist die durch eine staatliche Stelle ausgeübte spezielle Beaufsichtigung von Kreditinstituten und Finanzdienstleistungsinstitu-

---

86   Vgl. BVerfG NVwZ 2018, 51 (51); *Schwill* NVwZ 2019, 109; BVerfG 7.11.2017 – 2 BvE 2/11, NVwZ 2018, 51 (53).
87   BVerfG 7.11.2017 – 2 BvE 2/11, NVwZ 2018, 51 (52).
88   Vgl. ebd.; *Teuber*, Parlamentarische Informationsrechte, S. 182 f.; BVerfG 7.11.2017 – 2 BvE 2/11, NVwZ 2018, 51 (52).
89   Vgl. BVerfG NVwZ 2018, 51 (51); *Schwill* NVwZ 2019, 109 (109).
90   *Werner* NVwZ 2019, 449 (449).
91   *Siekmann*, Die rechtliche Regulierung öffentlicher Banken in Deutschland, S. 45.
92   BVerfGE 110, 199 (225), unter Berufung auf BVerfGE 70, 324, 355; auf Landesebene BayVerfGH, VerfGHE 54, 62, 73; BayVerfGH NVwZ 2007, 204 (205).
93   Vertiefend hierzu *Schwill* NVwZ 2019, 109 ff.
94   *Siekmann*, Die rechtliche Regulierung öffentlicher Banken in Deutschland, S. 46 mwN.

ten (nach § 1 Abs. 1 b KWG als Institute bezeichnet).[95] Das System der Banken- und Finanzmarktaufsicht ist seit 2011 Teil des Einheitlichen Aufsichtsmechanismus (Single Supervisory Mechanism, SSM), der sich aus der EZB und den nationalen zuständigen Behörden (National Competent Authorities, NCAs) der Euro-Länder zusammensetzt.

Die deutsche NCA ist – dem Konzept der Allfinanzaufsicht[96] folgend – die BaFin[97], die gemeinsam mit der Deutschen Bundesbank arbeitet.[98] Gem. § 6 Abs. 1 S. 1 KWG übt die BaFin die Bankenaufsicht über die Kreditinstitute iSd § 1 Abs. 1 S. 1 aus. Das KWG erfasst jegliche Form von Kreditinstituten unabhängig von ihrer Rechtsform.[99] Damit untersteht auch die Rentenbank der staatlichen Bankenaufsicht (§ 1 iVm § 6 KWG). Während die KfW, die nach § 2 Abs. 1 Nr. 2 KWG nicht als Kreditinstitut gilt und daher weitgehend von den Bestimmungen des KWG ausgenommen ist, gilt für die Rentenbank das KWG uneingeschränkt. **39**

Zwischen dem 4.11.2014 und dem 26.6.2019 wurde die Bankenaufsicht über die Rentenbank von der BaFin auf die EZB übertragen.[100] Durch diesen Mechanismus hat die EZB besondere aufsichtsrechtliche Befugnisse gegenüber Großbanken in der Eurozone erhalten, deren Bilanzsumme über 30 Mrd. EUR[101] oder 20 % der Wirtschaftsleistung eines Landes ausmachen.[102] Unter den 128 Banken, bei denen die EZB hinsichtlich der wahrscheinlichen Übernahme der Bankenaufsicht vorab eine Bilanzprüfung, den sog. „Banken-Stresstest", durchführte, befanden sich die 24 größten deutschen Banken, zu denen auch die Rentenbank zählt.[103] Damit teilte sie das Los anderer Förderinstitute wie der NRW-Bank, der L-Bank und der KfW-Tochter IPEX Bank. **40**

MWz 27.6.2019 wurden die Förderbanken, ausdrücklich die Rentenbank aus dem Anwendungsbereich der europäischen Bankenrichtlinie (CRD IV-RL) ausgenommen.[104] Damit haben wieder die BaFin und die Bundesbank als nationale Aufsichtsbehörden (NCA) die Aufgaben und Befugnisse übernommen, die der EZB durch Art. 4 Abs. 1 SSM-Verordnung[105] übertragen worden waren. **41**

---

95 SBL BankR-HdB/*Fischer/Boegl* § 125 Rn. 1.
96 SBL BankR-HdB/*Fischer/Boegl* § 125 Rn. 52.
97 Die BaFin ist die zum 1.5.2002 errichtete Nachfolgerin des Bundesaufsichtsamtes für das Kreditwesen nach dem KWG. Grund der Errichtung war die Nichtverhinderung von Mängeln in der Anlagen- und Liquiditätspolitik der Sparkassen, WBSK VerwR II § 87 Rn. 147.
98 SBL BankR-HdB/*Fischer/Boegl* § 125 Rn. 1.
99 Ebd.
100 VO (EU) Nr. 468/2014; vertiefend zur Zuständigkeitsverteilung: SBL BankR-HdB/*Fischer/Boegl* § 126 Rn. 2.
101 Art. 50 Abs. 2 VO (EU) 468/2014.
102 Vgl. zur Auswahl der Banken: *Acharya/Steffen* die bank 2014, 14 (14 ff.).
103 Zu den Kriterien der Zuordnung einzelner Banken als bedeutendes Kreditinstitut s. EuGH 8.5.2019 – C-450/17 P.
104 Art. 1 Nr. 1 der RL (EU) 2019/878; die Regelungen der EU-Bankenverordnung (CRR) bleiben aufgrund von § 1 a Abs. 1 KWG anwendbar.
105 VO (EU) Nr. 1024/2013, ABl. L 287/63.

42   Die Abgrenzung zwischen den jeweiligen Aufgaben und Kompetenzen der BaFin und der Bundesbank erfolgt in § 7 KWG und der Aufsichtsrichtlinie[106]. Gem. § 7 Abs. 1 S. 1 KWG arbeiten die Bundesanstalt und die Bundesbank nach Maßgabe des KWG zusammen.

43   Die aufsichtsrechtlichen Befugnisse sind seit Juni 2019 wieder auf die im KWG genannten beschränkt.

44   Hauptaufgabe der BaFin ist die laufende Aufsicht über die Institute (§ 6 Abs. 1 KWG) und das Entgegenwirken gegen Missstände im Kredit- und Finanzdienstleistungsgewerbe (§ 6 Abs. 2 KWG).[107] Die Aufsicht entscheidet, wer gewerbsmäßig solche Geschäfte betreiben darf (Erlaubnispflicht, § 32 Abs. 1 S. 1 KWG).

45   Die Aufsicht umfasst die laufende Überwachung und Einwirkung auf die Institute, um die Einhaltung der speziellen, im KWG und anderen Gesetzen vorgesehenen Anforderungen, und Verhaltensnormen zu kontrollieren und durchzusetzen.[108]

46   Zu den zu überprüfenden Gesetzen gehören nach dem Gesetzeswortlaut die zum KWG erlassenen Rechtsverordnungen sowie die CRR in ihrer jeweils gültigen Fassung und die auf der Grundlage der CRR und der CRD IV-RL erlassenen Rechtsakte.[109] Daneben überprüft die Bankenaufsicht auch die Einhaltung verwandter oder ergänzender Gesetze.[110]

47   Zwar handelt es sich bei der bankenrechtlichen Aufsicht um eine spezifische Ausprägung der Fachaufsicht, weshalb sie über den Rahmen der Rechtsaufsicht hinausgehen.[111] Als reines Kontrollinstrument greift die BaFin iR ihrer Aufsichtstätigkeit jedoch nicht in die Geschäftspolitik der Banken ein.

48   Um eine effektive Kontrolle der Kreditinstitute zu ermöglichen, bedarf es – ähnlich der parlamentarischen Kontrolle – umfassender Information über die Vorgänge und Entwicklungen der einzelnen Institute.[112] Dieser Herausforderung begegnet das KWG mit einem System von Anzeigepflichten über bedeutende Geschäftsvorfälle, organisatorische Maßnahmen und von laufenden Meldungen über die Geschäftsentwicklung.[113] Die Sammlung und Auswertung der massenhaft anfallenden Informationen übernimmt größtenteils die Deutsche Bundesbank.[114]

---

106   Richtlinie zur Durchführung und Qualitätssicherung der laufenden Überwachung der Kredit- und Finanzdienstleistungsinstitute durch die Deutsche Bundesbank (Aufsichtsrichtlinie) vom 21.5.2013, abrufbar auf der Internetseite der BaFin.
107   SBL BankR-HdB/*Fischer/Boegl* § 125 Rn. 31.
108   Vgl. Schriftlicher Bericht des Wirtschaftsausschusses über den von der Bundesregierung eingebrachten Entwurf eines Gesetzes über das Kreditwesen und den vom Bundesrat eingebrachten Entwurf eines Gesetzes über Zinsen, sonstige Entgelte und Werbung der Kreditinstitute vom 1.3.1961, zu BT-Drs. 3/2563, 2.
109   SBL BankR-HdB/*Fischer/Boegl* § 125 Rn. 32.
110   Ebd.
111   Bereits *Twiehaus,* S. 84.
112   SBL BankR-HdB/*Fischer/Boegl* § 126 Rn. 64.
113   Ebd.
114   Ebd.

Als Anstalt des öffentlichen Rechts stehen der BaFin die allgemeinen Verwaltungsmittel einer hoheitlich handelnden Verwaltungsbehörde zur Verfügung.[115] Gem. § 6 Abs. 3 S. 1 KWG hat sie die Befugnis, „iR der ihr zugewiesenen Aufgaben gegenüber dem Institut und seinen Geschäftsleitern Anordnungen zu treffen, die geeignet und erforderlich sind, Missstände in dem Institut zu verhindern oder zu beseitigen, welche die Sicherheit der dem Institut anvertrauten Vermögenswerte gefährden können, oder die ordnungsmäßige Durchführung von Bankgeschäften oder Finanzdienstleistungen beeinträchtigen". Dies ist die sog. Anordnungsbefugnis.[116] Zuvor galt die Anordnungsbefugnis nur in eingeschränktem Rahmen zB bei besonderen Maßnahmen der Gefahrenabwehr oder hinsichtlich der gesetzlichen Gebote und Verbote.[117]

49

Die heutige Anordnungsbefugnis umfasst hingegen alle Bereiche der ihr zugewiesenen Aufgaben.[118] Die Voraussetzung für die Anordnungsbefugnis ist eine konkrete Beeinträchtigung der ordnungsgemäßen Durchführung der Bank- oder Finanzdienstleistungsgeschäfte oder ein Missstand, der die Sicherheit der einem Institut anvertrauten Vermögenswerte gefährdet.[119]

50

Sollte die Anordnung durch die Kreditinstitute nicht umgesetzt werden, ist die BaFin gem. § 17 Abs. 1 S. 1 FinDAG berechtigt, die Anordnung mit Zwangsmitteln nach den Bestimmungen des Verwaltungsvollstreckungsgesetzes durchzusetzen.[120] Gem. § 49 KWG ist der Suspensiveffekt für die dort aufgezählten wichtigeren formellen Maßnahmen ausgesetzt.[121] Für andere Maßnahmen nach dem KWG kann die BaFin die sofortige Vollziehung ebenfalls nach § 80 Abs. 2 Nr. 4, Abs. 3 VwGO anordnen.[122] Im Krisenfall kann die BaFin sogar einen Sonderbeauftragten in die Bank entsenden (§ 45 c KWG). Darüber hinaus besteht die Möglichkeit, Geldbußen für Ordnungswidrigkeiten festzusetzen.[123] Gem. § 36 Abs. 1 Nr. 1 OWiG ist die BaFin die zuständige Verwaltungsbehörde.[124]

51

Aufgaben die nach den §§ 5 Abs. 1 S. 4 und Abs. 2 S. 1, 7 Abs. 3 S. 1 und Abs. 4, 8–11 PfandBG der BaFin zugeschrieben sind, werden durch § 13 Abs. 3 S. 2 und Abs. 4 S. 3 der Anstaltsaufsicht übertragen.

52

Nach § 7 Abs. 1 S. 2 KWG obliegt der Deutschen Bundesbank die laufende Überwachung der Kreditinstitute. Hierzu gehört insbes. die Auswertung der von den Instituten eingereichten Unterlagen, der Prüfungs-

53

---

115 SBL BankR-HdB/*Fischer/Boegl* § 126 Rn. 67.
116 Ebd.
117 Ebd.; Jahresbericht BAKred 1997, S. 12.
118 SBL BankR-HdB/*Fischer/Boegl* § 126 Rn. 68, dort genannte Beispiele für Anordnungen: § 25 a Abs. 2 S. 2 und Abs. 3, § 45 b, § 45, § 45 a, § 46 KWG.
119 Ebd.; BR-Drs. 963/96, 74.
120 SBL BankR-HdB/*Fischer/Boegl* § 126 Rn. 69.
121 Ebd.
122 Boos/Fischer/Schulte-Mattler/*Lindemann* § 49 Rn. 5.
123 SBL BankR-HdB/*Fischer/Boegl* § 126 Rn. 69.
124 Ebd.

berichte nach § 26 KWG und der Jahresabschlussunterlagen sowie die Durchführung und Auswertung der bankgeschäftlichen Prüfungen zur Beurteilung der angemessenen Eigenkapitalausstattung und Risikosteuerungsverfahren der Institute und das Bewerten von Prüfungsfeststellungen, § 7 Abs. 1 S. 3 KWG. Dabei hat sie die Richtlinien der BaFin zu beachten, § 7 Abs. 2 S. 1 KWG.

§ 12 Dienstsiegel und öffentliche Urkunde

[1]Die Bank ist berechtigt, ein Dienstsiegel zu führen. [2]§ 39 a des Beurkundungsgesetzes ist entsprechend anzuwenden. [3]Ordnungsgemäß unterschriebene und mit dem Abdruck des Dienstsiegels versehene Erklärungen der Bank haben die Eigenschaft öffentlich beglaubigter Urkunden.

Das Dienstsiegel ist ein Legitimationszeichen und dient auf amtlichen 1
Schriftstücken oder Urkunden als Hoheits- und Echtheitszeugnis. Nach
§ 12 ist die Rentenbank, wie vor ihr schon die Deutsche Rentenbank[1],
eine siegelführende Stelle. Sie ist gesetzlich befugt, Vorgänge mit dem
Dienstsiegel zu versehen.

Da die Rentenbank nicht amtlich tätig wird, dient das Dienstsiegel-Privi- 2
leg ausschließlich der Erleichterung im Rechtsverkehr. Abweichend von
§ 129 BGB braucht die Rentenbank ihre nach § 4 Abs. 2 LR-Satzung
ordnungsgemäß unterschriebenen und gem. § 12 S. 3 gesiegelten Erklärungen und Ersuche gegenüber dem Grundbuchamt (§ 29 Abs. 3 GBO)
oder Anmeldungen zur Eintragung in das Handelsregister (§ 12 HGB)
nicht notariell beglaubigen zu lassen. Die Beglaubigung einer Abschrift
muss nach § 33 Abs. 3 Nr. 4 VwVfG das Dienstsiegel enthalten, das gilt
auch für amtliche Unterschriftsbeglaubigungen nach § 34 Abs. 3 Nr. 3
VwVfG.

Eine Erklärung ist nach § 4 Abs. 2 LR-Satzung ordnungsgemäß unter- 3
schrieben und damit auch nur verbindlich, wenn sie von zwei Vorstandsmitgliedern oder von einem Vorstandsmitglied gemeinschaftlich mit
einem Prokuristen oder von zwei Prokuristen oder von einem Vorstandsmitglied oder Prokuristen gemeinschaftlich mit einem Handlungsbevollmächtigten abgegeben werden.

Satz 2 wurde durch Art. 4 Nr. 1 des Gesetzes zur Fortentwicklung des 4
Pfandbriefrechtes[2] eingefügt. Er bestimmt, dass § 39 a Beurkundungsgesetz entsprechend anwendbar ist. Danach können Beglaubigungen und
sonstige Zeugnisse iSd § 39 Beurkundungsgesetz elektronisch errichtet
werden. Diese Bestimmung dient dem Zweck Rechtssicherheit für die
Teilnahme der Rentenbank am elektronischen Geschäftsverkehr mit anderen Behörden und Gerichten zu schaffen.[3]

Die missbräuchliche Verwendung des Dienstsiegels kann ein Vergehen 5
der Urkundenfälschung nach § 267 StGB darstellen.

---

1 § 3 der Vorläufigen Durchführungsbestimmungen zur Verordnung über die Errichtung der Deutschen Rentenbank vom 15.10.1923 v. 14.11.1923, RGBl. I 1092:
   „Die Deutsche Rentenbank ist berechtigt ein Dienstsiegel zu führen.".
2 Gesetz zur Fortentwicklung des Pfandbriefrechtes v. 20.3.2009, BGBl. I 607.
3 Vgl. GE BReg zur Fortentwicklung des Pfandbriefrechts vom 1.12.2008, BT-Drs.
   16/11130, 47.

6   Das Dienstsiegel der Rentenbank zeigt ein Ährenbündel mit einer den
Namen und den Ort des Sitzes der Bank enthaltenden Umschrift (§ 19
LR-Satzung). Es ist im BAnz. 1954 Nr. 98, 11 veröffentlicht.

Martínez/Poppe

§ 13 Gedeckte Schuldverschreibungen

(1) Die Bank kann gedeckte Schuldverschreibungen nach Maßgabe der Absätze 2 bis 4 ausgeben.

(2) [1]Der Gesamtbetrag der von der Bank ausgegebenen Schuldverschreibungen muss in Höhe des Nennwerts und der Zinsen jederzeit gedeckt sein. [2]Als Deckung sind zulässig

1. Pfandbriefe im Sinne des § 1 Absatz 2 des Pfandbriefgesetzes, die nach den Vorschriften des Pfandbriefgesetzes ausgegeben werden,

2. Darlehen an inländische Körperschaften und solche Anstalten des öffentlichen Rechts, für die eine Anstaltslast oder eine auf Gesetz beruhende Gewährträgerhaftung oder eine staatliche Refinanzierungsgarantie gilt oder die das gesetzliche Recht zur Erhebung von Gebühren und anderen Abgaben innehaben, oder gegen Übernahme der vollen Gewährleistung durch eine solche Körperschaft oder Anstalt gewährte Darlehen oder sonstige Darlehen der Bank, für die Sicherheiten bestehen, die den Anforderungen des Pfandbriefgesetzes für die Deckung von Hypothekenpfandbriefen oder Schiffspfandbriefen entsprechen,

3. Darlehen der Bank, für die nach bankmäßigen Grundsätzen ausreichende Sicherheiten bestehen.

[3]Die in Satz 2 vorgeschriebene ordentliche Deckung kann vorübergehend durch Guthaben bei der Deutschen Bundesbank und bei geeigneten Kreditinstituten ersetzt werden (Ersatzdeckung).

(3) [1]Die zur Deckung der Schuldverschreibungen bestimmten Vermögenswerte einschließlich der Ersatzdeckung sowie Vermögenswerte in Höhe der Deckungsrücklage nach § 2 Absatz 3 sind von der Bank einzeln in ein Register einzutragen. [2]§ 5 Absatz 1 und 2 des Pfandbriefgesetzes gilt entsprechend mit der Maßgabe, dass an die Stelle der Bundesanstalt die in § 11 Absatz 1 genannte Aufsichtsbehörde tritt.

(4) [1]Die Aufsichtsbehörde (§ 11 Absatz 1) bestellt nach Anhörung der Bank einen Treuhänder und einen Stellvertreter. [2]Der Treuhänder hat darauf zu achten, dass die Ausgabe, Verwaltung und Deckung der Schuldverschreibungen den gesetzlichen und satzungsmäßigen Bestimmungen und den Anleihebedingungen entsprechen. [3]§ 7 Absatz 3 und 4 und die §§ 8 bis 11 des Pfandbriefgesetzes gelten entsprechend mit der Maßgabe, dass an die Stelle der Bundesanstalt die in § 11 Absatz 1 genannte Aufsichtsbehörde tritt.

I. Gesetzeshistorie 1
II. Schuldverschreibungen als Instrument der Landwirtschaftlichen Rentenbank (Abs. 1) 2
III. Zulässigkeitsvoraussetzungen (Abs. 2) 9
IV. Deckungsregister (Abs. 3) 10
V. Treuhänder (Abs. 4) 11

I. Gesetzeshistorie

1   § 13 ist zuletzt im Jahr 2009 geändert worden.[1] Dabei wurde die bislang in Abs. 5 enthaltene Regelung aus redaktionellen Gründen zu einer eigenständigen Bestimmung in § 13 a aufgewertet.

II. Schuldverschreibungen als Instrument der Landwirtschaftlichen Rentenbank (Abs. 1)

2   Schuldverschreibungen allgemein sind Urkunden, in denen sich der Aussteller zu einer Leistung – iR der Bankschuldverschreibung regelmäßig zu einer Zahlung eines bestimmten Kapitalbetrags nebst Zinsen – zu einem bestimmten Zeitpunkt verpflichtet (vgl. § 793 BGB).[2] Als gedeckt werden die Schuldverschreibungen bezeichnet, wenn sie, wie gesetzlich vorgeschrieben, durch sog. Deckungswerte „besichert" sind.[3] Dies hat für den Gläubiger der Schuldverschreibung den Vorteil, dass seine Ansprüche nicht nur durch den Rückgriff auf das jeweilige Kreditinstitut, sondern auch durch die entsprechend hinterlegten Deckungswerte geschützt sind.[4]

3   Bankschuldverschreibungen stellen in vielen Ländern ein häufig angewandtes Refinanzierungsinstrument dar.[5] In Kontinentaleuropa sind jedoch die für Langzeitschuldverschreibungen besser geeigneten – da sicherer – gedeckten Schuldverschreibungen als Refinanzierungsinstrument der Kreditinstitute üblich.[6] Bereits geschichtlich besteht eine enge Beziehung zwischen dem Landwirtschaftssektor und den gedeckten Schuldverschreibungen. Sie gehen auf Friedrich den Großen zurück, der in Preußen nach dem Siebenjährigen Krieg (1756–63) das Pfandbriefsystem einführte, um die preußischen Gutsbesitzer mit Krediten zu versorgen.[7]

4   Die Sicherung der gedeckten Schuldverschreibungen erfolgt durch einen Sicherheitenpool, der in der Bilanz der Bank verbleibt.[8] Diese Deckungsmasse ist zweckgebunden und somit insolvenzfest, dh im Falle eines Insolvenzverfahrens gegenüber des emittierenden Kreditinstituts bleiben die Deckungswerte unangetastet.[9] Der Sicherheitenpool ist dynamisch, dh dass ausgefallene oder vorzeitig zurück gezahlte Kredite (Aktiva) fort-

---

1   Art. 4 des Gesetzes zur Fortentwicklung des Pfandbriefrechtes v. 20.3.2009, BGBl. I 607.
2   *Stöcker* EuZW 2018, 565 (565).
3   Ebd.
4   *Hüther/Voigtländer/Haas/Deschermeier*, Die Bedeutung der Langzeitfinanzierung durch Banken, S. 41; *Anand*, Deutsche Bundesbank Research Brief 6/2016, S. 1.
5   *Hüther/Voigtländer/Haas/Deschermeier*, Die Bedeutung der Langzeitfinanzierung durch Banken, S. 40.
6   *Hüther/Voigtländer/Haas/Deschermeier*, Die Bedeutung der Langzeitfinanzierung durch Banken, S. 41 f.; vgl. *Anand*, Deutsche Bundesbank Research Brief 6/2016, S. 1.
7   *Anand*, Deutsche Bundesbank, Research Brief 6/2016, S. 1.
8   *Hüther/Voigtländer/Haas/Deschermeier*, Die Bedeutung der Langzeitfinanzierung durch Banken, S. 42; vgl. *Anand*, Deutsche Bundesbank Research Brief 6/2016, S. 1.
9   *Anand*, Deutsche Bundesbank Research Brief 6/2016, S. 1.

laufend durch werthaltige Kredite gleicher Qualität ersetzt, um die Deckung / Besicherung fortlaufend zu gewährleisten.[10]

Die rechtliche Ausgestaltung der Emission von gedeckten Schuldverschreibungen geht in Deutschland auf das 19. Jahrhundert zurück.[11] Gesetzliche Regelungen fanden sich bereits 1899 im Gesetz betreffend die gemeinsamen Rechte der Besitzer von Schuldverschreibungen[12]. In anderen europäischen Ländern fußten entsprechende Emissionen auf dem Privatrecht.[13] Seit der EU-Harmonisierung für Coverd Bonds (erfasst werden durch diesen Begriff nur Emissionen eines Kreditinstituts) iR der weiteren Integration einer europäischen Kaptalmarktunion,[14] sind die Mitgliedstaaten zur einheitlichen Umsetzung der RL (EU) 2019/2162[15] bis zum 8.7.2021 verpflichtet. Zudem wurde im Zuge dessen auch die CRR hinsichtlich regulatorischer Privilegien gedeckter Schuldverschreibungen geändert.[16] Die Rentenbank unterfällt gem. Art. 2 Abs. 5 Nr. 5 CRD IV-RL[17] jedoch nicht mehr dem Anwendungsbereich der CRR, so dass die neuen Bestimmungen keine Auswirkungen auf den § 13 Abs. 2 S. 1 haben. 5

Auch die Rentenbank beschafft sich die erforderlichen Mittel (§ 3 Abs. 5) über die Ausgabe gedeckter und ungedeckter Schuldverschreibungen. 1953 erfolgte die erste Emission von Landwirtschaftsbriefen (gedeckte festverzinsliche Inhaberschuldverschreibungen) zur Refinanzierung von Förderdarlehen. Heute liegt der Schwerpunkt bei Schuldverschreibungen ganz überwiegend auf dem internationalen Kapitalmarkt (Anleihen mit internationaler Platzierung aus dem EMTN-Programm, dem AMTN-Programm und über USD-Globalanleihen) durch Ausgabe von ungedeckten Schuldverschreibungen.[18] 6

Die Ausgabe von gedeckten Schuldverschreibungen nach Maßgabe der Abs. 2–4 ist hauptsächlich auf das Inlandsgeschäft beschränkt und überdies wegen der wirtschaftlichen Bedeutung der Anstaltslast des Bundes, 7

---

10 *Hüther/Voigtländer/Haas/Deschermeier*, Die Bedeutung der Langzeitfinanzierung durch Banken, S. 42; vgl. *Anand*, Deutsche Bundesbank Research Brief 6/2016, S. 1.

11 *Stöcker*, Die Hypothekenbanken und der Pfandbrief in den mitteleuropäischen Reformländern, S. 15 ff.

12 RGBl. 1899 I 691.

13 *Hüther/Voigtländer/Haas/Deschermeier*, Die Bedeutung der Langzeitfinanzierung durch Banken, S. 43.

14 Vgl. *Stöcker* EuZW 2018, 617 (622).

15 Richtlinie 2019/2162/EU des Europäischen Parlaments und des Rates vom 27.11.2019 über die Emission gedeckter Schuldverschreibungen und die öffentliche Aufsicht über gedeckte Schuldverschreibungen und zur Änderung der Richtlinien 2009/65/EG und 2014/59/EU, ABl. 2019 L 328/29.

16 VO (EU) 2019/2160 des Europäischen Parlaments und des Rates vom 27.11.2019 zur Änderung der VO (EU) 575/2013 hinsichtlich Risikopositionen in Form gedeckter Schuldverschreibungen, ABl. 2019 L 32871; *Stöcker* EuZW 2018, 617 (622).

17 In der durch CRD V-RL (RL 2019/878/EU) geänderten Fassung.

18 Vgl. zur Geschichte der Refinanzierung der Landwirtschaftlichen Rentenbank *Braunberger/A. Schneider* und *Rudolph* in Gothe, An der Seite der Bauern, S. 281 ff.

die keinen Unterschied zwischen gedeckten und ungedeckten Schuldverschreibungen macht, im Laufe der Zeit mehr und mehr in den Hintergrund getreten. Darüber hinaus wurde die Irrelevanz der gedeckten Schuldverschreibung für das tägliche Geschäft der Rentenbank durch die Einführung des § 1 a, der die Haftungsgarantie des Bundes normiert, bestärkt.

8   Die Rentenbank ist keine Pfandbriefbank. Für sie gilt daher das PfandbG nicht unmittelbar, sondern nur in entsprechender Anwendung und auch nur insoweit, als § 13 auf einzelne seiner Bestimmungen Bezug nimmt.

III. Zulässigkeitsvoraussetzungen (Abs. 2)

9   Abs. 2 bestimmt, dass der Gesamtbetrag der im Umlauf befindlichen gedeckten Schuldverschreibungen der Rentenbank in Höhe des Nennwerts und der Zinsen jederzeit gedeckt sein muss. Als „ordentliche Deckung" sind die dort genannten Deckungswerte zulässig, nämlich Pfandbriefe iSv § 1 Abs. 3 PfandbG (Hypothekenpfandbriefe, Öffentliche Pfandbriefe, Schiffspfandbriefe und Flugzeugpfandbriefe), Kommunaldarlehen oder sonstige Darlehen der Rentenbank, deren Sicherheiten den Anforderungen für die Deckung von Hypothekenpfandbriefen oder Schiffspfandbriefen entsprechen sowie – sozusagen als Auffangtatbestand – alle Darlehen der Rentenbank, für die nach bankmäßigen Grundsätzen ausreichende Sicherheiten bestehen. Fehlende ordentliche Deckung kann vorübergehend durch Ersatzdeckung nach Abs. 2 S. 3 ausgeglichen werden. Als Besonderheit der Rentenbank gegenüber anderen Emissionsinstituten sind der Deckungsmasse zusätzlich Sicherheiten in Höhe der Deckungsrücklage nach § 2 Abs. 3 zuzuführen.

IV. Deckungsregister (Abs. 3)

10 Die Rentenbank führt nach Abs. 3 in entsprechender Anwendung von § 5 Abs. 1 und 2 PfandbG ein Deckungsregister. Es wird in elektronischer Form geführt und entspricht dem Standard der §§ 2–8 der DeckRegV.[19] Die Anforderungen an die Aufzeichnung und die Prüfung durch den Treuhänder (§§ 15–17 DeckRegV) wird von der Praxis der Rentenbank eingehalten, indem mindestens halbjährlich eine Treuhänderprüfung in der Form von §§ 15 Abs. 2, 16 Abs. 2 DeckRegV durchgeführt wird und die Aufzeichnungen als CD-ROM für 50 Jahre bei der Aufsichtsbehörde (s. hierzu Kommentierung zu § 11) gelagert werden. Für die Einhaltung des § 17 DeckRegV ist das Bundesministerium für Ernährung und Landwirtschaft als die zuständige Aufsichtsbehörde verantwortlich. Auch der Inhalt des Deckungsregisters entspricht insoweit den Anforderungen der §§ 11 und 14 DeckRegV mit Anlage 2, als eine hinreichende Identifizier- und Berechenbarkeit der Deckungswerte gewährleistet wird. Die in §§ 9, 10, 12 und 13 DeckRegV genannten spezifi-

---

19 Deckungsregisterverordnung v. 25.8.2006, BGBl. I 2074, geänd. durch Art. 7 des Gesetzes v. 20.3.2009, BGBl. I 607.

schen Informationen zu Grund- und Schiffspfandrechten sowie Derivaten sind im Deckungsregister der Rentenbank nicht vorgesehen, weil diese Normen im Geschäft der Rentenbank keine Entsprechung finden. Derivate werden von der Rentenbank nicht in Deckung genommen und Darlehen, für die Sicherheiten bestehen, die den Anforderungen des PfandbG für die Deckung von Hypothekenpfandbriefen oder Schiffspfandbriefen entsprechen, kommen bei der Rentenbank zurzeit nicht vor. Stattdessen werden Darlehen nach Abs. 2 S. 2 Nr. 3 in Deckung genommen, so dass das Deckungsregister nur den kurzen Inhalt wie in §§ 11 und 14 DeckRegV haben kann.

V. Treuhänder (Abs. 4)

Die Aufsichtsbehörde (s. hierzu Kommentierung zu § 11) bestellt gemäß 11
Abs. 4 nach Anhörung der Rentenbank einen Treuhänder und einen Stellvertreter. Die Aufgaben und Rechte des Treuhänders ergeben sich aus Abs. 4 iVm § 7 Abs. 3 und 4 und §§ 8–11 PfandBG. Die Bedeutung der Anhörung für die Rentenbank wird letztlich dadurch unterstrichen, dass sie die Vergütung (einschließlich sonstiger Kosten) des Treuhänders und des Stellvertreters trägt (§ 11 Abs. 1 PfandbG).

§ 13a Mündelsicherheit

Die Schuldverschreibungen der Bank, die nicht auf ausländische Zahlungsmittel lauten, sind zur Anlegung von Mündelgeldern geeignet.

1 § 13a wurde im Jahre 2009 aus redaktionellen Gründen separat geregelt.[1] Vorher war die Mündelsicherheit in § 13 Abs. 5 aF geregelt und auf gedeckte Schuldverschreibungen der Rentenbank, die nicht auf ausländische Zahlungsmittel lauteten, beschränkt. Nachdem die Unterscheidung zwischen gedeckten und ungedeckten Schuldverschreibungen der Rentenbank hinsichtlich der Mündelsicherheit vor dem Hintergrund der Anstaltslast des Bundes als nicht sinnvoll erkannt wurde, wurde die Regelung auf alle Schuldverschreibungen der Rentenbank ausgeweitet.[2]

2 Eine Vermögensanlage in mündelsichere Papiere bzw. Konten wird vom Gesetzgeber für von einem Vormund (§ 1806 BGB), Pfleger (§ 1915 BGB) oder Betreuer verwaltete Vermögen eines Mündels vorgeschrieben. Indirekt gilt diese Vorgabe auch bei der Sicherheitsleistung durch Steuerpflichtige (§§ 241 ff. AO).[3] Für diesen Fall sieht § 241 Abs. 2 Nr. 3 AO ausdrücklich Schuldverschreibungen der Rentenbank als für Sicherheitsleitungen nutzbare Wertpapiere vor.

3 Mündelsicher sind Vermögensanlagen, bei denen Wertverluste der Anlage praktisch ausgeschlossen sind. Die Anlage erfolgt idR in festverzinslichen Anleihen. Dazu zählen verbriefte Forderungen und Schuldverschreibungen, die sich unmittelbar gegen den Bund oder ein Bundesland richten[4] oder die der Gesetzgeber kraft sondergesetzlicher Reglung für mündelsicher erklärt hat[5]. Bei den in § 13a genannten inländischen Schuldverschreibungen der Rentenbank handelt es sich um derartige Anlagen. Dies begründet sich zum einen in der Haftungsgarantie des Bundes nach § 1a und zum anderen in der spezialgesetzlichen Regelung des § 13a. Daneben sind mündelsicher Schuldverschreibungen der KfW[6] und der Deutsche Genossenschaftsbank[7].

---

1 Art. 4 des Gesetzes zur Fortentwicklung des Pfandbriefrechts vom 20.3.2009, BGBl. I 607.
2 GE BReg zur Fortentwicklung des Pfandbriefrechts vom 1.12.2008, BT-Drs. 16/11130, 48.
3 *Schlierbach/Püttner*, S. 59.
4 MüKoBGB/*Kroll-Ludwigs* § 1807 Rn. 14.
5 MüKoBGB/*Kroll-Ludwigs* § 1807 Rn. 26.
6 § 4 Abs. 3 KfWG vom 26.6.1969, BGBl. 1969 I 573.
7 DG-BankUmwG vom 13.8.1998, BGBl. 1998 I 2102.

Martínez/Poppe

§ 14 Arreste und Zwangsvollstreckung

Auf Arreste und Zwangsvollstreckungen in Vermögenswerte, die in das Deckungsregister nach § 13 Absatz 3 eingetragen sind, ist § 29 des Pfandbriefgesetzes entsprechend anzuwenden.

§ 14 ist zuletzt im Jahre 2009 geändert worden.[1] Dabei wurden die noch fortbestehenden Regelungen für den Fall einer faktisch unmöglichen Insolvenz der Rentenbank ersatzlos gestrichen.[2] Die rechtliche Unzulässigkeit des Insolvenzverfahrens wurde erst 2015 in § 16 Abs. 1 aufgenommen (§ 16).   1

Für die Vollstreckung gegen Anstalten des öffentlichen Rechts gelten gesetzliche Sonderbestimmungen. Dennoch richtet sich auch hier das Verfahren nach der Rechtsnatur der Forderung. Die Vollstreckung wegen Geldforderungen aus verwaltungsgerichtlichen Entscheidungen richtet sich ausschließlich nach § 170 VwGO. Dieser findet gem. dessen Abs. 4 keine Anwendung auf öffentlich-rechtliche Kreditinstitute wie die Rentenbank. Sozial- und Finanzgerichtsbarkeit verweisen auf die zivilprozessuale Regelung (§ 198 SGG; § 151 Abs. 1 FGO). Für die Zwangsvollstreckung gegen juristische Personen des öffentlichen Rechts wegen privatrechtlicher Forderungen ist grds. § 882 a ZPO maßgebend. Die Vorschrift enthält in Abs. 1 eine Privilegierung des Fiskus[3] in der Weise, dass gegen den Bund oder ein Land sowie ihrer jeweiligen Anstalten[4] die Zwangsvollstreckung wegen einer persönlichen Geldforderung erst vier Wochen nach dem Zeitpunkt beginnen darf, in dem der Gläubiger seine Absicht, die Zwangsvollstreckung zu betreiben, der zur Vertretung des Schuldners berufenen Behörde, angezeigt hat. Darüber hinaus enthält die Bestimmung in ihrem Abs. 2 eine Beschränkung der der Zwangsvollstreckung ausgesetzten Sachen iSd § 90 BGB,[5] zu denen nicht das Finanzvermögen zählt[6]. Für öffentlich-rechtliche Bank- und Kreditanstalten, wie die Rentenbank, gelten diese Beschränkungen der Abs. 1 und 2 des § 882 a ZPO gem. dessen Abs. 3 S. 2 indes nicht.   2

Die Bezugnahme auf § 29 PfandBG bedeutet, dass Arreste und Zwangsvollstreckungen in die in das Deckungsregister eingetragenen Werte nur wegen der Ansprüche aus den jeweiligen gedeckten Schuldverschreibungen stattfinden dürfen. § 394 S. 1 BGB ist entsprechend anzuwenden. Danach ist eine Aufrechnung gegen eine Forderung, die der Pfändung nicht unterworfen ist, nicht möglich. Diese entsprechende Anwendung trägt dem Wesen einer gedeckten Schuldverschreibung als insolvenzfeste Schuldverschreibung Rechnung. Für die gem. § 3 Abs. 5 LR-G und § 2   3

---

1 Art. 4 Gesetz zur Fortentwicklung des Pfandbriefrechts v. 20.3.2009, BGBl. I 607.
2 Vgl. GE BReg zur Fortentwicklung des Pfandbriefrechts vom 1.12.2008, BT-Drs. 16/11130, 48.
3 „Fiskusprivileg" HK-ZV/*Bendsten* ZPO § 882 a Rn. 1.
4 BeckOK ZPO/*Riedel* § 882 a Rn. 1.
5 BeckOK ZPO/*Riedel* § 882 a Rn. 4; HK-ZV/*Bendsten* ZPO § 882 a Rn. 3.
6 BVerfG 12.4.1983 – NJW 1983, 2766 (2768) mwN.

Nr. 4 LR-Satzung ausgegebenen ungedeckten Schuldverschreibungen gilt die entsprechende Anwendung mangels Eintragung in das Deckungsregister (§ 13 Abs. 3 S. 1) nicht.

4   In Anlehnung an § 89 Abs. 1 InsO kann die BaFin als bankaufsichtliche Maßnahme bei Gefahr für die Erfüllung von Verpflichtungen gegenüber Gläubigern und soweit eine wirksame Aufsicht über das Institut nicht möglich ist (§ 46 Abs. 1 S. 1 KWG) ein Moratorium anordnen.[7] Während des Moratoriums sind die Zwangsvollstreckung, der Arrest und die einstweilige Verfügung nicht möglich, damit sich nicht einzelne Gläubiger vorab aus dem Vermögen des Instituts befriedigen können.[8]

---

7 *Gramlich/Gluchowski/Horsch/Schäfer/Waschbusch*, 550 Keywords Bankenaufsichtsrecht, S. 292.
8 *Gramlich/Gluchowski/Horsch/Schäfer/Waschbusch*, 550 Keywords Bankenaufsichtsrecht, S. 52.

§ 15 Sondervorschrift für Refinanzierungskredite

Kreditinstitute können sich bei der Gewährung von Darlehen aus Mitteln, die sie von der Bank erhalten, die Verzinsung rückständiger Zinsen im Voraus versprechen lassen.

Kreditinstitute können sich bei Krediten, die sie bei der Rentenbank refinanziert haben und die sie an ihre Endkreditnehmer weiterleiten, die Verzinsung rückständiger Zinsen von den Endkreditnehmern versprechen lassen. Diese Bestimmung ist eine gesetzlich zugelassene Ausnahme von § 248 Abs. 1 BGB, wonach eine im Voraus getroffene Vereinbarung, dass fällige Zinsen wieder Zinsen tragen sollen (Zinseszins), grds. nichtig ist. Das Zinseszinsverbot dient dem Schuldnerschutz, indem eine Zinskumulation verhindert und zugleich Zinsklarheit gewährleistet werden soll.[1]   1

Zugleich schafft die Ausnahmebestimmung den notwendigen Rahmen für das Hausbankenprinzip der Rentenbank. Das Hausbankprinzip erfährt durch die Regelung in § 15 eine Privilegierung. Es ist gerade das Konzept des Hausbankprinzips, dass sich die Hausbanken bei der Rentenbank für bestimmte, die Landwirtschaft und/oder den ländlichen Raum fördernde Kredite, die sie an Landwirte vergeben, refinanziert. Durch die Möglichkeit der Vereinbarung eines Zinseszinses mit dem Endkreditnehmer wird die Kreditvergabe durch die Hausbanken für diese attraktiver gestaltet. Die Möglichkeit, Zinseszins im Voraus zu vereinbaren, geht aber zugleich zulasten des Endkreditnehmers.[2] § 15 erfordert daher vergleichbar zu § 248 Abs. 2 S. 2 BGB als restriktiv auszulegende Ausnahmevorschrift einen unmittelbaren Zusammenhang zwischen dem Kredit und der Refinanzierung.[3] Die Vorabvereinbarung soll die nötige Deckungsgleichheit zwischen beiden Geschäften herstellen.[4]   2

---

1 HK-BGB/*Schulze* § 248 Rn. 1.
2 MüKoBGB/*Grundmann* § 248 Rn. 11.
3 Ebd.; BeckOGK BGB/*Coen* § 248 Rn. 25.
4 BeckOGK BGB/*Coen* § 248 Rn. 25.

§ 16 Auflösung

(1) [1]Das Insolvenzverfahren über das Vermögen der Bank ist unzulässig. [2]Die Bank kann nur durch Gesetz aufgelöst werden. [3]Das Gesetz bestimmt über die Verwendung des Vermögens. [4]Es darf nur für eine das Allgemeininteresse wahrende Förderung der Landwirtschaft oder der landwirtschaftlichen Forschung verwendet werden.

(2) [1]Im Falle der Auflösung gehen die Gläubiger der gedeckten Schuldverschreibungen hinsichtlich der nach § 13 Absatz 3 in dem Register eingetragenen Werte den übrigen Gläubigern der Bank im Rang vor. [2]Soweit diese Werte nicht zur Befriedigung der Gläubiger der gedeckten Schuldverschreibungen notwendig sind, stehen sie den übrigen Gläubigern der Bank zur Verfügung.

I. Unzulässige Insolvenz
   (Abs. 1 S. 1) 2
II. Auflösung durch Gesetz
   (Abs. 1 S. 2) 8
III. Gruppennützige Verwendung
   des Vermögens
   (Abs. 1 S. 3 und 4) 10

IV. Einzelregelung zur Auflösung
   der Landwirtschaftlichen
   Rentenbank (Abs. 2) 14

1   § 16 wurde zuletzt im Jahr 2009[1] (Abs. 2) und im Jahr 2015[2] (Abs. 1 S. 1) zur Anpassung an die Insolvenzunfähigkeit der Rentenbank geändert. Die Sätze 2–4 des Abs. 1 finden sich seit 1949[3] in § 16.

I. Unzulässige Insolvenz (Abs. 1 S. 1)

2   Bei Körperschaften, Stiftungen und Anstalten des öffentlichen Rechts ist zunächst fraglich, ob sie überhaupt insolvenzfähig sind. Naheliegend erscheint es, dem Staat die Insolvenzfähigkeit abzusprechen.[4] Diesem Gedanken trägt § 12 InsO Rechnung. Hiernach ist das Insolvenzverfahren über das Vermögen des Bundes oder eines Landes (Nr. 1) oder einer juristischen Person des öffentlichen Rechts, die der Aufsicht eines Landes untersteht und das Land die Insolvenzunfähigkeit bestimmt (Nr. 2) unzulässig. Die Länder machen von dieser Regelung rege Gebrauch und er-

---

1 Art. 4 Gesetz zur Fortentwicklung des Pfandbriefrechts v. 20.3.2009, BGBl. I 607.
2 Art. 3 Gesetz zur Anpassung des nationales Bankenabwicklungsrecht an den Einheitliche Abwicklungsmechanismus und die europäischen Vorgaben zur Bekanntgabe v. 2.11.2015, BGBl. I 1864.
3 Gesetz über die Landwirtschaftliche Rentenbank idF vom 11.5.1949, WiGBl. S. 77.
4 BeckOK InsO/*Wolfer* § 12 Rn. 1; vgl. Nerlich/Römermann/*Mönning/E. Mönning* InsO § 12 Rn. 4.

klären ihre Landkreise, Gemeinden, Anstalten und Stiftungen des öffentlichen Rechts regelmäßig für insolvenzunfähig.[5]

Die Bestimmung des § 12 Abs. 1 InsO verfolgt das Ziel, die Funktionsfähigkeit des Staates und der öffentlichen Verwaltung zu erhalten.[6] Gesetzt den unwahrscheinlichen Fall der Zahlungsunfähigkeit des Staates und bei Annahme einer Insolvenzfähigkeit bedürfte es einer speziellen, außerhalb des regulären Insolvenzverfahrens liegenden Abwicklung, da die Staatsführung und die Erfüllung öffentlicher Aufgaben nicht in die Hände eines privaten Insolvenzverwalters gelegt werden dürfte.[7] Zudem würde durch den Verlust der Verfügungs- und Verwaltungsbefugnis durch das reguläre Insolvenzverfahren die Erfüllung der öffentlichen Aufgaben erheblich erschwert werden.[8] Ein reguläres Insolvenzverfahren wäre damit nicht geeignet, einen Staatsbankrott abzuwickeln, da es in einem solchen Fall nicht um die Gläubigerbefriedigung geht, sondern um die Schaffung einer neuen Grundlage des Gemeinwesens.[9] 3

Von § 12 Abs. 1 werden juristische Personen, deren Gesellschafter der Bund ist, jedoch nicht erfasst, sodass sie iSv § 11 Abs. 1 InsO insolvenzfähig sind,[10] soweit ein Bundesgesetz nicht etwas anderes bestimmt.[11] 4

Die Beschränkung des § 12 Abs. 1 Nr. 2 InsO auf juristische Personen des öffentlichen Rechts der Länder ist kein Redaktionsversehen.[12] Die Aufnahme einer entsprechenden Regelung für bundesunmittelbare juristische Personen des öffentlichen Rechts in § 12 InsO ist nicht erforderlich, da auf Ebene der Bundesgesetze der lex specialis-Grundsatz Anwendung findet. Eine derartige Bestimmung ist § 16 Abs. 1 S. 1, der im Jahr 2015 mit der Aufhebung von § 14 Abs. 2–4 aF eingefügt wurde und im Wesentlichen nur eine deklaratorische Wirkung hat.[13] Bereits zuvor war 5

---

5 Baden-Württemberg: § 45 AG GVG; Bayern: Art. 25 AG GVG; Berlin: § 1 des Gesetzes über die Insolvenzunfähigkeit juristischer Personen des öffentlichen Rechts; Brandenburg: § 7 Abs. 2 S. 3 VwGG; Bremen: § 4 Abs. 1 AG ZPO-InsO-ZVG; Hamburg: § 1 des Gesetzes über die Insolvenzunfähigkeit juristischer Personen des öffentlichen Rechts; Hessen: § 26 Abs. 1 S. 2 VwVG; Niedersachsen: § 1 Abs. 1 des Gesetzes über die Insolvenzunfähigkeit juristischer Personen des öffentlichen Rechts; Nordrhein-Westfalen: § 78 Abs. 3 S. 2 VwVG; Saarland: § 37 Abs. 1 S. 4 VwVG; Sachsen-Anhalt: § 6 Abs. 1 AG InsO; Schleswig-Holstein: § 52 LVwG iVm § 131 GO.
6 Graf-Schlicker/*Kexel* InsO § 12 Rn. 1; Braun/*Bußhardt* InsO § 12 Rn. 1; BeckOK InsO/*Wolfer* § 12 Rn. 1; MüKoInsO/*Vuia* § 12 Rn. 1; Kübler/Prütting/Bork/ *Prütting* InsO § 12 Rn. 2 mwN.
7 BeckOK InsO/*Wolfer* § 12 Rn. 1; Nerlich/Römermann/*Mönning/E. Mönning* InsO § 12 Rn. 4; MüKoInsO/*Vuia* § 12 Rn. 10 mwN.
8 Nerlich/Römermann/*Mönning/E. Mönning* InsO § 12 Rn. 4.
9 MüKoInsO/*Vuia* § 12 Rn. 10 mwN.
10 MüKoInsO/*Vuia* § 12 Rn. 8; Graf-Schlicker/*Kexel* InsO § 12 Rn. 3.
11 Blomeyer/Rolfs/Otto/*Rolfs* § 17 Rn. 138; vgl. entsprechende bundesgesetzliche Regelungen bei MüKoInsO/*Vuia* § 12 Rn. 12 f.
12 Blomeyer/Rolfs/Otto/*Rolfs* § 17 Rn. 138; aA *Höfer* in Höfer/de Groot/Küpper/ Reich, Betriebsrentenrecht, Bd. 1, BetrAVG § 17 Rn. 137.
13 Beschlussempfehlung und Bericht des Finanzausschusses zu dem Gesetzesentwurf der zur Anpassung des nationales Bankenabwicklungsrechts an den Einheitlichen Abwicklungsmechanismus und die europäischen Vorgaben zur Bankenabgabe vom 23.9.2015, BT-Drs. 18/6091, 87.

die Insolvenz einer Anstalt des öffentlichen Rechts aufgrund der Anstaltslast und der Tatsache, dass sie ohnehin nur durch Gesetz aufgelöst werden kann, de facto ausgeschlossen.[14] Sie ist auch nicht erforderlich, da zum einen angesichts der Haftungsgarantie des Bundes (s. hierzu Kommentierung zu § 1 a) ein ausreichender Schutz der Gläubiger[15] vorliegt. Zum anderen stehen die von der Rentenbank wahrgenommenen Funktionen, wie die Förderung der Landwirtschaft und des ländlichen Raums, nur begrenzt zur Disposition des Staates.[16] Die Liquidation der Rentenbank würde die umgehende Errichtung einer neuen Fördereinrichtung erforderlich machen.[17] Folgeprobleme können sich aber in Bezug auf die Arbeitnehmer einer nicht dem Insolvenzverfahren unterliegenden juristischen Person ergeben.[18]

6   Im faktisch ausgeschlossenen Fall der Zahlungsunfähigkeit oder Überschuldung der Rentenbank trifft den Vorstand der Rentenbank nach § 42 Abs. 2 iVm § 89 Abs. 2 BGB keine Pflicht zur Eröffnung des Insolvenzverfahrens. Vorsorge hinsichtlich einer „Insolvenzabwendungspflicht" trifft das LR-G durch § 10, über den der Vorstand an die aktienrechtlichen Sorgfaltspflichten gebunden ist, die ua auch die finanzielle Vorsorge der Bank umfassen (§ 10).

7   Aufgrund der Insolvenzunfähigkeit fällt auch die betriebliche Altersversorgung der Rentenbank nach § 17 Abs. 2 des Betriebsrentengesetzes nicht unter die Insolvenzsicherungspflicht.

II. Auflösung durch Gesetz (Abs. 1 S. 2)

8   Bereits de facto ausgeschlossen ist die Insolvenzfähigkeit der Rentenbank durch die Bestimmung in Abs. 1 S. 2, wonach die Rentenbank nur durch Gesetz aufgelöst werden kann. Diese Privilegierung teilt die Rentenbank mit der Deutschen Bundesbank und den Landeszentralbanken gem. §§ 1, 44 BBankG sowie der KfW gem. §§ 1, 13 Abs. 1 KfWG. Die Regelung folgt dem verwaltungsrechtlichen Grundsatz, dass sowohl Errichtung als auch Auflösung der juristischen Personen des öffentlichen Rechts nur durch den Staat erfolgen können.[19] Dies wird unterstützt durch die actus contrarius-Lehre. Demnach kann die Rentenbank nicht, wie die juristischen Personen des Handelsrechts, durch einen Beschluss ihrer Organe, sondern nur so aufgelöst werden, wie sie iSd Art. 87 Abs. 3 GG begründet wurde – durch Gesetz.[20] Mithin trifft der Bund als

14 *Immenga/Rudo*, Die Beurteilung von Gewährträgerhaftung und Anstaltslast der Sparkassen und Landesbanken als Beihilfe nach dem EU-Beihilfenrecht, S. 25.
15 Vgl. hierzu MüKoInsO/*Vuia* § 12 Rn. 19.
16 MüKoInsO/*Vuia* § 12 Rn. 8; vgl. Beschlussempfehlung und Bericht des Finanzausschusses zu dem Gesetzesentwurf der zur Anpassung des nationalen Bankenabwicklungsrechts an den Einheitlichen Abwicklungsmechanismus und die europäischen Vorgaben zur Bankenabgabe vom 23.9.2015, BT-Drs. 18/6091, 87.
17 MüKoInsO/*Vuia* § 12 Rn. 8.
18 MüKoInsO/*Vuia* § 12 Rn. 21.
19 *Twiehaus*, S. 38 mwN.
20 Zu anderen Möglichkeiten der Auflösung bspw. durch Verwaltungsakt s. WBSK VerwR II § 86 Rn. 50.

Anstalts- und Gewährträger und zuständiger Gesetzgeber die Entscheidung über die Auflösung der Rentenbank.[21] Die Auflösung einer Anstalt des öffentlichen Rechts richtet sich daher grds. nach den gleichen Regeln wie ihre Errichtung.[22] Insoweit ist die Regelung in Abs. 1 S. 2 deklaratorischer Natur.[23] Mit Inkrafttreten des Auflösungsgesetzes fällt der Gründungszweck der Rentenbank fort und an dessen Stelle tritt der Abwicklungszweck. Auch nach ihrer Auflösung bleibt die juristische Person solange bestehen, bis die Abwicklung beendet ist.

Eine etwaige Auflösung bzw. die Einstellung des Geschäftsbetriebs sind gem. § 24 Abs. 1 Nr. 7 und 8 KWG der BaFin und der Deutschen Bundesbank anzuzeigen.   9

III. Gruppennützige Verwendung des Vermögens (Abs. 1 S. 3 und 4)

Über die Verwendung des nach Beendigung der Liquidation verbleibenden Vermögens bestimmt das Auflösungsgesetz (Abs. 1 S. 3).   10

Das Vermögen darf nach Abs. 1 S. 4 nur für eine das Allgemeininteresse   11
wahrende Förderung der Landwirtschaft oder der landwirtschaftlichen Forschung verwendet werden. Der Hinweis auf die Wahrung des Allgemeininteresses ist so zu verstehen, dass der landwirtschaftsbezogene Verwendungszweck nicht im Gegensatz zum Allgemeininteresse stehen darf.[24] Er erlaubt nicht die anderweitige Mittelverwendung.[25] Dass die Förderung des ländlichen Raums, die gem. § 3 Abs. 1 ausdrücklich zur Aufgabe der Rentenbank gehört, nicht in § 16 Abs. 1 S. 4 genannt ist, ist ein Redaktionsversehen.

Hier stellt sich die Frage nach der rechtlichen Selbstbindung des Gesetz-   12
gebers; dh, ob Abs. 1 S. 4 als einfachgesetzliche Norm des Bundesrechts den Gesetzgeber überhaupt rechtlich zu binden vermag.[26] Gemäß dem Grundsatz „lex posterior derogat legi priori" ist der Gesetzgeber prinzipiell nicht gehindert, ein älteres Gesetz durch ein später erlassenes Gesetz zu ersetzen.[27] Insbes. Art. 20 Abs. 3 GG (Bindung des Gesetzgebers nur an die Verfassung) und das Demokratieprinzip, das einen flexiblen, dem aktuellen Wählerwillen entsprechend handelnden Gesetzgeber fordert, sprechen ebenfalls gegen die Selbstbindung des Gesetzgebers.[28] Das bedeutet, dass auch der die Rentenbank auflösende Gesetzgeber den bisherigen Verwendungszweck durch das Auflösungsgesetz abbedingen

21 Vgl. *Schlierbach/Püttner*, S. 87.
22 *Twiehaus*, S. 39 mwN.
23 Vgl. *Schlierbach/Püttner*, S. 86.
24 *Lange*, Zur Rechtsstellung der Landwirtschaftlichen Rentenbank, S. 56. (nv).
25 Ebd.
26 Ebd.
27 Selbstbindung abl.: VerfGH NRW, in: *Kottenberg/Rehn/v. Mutius/Steffens*, Rechtsprechung zum kommunalen Verfassungsrecht, GO NW § 16 Nr. 4; OVG Münster, in: *Kottenberg/Rehn/v. Mutius/Steffens*, Rechtsprechung zum kommunalen Verfassungsrecht, GO NW § 16 Nr. 5; *Lange*, Verkehr und öffentliches Recht, S. 274 f.
28 BeckOK GG/*Kischel* Art. 3 Rn. 118.

kann.[29] § 16 Abs. 1 S. 4 ist jedoch darüber hinaus Ausdruck einer verfassungsrechtlichen Bindung des Bundesgesetzgebers.[30]

13   Die Bestimmung über die auflösungsbedingte Verwendung des Vermögens der Rentenbank hat, ebenso wie die Bestimmung über die Gewinnverwendung nach § 9 Abs. 1, ihren Grund darin, dass das Grundkapital der Rentenbank durch eine Sonderabgabe von den Eigentümern und Pächtern der mit der Rentenbankgrundschuld belasteten Grundstücke, also von der Landwirtschaft (einschließlich Forstwirtschaft und Gärtnerei), aufgebracht worden ist (→ § 2 Rn. 11 ff.). Auch hier gilt nach der Rspr. des BVerfG wieder das Gebot der gruppennützigen Verwendung, wonach das Aufkommen aus der Sonderabgabe nur im Interesse der Gruppe der Abgabepflichtigen verwendet werden darf.[31] Der Bundesgesetzgeber ist verfassungsrechtlich an dieses Gebot gebunden und kann daher den Verwendungszweck in Abs. 1 S. 4 nicht abbedingen.[32]

IV. Einzelregelung zur Auflösung der Landwirtschaftlichen Rentenbank (Abs. 2)

14   In der Vergangenheit war die Regelung in Abs. 2 nicht wie jetzt auf den Fall der Auflösung der Rentenbank nach Abs. 1 bezogen, sondern Bestandteil einer umfassenden Insolvenzregelung (§ 14 Abs. 2–4 aF), die im Jahr 2009 ersatzlos aufgehoben worden ist (§ 14).[33]

15   Die Bestimmung des § 14 Abs. 2 aF hatte folgenden Wortlaut:

„Ist über das Vermögen der Bank das Insolvenzverfahren eröffnet, so fallen die nach § 13 Abs. 3 in dem Register eingetragenen Werte nicht in die Insolvenzmasse. Soweit diese Werte nicht zur Befriedigung der Gläubiger der gedeckten Schuldverschreibungen notwendig sind, können sie vom Insolvenzverwalter zur Insolvenzmasse gezogen werden. § 9 Abs. 2 S. 1 des Pfandbriefgesetzes gilt entsprechend. Die Gläubiger der gedeckten Schuldverschreibungen nehmen außer im Falle des Absatzes 3 S. 2 nicht am Insolvenzverfahren der Bank teil."

16   Die Aufhebung begründet der Gesetzgeber damit, dass das Insolvenzverfahren über das Vermögen der Bank wegen der bestehenden Anstaltslast des Bundes (§ 1 a) nicht stattfinden könne; die Bank könne nur durch ein Gesetz aufgelöst werden (§ 16).[34] „Zu den dem Insolvenzfall Rechnung tragenden Vorschriften besteht ein offensichtlicher Widerspruch, der his-

---

29 *Lange*, Die Rechtsstellung der Landwirtschaftlichen Rentenbank, S. 57 (nv).
30 Vgl. *Lange*, Die Rechtsstellung der Landwirtschaftlichen Rentenbank, S. 62 (nv).
31 BVerfGE 82, 159 (180).
32 Vgl. zum Ganzen: *Lange*, Die Rechtsstellung der Landwirtschaftlichen Rentenbank, S. 105 (nv).
33 Art. 4 des Gesetzes zur Fortentwicklung des Pfandbriefrechtes vom 30.3.2009, BGBl. I 607; vgl. GE BReg zur Fortentwicklung des Pfandbriefrechts vom 1.12.2008, BT-Drs. 16/11130, 48.
34 GE BReg zur Fortentwicklung des Pfandbriefrechts vom 1.12.2008, BT-Drs. 16/11130, 47.

torisch verständlich, logisch jedoch nicht nachvollziehbar ist. Diese Inkonsistenz gilt es, im Wege einer Rechtsbereinigung für die Zukunft zu beseitigen."[35]

---

35 Ebd.

§ 17 Übergangsregelungen

¹Die bisherigen Deckungsregister der Bank bleiben nach Inkrafttreten des Fünften Gesetzes zur Änderung des Gesetzes über die Landwirtschaftliche Rentenbank als getrennte Deckungsregister neben dem Deckungsregister nach § 13 Absatz 3 bestehen. ²Die Aufgaben des Treuhänders nach § 13 Absatz 4 erstrecken sich auch auf diese Deckungsregister.

1 Die Übergangsregelungen in § 17 wurden im Jahr 2002 durch das Fünfte LR-Änderungsgesetz[1] eingefügt.

2 Die Notwendigkeit der Übergangsregelungen folgte daraus, dass mit Inkrafttreten des Fünften LR-Änderungsgesetzes die bis dahin nebeneinander bestehenden Deckungsmassen für Schuldverschreibungen, die eine Laufzeit von fünf Jahren und mehr haben, und für Schuldverschreibungen mit kürzerer Laufzeit zu einer einheitlichen Deckungsmasse zusammengefasst worden sind.[2] S. 2 enthält die Regelung, dass sich die Aufgaben des Treuhänders auf sämtliche Deckungsregister der Bank erstrecken.[3]

3 Vor der Änderung besaß § 17 aF einen gänzlich anderen Inhalt. § 17 aF ermächtigte den Bundesminister für Ernährung, Landwirtschaft und Forsten und den Bundesminister der Finanzen[4], bzw. den Direktor der Verwaltung für Finanzen, und den Direktor der Verwaltung für Ernährung, Landwirtschaft und Forsten[5], die erforderlichen Maßnahmen zur Abwicklung des Vermögens der RKA anzuordnen. Diese Regelung konnte durch das Fünfte LR-Änderungsgesetz aufgrund der abschließenden Regelung zur Verwendung des RKA-Vermögens im WährUmStAbschlG ersatzlos gestrichen werden.[6]

4 IR des Fünften LR-Änderungsgesetzes wurden zudem in zwei Absätzen weitere Übergangsregelungen eingefügt. Die eingefügten Abs. 2 und 3 betrafen vorrangig die Zusammensetzung und Funktion der Organe „Verwaltungsrat" und „Anstaltsversammlung" (§§ 1 Abs. 3, 7, 8 Abs. 2 und 3 und § 11 aF[7]). Da durch das Fünfte LR-Änderungsgesetzes die Zusammensetzung dieser Organe erheblich geändert wurde, ermöglichten die Übergangsregelungen die reguläre Beendigung der Amtszeit bis zum Ende der „Gremienrunde" 2004 („Schluss der Anstaltsversammlung, die

---

1 Gesetz vom 23.7.2002, BGBl. I 2782.
2 GE BReg eines Fünften Gesetzes zur Änderung des Gesetzes über die Landwirtschaftliche Rentenbank vom. 7.12.2001, BT-Drs. 14/7753, 15.
3 Ebd.
4 Gesetz über die Landwirtschaftliche Rentenbank, Neufassung v. 15.11.1963, BGBl. I 465.
5 Gesetz über die Landwirtschaftliche Rentenbank v. 11.5.1949, WiGBl. S. 77.
6 GE BReg eines Fünften Gesetzes zur Änderung des Gesetzes über die Landwirtschaftliche Rentenbank vom. 7.12.2001, BT-Drs. 14/7753, 15.
7 In der bis zum 1.8.2002 geltenden Fassung.

über den Jahresabschluss des Jahres 2003 beschließt"), um die Kontinuität der Tätigkeit der Rentenbank zu wahren.[8]

Die gleiche Überlegung lag auch der Regelung zum Aufsichtskommissar 5 zugrunde (Abs. 3), die ebenso mit dem Ende der „Gremienrunde" 2004 entfiel.

Die Absätze entfielen 2009 durch Art. 4 PfandBFEG[9]. Aufgrund des in den Absätzen gesetzten Zeitpunktes (2004) waren die Regelungen durch Zeitablauf obsolet geworden.[10]

§ 18 (weggefallen)

§ 19 (weggefallen)

§ 20 (Inkrafttreten)

---

8 GE BReg eines Fünften Gesetzes zur Änderung des Gesetzes über die Landwirtschaftliche Rentenbank vom. 7.12.2001, BT-Drs. 14/7753, 15.

9 Gesetz zur Fortentwicklung des Pfandbriefrechts v. 20.3.2009, BGBl. I 607.

10 GE BReg eines Gesetzes zur Fortentwicklung des Pfandbriefrechts vom 36.9.2008, BR-Drs. 703/08, 82.

Stichwortverzeichnis

Fette Zahlen bezeichnen die Paragrafen, magere die Randnummern.

Aktienrecht
- Analogie **Einl** 29

Anstalt öffentlichen Rechts **Einl** 7,
1 1 ff., **6** 54
- Abgrenzung zur Körperschaft
  1 4
- Abgrenzung zur Stiftung **1** 5
- Anstaltsträger, s. dort
- Binnenverfassung **5** 1 f.

Anstaltsaufsicht **1** 9, **3** 20, **5** 18,
6 41, **8** 23, **11** 5 ff.
- Anordnung **11** 18
- Aufsichtsbehörde **11** 6 f.
- Beanstandung **11** 16
- Beanstandungsrecht **11** 26
- Bestellung eines Kommissars
  11 20
- Ersatzvornahme **11** 19
- Gegenstand **11** 12
- Genehmigungsvorbehalt **11** 22
- Informationsrechte **11** 14
- Instrumente **11** 13 ff.
- Kommissar **11** 7
- präventive Aufsichtsmittel
  11 21 ff.
- Rechts- und/oder Fachaufsicht
  11 8 ff.
- repressive Aufsichtsmittel
  11 15 ff.
- Umfang **11** 8 ff.

Anstaltslast **1a** 3, 4 ff., **4** 2, **16** 5,
16
- dogmatische Grundlagen **1a** 4
- europarechtliche Konformität
  1a 1, 10 ff.
- Inhalt und Umfang **1a** 5 ff.

Anstaltsträger **1** 7 ff., **1a** 4, 7, **3** 1,
6 30

Anstaltsversammlung
- Amtsdauer **8** 18
- Befugnisse **8** 26 ff.
- Beratungsfunktion **8** 29
- Beschlussfassung **8** 24 f.
- Einberufung **8** 19 ff.
- Entstehungsgeschichte **8** 1 ff.
- Förderungsfonds **8** 27
- Haftung **8** 30

- innere Ordnung **8** 17 ff.
- Mitglieder **8** 15 f.
- Organ „sui generis" **8** 10
- Repräsentativorgan **8** 6 ff.
- Übergangsregelungen **17** 4 f.
- und aktienrechtliche Hauptver-
  sammlung **8** 11 ff.
- Vergütung Verwaltungsratsmitglie-
  der **8** 28
- Vorsitz **8** 19

Arrest **14** 1 ff.

Auflösung **2** 15, **16** 1
- durch Gesetz **16** 8 ff.
- Verwendung des Vermögens
  16 10 ff.

Aufsicht
- Anstaltsaufsicht, s. dort
- Ausnahme von europäischer Ban-
  kenaufsicht **2** 5 f.
- Bankenaufsicht, s. dort **11** 38 ff.
- Bundesrechnungshof, s. dort
  11 31 ff.
- Finanzmarktaufsicht, s. dort
  11 38 ff.
- Funktion **11** 1
- interne Aufsicht **11** 23 ff.
- Organe **11** 3 f.
- parlamentarische Kontrolle, s. dort
  11 36
- Verfassungsrecht **11** 2
- Wirtschaftsprüfer, s. dort **11** 29

Auftragsfördergeschäft **3** 17

Auslagerung **6** 40

BaFin
- Aufgaben **11** 44 ff.
- Auflösungsanzeige **16** 9
- Informationsrechte **11** 48
- Instrumente **11** 49 ff.
- Umfang der Aufsicht **11** 46 ff.
- Zwangsmittel **11** 51

Bankenaufsicht **6** 18, **11** 38 ff.
- Ausnahme von europäischer
  2 5 f., **11** 41
- BaFin, s. dort **11** 39, 44 f.
- europäische **Einl** 27, **11** 40 f.
- Organe **11** 39

– Überwachung durch Deutsche
Bundesbank **11** 53

Basel III **2** 3

Beratungsrechte
– Anstaltsversammlung **8** 29
– Verwaltungsrat **7** 64 ff., **11** 26

Beschlussfassung
– Anstaltsversammlung **8** 24 ff.
– Verwaltungsrat **6** 53, **7** 74 f.
– Vorstand **6** 41

Bilanzgewinn **9** 1 f.
– Förderungsfonds **9** 7 ff.
– Gruppennützigkeitsbindung
9 3 f.
– Zweckvermögen **9** 13 ff.

Bundesrechnungshof
– Aufsicht **11** 31 ff.
– Prüfungspflicht **11** 31 f.
– Umfang der Prüfung **11** 33 ff.

Business Judgement Rule **10** 21 ff.
– angemessene Information
10 23 f.
– frei von Fremdeinflüssen **10** 25
– in gutem Glauben **10** 27
– unternehmerische Entscheidung
10 22
– wohlorientiert **10** 26

Corporate Governance
– comply or explain **5** 13, **6** 57
– Deutscher Corporate Governance
Kodex (DCGK) **5** 12, 14, 16,
6 55
– Public Corporate Governance Kodex (PCGK) **5** 12 ff., **6** 32,
54 ff., **7** 46

CRD IV **1a** 1, **2** 3 ff., **6** 30

CRD V **2** 5

CRR **2** 3 ff.

Deckungsregister **13** 10, **14** 3

Deckungsrücklage **2** 10, 20 ff.

Deutsche Genossenschaftsbank
Einl 14

Deutsche Genossenschaftskasse **2** 7

Deutsche Rentenbank **Einl** 4, 6 ff.,
2 9
– Verwaltungsrat **7** 2 ff.

Deutsche Rentenbank Kreditanstalt
(RKA) **Einl** 3, 6 ff., **5** 8 ff.
– Abwicklung **17** 3
– Anstaltsversammlung **8** 1 ff.
– Verwaltungsrat **7** 2 ff.
– Vorstand **6** 2 ff.

Dienstsiegel **12** 1 ff.

Diskriminierungsverbot **3** 25

Effektenhandel **4** 6 f.

Eigenkapital **2** 1 ff., 18

Eigenmittel **Einl** 16, **2** 1 ff., 18

Eigentumsfrage **1** 10 ff.

Einlagengeschäft **4** 6 f.

Entsprechenserklärung **5** 5, 13,
6 55, 61, **7** 79

Errichtungsgesetz **Einl** 1, 5 f., **1** 1,
3 2

Europäische Bankenaufsicht
Einl 27, **11** 40 f.

Europäische Zentralbank (EZB)
Einl 27, **11** 40

Europäisches Wettbewerbsrecht
– Beihilfen **1a** 12, **4** 2
– de-minimis-Verordnungen **3** 13
– Freistellungsverordnungen **3** 13
– Notifizierungspflicht **3** 13

Fachausschuss
– Verwaltungsrat **7** 89

Finanzmarktaufsicht **11** 38 ff.

Förderauftrag, Fördertätigkeit
Einl 15, 16, 20, **1a** 3, 14 f., **3** 1 ff.
– Aufgabenzuweisung **3** 2 ff.
– Gebietskörperschaften und
kommunale Zweckverbände
3 27 ff.
– im föderalen System **3** 8
– Instrumente **3** 18 ff.
– Normierung **3** 2 ff., **4** 2
– Richtlinien **3** 20
– Subsidiarität **3** 28 f.
– Wirkbereich **3** 25 f.

Förderbereiche **3** 9 ff.
– europäische Vorgaben **4** 3 ff.

Fördergeschäft **Einl** 17 f.
– Auftragsfördergeschäft **3** 17
– Förderverträge **3** 15

– Programmkredit **Einl** 20, 3 10, 14, 16

Förderungsfonds
– Anstaltsversammlung **8** 27
– Förderbereiche **9** 8
– rechtliche Grundlagen **9** 7 ff.
– Verfahren **9** 9 ff.

Frauenquote **5** 16

Gemeinschaftsaufgabe **Einl** 19, 3 7

Gemeinwohl **3** 4 ff., 18

Geschäftsführung **6** 1

Geschäftsführungsbefugnis **6** 33 ff.

Geschäftsleitung **6** 34 ff.

Gesetzgebungskompetenz Bund **Einl** 23, 2 12, 3 7 f.

Gewährträgerhaftung **1a** 7 f.

Gläubigerschutz **6** 30

Grundkapital **Einl** 10, 1 16, 2 7 ff., 16 f.

Grundrechtsträgerschaft **1** 15 f.

Gründung **Einl** 2 ff.

Gründungskapital **1** 10 f.

Gruppenhomogenität **2** 11, 13

Gruppennützigkeitsbindung **1** 16, 2 11, 14, 9 3 ff., 20, **16** 10 ff.
– Historie **9** 5
– verfassungsrechtlicher Hintergrund **9** 6

Haftung Verwaltungsratsmitglieder
– Beweislast **10** 55

Haftung Vorstand **10** 28 ff., 40
– Beweislast **10** 41
– Haftungsausschluss **10** 45
– Haftungsprivileg **6** 16 ff.
– Organhaftung **10** 42 f.

Haftungsgarantie des Bundes **1a** 2, 3, 7 ff., **4** 2, 6 54, **16** 5

Handelsregister **1** 18, 6 7, 27

Hauptrücklage **2** 10, 19 ff.

Hausbankprinzip **1a** 14, 3 21 ff.
– Ausnahmen **3** 24
– Durchleitprinzip **3** 21 ff.

Haushaltsprüfung **7** 69

Informationsrechte
– Anstaltsversammlung **8** 29

– Verwaltungsrat **7** 63

Insolvenzfähigkeit **1a** 5, 14 1, **16** 1
– frühere Regelungen **16** 14
– Unzulässigkeit **16** 2 ff.

Jahresabschluss **6** 44

Kapitalaufbringung **Einl** 4, 7, 2 7 ff.

Kaufmannseigenschaft **1** 17 f.

Kreditanstalt für Wiederaufbau (KfW) **1** 3, 8, 12, 14

Kreditgewährung **3** 20, 21 ff.
– Mitarbeiter **4** 8

Kreditrisiko **3** 21, 23 f.

Lex Specialis **Einl** 28, **16** 5

MaRisk **6** 40

Mündelsicherheit
– Bedeutung **13a** 2
– Definition **13a** 3
– Schuldverschreibungen **13a** 1

Nominierungsausschuss **6** 28
– Aufgaben **7** 82 f.
– Zusammensetzung **7** 81

Organisationsrecht
– Abweichung vom Aktienrecht **5** 8 ff.
– Aktienrecht **5** 3, 7, 6 33
– öffentlich-rechtlicher Kreditinstitute **5** 6

Organstellung
– Entscheidungskompetenz **5** 5
– Rechtsfähigkeit **5** 2

Organverfassung **5** 3 ff.

Parlamentarische Kontrolle
– Organe **11** 36
– Untersuchungsausschüsse **11** 37

Programmkredit **Einl** 20, 3 10, 14, 16

Prüfungsausschuss **7** 88

Rechtsrahmen **Einl** 25 ff.

Refinanzierung **3** 30 f.

Refinanzierungskredite **15** 1 f.

Rentenbankgrundschuld **Einl** 4, 10 ff., **2** 7 ff.
– Grundbuch **Einl** 12

– Höhe und Dauer **Einl** 13, 2 7 f.
– Sonderabgaben **2** 11 ff.
– Übertragung **Einl** 11
– Zinsen **Einl** 4, 10, 13 f., 1 16,
   2 7 ff.
Risikoausschuss
– Aufgaben **7** 86 f.
– Zusammensetzung **7** 85

Safe Habor **10** 21
Satzung **Einl** 24, 5 18
– Verwaltungsrat **7** 70
Schadensersatzpflicht Vorstand
   10 46
– Verjährung **10** 47
Schuldverschreibungen
– Deckungsregister, s. dort **13** 10
– Definition **13** 2
– Funktion **13** 3
– Gesetzeshistorie **13** 1
– Historie **13** 3, 5
– Mündelsicherheit **13a** 1
– Sicherheitenpool **13** 4
– Treuhänder **13** 11
– Übergangsregelungen **17** 1 f.
– Verfahren **13** 4
– wirtschaftliche Bedeutung **13** 6 f.
– Zulässigkeitsvoraussetzungen
   13 9
Single Supervisory Mechanism (SSM)
   2 5
Sitz
– Landwirtschaftliche Rentenbank
   1 19 ff.
– Verbot von Zweigniederlassung
   1 22
Sorgfaltspflichten
– ex-ante-Perspektive **10** 18
– Orientierung an Aktienrecht
   10 1 ff.
– „sichere Häfen" **10** 21
Sorgfaltspflichten Verwaltungsrat
   10 48 ff.
– Sorgfaltsmaßstab **10** 50 ff.
– Treuepflicht **10** 52
– Verschwiegenheitspflicht **10** 52
Sorgfaltspflichten Vorstand **10** 7 ff.,
   44
– Business Judgement Rule, s. dort
   10 21

– einzelne Pflichten **10** 31 ff.
– Finanzverantwortung **10** 33
– Haftung, s. Haftung Vorstand
– Haftungsprivileg **10** 16 ff.
– Informationsfluss **10** 34
– Legalitätspflicht **10** 32
– Organisationspflicht **10** 31
– Sorgfaltsmaßstab **10** 11 ff.
– Sorgfaltspflichtverletzung
   10 16 ff., 28 ff.
– Treuepflicht **10** 35 f.
– Verschwiegenheitspflicht
   10 37 ff.
Staatsaufgabe **3** 6 f.
Steuerbefreiung **Einl** 7, 27
Treuhänder
– Schuldverschreibungen **13** 11
– Zweckvermögen **9** 13 ff.
Triple-A-Rating **Einl** 22
Überwachungsbefugnisse
– Informationsrechte **7** 63
– Verwaltungsrat **7** 61 f.
Vergütungskontrollausschuss **6** 29
– Verwaltungsrat **7** 84
Verständigung I **1a** 12
Verständigung II **1a** 10 ff., 3 3, 9,
   19, 21, 26, 4 2 ff., 6
Vertretungsbefugnisse
– Verwaltungsrat **6** 6, 53, 7 71
– Vorstand **6** 46 ff.
Verwaltungsrat
– Abweichungen vom aktienrechtli-
   chen Aufsichtsrat **7** 46 f.
– atypische Aufgaben **7** 44 ff.
– Aufgabenverteilung zwischen den
   Organen **7** 7
– Aufsichtsrecht **11** 24 ff.
– Ausschüsse **5** 5, 7 78 ff.
– Beratungsrechte **7** 64 ff., 11 26
– Beschlussfassung **6** 53, 7 74 f.
– Beschlussvorbereitung **6** 41, 8 27
– Bezeichnung **7** 77
– Bundesländer **7** 12 ff.
– Deutsche Rentenbank **7** 2 ff.
– Deutsche Rentenbank Kreditan-
   stalt (RKA) **7** 2 ff.
– Entlastung **7** 90 ff., 8 14
– Fachausschuss **7** 89

– Geschäftsführungsaufgaben 7 5, 49, 53, 55, 58 ff.
– Geschäftsführungsbefugnis 6 36
– Gesetzeshistorie 7 1
– Haftungsausschluss des Vorstandes 10 45
– Haushaltsprüfung 7 69
– Informationsrechte 6 43, 7 63, 11 25
– innere Ordnung 7 73 ff.
– Kreationsrecht 11 27
– Kreditgewährung 4 8, 5 15
– Mitwirkungsrechte 7 8
– Niederschrift 7 76
– Nominierungsausschuss 7 81 ff.
– Prüfungsausschuss 7 88
– Reform des (2002) 7 9 ff.
– Risikoausschuss 7 85 ff.
– Satzungsgebung 7 56, 70
– Sitzungsverfahren 7 74
– Übergangsregelungen 17 4 f.
– Übersicht 7 6 f.
– Überwachungsbefugnisse 7 61 f.
– und Aktienrecht 7 48, 51 ff., 54
– und KWG 7 48 ff.
– Vergütungskontrollausschuss 7 84
– Vertretungsbefugnisse 6 6, 53, 7 71 f.
– Vorsitz 6 43, 7 33 ff.
– Wahlen 7 75
– Weisungsbefugnis 6 37, 7 5, 46 f., 48 ff., 54 ff., 68
– Wirtschaftsprüfer 11 30
– Zusammensetzung Einl 15, 7 15 ff.
– Zusammensetzung (Historie) 7 8 ff.
– Zustimmungsvorbehalte 7 54 ff., 67, 11 27
Verwaltungsratsmitglieder
– Abberufung 7 36
– Amtsdauer 7 36 ff.
– Auswahl 7 29
– Erstbestellung 7 37
– „geborene Mitglieder" 7 27
– Gleichberechtigung 7 32
– Informationshoheit 10 53
– Inkompatibilitäten 7 40
– Mandatsbegrenzung 7 30
– Qualifikation 7 18 ff., 53

– Sachkunde 7 22 ff., 27 ff.
– Schadensersatzpflicht 10 56 f.
– Sorgfaltspflichten, s. Sorgfaltspflichten Verwaltungsrat
– Treuepflichten 7 31, 10 52
– Unabhängigkeit 7 42 f.
– Vergütung 7 41, 8 28
– Verschwiegenheitspflicht 10 6, 52
– Zuverlässigkeit 7 21
Vorstand
– Abberufung 7 60
– Berichtspflichten 6 43
– Beschluss 3 11
– Beschlussfassung 6 41 f.
– Beschlussvorbereitung 6 41
– Beschränkung der Vertretungsmacht 6 6
– Beschränkung Geschäftsführungsbefugnis 6 36
– Bestellung 7 60
– Ehrenvorsitzender 6 12
– Geschäftsführungsbefugnis 6 1, 33 ff., 39
– Geschäftsleitungsbefugnis 6 34 ff.
– Geschäftsorganisation 6 40
– Kollegialorgan 6 14, 39, 42
– Legalitätspflicht 7 57
– notwendiges Organ 6 5
– Sprecher 6 10
– stellvertretendes Mitglied 6 8
– Vertretungsbefugnis 6 42, 46 ff.
– Vorsitz 6 38
– Weisungsabhängigkeit 7 46 ff., 54 ff.
– Zusammensetzung 6 8 ff.
Vorstandsmitglied
– Abberufung, Widerruf der Bestellung 6 20, 24 ff.
– Amtsdauer 6 21 f.
– Anstellungsverhältnis 6 28
– ausreichend Zeit für Vorstandstätigkeit 6 17
– Bestellung 6 20
– Business Judgement Rule, s. dort 10 21
– einzelne Sorgfaltspflichten 10 31 ff.
– fachliche Eignung 6 15
– Haftung, s. Haftung Vorstand

- Haftungsprivileg   10 16 ff.
- internes Auswahlverfahren   6 19, 26
- Legalitätspflicht   10 13 f., 32
- Organqualität   6 13
- Qualifikation   6 11, 15 ff.
- Schadensersatzpflicht   10 46
- Sorgfaltspflichten, s. Sorgfalts- pflichten Vorstand   10 7 ff.
- Treuepflichten   6 45, 10 35 f.
- Unabhängigkeit   6 25
- Vergütung   6 29 ff.
- Verschwiegenheitspflicht   10 6, 37 ff.
- Wahl   6 13
- Wiederbestellung   6 22 f.
- Zuverlässigkeit   6 16

Weisungsbefugnis
- Verwaltungsrat   7 68
Wettbewerbsneutralität   Einl 22, 1a 14

Wirtschaftsprüfer
- Aufgaben   11 29
- Verwaltungsrat   11 30

Zahlungsdienste   4 6 f.
Zinsen
- Rentenbankgrundschuld   Einl 4, 10, 13 f., 1 16, 2 7
Zustimmungsvorbehalte
- Verwaltungsrat   7 67
Zwangsvollstreckung   14 1 ff.
Zweckvermögen   Einl 21, 25, 1 16
- Auflösung   9 21
- Förderaufgaben   9 23 ff.
- Historie   9 14
- rechtliche Grundlagen   9 15
- Rechtsnatur   9 16 ff.
- Umfang   9 22
- Verwaltung   9 27
- Verwendung   9 23 ff.
- Zweckbindung   9 20